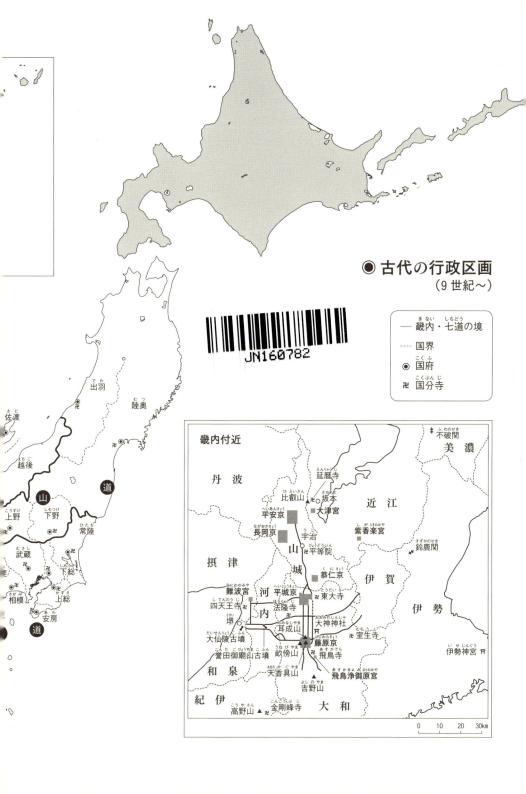

日本の歴史

歴史の流れをつかむ

日本史教育研究会［編］

新泉社

は じ め に

　本書は，広く一般の社会人の方々にも日本の歴史の歩み・流れをつかんでいただけるようにとの視点から書かれています。
　現在，日本の高等学校で使用されている日本史の教科書は，歴史的な事実はきわめて正確に記述されており，諸外国の教科書等と比較しても高い水準にあるといわれています。私たちはこれらの日本史教科書のすぐれた点を取り入れるとともに，さらに日本の歴史の流れをより一層わかりやすく，より多角的に提示することができないだろうかと検討してきました。そうした模索の中で本書を作成するに至ったのですが，本書で私たちが試みているのは次の諸点です。

- 読み進みやすくするために，フリガナ（ルビ）を多く付し，脚注は無くし本文中に統合して記述するようにしました。
- 通読しやすいように，1つのテーマを見開きの2ページに示しました。なおこれは，1コマ（50分）の授業の内容展開にも相当させてあります。
- 1ページ構成の「時代の風景」は，読者の皆さんがより関心を広げるきっかけになればとの考えから取り上げたものです。

　本書は多様な読み方ができるようになっています。例えば，文化の流れをつかむためには，古代から現代までの文化史を通して読むことをおすすめします。また，私たちの現在と深く関わってくる近現代史の部分でも，戦争史の視点からは「近代日本の戦争1〜5」を，教育史の視点からは「近代日本の教育1〜3」「現代14・15」を，などと通読しやすいようになっています。さらに戦後史（現代）の部分では，戦後政治の歩みを「戦後政治史1〜8」に，戦後経済の歩みを「戦後経済史1〜5」にというように，読者の関心に沿って通読してほしいと思います。

もちろん，古代史に興味のある方，中世史に興味のある方，また近世史に興味のある方は，それぞれの各時代の部分をまとめて読むことでその時代の歴史イメージをつかんでほしいと思います。このように多様な形で，本書の自由な読み方を試みてください。

　本書を読んでいただいて，日本史への興味や理解が深まるならば私たちの大きな喜びとするところです。

2016年9月　日本史教育研究会

目　次

I　原始・古代

1　列島の旧石器時代 ……………………………………………… 2
2　列島の新石器時代——縄文文化—— …………………………… 4
3　農耕社会の形成——弥生文化—— ……………………………… 6
4　倭国の誕生 ……………………………………………………… 8
5　前方後円墳の出現とヤマト政権 ……………………………… 10
6　倭の五王と統一国家形成の胎動 ……………………………… 12
7　東アジアの動向と推古朝・大化の改新 ……………………… 14
8　律令体制の形成 ………………………………………………… 16
9　律令体制下の社会と「日本」の誕生 ………………………… 18
10　平城京における政治の推移 ………………………………… 20
11　蝦夷と隼人 …………………………………………………… 22
12　平安初期の政治改革と王朝国家の成立 …………………… 24
13　武士の登場 …………………………………………………… 26
14　摂関政治 ……………………………………………………… 28
15　荘園公領制の成立 …………………………………………… 30
16　院　　政 ……………………………………………………… 32
17　古代日本の対外関係 ………………………………………… 34
18　仏教の伝来とその展開——古代文化の展開 1—— ………… 36
19　仏教の展開と古代人の神々——古代文化の展開 2—— …… 38
20　飛鳥・白鳳・天平・弘仁貞観の建築と美術工芸
　　　——古代文化の展開 3—— ……………………………… 40
21　飛鳥・白鳳・天平・弘仁貞観の学問・教育・文学
　　　——古代文化の展開 4—— ……………………………… 42
22　国風文化の展開——古代文化の展開 5—— ………………… 44

時代の風景 1	古代日本の仏塔	46
時代の風景 2	最澄と空海	47
時代の風景 3	古代の北海道と沖縄	48
時代の風景 4	古代の東北社会	49
時代の風景 5	古代の史料	50

II 中　世

1	武家政権への歩み	52
2	鎌倉幕府の成立	54
3	承久の乱	56
4	北条政権の時代	58
5	蒙古襲来と社会の変貌	60
6	鎌倉時代の社会と産業	62
7	南北朝の動乱	64
8	室町幕府と守護大名	66
9	幕府政治の動揺と応仁の乱	68
10	室町時代の産業の展開	70
11	室町時代の都市と農村	72
12	土一揆と国一揆	74
13	戦国大名	76
14	鎌倉仏教	78
15	鎌倉文化	80
16	室町文化	82
17	東アジア世界との連携 1 ──中国・朝鮮と倭寇──	84
18	東アジア世界との連携 2 ──琉球・蝦夷──	86
時代の風景 1	後白河法皇と平清盛・源頼朝	88
時代の風景 2	絵巻物	89
時代の風景 3	軍記物語の世界──『平家物語』と『太平記』──	90
時代の風景 4	荘園の消長	91

時代の風景5	異国人から見た中世の日本	92
時代の風景6	一向宗と一向一揆	93
時代の風景7	日本的生活文化の形成——衣・食・住——	94

Ⅲ 近世

1	大航海時代と鉄砲・キリスト教の伝来	96
2	織田信長の登場——中世から近世へ——	98
3	豊臣政権の成立——統一と検地・刀狩——	100
4	秀吉の対外政策と豊臣政権の構造	102
5	桃山文化	104
6	江戸幕府の成立	106
7	幕藩体制の構造	108
8	封建的秩序の形成	110
9	江戸初期の対外関係	112
10	鎖国体制の形成	114
11	文治政治への転換	116
12	綱吉政権から正徳の治	118
13	農業の発達	120
14	諸産業の発達	122
15	商業と金融の発達	124
16	都市の発達と交通通信の発達	126
17	商品・貨幣経済の発達と農村分解——幕藩体制の動揺1——	128
18	百姓一揆・打ちこわし・飢饉——幕藩体制の動揺2——	130
19	享保の改革	132
20	田沼政治と寛政の改革	134
21	文化・文政時代と天保の改革	136
22	列強の接近と日本の対応	138
23	幕府権力の衰退と西南雄藩の台頭	140
24	江戸期の文化1——特色・担い手・文学——	142

25	江戸期の文化2——儒学の展開——	144
26	江戸期の文化3——国学・洋学の展開——	146
27	江戸期の文化4——絵画・工芸・演劇——	148
28	江戸期の文化5——学問・教育，生活文化と宗教——	150
29	社会批判の思想	152
時代の風景1	女性の歩み——古代から近世まで——	154
時代の風景2	近世日本と中国・朝鮮	156
時代の風景3	近世日本と琉球・アイヌ	157
時代の風景4	地域産業と全国市場	158

IV 近　　代

IV-I　明治維新

1	開国とその影響	160
2	公武合体と尊王攘夷	162
3	明治維新	164
4	近代化への諸改革	166
5	明治初期の対外問題と条約改正	168
6	自由民権運動	170
7	内閣制度	172

IV-II　日本帝国の成立

8	明治憲法体制の確立	174
9	明治後期の政治と社会	176
10	資本主義の確立	178
11	近代的軍隊の創設と日清戦争——近代日本の戦争1——	180
12	日露戦争から軍縮の時代へ——近代日本の戦争2——	182
13	領土の拡大と植民地支配	184
14	文明開化	186
15	明治の文化	188
16	近代教育の出発——近代日本の教育1——	190

Ⅳ-Ⅲ　日本帝国とアジア・太平洋

17　大正デモクラシー ………………………………………………… 192
18　大正期の社会 …………………………………………………… 194
19　社会運動の発展 ………………………………………………… 196
20　政党政治 ………………………………………………………… 198
21　資本主義の発達 ………………………………………………… 200
22　大正・昭和初期の文化 ………………………………………… 202
23　中・高等教育の拡充──近代日本の教育2── ……………… 204
24　満州事変から日中全面戦争へ──近代日本の戦争3── …… 206
25　軍部・右翼の台頭 ……………………………………………… 208
26　国家総動員への道 ……………………………………………… 210
27　大東亜共栄圏 …………………………………………………… 212
28　政府と軍部，陸軍と海軍 ……………………………………… 214
29　戦時経済への道 ………………………………………………… 216
30　アジア太平洋戦争──近代日本の戦争4── ………………… 218
31　戦時下の国民生活──近代日本の戦争5── ………………… 220
32　教育と戦時体制──近代日本の教育3── …………………… 222
33　アジアの犠牲 …………………………………………………… 224
34　敗戦と日本の戦争をめぐる戦後の課題 ……………………… 226
35　近代の女性の歩み ……………………………………………… 228
36　近代の宗教事情 ………………………………………………… 230

時代の風景1　脱亜論 ………………………………………………… 232
時代の風景2　明治の文学──近代文学の出発── ……………… 233
時代の風景3　寄生地主制 …………………………………………… 234
時代の風景4　近代天皇制の歴史 …………………………………… 235
時代の風景5　立憲政友会 …………………………………………… 236
時代の風景6　関東軍 ………………………………………………… 237
時代の風景7　洋食の歴史 …………………………………………… 238
時代の風景8　徴兵制度・徴兵検査 ………………………………… 239
時代の風景9　空　　襲 ……………………………………………… 240

Ⅴ 現　代

1　占領と改革——戦後政治史 1—— ………………………………… 242
2　東西の冷戦——戦後政治史 2—— ………………………………… 244
3　講和と再軍備——戦後政治史 3—— ……………………………… 246
4　60年安保と60年代の政治——戦後政治史 4—— ………………… 248
5　日韓基本条約と沖縄の本土復帰——戦後政治史 5—— ………… 250
6　経済大国　70〜80年代の政治 ——戦後政治史 6—— …………… 252
7　冷戦後の世界と日本　90年代の政治 ——戦後政治史 7—— …… 254
8　現代日本の政治——戦後政治史 8—— …………………………… 256
9　経済の復興——戦後経済史 1—— ………………………………… 258
10　高度経済成長——戦後経済史 2—— ……………………………… 260
11　石油危機から80年代の日本経済——戦後経済史 3—— ………… 262
12　バブル経済とその崩壊——戦後経済史 4—— …………………… 264
13　現代日本の経済——戦後経済史 5—— …………………………… 266
14　戦後の新しい文化——社会と文化 1 —— ………………………… 268
15　戦後の教育と科学技術——社会と文化 2 —— …………………… 270
16　戦後の社会運動の歩み——社会と文化 3 —— …………………… 272
17　消費革命（大衆消費社会）の中の生活——社会と文化 4 —— … 274
18　現代の社会と文化　都市と農村・環境問題 ——社会と文化 5—— … 276
19　戦後の日米関係史 …………………………………………………… 278
20　近現代の日中関係史 ………………………………………………… 280
21　近現代の日韓（日朝）関係史 ……………………………………… 282
時代の風景 1　小選挙区制と中選挙区制 …………………………………… 284
時代の風景 2　戦後の女性の歩み …………………………………………… 285
時代の風景 3　戦後の家族の変遷 …………………………………………… 286
時代の風景 4　阪神・淡路大震災と東日本大震災 ………………………… 287
時代の風景 5　衣食住の変遷 ………………………………………………… 288

日本史年表……………290
索　　引……………309
資　料　編………………ⅰ
　　大日本帝国憲法
　　軍人勅諭
　　教育勅語
　　日本国憲法

装　幀————犬塚勝一
DTP————閏月社

I

原始・古代

1　　　　　列島の旧石器時代

氷河時代　今から約200万年前から約1万年前までを地質学では更新世というが，氷河時代とも呼ばれている。現在より気温は低く，かなりの量の水が氷河となったため，海面は現在より100m以上も下にあった。日本列島は大陸と陸続きになっていて，ナウマンゾウ，ヘラジカ，ヤギュウなどの大型動物が移り住んだ。人間もまた動物を追いかけてやってきた。石器は使うが，土器を持たない旧石器文化の時代となる。

われわれの祖先　長い間日本人の歴史は縄文時代から始まると考えられてきた。しかし1949（昭和24）年群馬県岩宿の赤土（関東ローム層）から石器が発見されたことで，日本にも旧石器文化があったことが明らかにされた。旧石器時代の遺跡は，すでに5千カ所以上発掘されている。現在わかっている一番古い時代の遺跡は，約3万年前以降の後期旧石器時代のものであり，より古い中期，前期の旧石器時代の確実なものはまだ発見されていない。

　この時代の人骨は，浜北人などわずかしか発見されていないし，小さな部分が残っているだけ，という場合が多い。しかし沖縄県の港川人は，人骨のかなりの部分が揃った状態で発見されている。約1万8千年前の港川人の姿を見てみよう。身長は男性で155cm位，女性で145cm位。かなりの胴長で足は頑丈。顔の横幅は広く，目は引っ込み，眉間から鼻にかけての彫りは深い。これらは古モンゴロイドの特徴を示している。このような丸顔で彫りの深い顔の特徴は縄文時代にも受け継がれていく。弥生時代以降，列島には大陸から身長が高く，面長で目の細い，彫りの浅い顔の人々が大勢渡ってきたために，混血が繰り返され，また小進化も進んで，現在の日本人になっている。

　今も北海道のアイヌと沖縄県の人々に古モンゴロイドの特徴は強く残っている。弥生時代以降に渡来した北方モンゴロイドの特徴は，北九州や関西の人たちに強く残っている。

火山活動　旧石器時代は火山活動の盛んな時期でもあった。富士山や浅間山の噴火もあったが，一番巨大な噴火は約2万5千年前の始良カルデ

ラであった。鹿児島県の桜島は，その火口丘である。この始良の火山灰（AT）で，南九州の動植物は全滅した。関東ですら約10cmの降灰があったので，その影響は大きかった。AT降灰後にはナイフ形石器の形が列島の中央部（フォッサマグナ）を境にして，東北日本と西南日本とでは異なるようになり2つの文化圏が定着していった。石材も黒曜石，サヌカイトなど，硬くて細工しやすいものが，求められるようになった。東北日本と西南日本との文化圏の違いは，言葉や食べ物の差として今も残っている。

旧石器時代の生活　ナイフ形石器は石刃技法といって，1つの石から連続して石刃を剝ぎ取ってつくられた。石刃技法はアルタイ地方で約4万年前に始まり，北アジア，東アジア北部へと広まった。約3万年前日本列島にも伝わった。

　ナウマンゾウ，ヤギュウ，ヘラジカなどの骨や，ナウマンゾウの脂肪酸の残る石器（解体に用いた）が発見されることから，大型動物を食料としていたことがわかる。鮭の歯が見つかったことで，鮭もまた食料だったといえる。土器の無いこの時代は，肉を焼いて食べるか，生で食べたと思われるが，焼いたあとのある石がよく発見されるので，焼いた石を用いて蒸し焼きにもしたと考えられる。

　衣服の痕跡は残っていないが，寒冷な気候だったので，動物の皮や鮭の皮で，衣服や靴を作っていたと想像される。

　住居としてはテント式のもの，浅い竪穴住居，洞穴が推定される。定住はせず，獲物を追って移動していたため，持ち物は僅かだった。墓はほとんど無いが，北海道で琥珀の副葬品をともなう墓が発見されている。

　約1万5千年前になると東北アジアで発達した細石器文化が，シベリア，サハリン経由で北海道に伝わった。少し遅れて朝鮮半島経由で北九州にも伝わった。細石器は細石刃ともいわれ，長さ3cm前後，幅5〜6mmの小さなものであり，いくつかの細石器を木や骨に挟み込んで，槍やナイフとして用いた。壊れた細石器のみ取り替えて再び使うことができる便利なものであり，利器としても強力であった。

　1万3千年前頃には，細石器とともに土器が出土するようになり，縄文時代草創期に移っていく。

2　列島の新石器時代──縄文文化──

日本列島の成立　今から約1万年前，地質学上は完新世に入った。更新世の終わり頃から地球の気温は上がり，海面は上昇した。日本列島は大陸から切り離され，東日本ではこれまでの針葉樹林に変わって団栗類などの落葉広葉樹林が，西日本には椎，樫などの照葉樹林が広がる。大型動物は消滅し，鹿，猪などの動物が増えた。森林が豊かになると栄養分が海に流れ込み，魚介類が豊かに育つようになった。

縄文文化　約1万6千年前に土器がつくられるようになった。東アジアでも1万8千年を越える土器が発見されている。縄文土器は露天で低温で焼かれたため，黒褐色のものが多い。土器の表面を平らにするため，縄（より糸）をころがしたので縄目模様（縄文）が残った。縄文土器の変化によってこの時代は草創期，早期，前期，中期，後期，晩期の6期に区分される。紀元前5世紀（より遡るという説もある）に弥生時代が始まるまで，縄文時代は続いていく。弓矢が作られ，釣針や銛などもつくられる。木の実を製粉するための石皿，スリ石もつくられた。磨製石器がつくられるこの時代は新石器時代とも呼ばれる。日本の新石器文化は，牧畜をともなわず，農耕はわずかだったという特徴がある。食料の貯蔵ができるようになると，人々は定住するようになった。定住が始まるのは日本だけではない。人類が新しい段階に入ったといえる。

縄文時代の生活　日当りの良い台地などに直径が約5mほどの竪穴住居をつくって生活していた。飲み水が近くにあることも重要なことであった。家の中には炉があり，4〜5人は住むことができた。数軒の集落を営んでいた場合が多く，集落の人数は20〜30人位と推定されるが，青森県の三内丸山遺跡のように150人以上という大きな集落もあった。竪穴の建物には長さが30mを越える大型のものもある。掘立柱の建物もあり，これも小型のものと大型のものがある。食料の大半は栃，団栗，栗などの木の実であり，鹿，猪などの肉や，貝類，魚などを季節に応じて食料としていた。栃，団栗はアク抜きをして食べていた。釣針・銛・やすなどの骨角器の発見や石錘・土錘などが見られることから，網を使った漁法

もあったと考えられる。それらを使って秋には鮭を大量に捕って燻製や干物にした。鯛、平目、鯖など、多種類の魚を食べていたことが、残された骨などから解る。不用になったものをまとめた貝塚からは、貝殻の他に魚や動物の骨、土器などが発見される。人骨も貝塚から発掘される。貝塚は不用になったゴミをただ捨てた所ではなく、動植物その他全てのものの再生を祈る場所でもあった。

　黒曜石・サヌカイトなど石器の原材料や、翡翠（硬玉）が産地から離れたところで発見されている。半径約200kmという広い範囲での交易が行われていた。遠くへは舟で運んだと考えられる。旧石器時代にも佐渡島、北海道の利尻島などの島に海を越えて移り住んでいたのだが、これまで発見された丸木舟はすべて縄文時代以降のものである。

　人々は自然のすべての事物に霊の存在を認め、怖れをいだいていた。このようなアニミズムは宗教の原初的な自然観である。人々は呪術によって災いを避けようとしたり、幸運を招こうとした。女性をかたどった土偶、男性を表す石棒などは呪術に使われたと推定される。

　死者は墓に葬られたが、多くは屈葬されている。縄文時代中頃から盛んになる抜歯の風習は通過儀礼の1つとして成人式のときなどに行われたと考えられる。

　縄文時代は貧富の差や身分の差がない時代と考えられている。しかし集落の統率者がいなければ大型の建造物はつくることができない。個人の能力によって指導者となった者の子孫が、その地位を世襲したとき身分の差が生まれてくるが、今のところ世襲はほとんどなかったと考えられている。

縄文時代の農耕　長い間、縄文時代には農耕は行われていなかったと考えられてきた。しかし瓢箪、麻、牛蒡、栗、漆などが栽培され、イネもつくられていたことがわかってきた。だが食料の大部分は木の実、動物、魚、貝などであって、採集経済の時代であり、実際には農耕の比重は小さかった。

　縄文晩期にはイネの水田耕作が始まるところが出てくる。これを縄文水田という説と、逆に弥生時代を遡らせようという説が分かれている。

3　農耕社会の形成——弥生文化——

水稲耕作のはじまり　水田稲作が日本列島で始まったのは紀元前5世紀（より遡るという説もある）である。縄文時代にイネは焼畑で少量つくられていたが，イネの種類は熱帯ジャポニカであった。

　日本列島へのイネの伝来ルートとして，イネの発生の地である長江下流から直接伝わったとする説，琉球列島を北上したという説もあるが，水田耕作を伝えたのは朝鮮半島から渡ってきた人たちであった。背が高く面長で，目の細い人たちは，集団で列島にやってきて，水稲耕作をはじめ，縄文人もこれを取り入れていった。縄文晩期に北九州ではじめて水田で造られたのは温帯ジャポニカである。水田が作られた縄文時代晩期を弥生時代の早期と呼ぶ説もある。稲作は北九州から西日本に急速に広まり，紀元前後には本州北端まで伝わった。

　しかし水稲耕作が広まった範囲は，九州，四国，本州であって，北海道は続縄文時代，南西諸島は貝塚時代後期と呼ぶ，食料採集の生活が続いた。気温や水利の関係で稲作を受け入れなかった地域は本州などでも珍しくはない。

弥生文化　水稲耕作を基礎とする，新しい文化が始まる。この文化は弥生土器と呼ばれる薄手で赤褐色の土器をともなうので，弥生文化とよばれている。列島にはじめて金属器も伝えられた。青銅器（銅と錫の合金）は，剣，矛などの武器として用いられたが，やがて武器形の祭器として発達していく。銅鐸も祭器として発達する。鉄ははじめ工具として，後からは農耕具や武器として重用される。鉄器が広まると石器は消えていった。人類の歴史では青銅器時代の次に，鉄器時代がくるが，石器時代が長く続いた日本では，文化の進んだ大陸から青銅と鉄が，ほぼ同時に伝えられることになった。

弥生人の生活　水田稲作が広まっても，団栗その他の木の実もまた依然として食料とされていた。水田は低湿地から広まったが，山地に近いところでは縄文時代の生活を色濃く残すことになる。団栗類は中世，近世でも大切な食料であったし，1873（明治6）年の記録でも岐阜県飛驒の山間

部では，食料の70%以上が団栗であったことが示されている。狩猟，漁労ももちろん続けられた。弥生人は畑に大麦，粟，稗，蕎麦等の雑穀類，小豆，大豆などの豆類，瓜，牛蒡などの野菜も栽培していた。

　この時代の水田は，灌漑・排水用の水路を備え，田植えも早くから行われていた。農具としては木製の鋤や鍬が用いられ，収穫は石包丁で，稲の穂先を刈り取っていた。よく成熟したイネの穂を選んで摘み取り，まだ未熟なものは成熟を待って後で取り入れたのである。木製農具の製作には磨製石器がまず用いられたが，次第に鉄製工具に変わり，農具の刃先にも鉄が使われるようになった。

　コメを甑で蒸して食べていたと考えられていたが，コメを煮たときに焦げたものが土器（甕）に残っていることから，煮て食べてもいたことが解る。水田跡で知られる登呂遺跡について試算したところ，コメは多く見積もっても住民の必要とする食料の3分の1にしか当たらないという。他に雑穀などを食していたと考えられる。

　機織の技術も伝わり，縄文時代から受け継がれた編布（麻などを編んだもの）のほかに絹，麻の織物がつくられるようになった。

　住居としては，縄文時代と同じように竪穴住居が多かったが，平地式建物や，掘立柱の高床倉庫なども増えていった。集落も大きなものが増えて，集落のまわりに深い濠や土塁をめぐらして戦争にそなえた環濠集落も各地につくられた。集落の内部では，貧富や身分の差が生まれてきた。

　集落の近くに墓地があり，土に穴を掘っただけの土壙墓や，木棺墓，箱式石棺墓などに，伸展葬の形で埋葬されたものが多い。九州北部では，大きな石を配した支石墓がつくられた。弥生時代中期の北九州の甕棺墓には，中国の銅鏡や，銅剣，銅矛など沢山の副葬品をともなうものがあり，この地域の首長は大陸と交渉があったことがわかる。

　方形の低い墳丘のまわりを溝で囲った方形周溝墓は各地で作られた。弥生時代の後期には，西日本を中心にかなり大きな墳丘墓がつくられる。その代表ともいえる，岡山県の楯築墳丘墓は直径約40mの円形の墳丘の両側に方形の突出部があり，全長80mという大きなものである。

I　原始・古代

4　倭国の誕生

倭人の　弥生時代に日本列島に住んでいた人々を、中国の漢の国では倭人
クニ　とよんで史書に記した。倭という文字になった理由として、弥生人が「自分の国」という意で「我らの国」と名乗ったからという説のほか、倭の文字の意味から、柔順な人、小柄な人、遠方の人ということなどを表したとする説がある。中国から与えられた倭という名を捨てて、東方にある国「ヒノモト」と自称し、日本という文字をあてるのは7・8世紀のことである。

　水稲耕作がはじまると、集落は大きくなり、貧富や身分の差も広がっていく。集落のまわりに濠をめぐらして防禦の施設とする環濠集落がつくられる。縄文時代にも人と人の争いや殺人はあった。しかし規模の大きな争いはなく、武器もなく、争いには狩の道具が用いられた。水稲耕作の技術と道具類を携えて朝鮮半島から九州北部へ移り住んだ人々は、朝鮮半島で、すでに戦争を経験していた。世界の各地の歴史の中で、戦争が始まるのは農耕社会が成立した時であるが、この列島では水稲耕作のはじまりと同時に戦争する体制も持ち込まれた。武器もつくられるようになった。縄文人は水稲耕作をとりいれ、渡来した人々との混血が進んでいった。弥生時代は戦争の時代でもあった。戦争が続く中で強い集落は、他の集落を従えて、クニに成長する。

　クニとクニが連合して1つの文化圏をつくるようになる。銅鐸や銅剣、銅矛、銅戈などの祭器を用いて豊作やクニの安全、発展を祈ったと考えられる。銅鐸は近畿地方を中心に分布し、平形銅剣は瀬戸内海を中心に、銅鉾、銅戈は九州北部を中心に分布することから、共通の祭器を用いる地域ができてきたことがわかる。

クニから　中国の歴史書『漢書』の地理志には、前漢が朝鮮半島においた
国へ　楽浪郡の海の向こうに倭人たちがいて、百余国にわかれている、そして定期的に使者を送り、朝貢していたと記されている。この記事によって、紀元前1世紀頃の日本列島の様子が、はじめて文字に記されたのである。

『後漢書』東夷伝には，紀元57年に倭の奴国の王の使者が，後漢の都，洛陽へ行って朝貢し，後漢の光武帝から，印綬を受けたこと，107年には，倭国の王帥升等が，生口（奴隷）160人を安帝に献じたことが記されている。奴国は現在の福岡市付近にあった国であり，江戸時代に志賀島から奴国王が授かったものと考えられる金印が発見されている。

　中国に朝貢した倭の王たちは，自分の王権を確立し，強くするために中国の権威を後盾にしようとしたのである。中国は朝貢してくる国々に，沢山の下賜品を与えた。倭の王達も漢の皇帝から得た鏡などを従属する者に分け与えて絆を強めた。鏡を意図的に割って数を増やして分け与えることもあった。『後漢書』には2世紀中頃の倭国は大いに乱れていたと記している。これは弥生時代に，戦いに備えた環濠集落や高地性集落が発達することと符合する。

邪馬台国　中国の歴史書『三国志』の「魏志」倭人伝によると，倭国では2世紀の終わり頃，大きな争乱がおこり，長く続いた。諸国が連合して邪馬台国の女王卑弥呼をたてて，ようやく乱はおさまったという。邪馬台国を中心に約30の小国の連合が生まれた。この中には北九州の奴国も入っている。

　239年，卑弥呼の使者は，朝鮮半島の帯方郡をへて魏の都におもむき，皇帝に朝貢した。魏の皇帝は「親魏倭王」の称号と金印，銅鏡100枚の他，金，真珠などを卑弥呼に贈った。邪馬台国には大人と下戸という身分差があり，租税や刑罰の制度も整っていたという。市も開かれていたようである。

　卑弥呼は狗奴国と争い，247年頃亡くなる。この後男王を立てたが国はおさまらず，卑弥呼の宗女（同族の女性）である13歳の壱与を女王にたてて，ようやく国はおさまったという。卑弥呼は巫女として神に仕えていて，政治は弟が佐けたと記されている。卑弥呼の死後，大きな冢をつくったとあり，大きな墳丘墓がつくられた。邪馬台国が，どこにあったかについては，九州説と近畿説の2つがあり，結論は出ていない。近畿説をとると3世紀にヤマト政権とつながる政治連合があったことになる。

Ⅰ　原始・古代

5　前方後円墳の出現とヤマト政権

古墳時代　古墳は弥生時代以降つくられた墳丘墓がもとになって、権力者がこれを発展させたものと考えられる。このような古墳が営まれた3世後半から7世紀の時期を古墳時代とよび、古墳の形状から前期（3世紀後半〜4世紀）・中期（4世紀末〜5世紀）・後期（6世紀〜7世紀）と区分している。古墳の分布とその変化を見るとヤマト政権の発展の様子を跡付けることができる。

前期・ヤマト政権の成立　3世紀後半になると、前方後円墳と呼ばれる墳墓が大和地方に現れ、同様の古墳が次々と瀬戸内海沿岸から中部地方まで広がってゆく。これは大和を中心とした政治勢力が、政治連合を形成していく過程で同形式の墳墓が造営されていった結果だと考えられる。初期の古墳は前方後円墳という独特の外形を持ち、主として見晴らしの良い丘陵の上につくられた。周囲は葺石でおおわれ、墳丘には粘土を素焼した土管状の円筒埴輪をめぐらしていた。竪穴式石室には銅鏡・剣・玉（勾玉・管玉）・碧玉製腕飾りなど呪術的性格のものや、鉄製の武具や農工具などが副葬されていた。このことから、この時期の古墳の被葬者（各地の首長）は、政治的支配者であると同時に司祭者的性格を残していたことが見て取れる。前期の代表的な古墳には箸墓古墳・黒塚古墳・桜井茶臼山古墳（奈良県）のほか、黄金塚古墳（大阪府）や浦間茶臼山古墳（岡山県）・石塚山古墳（福岡）などがある。

中期・大王の出現　5世紀頃になると平野部に盛り土をして、周囲に濠をめぐらした大仙陵古墳（百舌鳥古墳群の伝仁徳陵）や誉田山古墳（古市古墳群の伝応神陵）など、世界最大級の規模を持つ巨大な前方後円墳が出現する。これらの巨大な前方後円墳はヤマト政権の盟主である大王の墓で、その巨大な勢力を反映している。墳頂には武人・武具・住宅・倉庫などの形象埴輪が並べられた。副葬品は、巨大な権力者にふさわしい刀剣・甲冑などの鉄製の武具や鞍や鐙などの馬具、金銅製（金メッキを施した青銅）装身具などが多くなり、被葬者の武人的性格が強まったことを示している。巨大な前方後円墳は近畿中央部だけでなく上毛野（現群馬県）・丹後

（現京都府）・吉備（現岡山県）・日向（現宮崎県）などにも見られる。これらの地方豪族はヤマト政権に服属しながらも，それぞれの地域で独自の勢力を伸ばしていたと考えられる。代表的な古墳には，太田天神山古墳（群馬県）・稲荷山古墳（埼玉県）・造山古墳（岡山県）・五色塚古墳（神戸市）・江田船山古墳（熊本県）などがあげられる。

後期・古墳の変貌　6世紀になると古墳の在り方に変化が見られる。近畿中央部では依然として大規模な前方後円墳が造営されたが，吉備地方などでは大きな古墳が造営されなくなる。これは多様な地域の豪族連合から，大王を中心とする大和政権の政治組織である氏姓制度に，各地の豪族が完全に組み込まれ服属していったことを示している。大和政権が，豪族の連合から大王の支配へと大きく変化していったのである。

一方，農民層の中にも従来豪族が独占していた鉄製農具を所有して有力となり，小規模な古墳（大半が円墳）を造営する者が出現してきた。数基から100基以上の小規模な古墳が，山間部の斜面などに営まれる群集墳が各地で急速に増加した。新沢千塚（奈良県）・岩橋千塚（和歌山県）・吉見百穴（埼玉県）などはその代表的なものである。これはヤマト政権が，新たに台頭してきた有力農民をも直接政権に組み込んでいこうとした結果だと考えられる。副葬品も，武器・武具・馬具・装身具の他に，飲食用の土器（土師器・須恵器）など日常生活道具が中心となってくる。

石室は5世紀の後半頃から朝鮮半島系の横穴式石室が広まったが，内部は棺を安置する玄室と通路の羨道からなっていた。墳丘の側面内部に入口があり，玄室を塞いでいる岩をとれば追葬できる家族墓に変わった。石室内に彩色・線刻された壁画や石棺がある装飾古墳も北九州を中心に現れた。竹原古墳・王塚古墳（福岡県）などが有名である。

こうして豪族が大規模な古墳を造営してその権威を誇示するという意義は薄れてゆき，巨大な古墳は次第に造営されなくなっていった。そして，古墳に代わって寺院の造営が豪族の権威誇示の手段となっていった。6世紀末には大王の墓も前方後円墳から方墳にかわり，その規模も小さくなった。

6　倭の五王と統一国家形成の胎動

東アジア諸国との交渉　中国では4世紀初めには北方諸民族の侵入を受け，漢民族の王朝は南に移った。以後，中国は南と北で多くの王朝が興亡をくり返す南北朝時代に入った。このため周辺諸民族への中国の影響力は弱まり，朝鮮半島や日本でも独自の国家形成が進んだ。朝鮮半島では，国内統一の機運が高まっていた。高句麗が313年楽浪郡を滅ぼしたが，やがて朝鮮南部では，4世紀中頃には百済が馬韓諸国を，新羅が辰韓諸国を統一した。朝鮮半島にすぐれた生産技術や鉄資源を求めたヤマト政権は，4世紀の後半伽耶（加羅，任那）とよばれる旧弁韓諸国に勢力をのばし，百済と連合して新羅と戦った。さらに高句麗とも戦ったが，その経過は高句麗好太王碑（広開土王碑）に記されている。

そこでヤマト政権は，倭と朝鮮南部の支配者であることを示す称号を求めて，中国の南朝の宋に度々朝貢した。『宋書』倭国伝には5世紀初めから約1世紀の間，倭の五王の讚・珍・済・興・武が，次々と朝貢してきたと記されている。讚には応神・仁徳・履中天皇を，珍には仁徳・反正天皇を，それぞれあてる説があるが，済は允恭，興は安康，武は雄略の各天皇に該当するとされる。

大陸文化の受容　朝鮮や中国との交渉の中で，ヤマト政権の下に主として半島から多くの渡来人が来住してきた。彼らは，鉄器・金属工具・馬具・須恵器の生産・機織り・土木などの技術を伝えた。ヤマト政権は，彼らを韓鍛冶部・鞍作部・陶作部・錦織部などと呼ばれる技術者集団（品部）に組織して各地に居住させた。5世紀頃には漢字の使用も始まり，渡来人が史部としてヤマト政権の記録・出納や外交文書の作成にあたった。また漢字の音をかりて日本人の名前や地名を書き表すようにもなった。6世紀には百済から渡来した五経博士により儒教が伝えられたほか，医・易・暦なども伝えられた。仏教は6世紀の中頃百済の聖明王によって欽明天皇の時伝来したとされている。伝来は552年説（壬申説・『日本書紀』）と538年説（戊午説・『上宮聖徳法王帝説』）とがあり，538年説が有力だが，渡来人の間ではこれ以前から信仰されていたと考えられる。

祭祀と伝承　農耕が生活の中心であったため、農耕に関する祭祀は、特に重要なものであった。中でも豊作を神に祈る春の祈年祭や収穫を感謝する秋の新嘗祭は国の行事としても、農村の行事としても重要なものであり、大王や地方の首長を中心に行われた。ヤマト政権の首長である大王の権威も、政治上の権力と最高の司祭者としての宗教的地位に基づいていた。各地の神話や伝承は、天照大神を祖先とする大王家の神話や伝承などに結びつけられ、6世紀の中頃には大王の系譜である「帝紀」や朝廷の伝承・説話からなる「旧辞」にまとめられたと考えられ、これらは『古事記』・『日本書紀』のもととなった。身をきよめ、けがれをはらうための禊や祓、鹿の肩甲骨を焼いてその割れ目によって吉凶を占う太占の法、熱湯に手を入れてただれるかどうかで真偽・正邪を判断する盟神探湯などの呪術的な風習も行われた。また自然神や祖先神（氏神）をまつるために社もつくられるようになった。

氏姓制度　大王を中心としたヤマト政権は、5世紀後半から6世紀にかけて地方豪族に対する支配を強め、中央の政治機構を整備していった。埼玉県稲荷山古墳出土の鉄剣銘と熊本県江田船山古墳出土の太刀銘のワカタケル大王（雄略天皇）の記載によると、東国と九州の豪族がワカタケル大王に仕えていたことが明らかであり、当時ヤマト政権が東は関東地方、西は九州にいたる広い範囲を支配していたと推定できる。

　ヤマト政権は、5世紀から6世紀にかけて氏姓制度とよばれる支配の仕組みを作りあげていった。豪族達を氏と呼ばれる主として血縁に基づく同族集団に組織し、氏単位にヤマト政権内の職務を分担させた。大王は彼らに称号として臣・連・君（公）・直・首などの姓を与え、特に中央の最有力者が大臣、大連に任命され、政治の中枢を担った。政権の軍事・祭祀・財政・外交などのさまざまな職務は伴造が分担し、伴や部民を率いて政権に仕えた。地方の豪族には直や君などの姓を与えて、国造や県主に任命し、従来からの領有地の支配を行わせた。豪族は私有地である田荘や私有民である部曲を領有し、その経済的基盤としていた。これに対し、ヤマト政権は、屯倉と呼ぶ直轄地と直轄民の子代・名代の民を全国各地に設定していき、これらを地方の豪族に管理させた。

7　東アジアの動向と推古朝・大化の改新

東アジアの変化　朝鮮半島では，5世紀の後半に高句麗が一層強大となったが，同じ頃新羅も強力となり，百済や伽耶諸国を圧迫した。512年大伴金村が，ヤマト政権の勢力範囲であった伽耶諸国のうち4県を百済に割譲したことの失政を責められて，失脚した。やがてヤマト政権の朝鮮半島での勢力は弱まり，562年伽耶諸国は新羅によって滅ぼされた。こうしてヤマト政権は朝鮮半島での足場を失うことになった。この間，527年筑紫（九州北部）の国造磐井が，新羅と結んで大規模な反乱を起こした。このため物部麁鹿火が派遣され，これを鎮圧した（磐井の乱）。この頃，大王家と婚姻関係を結ぶ一方で，渡来人と結んで三蔵（斎蔵・内蔵・大蔵）や屯倉の管理に当たるなど，朝廷の財政権を握った蘇我氏は，大伴氏に代わって勢力をのばした物部氏と対立するようになった。蘇我氏は仏教の受容にも積極的で，従来の祭祀を重んじた物部氏と対立した。

推古朝の政治　大臣の蘇我馬子は587年に大連の物部守屋を滅ぼし，さらに592年崇峻天皇を暗殺し実権を握った。同年女帝の推古天皇が即位し，甥で蘇我氏の血を引く厩戸王（聖徳太子）が593年摂政となり，馬子の協力をえて国政にあたった。中国では，589年隋が370年ぶりに統一国家を築き，高句麗など周辺諸国への圧力を増した。推古朝は伽耶諸国の回復のために新羅へ大軍を遠征させようとしたが，計画は601年失敗し，以後国内体制の整備につとめた。603年，冠位十二階の制を制定し，従来の氏という集団単位で世襲される氏姓制度とは異なり，個人の功績や才能に応じて各種の冠を授け，昇進できるようにした。604年には憲法十七条を定め，儒教・仏教・法家の思想の影響のもとに，豪族間の和，仏教の崇敬，天皇への服従などが強調され，豪族たちに国家の官吏としての自覚を促した。厩戸王はまた，馬子とともに『天皇記』・『国記』などの歴史書を編纂したとされ，皇室と国家の由来を明らかにしようとした。

　最初の遣隋使が600年に派遣されたが，607年には遣隋使小野妹子を隋に派遣した。その国書で皇帝に臣属しない形式とされる，対等外交を求めた。煬帝は激怒したという。しかし翌608年煬帝は答礼使として裴世清

を日本に派遣した。同年小野妹子は再び遣隋使として派遣され，これに同行した高向玄理・南淵請安・僧旻らの留学生・留学僧は，中国の制度・思想・文化などの新知識を日本に伝え，のちの国政改革に大きな役割を果たした。

大化の改新　中国では隋の滅亡後618年に唐がおこり，律令に基づく強大で中央集権的な国家体制を築き上げた。唐は新羅と結んで高句麗を攻め，朝鮮半島情勢は緊迫した。そして高句麗・百済・新羅3国は生き残りをかけて，それぞれの国内体制の強化を迫られた。ちょうどこの頃，中国から留学生たちが帰国し唐の強大な国力と国家の仕組みなどを伝えると，朝廷内の改革派ではこれまでの豪族連合的な政権を改めて，天皇を中心とする強力な中央集権的国家を作ろうとする動きが生まれた。しかし蘇我氏は，馬子の子蝦夷と蝦夷の子入鹿がますます権勢を強め，643年厩戸王（聖徳太子）の子で有力な皇位継承者の1人であった山背大兄王を攻め滅ぼし，政権の独占をはかった。

　中大兄皇子は，中臣鎌足とともに645年，蘇我蝦夷・入鹿を滅ぼし（乙巳の変），政治の改革に着手した。皇極天皇にかわって孝徳天皇を即位させ，中大兄皇子自らは皇太子となり実権を握った。大臣・大連の制を廃して，左大臣に阿倍内麻呂，右大臣に蘇我石川麻呂，内臣に中臣鎌足を任命した。さらに政治顧問として国博士をおき，僧旻・高向玄理が任命された。また中国の制度にならい初めて大化という年号を定め，また同年末都を飛鳥から難波（現大阪市）の長柄豊碕宮に移した。

　新政府は646年正月，改新の詔を発表し，改革の基本方針を示した。その内容は『日本書紀』によると，次のようなものであった。(1)天皇や豪族の私有地・私有民制をやめて公地公民制（国家の所有）とする。(2)国・郡・里などの地方行政区画を定めて，中央集権的な政治体制をつくる。(3)戸籍・計帳を作成し，班田収授法を定め，租を納めさせる。(4)調・庸などの新しい統一的な税制を施行する。この改革を大化改新という。

　このような中央集権国家を建設するという新政府の基本方針は，これ以後紆余曲折を経ながらも，しだいに実現されていった。

Ⅰ　原始・古代

8　律令体制の形成

改新政治の歩み　朝鮮半島では、660年新羅が唐と連合して百済を攻め滅ぼし、次いで668年高句麗を滅ぼし、さらに唐の勢力をも追い出して朝鮮半島を統一した。ヤマト政権は百済救援の大軍を送ったが、663年白村江の戦いで新羅・唐の連合軍に大敗した。斉明天皇の死後政治をとっていた中大兄皇子は、664年九州に防人や烽を、大宰府には水城を築き、さらに西日本各地に朝鮮式の山城を築いて防備体制を固めた。中大兄は、667年都を近江の大津宮に移し、翌年即位して天智天皇となり近江令を制定した。また670年には最初の全国的な戸籍である庚午年籍を作成した。

　天智天皇の死後の672年、天皇の弟大海人皇子が東国の豪族の支持をえて、天皇の子大友皇子の近江朝廷を倒した（壬申の乱）。翌年皇子は、飛鳥浄御原宮で即位して天武天皇となった。天武天皇は681年には飛鳥浄御原令を制定し、国史の編纂にも着手した。また684年には八色の姓を定め、皇室を中心とした新しい身分秩序に豪族を再編成した。この間、天皇を中心に中央集権的な国家体制の確立が進展した（「天皇」の称号が使用され始め、富本銭も鋳造されたといわれる）。天武天皇の死後、皇后の持統天皇が政策を継承した。持統天皇は689年飛鳥浄御原令を施行し、翌690年には庚寅年籍を作成した。さらに694年飛鳥の北方に唐の条坊制にならった藤原京を完成させ、遷都を行った。次の文武天皇の時、刑部親王や藤原不比等らによって701年に大宝律令が完成し、律令制度による政治の仕組みが整った。律は今日の刑法にあたり、令は行政組織・官吏に関する規定や人民の租税・労役などを規定したものである。

律令体制　中央には神々の祭祀をつかさどる神祇官と、一般行政を管轄する太政官の二官がおかれた。重要な政務は太政官の公卿会議で審議され、太政官の下で八省が政務を分担した。また、官吏の監察・風俗の取り締まりなどを行う弾正台がおかれ、宮中の警備にあたる軍事組織は五衛府と総称された。官庁には長官・次官・判官・主典の四等官制が、その下に下級官人がおかれた。全ての官職にはそれに相当する位階が定め

られ，その位階を持つ者から任命された（官位相当の制）。また五位以上の貴族の子と三位以上の貴族の孫は父や祖父の位階に応じて一定の位階を与えられる蔭位の制もあり，上級官人層の維持がはかられた。

全国は畿内・七道に分けられ，さらに国・郡・里（のちに郷と改称）に分けられ，国司・郡司・里長がそれぞれおかれた。国司は中央の貴族が任命され，その役所である国府で行政を行った。郡司には地方の豪族が，里長には有力農民が任命された。その他，京には左・右京職，難波には摂津職，外交・国防上の要地である九州北部に大宰府がおかれた。

班田収授法 6年ごとに戸籍が作成され，また課税の台帳として計帳が毎年作成された。戸籍に基づき6歳以上の男女に口分田が班給され，良民の男子には2反，女子にはその3分2，私有の賤民（家人・私奴婢）の男女にはそれぞれ良民の3分1が与えられた。口分田は死ぬまで耕作できたが売買は禁止され，死者の口分田は6年ごとの班田の年に収公された（班田収授の法）。これは個人への土地の集中を防ぎ，農民の最低生活を保障して税収を確保するためであった。また土地を碁盤の目状に整然と区画した条里制に基づいて，口分田の班給などが行われた。身分は良民と賤民とに分けられ，賤民には官有の陵戸・官戸・公奴婢と，私有の家人・私奴婢とがあり五色の賤といった。

租税と兵役 人民には，租・庸・調・雑徭などの負担があった。租は口分田に課せられる税で収穫の約3％にあたり，地方の財源にあてられた。庸・調は絹・布（麻布）・糸など各地の特産物を納めるもので17〜65歳の成年男子に課せられ，中央政府に納められた。庸・調の都までの運搬も公民の義務（運脚）であり，雑徭は年間60日を限度として国司の命令で国内の土木工事などに従事する労役で，ともに大きな負担であった。また凶作に備えて粟などを納める義倉や，春に国家が稲を貸し付け，秋に利息を付けて徴収する出挙（公出挙）の制度もあった。

成年男子3〜4人に1人の割合で兵士が徴発され，諸国の各地の軍団で訓練を受け，一部は都の警備をする衛士や，九州北部の沿岸を防備する防人に派遣される者もあった。防人には主に東国の農民があてられた。

9 律令体制下の社会と「日本」の誕生

平城京 律令体制が整備されると、藤原京にかわって奈良盆地北部に平城京が造営され、元明天皇の710年に遷都された。平城京は唐の長安を模して、北の中央に位置する宮城を起点に南に朱雀大路が延び、その東西を坊で、南北を条で碁盤の目状に整然と区画されていた（条坊制）。朱雀大路の東方の左京と西方の右京に加え、左京の東に外京も延びていた。京内には官庁や貴族・官人の住宅が配置されたほか、薬師寺・興福寺・大安寺・元興寺などの大寺院が飛鳥から移建され、のちには東大寺・西大寺・法華寺なども創建された。また左京・右京には官営の東西の市も設けられ、市司がこれを監督した。平城京は当時推定約10万の人口を擁する巨大な政治都市であった（当時の日本の全人口は推定で約600万人）。

またこの時代、陸奥の金・周防の銅・越後の石油などの発見が続いた。708年武蔵国から銅が献上されると、年号が和銅と改められて和同開珎が鋳造された。この後律令政府により958年の乾元大宝までの12種類の銭貨が鋳造され、これを皇朝十二銭という（現在は富本銭が最古とされる）。

農民の生活 この時代には鉄製農具がしだいに農民にも普及して耕地が増大し、田植え・根刈など農業技術も進歩して生産力は増大した。しかし、庸・調の都への運搬や雑徭などの労役の徴発は農民にとって重い負担となり、農民の生活は厳しかった。さらに兵役もあり、成年男子3～4人に1人の割合で徴発された。負担に苦しむ農民の中には口分田を捨てて、戸籍に登録された土地を離れて他国に浮浪したり、平城京の衛士や歳役の工事現場から逃亡する者も続出した。また農民の中には、僧侶は非課税だったので許可無く僧になったり（私度僧）、貴族の従者（資人）になり課役を逃れる者も現れるようになった。

土地政策の転換 農民の逃亡による口分田の荒廃と、人口の増加とによって口分田が不足してきた。政府は722年100万町歩開墾計画をたて、723年には三世一身法を出して開墾を奨励した。これは新しく灌漑施設を作って耕地を開発した者には三世の間、旧来の灌漑施設を利用して開墾

した者には本人一代に限りその墾田の私有を認めて，耕地の増大をねらったものであった。しかし収公の時期が近付くと墾田は荒廃し，あまり効果は上がらなかった。そこで743年には墾田永年私財法を出して，以後開墾した土地は身分に応じて面積に制限を加え，私有を永久に認めることにした。この法令を利用して中央の貴族や大寺院は広大な山野を占有し，付近の農民や浮浪人を使用して大規模な開墾を進めていった。この私有地の経営のために現地に事務所や倉庫を設けたが，これが荘と呼ばれ，やがてその所有地全体が荘と呼ばれるようになった（初期荘園）。

「日本」の登場　702年，33年ぶりに派遣された遣唐使の粟田真人は，中国に対して従来の「倭」に変えて，正式に「日本」と称した。これを女帝則天武后が認めたことが，唐代の『史記正義』という書に記されている。大宝律令を完成させ，国号を「倭」から「日本」に変えたことに対して，中国の史書『旧唐書』に「倭」とは，中国では「背の曲がって丈の低い小人の意」であり，「みにくい」意味でもあったため，その意味を嫌って「倭国自らその名の雅ならざるを悪み改めて日本と為す」とある。「日の出る処」＝「日の本」から「日本」という国名を考えたらしい。『旧唐書』に「その国，日の辺にあるをもっての故に，日本をもって名と為す」と記されている。意識としての「日の辺」は607年の遣隋使が持参した国書に「日出処天子」という言葉があるので，その頃にはすでにあったと考えられるが，国名として使用されたという証拠はない。701年の大宝律令が「日本」を正式な国号として用いた最初の確実な証拠である。このように，「日本」国号の使用の背景には，たとえ小さくとも中国とは別の独自の国家であるという主体的意識も見てとることができる。

大王から天皇　中国では唐の高宗の時，674年（日本の天武天皇3年）「皇帝を天皇となし，皇后を天后となす」（『旧唐書』）と唯一「皇帝」号を「天皇」号に変更している。一方日本では，奈良県の飛鳥池遺跡出土の木簡に，「天皇」と天武天皇6年の日付を表す「丁丑年」（677年）とが記されている。大王の権威・権力が格段に強化された天武天皇の頃に，「大王」に変わって「天皇」の称号が使われ始めたと考えられる。

10　平城京における政治の推移

不比等と4子　晩年天智天皇から「藤原」の姓を与えられた中臣鎌足の息子藤原不比等は，大宝律令の制定など律令国家の確立にも力を尽くし，藤原氏発展の基礎を固めた。

不比等は娘宮子を文武天皇の妃に入れたが，その子首皇子がのちに聖武天皇となる。不比等の4子の武智麻呂・房前・宇合・麻呂も次第に政界に重きを置くようになっていった。この4子の子孫が，のちに藤原氏の南家・北家・式家・京家を構成していった。

不比等の死後皇族の有力者で左大臣長屋王が政権を握ったが，藤原氏の外戚（天皇の母方の親戚）の地位が危うくなると，4子は729年長屋王を自殺させ（長屋王の変），不比等の娘光明子を皇族以外で最初の皇后にたてた。しかし737年，当時流行した天然痘で4子はあいついで死去し，藤原氏の勢力は一時衰えた。

藤原広嗣の乱　その後皇族出身の橘諸兄が政権をとり，留学先の唐から帰国した吉備真備・僧玄昉を登用して政治を主導した。これを不満とした式家の藤原広嗣は，740年真備・玄昉を政権から除くことを名目に九州の大宰府で反乱を起した（藤原広嗣の乱）。乱は鎮定されたが，疫病・飢饉などの社会不安も続いており，政権の動揺は大きかった。聖武天皇は山背（現京都府）の恭仁，摂津（現大阪府）の難波，近江（現滋賀県）の紫香楽などに都を次々と移した。

大仏開眼　仏教を厚く信仰していた聖武天皇は，仏法の力によって政治や社会の不安を除去しようと考え，恭仁京で741年国分寺建立の詔をだし，国ごとに国分寺と国分尼寺を設けること，そして金光明経や妙法蓮華経などの護国の経典を読経することを命じた。この事業は全国にわたる国家的な大事業であったためなかなか完成しなかった。後には郡司など地方豪族の協力を求めている。

さらに743年，聖武天皇は近江の紫香楽宮で大仏造立の詔を出し，その鋳造事業を始めた。745年からは平城京で造立事業は続けられ，752年に東大寺大仏として完成した。その盛大な盧舎那仏開眼供養会には

女帝孝謙天皇・聖武太上天皇・光明皇太后や渡来僧・文武百官など約1万人が参列した。

民間布教や池溝・布施屋（庸調の運脚や労役に服する人のための宿泊施設）などの社会事業を行い，はじめは僧尼令違反として国家から弾圧を受けた行基は，政府の要請で大仏造立に協力して大僧正にまで上った。

藤原仲麻呂と道鏡 孝謙天皇の即位後，光明皇太后の信任をえた甥の藤原仲麻呂が台頭し，橘諸兄は引退に追い込まれた。諸兄の子奈良麻呂は，これを不満として大伴氏や佐伯氏などの旧族を誘って仲麻呂を倒そうとしたが，757年逆に滅ぼされた（橘奈良麻呂の乱）。仲麻呂は757年，養老律令を施行した。758年淳仁天皇が即位すると仲麻呂は恵美押勝の名を賜り専制的な政治を行った。

しかし760年の光明皇太后の死後，病気平癒の功で孝謙上皇に取り立てられた僧道鏡が権勢を増してくると，〈孝謙上皇・道鏡〉と〈淳仁天皇・仲麻呂〉との対立が鮮明になった。仲麻呂は道鏡を討とうとして，764年兵をあげたが敗死した（恵美押勝の乱）。その後，淳仁天皇は皇位を廃されて淡路に流され，孝謙上皇がふたたび即位（重祚）して称徳天皇となった。道鏡は太政大臣禅師・法王となり，一族や腹心の僧を登用し権勢をふるった。

769年には，称徳天皇の意向もうけて，道鏡を天皇の位につけようとする事件，豊前の宇佐八幡神が「道鏡を皇位につけたら天下は太平になる」と告げたという神託事件までおこった。しかし神意を確かめる使者となった和気清麻呂の報告によってその意図は阻まれた。清麻呂の背後には藤原式家の藤原百川ら道鏡に反対する貴族達の動きが存在した。

770年称徳天皇が死去すると，後ろ盾を失った道鏡は失脚した。藤原百川らがはかって，672年の壬申の乱以来長く続いた天武系の皇統にかわって，天智天皇の孫白壁王が同年即位して，光仁天皇となった。道鏡は下野国（現栃木県）薬師寺に追放され，772年同地で死去した。また大隅国に配流されていた和気清麻呂は都へ呼び戻された。そして光仁天皇の時代には，仏教主義の政治を一掃し，行財政の緊縮など国家財政の再建をはかった。

11　蝦夷と隼人

蝦夷　古代の中国では，自らが世界の中央にあって最も開化した民族であり，周辺諸民族は遅れているという中華思想があった。日本国内でも，天皇の支配する「中華」の周辺には「まつろわぬ人々」の蝦夷や隼人が住み，彼らはしだいに天皇に服属し，教え導かれていくという考えがとられた。7世紀には現在の新潟県から東北地方は蝦夷の地域であったが，中央政府の支配が拡大する中で，蝦夷の地域は北方に狭まってゆく。8世紀から9世紀にかけて律令国家の東北経営の北進が続き，平安時代の末頃には全て中央政府の支配下に入った。

平安末～鎌倉初期から，蝦夷は中央政府の支配が及ばない現在の北海道をさす言葉となり，「エミシ」から「エゾ」へと読み方が変化していった。古代の蝦夷は，山間部や海岸部では狩猟・漁労・採取の生活を営んでいたが，平野部では西日本の弥生・古墳文化を受け入れ稲作を営んでいた。そして蝦夷の社会でも，有力な豪族が生まれてきた。

征討の北進　中央政府は，日本海側に647年淳足柵，648年には磐舟柵を設けた。斉明天皇は阿倍比羅夫らを東北地方に遠征させ，友好関係を結んでいた津軽蝦夷を動員して能代蝦夷を降伏させたのち，比羅夫は秋田蝦夷を服属させている。征討に協力した多数の蝦夷が朝廷に招かれ，盛大に饗宴が行われ，その席で官位が授与されている。さらに8世紀になると，軍事的な征圧政策が進められ，日本海側には708年出羽柵が設けられ，712年には出羽国がおかれ，733年秋田城が築かれた。一方，太平洋側に724年陸奥国府・鎮守府として多賀城が築かれ，両城は出羽・陸奥の蝦夷対策の拠点となった。さらに蝦夷支配の拡大のために南から北へ城柵が設けられていった。767年の伊治城，802年の胆沢城，803年の志波城などである。

城柵は軍事的な面と地方の政治を行う政庁としての機能とを併せもっていた。蝦夷支配の拡大はまず城柵をもうけて，その近辺に他の地方の民を移住させ，先住の民である蝦夷に働きかけて公民としていった。また蝦夷の反乱防止のために，多くの蝦夷が俘囚（帰属した蝦夷）として各地に移

住させられた。

坂上田村麻呂　光仁天皇の780年に，陸奥国栗原郡の郡司に任ぜられた蝦夷出身の伊治呰麻呂が乱をおこした。東北の軍事・行政支配の拠点であった多賀城におしよせ，武器や食料を奪い去り，放火して引き上げたのである。桓武天皇は，789年紀古佐美を征東大使とし蝦夷を征圧しようとしたが，族長阿弖流為の活躍によって政府軍が大敗した。

797年征夷大将軍となった坂上田村麻呂は，802年阿弖流為を帰順させ，鎮守府を多賀城から胆沢城に移し，803年北上川の上流に志波城を築き，811年には嵯峨天皇が文屋綿麻呂を派遣して，さらに北方の蝦夷を平定した。中央政府は蝦夷を東国など各地に強制移住させる政策をとったが，10世紀前半まで蝦夷の反抗は続いた。

878年，出羽国の俘囚たちが国司の過酷な政治に抵抗して秋田城を襲撃し，「秋田以北を己が地に為さんと請う」として，雄物川以北の中央政府からの独立を要求した。時の摂政藤原基経は出羽の国司に藤原保則，鎮守府将軍に小野春風を任命し，武力と説得をもってようやく乱の鎮定に成功した（元慶の乱）。

隼人　南九州の人々は，ヤマト政権への服属が遅れていた。ヤマト政権は5世紀頃までには南九州を征服したが，この服属以前の集団が熊襲，服属以後の集団が隼人とされている。中央政府は，隼人の一部を畿内周辺に移住させる分断支配の政策をとった。これがいわゆる畿内隼人で儀式の際の歌舞や宮門の警備などで朝廷に奉仕した。また，隼人を教化するため隼人の居住地へ，肥後や豊前からの集団移住を強行した。

律令期になると在地の隼人は6年ごとの朝貢を行うことを義務づけられて，各集団は郡司に率いられて上京し，貢物を献じ天皇の前で風俗歌舞を演奏した。しかし，隼人の反乱はくり返された。中央政府は713年九州南部に大隅国を設け，隼人に対する支配も強めた。720年大隅国で大規模な反乱が起こったが，大伴旅人が派遣されて鎮圧した。また8世紀には多禰（種子島）・掖玖（屋久島）・度感（徳之島）・奄美（奄美大島）をはじめ，球美（久米島）・信覚（石垣島）などの島々が入貢している。

12　平安初期の政治改革と王朝国家の成立

平安遷都　8世紀後半には寺院の建立があいつぎ，国家財政を圧迫するようになった。律令体制の矛盾も進行し，浮浪・逃亡・偽籍が増加した。光仁天皇のあとを継いだ桓武天皇は，寺院勢力との関係を断つために，784年長岡京に遷都した。ところが翌年造長岡宮使であった藤原種継暗殺事件が起こり，同母弟で皇太子の早良親王も関係したとして幽閉され，淡路への護送中に餓死した。以後，不作・飢饉・疫病が続出し，天皇の母や皇后など近親者も病死した。これらは早良親王の怨霊のせいとして，長岡京は放棄され，794年平安京への遷都が行われた。

　桓武天皇は，農民の負担軽減と軍の少数精鋭化のため陸奥・出羽・大宰府管内を除く諸国の軍団・兵士を廃止し，郡司の子弟からなる健児制に換え，国司交替事務の監督強化のため勘解由使を設置した。このように令にない官職が設けられたが，これらを令外官という。また6年に1度の班田収授を12年に1度とし，公民の負担軽減のため雑徭を半減した。

　その一方で，対蝦夷の軍事行動は継続し，797年に征夷大将軍坂上田村麻呂に蝦夷の征討を実施させた。田村麻呂は802年胆沢城（現岩手県）を築城して鎮守府を多賀城（現宮城県）からここに移し，蝦夷の族長阿弖流為を攻めて降伏させた。さらに翌803年には志波城（現岩手県）を築いた。しかし，平安京造営工事と対蝦夷の軍事行動は，公民の負担軽減に反するとして805年に中止された。

嵯峨朝の改革　平城天皇は中央官庁の大規模な統廃合や下級官人の待遇改善を行ったが，病気のため弟の嵯峨天皇に譲位した。しかし，その後平城上皇は復位を図って官人とともに旧平城京に移住し，朝廷は分裂した。810年嵯峨天皇は，機密文書の保管・詔勅の伝宣・宮中の事務などを任務とする蔵人所を設置して，蔵人頭に藤原冬嗣・巨勢野足を任命するとともに，すぐさま奈良に軍勢を派遣した。上皇は出家し，側近藤原薬子は自害した（平城太上天皇の変。薬子の変ともいう）。

　嵯峨天皇も律令制の改革を行い，都の治安維持を任務とする検非違使を設置し，財源確保のために大宰府管内で公営田制を実施した。この時期に

は天皇の権威が伸張し，中国文化が奨励され，漢文学が盛んとなり，勅撰漢詩集『凌雲集』・『経国集』が編纂された。また律令を日本の現実に合わせるために発令されてきた格や式をまとめて『弘仁格式』が編纂された。その後この編纂事業は，9世紀後半の清和天皇の時の『貞観格式』を経て，10世紀前半醍醐天皇（在位897～930）の時『延喜格式』として集大成された（これらを総称して三代格式と呼ぶ）。養老令についての官撰の注釈書『令義解』と私撰の注釈書『令集解』も編纂された。

王朝国家 醍醐天皇のとき，左大臣藤原時平は律令体制堅持の策をとった。902年班田制を実施し，延喜の荘園整理令を発令して有力農民と王臣家との結合や山野の占有を禁止し，以後の荘園は整理の対象とするとした。

914年三善清行が意見封事十二箇条を提出し，律令国家解体の実状を指摘した。藤原忠平は，土地を実際に支配していて農業経営に巧みな田堵に，課税単位としての名（田）を請作させ，彼らを負名（田堵・徴税請負人のこと）として掌握する負名制を採用した。こうして律令国家は公地公民制・班田制を基盤とする租庸調などの税制を改め，10世紀初め名（田）の面積に応じて課税する負名制に立脚する王朝国家へと転換していった。

忠平は地方政治も国司に一任するようになり（国司請負制），官職が利権視され，政府に私財を献上して希望の官職に任命される成功や，同じ官職に再任される重任が行われるようになった。国司の中には在京のまま収入のみ受け取る遙任国司と，任国に赴任する受領が現れた。遙任国司は，自分の家人を目代として国司の役所である国衙に派遣し，国務にあたらせた。平安中期以降の国衙には地方豪族が進出し，介以下の国司などに任じられ，在庁官人と呼ばれるようになっていった。律令体制下では本来地方豪族の国衙への進出は不可能であったから，これは地方社会の大きな変化であった。

こうして国司の恣意的な収奪が顕著となり，10世紀後半から国司の暴政を中央政府に上訴する事件が頻発するようになった。中でも，988年私利私欲をむさぼっていた尾張の国守藤原元命は郡司・百姓らに告訴され（尾張国郡司百姓等解文），翌年解任された。

13　武士の登場

地方社会の変容　9世紀後半以降地方制度が弛緩してくる中、桓武天皇が採用した健児制以来、武芸を修練する地方豪族や有力農民も生まれてきた。9世紀末、坂東（今日の関東地方）では騎射の術に長けた武装集団が蜂起し、律令国家への貢納物を略奪する事件もおきていた。さらに東北に至る地域では、服属した蝦夷である俘囚の反乱が相次いだ。政府は、騎馬兵力を中心とした俘囚や武装集団に対抗するため、各地の武装集団の力を用いた。このような人々は「兵」と呼ばれるようになり、さらに諸国の反乱を鎮めるため押領使や追捕使に任命された。中でも桓武平氏は鎮守府将軍や国司に任命され、坂東から東北での反乱鎮圧に当たった。平氏は任期満了後も現地に土着して、一族が勢力を築くようになった。

　10世紀初め、国司請負制度が採用され国司の権限が強化されて、国司はしばしば恣意的な政治を行ったため、現地の勢力との対立を引き起こした。常陸国では、939年国衙と対立していた藤原玄明が、平将門を頼った。将門は935年から始まった一族間の抗争に勝ち抜いて坂東に声望を得ていたが、ここに至って国衙を襲撃した。やがて坂東諸国を占領し新皇を名のったが、940年追討軍の到着前に、下野国押領使藤原秀郷・将門の従兄の平貞盛によって鎮圧された。

　同じ頃、伊予国（現愛媛県）日振島を根拠地とし海賊集団を統率した前伊予掾藤原純友が、瀬戸内海沿岸の伊予・讃岐・摂津・播磨などの国府を襲撃し、大宰府を焼き払った。しかし、941年源経基・小野好古らによって鎮圧された。この東西で起こった反乱を承平・天慶の乱（935～941）という。

初期の武士　初期の武士団は、追討のための軍事指揮官（軍事貴族）となった桓武平氏や清和源氏などの中下級貴族が中核となって、その下に土着国司の子弟や有力土豪、狩猟・漁労民などの非農業民などが従属して構成されていた。承平・天慶の乱に登場した武装集団はそのような人々からなっていた。その集団は特定の人物との間の同盟者的結合を中心に構成されていたが、形勢が不利と見ればすぐに離反する存在でもあった。

承平・天慶の乱の鎮圧者は政府・宮廷貴族・国衙から「武勇の輩」と認められ，その子弟が武士として社会的に認知されていった。さらに平安中期にはこのような武士が政府・国衙の軍制を担当するようになった。
　武士とは，弓馬の術に秀でると共に，その武芸が家業として代々伝えられた世襲の専業的武力集団のことである。殺生を生業とし，その技能を絶えず訓練して，殺生を当然視した。武芸は人間に対する殺傷・威嚇として用いられたが，貴族を含めて当時の人々は武士を殺人・暗殺の常習者と認識し，怖れていた。

武士の発展　源満仲は969年の安和の変で藤原北家に接近し，源氏が台頭するきっかけとなった。その子頼信は上総国（現千葉県）でおこった平忠常の乱（1028〜31）を鎮めて，源氏が東国に勢力を扶植する契機をつくった。源頼義・義家父子は前九年の合戦（1051〜62）で陸奥国の俘囚の長安倍氏の反乱を平定し，さらに義家は清原氏の内紛に介入して同氏を滅ぼした（後三年の合戦1083〜87）。朝廷はこの合戦を私闘として扱い義家には恩賞を下さなかったが，義家は私財をなげうって味方した武士に恩賞を与えた。これら2つの乱を通じて，清和源氏と東国武士団との主従関係が強化された。
　一方，桓武平氏は伊勢に基盤を移し（伊勢平氏），平正盛が12世紀初頭源義親の乱を鎮圧し，その子忠盛が瀬戸内海の海賊追討で武名を挙げた。2人は院の北面の武士にも登用され，勢力を伸ばした。
　この時期の主従関係は利害関係によって結ばれた一時的なもので，永続的な主従関係の成立は12世紀末の源平合戦（治承・寿永の内乱）を経た後であった。

開発領主の武装化　11世紀には各地で開発領主が登場してきた。彼らは自己の所領を他の開発領主から自衛し，国衙の圧迫から逃れるために，また成長し始めた農民を支配する必要などから武装化した。一族の家子や従者の郎党を率いて武士集団を形成していったが，12世紀末には清和源氏や桓武平氏（彼らは「貴種」，すなわち高貴な身分の出身だとして，武士たちの信望を集めた）などが武家の棟梁としていくつもの武士団を統率するようになり，大武士団が形成されるに至った。

14 摂関政治

前期摂関政治 810年の薬子の変に際し蔵人頭に任命された藤原冬嗣は，その後左大臣に昇進し，天皇家と姻戚関係を結んで藤原北家台頭のもとをつくった。後を継いだ藤原良房は842年の承和の変で恒貞親王擁立を企てた罪で橘逸勢・伴健岑を没落させた。858年良房は外孫で幼少の清和天皇即位に伴い，臣下として初めての摂政に事実上就任し，866年には正式に任命された。同年には応天門の変で伴善男・紀豊城が失脚させられた。

良房の養子藤原基経は884年光孝天皇を擁立した功により，成人の天皇を補佐する関白に事実上任命された。887年には宇多天皇から正式に関白に任命されたが，職務があいまいな「阿衡」への任命であるとして朝廷への出仕を拒否したので，888年やむなく宇多天皇は詔を起草した側近の橘広相を罷免した（阿衡の紛議）。基経没後，宇多天皇は親政を行い，藤原氏の勢力を牽制するため菅原道真を右大臣に抜擢した。

醍醐天皇は摂政・関白を置かず親政を行ったので，その治世は後世に理想化されて延喜の治と呼ばれた。901年，左大臣藤原時平は菅原道真を大宰府に左遷した。時平は902年班田制の励行を命じ，延喜の荘園整理令を発令した。また『延喜格式』の編纂も目指した。醍醐天皇の末年に政権を担った藤原忠平（時平の弟）は，公地公民制・班田制に基づく律令体制を放棄し，租税確保のため田堵に課税単位としての名を請作させる負名制や，地方政治を国司に一任する国司請負制度を採用して新しい国家体制に転換させた（王朝国家）。忠平は朱雀天皇（在位930～946）の下で摂政，そして関白となった。この時代，935年から941年にかけて東国では平将門の乱，西国では藤原純友の乱が起こった（承平・天慶の乱）。関白忠平没後，村上天皇（在位946～967）は親政を行ったので，その治世も理想化されて天暦の治と呼ばれた。『後撰和歌集』が編纂され，958年には乾元大宝（最後の皇朝十二銭）が鋳造された。

後期摂関政治 969年左大臣源高明が，源満仲に密告され謀反の罪を着せられて大宰府に左遷された安和の変が起こった。この事件によ

って藤原氏の他氏排斥が完了し、北家の優位が確立して、藤原実頼以後は摂政・関白が常置されるようになった。

北家の優位が確立した後は、その家長である氏の長者の地位をめぐる北家内部の争いとなった。兼通（兄）・兼家（弟）の争いは、最終的には兼家が勝利を収めた。兼家は986年花山天皇を出家させ、外孫の一条天皇を即位させて摂政に就任した。その際、右大臣を辞し太政大臣の上席の地位を与えられ、以後摂政関白は大臣の兼任ではなく、太政大臣の上位に位置を占めることとなった。

甥の伊周との争いに勝ち政権を担当した藤原道長は、娘4人を皇后・皇太子妃とし（10世紀末〜11世紀初）、その子頼通は後一条・後朱雀・後冷泉の摂関を務めた（11世紀前半）。この時期が摂関政治の全盛期であった。

1019年、現在のロシアの沿海州付近に居住する女真族が九州北部に来攻した（刀伊の入寇）。関東では平忠常の乱（1028〜31）、東北地方では前九年の合戦（1051〜62）などの反乱が起きた。また、末法思想が流行（1052年に末法の世に入ると当時考えられていた）するなど国の内外で変動が生じつつあった。

摂関政治の特質 藤原氏は娘を天皇家に嫁がせ、娘が男子を産み、その男子が天皇になることによって、摂政・関白になった。摂政・関白は天皇の外戚（母方の親戚）という私的関係を通じて、天皇の権威と同化して政治を担当した。摂関政治が天皇の代行者として政務を行ったのは、当時社会で婿取り婚が行われており、母方親族の発言権が強かったことも反映していた。

摂政関白は最終的には道長の子孫が独占することとなった。摂関を世襲する家を摂関家という。摂関は「一の人」として官僚機構の上に立ち、大臣以下の官人を従えて国政を担当した。摂関時代の国政は律令体制と同様太政官を通じてなされたが、参議以上の公卿たちによる公卿会議で最終的な決定を行った。摂関家の家政期間として政所があったが、あくまでも家政機関としての役割を超えるものではなかった。しかしこの摂関政治は先例や儀式を重んじるものとなっていった。

15　荘園公領制の成立

開発領主　11世紀になると大名田堵や土着国司の子孫の中から，国衙権力の及ばない土地を開発して私領とした開発領主が現れた。かれらの居住する屋敷である館は堀之内・土居とも呼ばれ，開発の拠点となった。彼らは開発地の名称を名のった。例えば，坂東（現在の関東地方）の桓武平氏の子孫は開発した地名から三浦・和田・大庭・千葉・長尾・梶原などと称した。開発地は名字（苗字）の地とも呼ばれ，一所懸命に守るべき土地であった。そのため彼らは武装化するようになる。

国衙領　王朝国家は開発領主による私領形成を快く思わず収公の対象としたが，11世紀半ばには開発を認める代償に私領を公田と共に課税対象として国衙に附属する郡・郷・保に編成していった。これが国衙領である。開発領主は郡司職・郷司職・保司職に任命されたり，在庁官人に登用されることによって，私領の確保を実現した。

寄進地系荘園　郡司職・郷司職・保司職や在庁官人にならなかった開発領主は，国衙からの干渉・収公から逃れるため，私領を中央の藤原摂関家などの権門勢家や大寺院などに寄進した。最初に寄進を受けた権門勢家を領家といい，領家からさらに寄進を受けた権門勢家を本家という。例えば，上野国新田荘は，開発領主が新田義重（源義家の孫）で新田氏の名字の地であるが，義重は所領を1157年摂関家の傍流藤原忠雅に寄進し，自らは新田荘の下司職についている。このような荘園を寄進地系荘園とよんでいる。

　領家・本家とも荘園領主であるが，税率の決定を行うなど荘園に対して実質的な支配権を持つ方が本所と呼ばれた。私領を寄進した開発領主は下司・地頭・公文・案主などの荘官となった。開発領主は，国衙領・荘園ともに現地で農民・農村を支配したので在地領主とも呼ばれる。

領域支配の成立　摂関時代の荘園は不輸の権（租を納めなくてよい）を公認された官省符荘・国免荘で，耕地が散在するだけで専属の荘民はいなかった。そこで荘園にも負名制が採用され，田堵が耕作を請け負った。田堵は公田・荘園双方と契約を結んでもよかったため，田堵が住む村

は公領・荘園いずれに属するのかをめぐって紛争が絶えなかった。

　1069年後三条天皇が発した延久の荘園整理令は新たに設立する荘園の停止（禁止のこと）を目的とした法令であるが，荘園と公領の境界紛争を解消するため，田堵が国衙領・荘園双方と契約を結ぶことも禁止した。この結果，田堵はいずれか一方のみと契約することとなり，荘園領主の側からすれば，荘民が獲得できたことになった。摂関時代までの荘園が土地のみを支配するものであったのに対して，12世紀の荘園は，田畑・山野河海を含み専属荘民をもち，土地と人を支配するものとなった。このような領域をもった荘園が延久の荘園整理令を画期として登場し，鳥羽院政期には広大な院領をはじめとして摂関家領・寺社領など多数が成立した。

荘園公領制　11世紀半ば以降，特定個人に一国の知行権（支配権）を委ね，その国の収益の大半を与える，という知行国制度が広まった。知行国を与えられた知行国主は，一族のものや部下を国司（国守）に推薦し，その国衙領からの収入を獲得した。

　荘園と国衙領ともその内部構造は同じで，課税単位である名田によって構成され，それに年貢・公事・夫役が賦課された。名田を保有し徴税を請け負った田堵は名主と呼ばれ，名主は直接経営地において隷属農民である下人・所従に耕作させたほかは，作人と呼ばれた農民に耕作させた。集められた租税は，国衙領では郷司などに，荘園では荘官に納められた。さらに国守から朝廷や知行国主へ，また荘園領主へと，それぞれ送られた。

　1つの土地に国衙領では名主・郡司（郷司など）・国守・知行国主など，荘園では名主・下司・領家・本家などにそれぞれの権利が重層しており，また職務に付随した収益権を有していた。このような仕組みから成る，12世紀に成立した土地制度を荘園公領制という。院政・平氏政権・鎌倉幕府のいずれもが，この荘園公領制をその経済的基盤としていた。

　さらに室町幕府も，変質してきたとはいえ荘園公領制の上に立脚していた。荘園公領制は単に古代における土地制度であっただけではなく，中世における土地制度でもあった。

16　院政

後三条天皇　1068年藤原氏を外戚としない後三条天皇が即位した。後三条は、受領出身の大江匡房や村上源氏を登用し、摂関家抑制策をとった。また1069年延久の荘園整理令を発し記録荘園券契所を設立して、1045年以後に設立された荘園を認めず、それ以前の荘園でも設立の認可証がはっきりしない荘園や国務の妨げとなる荘園の整理に乗り出した。摂関家の荘園も整理の対象としたため摂関家にも打撃となった。没収した荘園は勅旨田に編入され天皇家の所領となった。また各地で異なっていた枡の大きさを一定にした（宣旨枡）。

院政　後三条天皇の後に即位した白河天皇は1086年堀河天皇（在位1086～1107）に譲位して院政を開始した。院とは上皇（出家すれば法皇）の居所のことだが、転じて上皇をも指す言葉である。院政開始の理由は明確ではないが、白河上皇の指導性が幼い孫の鳥羽天皇即位後に本格化されたことからすれば、上皇が自らの意思の通りに自らの血筋に皇位を継承させ、鳥羽天皇の地位を安泰にするために自ら政治を執ったと考えられる。また、院政開始の社会的要因として、婿取り婚から嫁取り婚への転換が進行したため、父方親族の発言権が増大し始めたこともあげられる。

　院は国政の実質的総覧者＝「治天の君」と呼ばれ、天皇家の家長として皇位継承の決定権を握り、子あるいは孫の天皇に代わって政治を行った。天皇に比べ制約が少なく自由に政治を行える地位であり、専制的性格を帯びた。1086年から鎌倉幕府が成立した12世紀末頃までの白河・鳥羽・後白河の時期を院政期という。

　この時期には摂関時代から進行していた貴族の家格が確定した。藤原忠実が外戚ではなかったが関白に任じられたことは、摂政・関白が外戚でなくとも、代々摂政関白を輩出してきた家の者が就任する職になったことを意味した。この変化は摂関家の安定につながったが、一方で天皇家との私的関係が解消されたため摂関家の政治的地位は低下することとなった。

政治構造　院政の政治機構として院庁という院の私的機関があり、院司（別当・年預・判官代・主典代など）が勤めた。院司に任命されたのは、中

下級貴族出身の院近臣たちで，主に受領出身者や天皇の乳母の一族などであった。院庁はあくまで院の私的機関で，摂関家政所に相当するものであった。

院の命令は院宣と院庁下文という文書で示された。国政は，摂関時代同様太政官を通じて太政官符によってなされた。しかし院が国政を左右できたのは，摂政・関白をはじめとする廷臣たちの任官・叙位などの人事権を掌握していたからである。院（上皇）は除目・任官に関心を持ち，特に受領は院の近臣によって占められた。

院の軍事力として北面の武士が設置され，一族内の対立によって衰微した清和源氏に代わって，平正盛（伊勢平氏）が登用された。その子忠盛は鳥羽院の側近となり，さらに忠盛の子の清盛は後白河院と結びつき，勢力を伸ばした。

経済的基盤 院政期には知行国制（一国の支配権を与えられた知行国主は，その国からの収益を得ることができ，子弟・近親者・部下を国守に推薦した）が広まり，多くの知行国主に院がついた。そのような知行国を院分国という。

また院が荘園の定立・停廃権を有していたので，院の下に荘園が寄進され，広大な院領を形成した。それらは八条院領（鳥羽院の皇女八条院に譲られた所領）や長講堂領（後白河院の持仏堂である長講堂の所領）として受け継がれた。院は知行国主でもあるとともに，荘園領主でもあり，国衙領（公領）と荘園とをその経済的基盤としていた。

院と仏教 院政期は末法思想の流行により浄土信仰が盛んであったため，白河・鳥羽・後白河の3上皇は仏教に厚く帰依し，いずれも出家して法皇となった。極楽浄土に往生するため六勝寺（法勝寺など勝のつく6つの寺）などの寺院を建立したり，浄土への入口とされる紀伊国（現和歌山県）の熊野や高野山への参詣を盛んに行った。

一方，寺院勢力は大荘園領主でもあったため，その荘園をめぐって，国司と争ったり，興福寺や延暦寺の僧兵（当時南都・北嶺とよんだ）が武力を背景にして神木や神輿を掲げて入京し，朝廷や院に強訴したりした。この鎮圧に武士の軍事力が利用され，武士の中央政界への進出が促進された。

17　古代日本の対外関係

弥生時代　弥生時代の日本の様子を最初に文字で知ることができる『漢書』地理志によれば，すでに紀元前1世紀頃の小国の王が，漢の支配下にあった朝鮮半島の楽浪郡に定期的に朝貢していたとされる。『後漢書』東夷伝では初めて年代を特定でき，57年に九州の奴国の王が後漢へ朝貢し，光武帝から金印を授与された（江戸時代に福岡市の志賀島で出土した「漢委奴国王」の金印）。『魏志』倭人伝では，邪馬台国の王卑弥呼が239年に魏に朝貢している。争いに明け暮れた弥生時代，中国への朝貢は，大陸文化や先進技術への魅力とともに，自らの国内や対立する首長らに対し，中国王朝の権威を借りる側面がきわめて強かった。

古墳時代　高句麗の好太王碑文によると，倭は391年に朝鮮に出兵した。『宋書』倭国伝には，『日本書紀』で雄略天皇とされる倭王武が，478年に宋に朝貢し，安東大将軍・倭王の称号を受けたとある。武は，祖先たちがすでに国内を統一したことを語り，鉄資源や文化面で魅力的な朝鮮半島への進出をねらって中国の権威を利用しようとした。伽耶（加羅）と呼ばれる朝鮮南部に，『日本書紀』では任那という日本領があったとされる。512年の外交失策でこの地の多くを失った大伴金村は失脚した。国内統一の進んだ古墳時代には，ヤマト政権が朝鮮半島をも視野に入れ，対立する高句麗や新羅を意識して，東アジアでの倭の地位を確立する対外政策を展開した。中国への朝貢も，かつての「日本」国内の首長向けより，朝鮮半島を意識したものへと変化していった。

遣隋・遣唐使　600年代に入り，朝廷は対等外交を意識した遣隋使を派遣した。日本の国書は中国皇帝にのみ許される「天子」を自国に対し用い，隋の煬帝を「無礼」と激怒させた。それでも小野妹子を無事帰国させ，格下とはいえ裴世清に国書をもたせ来日させたのは，高句麗遠征を睨んでの配慮であろう。ただし，遣隋使や遣唐使を対等外交とみるのは早計である。中国皇帝への正月朝賀にあわせ，季節や風を無視した危険な航海日程や返礼使の来日など，中華思想の枠組みから日本は抜け出てはいない。遣唐使は新羅の使節と席次を巡り衝突している。中華思想の下で，

日朝が上下を競ったのである。663年の白村江の戦いで新羅・唐軍に敗れ，両軍の侵攻の危機に直面すると，朝廷は防人の設置や大宰府の防衛強化，内陸部の大津への遷都などに追い込まれた。遣唐使も669年以降33年間中断し，702年に復活した。8世紀には10回任命されたが，9世紀は3回のみで，約60年ぶりの894年の派遣は，遣唐大使の菅原道真の建議により中止となった。

　遣隋使や遣唐使が大陸の制度や文物の移入に果たした役割ははかり知れない。特に奈良時代の天平文化と平安前期の弘仁・貞観文化は遣唐使派遣とあわせて展開した。人の交流も盛んで，大化の改新期の国博士旻・高向玄理らや，橘諸兄政権の玄昉・吉備真備らなど大陸経験者が政権を支えた。唐では日本への帰国を諦めた阿倍仲麻呂が重用された。遣唐使とともに来日した鑑真は，日本仏教に授戒制度を整え，戒壇院を設けた。

　日本は宋・元との国交は結ばなかったが，民間船の来航で経済交流は続いた。皇朝十二銭の鋳造停止以降，宋銭が輸入され貨幣経済が発達した。元へは建長寺船や天竜寺船などが派遣された。再び朝貢形式による中国との国交が回復するのは，明と室町幕府との間で，1401年のことである。

朝鮮・渤海・刀伊　中国を模倣して日本を中華（中心）とする日本型華夷思想が芽生えると，朝廷は国内の蝦夷・隼人や，中国以外の周辺国には強気の姿勢を見せた。676年に朝鮮半島を統一した新羅とは，遣新羅使を送りながらも，新羅の朝貢を求める日本と，対等を意識する新羅との間でずれが生じていった。8世紀には遣唐使の航路を，朝鮮半島沿いに進む北路から，危険を伴う東シナ海横断（南路）に変えるほど緊張した。一方，中国の東北部に興った渤海（698〜926）とは，対新羅で利害が一致したこともあり，長く使節が往来した。

　10世紀前半，アジアでは唐，渤海，新羅が相次ぎ滅亡した。その後，刀伊（女真族）は1019年に対馬や北九州を襲い，藤原隆家率いる九州武士団が撃退した。刀伊の入寇は，蒙古襲来や倭寇禁圧のため朝鮮王朝が行った1419年の応永の外寇とともに，日本が襲撃された数少ない事件である。

18 仏教の伝来とその展開──古代文化の展開 1──

仏教 仏教は紀元前5世紀頃、現在のインド・ネパールに住んだシャカ族の王族ゴーダマ・シッダールタ（釈迦）により開かれた。釈迦の死後に分かれた仏教諸派のうち、東南アジアには出家や厳しい修行のもとで自己の解脱を目指す南方上座部仏教が広まり、中国や朝鮮・日本には他者への救済を重視した北方（大乗）仏教が伝わった。

仏教の伝来 仏教は522年には司馬達等（止）により、日本列島に移住した渡来人の間に広まったとされる（平安時代の歴史書『扶桑略記』）。欽明天皇の時に、百済の聖明王から公式に仏像と経論などが伝来するのは、『上宮聖徳法王帝説』や『元興寺縁起』では538（戊午）年、『日本書紀』では552（壬申）年のこととしている。現在では538年説を重視するが、いずれも後世に編まれた史料であり、決定的な根拠を欠く。

崇仏論争 伝来後、蘇我稲目と物部尾輿らが仏教の受容をめぐり争った（崇仏論争）。『日本書紀』によると、「外国がみな敬う神を日本も受け入れないわけにはいかない」とする稲目に対し、尾輿らは「日本古来の神が外来（異国）神を受け入れることで怒る」と反対した。蘇我氏と物部氏は政権内で争っており、これもその一環と考えられる。欽明天皇が稲目に仏像を授けると稲目は喜び、自宅を寺とし仏像を安置した。一方、物部氏は仏像・経典を難波の堀江に捨て、寺を焼いたとされる。こうした仏と神の区別も明白にできない論争は子の代へと引き継がれた。皇位継承も絡む対立の後、587年に物部守屋は蘇我馬子らに殺害され、両氏の抗争に決着がつけられた。

飛鳥時代 推古天皇が594年に仏教興隆の詔を下すと、仏教は国の保護を受け、豪族らは競って寺院を建立した。仏教は氏ごとに受容され、氏の祖先を敬い、病気の回復や一族の繁栄など現世利益を求める氏寺が中心であった。朝鮮半島との接点を重視する有力者の間の思惑などが優先されて仏教が導入されたので、大乗仏教の他者救済思想（教義内容そのものやその社会性、慈悲への共感）も十分には根づかなかった。

しかしこの時期、日本初の仏教文化が開花した。特に政治の中心地であ

る飛鳥地方には，蘇我馬子の飛鳥(法興)寺や橘寺など多くの寺院が建立された。他方，厩戸王(聖徳太子)は摂津(現大阪府)の四天王寺や斑鳩の法隆寺を建立した。太子が604年に定めたとされる十七条憲法では，三宝(仏・法・僧のこと。仏教)を敬わせた。また経典の注釈書『三経義疏』を著すなど，太子は仏教を深く理解した数少ない人物とされるが，どちらも後世の創作の可能性を否定できない。

白鳳時代 白鳳文化期には，国家の保護下で大官大寺や薬師寺などの官寺が建立された。護国経典の金光明経が読まれるなど，仏教は鎮護国家の性格を帯びていった。701年に制定された大宝律令の僧尼令では，税負担を逃れるため勝手に僧侶になること(私度僧)を禁止したり，民間布教を制限するなど，仏教は厳しく国家の下に管理された。

奈良時代 奈良時代には三論・成実・法相・倶舎・華厳・律宗の南都六宗が形成されたが，これは兼学も可能な研究のための宗教学派であった。平城京内外の，東大寺・興福寺・元興寺・大安寺・薬師寺・西大寺・法隆寺が南都七大寺とされた。

聖武天皇は，政争や疫病・飢饉などの社会不安の除去を仏法の力に頼ろうとして(鎮護国家の仏教)，741年に諸国に国分寺・国分尼寺を建て，護国経を読ませ国家の平安を祈らせる国分寺建立の詔，743年には世界をあまねく照らす盧舎那仏の金銅像を造る大仏造立の詔を発した。

唐から鑑真を招いた朝廷は，戒壇院を東大寺に設け，僧尼が守るべき戒律を正式に授けた。戒壇は筑紫観世音寺と下野薬師寺にも置かれ，最澄の死後の822年には比叡山延暦寺にも置かれた。

民間への布教は制限されたが，行基のように社会事業を行うとともに仏教を広める僧も現れた。また光明皇后(光明子)は悲田院や施薬院を設けて救済を行うなど，仏教思想による社会事業が広まり始めた。

厚く保護された仏教界は政治権力に接近した。道鏡は孝謙上皇の病を癒して次々と昇進し，終には皇位を求めたため排斥された。平安京への遷都では政教分離策が貫かれ，奈良からの寺院の移転は許されなかった。

19　仏教の展開と古代人の神々──古代文化の展開2

最澄と空海　平城京の仏教に批判的だった桓武天皇は、最澄や空海の開いた新しい仏教である天台宗や真言宗を支持した。

767年近江国（現滋賀県）に生まれた最澄は出家した後、比叡山で山林修行の道に入った。やがて桓武天皇の特旨で804年、空海とともに遣唐使の一行に加えられ中国に渡った。日本での修行中からすべての人は平等に仏になれると説く天台（法華経）に関心を持っていた最澄は、中国で天台山にのぼり、大乗円頓戒を授けられ9カ月後に帰朝、806年には勅許をえて天台宗を比叡山寺（823年延暦寺と改めた）に開いた。その後、差別的な南都の小乗戒に批判的だった最澄は、より易しい大乗戒を授ける戒壇の設立を目指して南都の諸寺と論争、『顕戒論』を著して大乗戒壇設立の必要性を説いたが、戒壇の設立が認められたのは彼の死後7日目であった。

最澄没後、真言密教の全盛で危機に立った天台宗に円仁・円珍が現れ、天台宗の密教化と教団の勢力拡大にあたった。比叡山延暦寺はその後長く日本仏教の発展に大きな影響を与えた。

774年讃岐国（現香川県）に生まれた空海は初め京に上り学問を志したが、やがて仏門に入り、各地の山林で修行した後、唐へ渡った。空海は長安で中国真言の正統である恵果らから学び、さらに多くの密教関係の仏像・曼荼羅（大日如来を中心に諸仏を独特の構成でならべた画）・経典を持って806年帰朝した。嵯峨天皇の庇護を受けた空海は京の高雄山寺を中心に真言宗の布教に当たったが、後に紀伊国（現和歌山県）の高野山に金剛峰寺を開き、823年には京の東寺（教王護国寺）を与えられた。その後東寺は真言密教の本拠地となった。

密教は加持祈禱によって災いを避け、この世での幸福を求める現世利益の教えを説いたので、貴族たちの信仰を得て広まった。

浄土教　現世利益を説く天台・真言の密教と並んで、摂関政治の頃から、来世に救いを求める浄土教が広まってきた。浄土教とは、阿弥陀如来にすがればこの世での生を終わった後、阿弥陀如来の居所である西

方極楽浄土に往生できるとする教えである。

10世紀半ばには京に空也が出て，民衆の間に念仏（南無阿弥陀仏）を勧め市聖と呼ばれた。同じ頃，慶滋保胤が出て念仏を唱え，また極楽往生を遂げた人々の伝記を記した『日本往生極楽記』を書いた。また，比叡山で修行をつんだ源信（恵心僧都）は985年『往生要集』を著し，極楽往生のための心がまえや作法を示し，日本浄土教の基礎をうち立てた。

浄土教が支配層や民衆に広まっていく背景には末法思想の影響がある。末法思想とは釈迦の没後2千年を経ると，末法の時代に入り，釈迦の教えは行われなくなり，悪がはびこる破滅的な世界になるという考えで，当時の日本では1052年から末法に入ると考えられていた。それを示すかのように，天災や疫病，盗賊や騒乱が引き続くと，人々はますます来世での平安を求めて浄土への信仰を深めていった。

日本の神々　遠く縄文時代から，人々は自分たちの理解を超えた事物や現象を神としてあがめ，おそれてきた。太陽・月・雷から山・川・木・石に至るまで，全てに神が宿ると考えその神々を祭ってきた。いわゆる自然崇拝（アニミズム）である。やがて，神が宿る場，神が降り立つ場は神聖な場として仕切られ，さらに仮の社から常設の社が作られるようになった。また，諸豪族が自分たちの独自の祖先（氏神）を祭る場所も作られた。これらが神社の始まりである。やがて古墳時代に入り，大和朝廷による国内の統一が進められるとともに，神々も大王（天皇）家の神である天照大神（太陽神）を頂点として体系化されるようになった。さらに律令時代に入ると，政府は神祇官を設けて全国の神社を官社・国社と格付けしてその支配下に置き，天照大神を最高神とする国家神道を確立した。

一方，6世紀に仏教が伝来し広まってくると，奈良時代頃から神道と仏教を融合させようとする神仏習合の考えがあらわれ，平安時代に入ると，仏や菩薩が神々の姿となって現れるという本地垂迹説が起きた。これは，大日如来の垂迹が天照大神，阿弥陀如来の垂迹が八幡神であるというように，特定の仏と特定の神を結びつける考えで，中世には密教と結びついてこの考えを理論化した両部神道がうまれた。また，神道の側から神が本で，仏が垂迹であるとする神本仏迹説も唱えられるようになった。

20 飛鳥・白鳳・天平・弘仁貞観の建築と美術工芸
―― 古代文化の展開 3 ――

飛鳥文化 6〜7世紀にかけ，初めての仏教文化として飛鳥文化が花開いた。仏教は単に宗教，思想にとどまらない大陸渡来の総合的な新文化で，瓦葺きの大伽藍，きらびやかな仏像彫刻・美術工芸品などが，これまで草葺きや板葺きの建築しか知らなかった当時の人々に圧倒的な印象を与えたことと思われる。

　日本で最も初期の仏像は飛鳥寺釈迦如来像や法隆寺釈迦三尊像である。これらは左右対称性，硬い衣紋や異国的でアルカイック（古拙）な微笑を特徴とする北魏様式を伝え，渡来人系の鞍作部の人々の造像とされる。また法隆寺百済観音像や夢殿救世観音像，中宮寺半跏思惟像，渡来人の秦氏ゆかりの広隆寺半跏思惟像などは柔和・自然な表現で，中国南朝の様式を百済を通じて学んだものとされる。このように新文化には朝鮮からの渡来人達が深く関わっていた。

　建築では7世紀末から8世紀初めの再建とされる法隆寺が最も古い様式を伝えているが，蘇我氏ゆかりの法興寺（飛鳥寺）の遺構などにも当時の伽藍配置を知ることができる。

白鳳文化 古い氏族的な国家の時期を抜け出て，本格的な古代律令制国家が形成されていく7世紀後半に，中国・初唐の文化の影響を受けて生まれたのが白鳳文化である。この時期の彫刻は清新で明るく，気宇壮大な印象を与える。興福寺（旧山田寺）仏頭，薬師寺薬師三尊像などはその典型である。またインドや西域地方にルーツを持つ法隆寺金堂壁画や高句麗等の影響を強く受けた高松塚古墳壁画なども描かれた。

　この時代，仏教は私的信仰から国家仏教への道を歩み始め，薬師寺や大官大寺など官立の大寺院が建立された。薬師寺東塔はその遺構である。

天平文化 律令体制が整い，奈良に本格的な都城が営まれた8世紀の文化が天平文化である。集権的国家体制の整備によって富が都に集中し，貴族の教養も成熟した。また最盛期を迎えて充実した盛唐の文化が遣唐使を通じて取り入れられた。ササン朝ペルシャなど西アジアにまで広が

る唐文化の国際性は，天平文化にも反映している。

　国家仏教は最盛期を迎え，都には南都七大寺と呼ばれる大寺が次々に建立され，仏教美術が花開いた。唐招提寺金堂・東大寺法華堂・同じく転害門・正倉院宝庫など，緩やかな勾配，深い軒，どっしりとした壮大な印象の建築がその遺構である。寺院以外の建築物には遺構が少ないが，唐招提寺講堂は奈良の都の官衙（朝集殿）を，法隆寺伝法堂は貴族の邸宅を移築した貴重な例である。

　彫刻では，金銅像に加え，塑像や乾漆像が作られるようになって，表現の幅が大きく広がった。盛唐の影響を受け壮大で厳格な表情や，写実的で豊かな人間的感情を示すものなど多様な表現が現れた。東大寺法華堂不空羂索観音像・日光月光菩薩像・執金剛神像・戒壇院四天王像，唐招提寺鑑真像・金銅盧舎那仏像などがその代表例である。絵画では正倉院鳥毛立女屏風・薬師寺吉祥天像など唐絵画の影響を強く受けた作品が描かれた。また，正倉院には聖武天皇にかかわる多くの宝物が残されている。豊かな国際性を示すものが多く，正倉院螺鈿紫檀五弦琵琶や同漆胡瓶など遠くササン朝ペルシャの影響が見られるものもある。

弘仁・貞観文化　都が平安京に遷ると文化の様相も大きく変化した。平安初期，9世紀の文化を弘仁・貞観文化と呼ぶ。唐は既に衰退していたが，桓武天皇を初めとする貴族は唐文化を積極的に模倣・吸収した。また新たに唐から伝えられた平安新仏教（天台・真言宗）が大きな影響を与えた。新仏教の密教の流行とともに密教芸術が発展した。神護寺薬師如来像・元興寺薬師如来像・室生寺金堂釈迦如来像など神秘的で威厳に満ちた仏像が数多く製作された。これらは一木造で，深く衣紋を彫り出した翻波式の様式を示し，豊かな量感を備えている。新仏教は山岳での修行を重んじて寺院の多くが山中に建てられたため，伽藍は自由な配置となった。室生寺の金堂や五重塔などの配置がその例である。

　絵画も教王護国寺両界曼陀羅・園城寺不動明王など密教の祈禱に適する独特の曼陀羅や不動明王が多く描かれた。書道は唐風の力強い書風が主流で，嵯峨天皇・空海・橘逸勢の三筆と呼ばれる名手が現れた。

21 飛鳥・白鳳・天平・弘仁貞観の学問・教育・文学
―― 古代文化の展開 4 ――

飛鳥時代の学術 5世紀には漢字をはじめ，様々な大陸文化が盛んに流入してきた。さらに6世紀に入ると学術・宗教が体系的に伝えられるようになった。百済からは仏教，五経博士によって儒教（513），道教と関係する医・易，また観勒によって暦法も伝えられた。高句麗の曇徴は絵の具や紙・墨を伝えた。こうして日本でも文字使用が始まり，文化発展の条件を備えるようになった。漢字や暦の知識は歴史的な記録を可能とし，やがて『帝紀』『旧辞』など宮廷の記録や伝承もまとめられていった。また仏教に関する学問的な研究も始まった。

白鳳時代 7世紀初めから始まった遣唐使による唐文化の流入や，律令体制成立に伴う官僚層の拡大などで，白鳳文化の時期には貴族の文化的蓄積が増した。大学や国学など官人養成のための教育機関も現れ，法律（明法道）・儒教（明経道）・漢文（紀伝道）などが教授された。貴族は中国的教養を身につけ，漢詩文が盛んであった。また，古来の歌謡から発展した和歌も詩型が定まり発展した。漢詩では大津皇子，和歌では柿本人麻呂や額田王らがこの時期の代表的作者である。

万葉集 8世紀，天平文化の時代に入ると識字層は地方の郡司クラスにまで拡大した。文学的活動は盛んとなり，この時期に日本の古典となる様々な作品が生まれた。和歌では奈良時代の後半に，それまでの作品約4500首を集めた『万葉集』が編纂された。そこには，歌謡の名残を持つ7世紀後半の作品を初めとして，人事や自然を素直に表現した柿本人麻呂や額田王ら，8世紀前半に豊かな個性を示した山上憶良・山部赤人・大伴旅人ら，さらに8世紀後半の大伴家持らまで長期間にわたる作者の作品と，加えて東歌や防人の歌など，地方民衆の素朴な感情を詠ったものまで広範囲な作品が含まれている。その表記には日本語を漢字の音訓で表記する万葉仮名が工夫され，日本語の発展に一歩を示している。漢詩文もますます盛んで，淡海三船・石上宅嗣らが現れた。初めての漢詩集『懐風藻』が編纂された。

記紀・風土記　貴族の国家意識が高まる中で，天武天皇の時に開始された天皇家の支配の由来や国家形成の経過を説明するための修史事業が，『古事記』(712)と『日本書紀』(720)として完成した。『古事記』は『帝紀』『旧辞』を検討し，稗田阿礼が読みならわしたものを太安万侶が筆録したもので，神代から推古天皇までを，漢字の音訓を使った日本語の表記も試みながら物語的に叙述している。『日本書紀』は舎人親王らが中心となり，中国の正史にならって漢文・編年体で記述した正史である。後に続く六国史の初めとなった。

また713年政府は，各地の地名の由来・伝説・産物などを記録した『風土記』の編纂を各国に命じ，献上させた。出雲・播磨・豊後・肥前・常陸の5カ国の風土記が今に残る。

大学や国学は大宝律令で制度化され，貴族や郡司の子弟などの教育が行われた。最初の公開図書館である芸亭が石上宅嗣によってつくられた。

弘仁・貞観文化　平安京遷都後の弘仁・貞観文化の時代はことに唐文化の影響が強く，唐風文化の最盛期となった。ことに桓武・嵯峨天皇らは権威強化のため唐風の文化・儀礼を盛んに導入した。貴族達も為政者として儒教や詩文など中国的な教養を身につけようとした。有力貴族はその子弟を教育するために和気氏の弘文院・藤原氏の勧学院など，大学に付属する寮のような施設として大学別曹を設け，主に儒教に関する明経道や中国の歴史や漢詩文に関する紀伝道（文章道）を学ばせた。紀伝道の大江氏・菅原氏のような専門の学者の家系も生まれた。空海は綜芸種智院を設け，庶民に儒教・仏教・道教を教授しようとした。

漢詩文が隆盛を極め，小野篁・三善清行らの名手があらわれた。こうしたなか『凌雲集』『文華秀麗集』『経国集』など勅撰の漢詩文集が編纂された。また空海の個人漢詩文集『性霊集』も編まれた。空海は六朝・唐代の漢詩文に関する文学評論である『文鏡秘府論』も著している。

8世紀初めの『日本書紀』の後を受けて漢文編年体の歴史書が9世紀末まで書き継がれ，『続日本紀』『日本後紀』『続日本後紀』『日本文徳天皇実録』『日本三代実録』のいわゆる六国史が成立した。また各地の仏教説話を集めた最古の説話集『日本霊異記』が書かれている。

I　原始・古代

22 国風文化の展開──古代文化の展開 5 ──

遣唐使の廃止 894年の遣唐使の廃止を境目に文化の国風化が進展した。しかし，遣唐使の廃止で大陸文化が入らなくなったわけではなく，宋の商船の往来による民間交流をはじめ，新羅や渤海など大陸との交流は続いた。日本人が従来の唐文化の理解や模倣を基礎にして，独自の文化を求め始め，国風文化が発達していった。

仮名文字 表音文字である仮名文字の誕生により，新しい文化的境地が切り開かれていった。漢字の一部を略した片仮名は，依然漢字の補助的意味合いが強かったが，漢字の草書体（くずし字）を簡略化した平仮名により，漢字では表せない日本独特の繊細な表現が可能となった。男子貴族の間や公式文書には引き続き真名とよばれる漢文・漢字が使われたが，仮名は主に女性や僧侶が和歌や日記などに使い，女手とも呼ばれた。

和歌 天皇や上皇の命で編む歌集を勅撰集といい，平安前期には『経国集』などの勅撰漢詩集が編まれた。仮名文字の普及・発達により，和歌もさかんに詠まれるようになった。醍醐天皇の命で905年，初の勅撰和歌集となる『古今和歌集』が紀貫之らにより編纂され，優雅で技巧的な作風を示し，その後の和歌の模範とされた。以後，後鳥羽上皇の命による1205年成立の『新古今和歌集』までの八代集が編纂され，和歌文学に大きな影響を与えた。『仮名序』を記した紀貫之は，仮名による紀行文『土佐日記』を著している。

文学 随筆では清少納言の『枕草子』，物語では『竹取物語』や『伊勢物語』，『源氏物語』，日記では藤原道綱の母の『蜻蛉日記』や菅原孝標の女の『更級日記』，『和泉式部日記』，『紫式部日記』など，仮名文字の優れた作品が次々と生まれた。道長の摂関政治の全盛時代を賛美した『栄華物語』や，それを客観的に描いた『大鏡』などの歴史物語もその後生まれた。平安末期には，後白河上皇によって今様を集めた『梁塵秘抄』が編纂された。一方，平将門の乱を描いた『将門記』や前九年合戦を描いた『陸奥話記』などの軍記物も現れ，武士の活躍を伝えている。

書道・絵画　書道では，平仮名や漢字を流麗・優美に書き上げる和風がさかんとなり，藤原佐理・藤原行成・小野道風の三蹟がでた。絵画では，中国の漢詩や風景・故事から題材をとる唐絵にかわり，日本の風景や民俗を優美に描く大和絵が生まれた。その名手として巨勢金岡が知られる。平安末期にはこの大和絵によって，応天門の変を描いた『伴大納言絵巻』や，僧命蓮にまつわる奇跡を描いた『信貴山縁起絵巻』，『源氏物語』を題材とした『源氏物語絵巻』などの優れた絵巻物が作られた。また動物を擬人化して貴族や僧侶を風刺した『鳥獣戯画』，優美な大和絵の上に経文を記した厳島神社の『平家納経』や四天王寺の『扇面古写経』も生まれた。漆を塗り重ねて仕上げていく工芸品の蒔絵の技法も発達し，平安末期には宋へも輸出された。

藤原文化　国風文化の隆盛は，摂関家が政治を独占した時期にあたり，藤原文化とも呼ばれる。天皇との外戚関係を基に自己の権力強化を望む貴族達は，競って娘を天皇に入内させた。一条天皇の皇后藤原定子に仕えた清少納言や，同天皇の中宮藤原彰子に仕えた紫式部ら，摂関家の娘を教養ある女性へと育て上げる女房達が，女流文学の隆盛を担った。
　貴族の邸宅は白木造りで檜皮葺の日本風の寝殿造となり，内部の襖や屏風には大和絵が飾られた。服装も日本風に変わり，貴族の男子は衣冠・束帯，女子は女房装束（十二単），地方豪族や庶民は水干が一般的になった。

浄土教　空也が京の町で念仏を広めるなどした結果，10世紀以降阿弥陀如来を信仰し，死後に極楽浄土への往生を目指す浄土教が流行した。また源信は浄土信仰を体系化した『往生要集』を著し，大きな影響を与えた。この浄土信仰は末法思想の影響によっていっそう広まった。
　貴族は邸宅内に阿弥陀堂（道長の法成寺など）を建てて阿弥陀如来像をまつり，堂内を阿弥陀如来が多数の菩薩とともに来迎する絵などで飾って，極楽浄土への往生を願った。阿弥陀堂では，頼通の平等院鳳凰堂や，豊後（現大分県）の富貴寺大堂，陸奥（現福島県）の白水阿弥陀堂などが現存している。仏師定朝は，従来の一木造に代わる寄木造の手法を完成させ（定朝様），平等院の阿弥陀如来像などを造像し，後世の手本とされた。

時代の風景 1　　　　　　　**古代日本の仏塔**

飛鳥時代　仏教の伝来は538年とされるが，本格的な寺院の創建は蘇我馬子による飛鳥寺（法興寺）が最初である。飛鳥寺は596年に塔が完成し，この塔を3つの金堂が囲む配置になっていて，塔を中心としていた。塔の規模は法隆寺五重塔とほぼ同じであった。飛鳥寺と同じ伽藍配置の寺院址は高句麗等にもあり，日本の寺院や塔は朝鮮半島からの伝来であったと考えられる。塔は本来釈尊（お釈迦さま）の遺骨（舎利）を安置するための舎利塔である。インドでこれを stupa といったのが，中国では卒塔婆と称され，しだいに塔婆・塔と略称されるようになった。初めは心柱や相輪に舎利容器を納めた。その後次々と寺院が建てられたが，そこには必ず仏舎利を安置する塔が建てられた。しかしその後，本尊をまつる金堂が寺院の中心になり，塔の占める地位はしだいに低下していった。

奈良時代　741年に聖武天皇により全国に国分寺・国分尼寺の建立が発願されたが，国分寺には必ず七重塔を建てて金光明経を安置することを求めた。しかし各地の遺跡から判断すると，必ずしも七重塔ではなかったことがわかる。一方，総国分寺である東大寺には東西2つの七重塔が建てられ，その大きさは一階の一辺が16.5mで，高さが97mに及んだと考えられている。現存する一番高い塔である京都の東寺（教王護国寺）の五重塔が高さ54.8mであることと比べても東大寺の塔がいかに大きかったかがわかる。なおこの頃には，三重塔・五重塔・七重塔のほかに九重塔も建てられた。639年建立の百済大寺，後を継いだ大官大寺の塔も九重塔であった。なお，塔の屋根の形式を方（宝）形造りと呼び，最上層は二等辺三角形，他の層は台形にそれぞれ見える構成となっている。

平安時代　平安時代には従来の塔に加えて，天台・真言宗の教義に基づく新しい塔が建立されるようになった。多宝塔といわれるもので，下層の方形の平面と上層の円形の平面とを組み合わせ，連結部は亀腹といわれる漆喰塗の饅頭形を伴う塔である。真言宗では釈尊・多宝仏・大日如来をまつった。各寺院はその立地する地形（山岳部が多かった）に従って堂塔が自由に配置されており，景観も従来の寺院とは大きく異なってきた。

時代の風景2　　　　最澄と空海

入唐
求法　比叡山での修行の後最澄は法華経を講義する高名な僧となっていたが，804年遣唐使に伴い短期留学僧として入唐した。一方，四国の深山幽谷で厳しい修行を経た空海もこの時留学生（20年の長期留学）として入唐した。最澄は天台山（現浙江省）で行満に学んで多数の経巻を携えて翌年帰国し，806年には比叡山寺で天台宗を開いた。空海が師としたのは当時中国密教の第一人者の長安青龍寺の恵果であった。恵果は空海の並はずれた才能に応えて6カ月の間に真言密教の奥義を伝授した。さらに伝法阿闍梨位と遍照金剛の名を与え，多くの経巻・曼陀羅・法具等を得させて，早々に帰国して日本に仏法を伝えるよう命じた後死去した。空海は全弟子を代表して恵果の顕彰碑文を起草した。806年に帰国した空海は，2年後入京を許されて高雄山寺（現神護寺）に入った。

交友と
決別　留学中密教に注目していた最澄は空海を訪ねて日本仏教発展のため相互の協力を約束し，空海もこれに応じた（空海の最澄宛書簡集が『風信帖』）。最澄は弟子の泰範らを空海のもとに送って密教を学ばせただけでなく，812年自ら空海を師として密教入門の儀式を受けた。最澄は空海が持ち帰った多くの経巻を借覧し書写した。秘典とされる『理趣釈経』の借用を申し出た時，密教は経典の解釈だけでは理解できないとして空海は拒絶した。弟子の泰範も空海のもとに留まり戻らなかった。密教に対する理解の根本的相違から最澄と空海の交友は絶縁に至った。

日本仏教
の礎　最澄は南都（奈良）仏教勢力から独立した大乗戒壇設立を朝廷に懇請したが，許可されたのは822年の最澄の死後7日目のことであった。翌823年嵯峨天皇の勅旨により寺号が延暦寺と改められ，延暦寺は後に日本最大の教団に発展した。空海は819年紀伊国高野山に修行道場として金剛峯寺を建立し，後に朝廷から京都の東寺を与えられ教王護国寺と称し，都での活動拠点とした。加持祈禱を行う密教は，現世利益を願う貴族や朝廷の支持を得て教勢を拡大した。また，空海は詩文や書に秀で（三筆の1人），庶民教育（綜芸種智院を開く）や土木事業（現香川県の満濃池などの修築）など宗教以外にも多彩な活動を展開した。

時代の風景3　古代の北海道と沖縄

北海道　北海道では8・9世紀頃から東北北部の土師器文化の影響を受けて，胴部に刷毛でこすった文様をもった擦文土器が制作された。ヒエ・ソバ・オオムギ・アワを栽培する原始的農耕とサケ・マスなどの漁労・狩猟も行われた。人々は隅丸方形，カマドつきの竪穴住居に居住していた。北海道の大部分から津軽・下北半島までに分布した擦文文化である（擦文時代）。この文化の担い手はアイヌ民族につながる人々であった。

　同時期，北海道東北部のオホーツク海沿岸からサハリン，南千島にはオホーツク文化が分布していた。この文化の担い手は，海獣狩猟，漁労を行い，カマドがなく，石囲いした炉を持った亀甲形ないし五角形の竪穴住居に居住し，オホーツク式土器と金属器を用いた。この金属器はアムール川（黒竜江）流域・沿海州からもたらされており，その地の末靺系文化との関係が想定される。オホーツク文化は12世紀前半頃までに擦文文化に吸収されるが，この文化の上にアイヌ文化が形成され始める。

沖縄　沖縄の稲作は10世紀前後に始まった。農耕集落が増大し，水系を単位に地域共同体が作られた。農業社会への移行は，急速な政治社会の形成をもたらした。按司と呼ばれる首長が現れて，12世紀頃には一定の領域に君臨するほどになった。同時期に奄美〜沖縄〜先島諸島にグスクが出現した。グスクには石囲いのものもあるが，岩だけのものもある。城塞のような構造をもつものもあれば，墓そのものがグスクと呼ばれるものもあり，時代によって規模や構造も異なり，その性格は確定していない。聖域や城塞，あるいは按司の居館として用いられたのがグスクであったようだ（グスク時代）。

　紀元前の先島においては土器文化が存在していたが，その後消滅した。八重山諸島では5〜11世紀までの間は無土器文化の状況で，出土した石器は東南アジアの石器文化の系統をひくものであった。11世紀以降土器を伴った文化に移行した。宮古諸島では土器の登場は12〜13世紀頃であった。

時代の風景 4　　　　古代の東北社会

安倍氏と清原氏　平安中期に陸奥国奥六郡の支配権を握ったのは、俘囚の長の安倍氏であった。1051年安倍頼時は、国司の恣意的な政治に抵抗し、国司と対立した。国司は安倍氏追討のため軍を差し向けたが、安倍氏はその追討軍を破った。朝廷が新たに源頼義を陸奥守兼鎮守府将軍として派遣するやいなや、安倍氏は服属した。しかし、頼義は1054年任期を終えて多賀城に向かう途中、野営地が何者かに襲撃されるとすぐさま安倍氏の犯行と断定し、安倍氏を攻撃した。頼義軍は苦戦したが、出羽の俘囚の長清原氏の来援によって勝利を収めた。これを前九年の合戦（1051～62）という。

安倍氏滅亡後、東北北部の支配権を得たのは清原氏であった。1083年一族の真衡と清衡・家衡の間で紛争が起こった。真衡の急死によっていったんは収束したが、陸奥守源義家が遺領分配に介入し、それに不満をもった家衡が清衡を攻撃した。義家は清衡を支援して家衡を滅ぼした。これが後三年の合戦（1083～87）である。

奥州藤原氏　清衡は姓を父方の藤原氏に戻し、鎮守府将軍として平泉に拠点を置き、基衡・秀衡と3代にわたって東北に君臨した。当時流行していた浄土信仰から、清衡は中尊寺を、基衡は毛越寺を、秀衡は無量光院をそれぞれ建立した。これらは奥州藤原氏の豊かな財力によるものであった。奥州の砂金は藤原氏の手によって京都の朝廷へ貢納され、さらに日宋貿易によって中国大陸へ渡った。中尊寺金色堂には沖縄・南海・アフリカ産の夜光貝や象牙がみられ、平泉からは中国産の青磁・白磁、尾張（現愛知県）の常滑焼などが出土している。基衡が管理する出羽国大曾禰荘（左大臣藤原頼長の所領）からの貢納物の1つには北海道以北から入手した海豹皮がみられる。このように奥州藤原氏は国内外に対する交易を盛んに行っていた。

秀衡は源義経と結びつき源頼朝を牽制したが、1189年秀衡の子泰衡は頼朝によって滅ぼされた。その結果頼朝の支配は、津軽地方にまで及んだ。

I　原始・古代　49

時代の風景5　古代の史料

中国正史　日本列島に文字がない時代に、日本の情勢を記述しているのが中国王朝の正史である。中でも『漢書』地理志・『後漢書』東夷伝・『魏志』倭人伝・『宋書』倭国伝・『隋書』倭国伝などが著名である。

金石文　金石文あるいは金石史料とは、金属や石などに刻印された文字をいう。高句麗好太王碑文や稲荷山古墳出土鉄剣銘などがある。

古事記と六国史　『古事記』は『帝紀』と『旧辞』を集大成して太安万侶によって712年に編纂された歴史書で、神代〜推古朝までの天皇の系譜や天皇・皇族に関する伝説を記している。『日本書紀』は720年舎人親王によって編纂された日本国の正史で、編年体で記され、漢文で書かれている。

『日本書紀』の後をうけて、8世紀の歴史を扱うのが『続日本紀』で、9世紀の歴史を記す『日本後記』・『続日本後記』・『文徳天皇実録』・『日本三代実録』も編纂された。これらを総称して六国史という。10世紀初め律令国家が衰退すると国による歴史の編纂事業は途絶えた。

風土記　『風土記』は713年諸国に命じられて編集された地誌である。産物・地名などを収録している。今日比較的まとまった形で残っているのは常陸・播磨・出雲・肥前・豊後の5カ国のみで、それ以外の風土記は他書に引用されたのが散見される程度である。

木簡　木簡とは短冊形に削られた木片に文字が記載されたもの。調庸など貢納物の荷札や文書や記録として用いられたほか、習字や落書にも使用された。木簡によって文献資料では解明できない分野や文献資料に対する批判的検討が可能となり、古代史研究に益するところが大きい。

大鏡と軍記物　11世紀に入ると、藤原氏の全盛時代を道長を中心に記した『大鏡』や『栄華物語』の歴史物語、武士の活動の様子を描いた『将門記』や『陸奥話記』などの軍記物が現れた。

上記の諸史料は同時代、後世に編纂された史料など、その性格はそれぞれ違い、作成者の主観も含まれているので、厳密な史料批判が必要である。

II

中世

1　武家政権への歩み

武士の中央進出　地方で勢力を拡大してきた武士たちは、11世紀になると本格的に京都の政治にも進出するようになった。1086年に院政を開始した白河上皇は、院（上皇）の権力を強化するために、武士の持つ軍事力を利用しようとして院の御所に北面の武士を置き、有力な武士を院近臣に取り立てた。初めは藤原摂関家との結びつきを通じて勢力を伸ばし、東国の武士の支持を集めていた源義家が重用されたが、義家の死後は伊勢平氏の平正盛が用いられた。正盛は義家の子の源義親を討ち、その後瀬戸内海の海賊鎮圧で功績を挙げた。

保元・平治の乱　白河上皇の院政を引き継いだ鳥羽上皇が1156年に亡くなったのをきっかけに、その後継者の地位をめぐって天皇家・摂関家の内紛が激化した。

崇徳上皇は、左大臣の藤原頼長と結んで、源為義・平忠正らの武士を動員し紛争の主導権を握ろうとした。これに対して、崇徳の弟である後白河天皇は、関白の藤原忠通とともに、源義朝・平清盛の協力を得て崇徳上皇方を攻撃しこれを破った（保元の乱）。摂関家出身で天台宗僧侶の慈円は、その史書『愚管抄』で、保元の乱以後は「武者の世」になったと述べている。

保元の乱後、後白河天皇は退位して院政を開始した。乱後の恩賞に不満を持った源義朝は、院の近臣藤原信頼と結んで、59年院近臣藤原通憲（信西）を攻め殺害した。しかし、信西と結んでいた平清盛の反撃にあい義朝と信頼は滅ぼされた。義朝の子頼朝は伊豆に流され、以後源氏の勢力は衰退した（平治の乱）。

この2つの乱により、貴族社会内部の対立も結局武士の武力によってしか解決できないことが明らかになり、勝ち残った清盛の権力が急速に強大となっていった。

平氏政権　平治の乱後、平清盛は主として西国の武士たちを家人として従え、武家の棟梁としての立場を一段と強めた。1167年には公家の最高職である太政大臣に就任し、一族とともに朝廷の高位高官を独占した。

また，娘の平徳子を高倉天皇の中宮に入れ，その子を即位（80年）させて安徳天皇の外戚となり，朝廷の権力を握り平氏独裁政権を樹立した。
　清盛と平氏一門は30余の知行国と，500余カ所の荘園を支配した。また音戸ノ瀬戸（現広島県）を整備し，大輪田泊（現神戸市）を修築して，父忠盛の代から力を注いできた日宋貿易の発展をはかり，富を獲得した。

高まる不満　清盛とその一門による政権の独占は，旧勢力（院・摂関家・寺院勢力）の反感を呼び，1177年，後白河の近臣藤原成親・僧俊寛・西光らが平氏打倒を企てる事件（鹿ヶ谷の陰謀）が起きた。79年清盛は，多数の反平氏の公卿を追放し，後白河法皇を鳥羽殿に幽閉して院政を停止させ，独裁政権を確立させた。こうした平氏の強引な政治手法は，旧勢力だけでなく地方の武士団などの不満を呼び，かえって反平氏の気運を高めた。

　1180（治承4）年，後白河の子以仁王が，平氏打倒を呼びかける令旨を発して源頼政とともに宇治で挙兵した。以仁王は敗死したが，令旨に応じて，畿内では園城寺・興福寺などの寺院勢力が，また地方では，伊豆に流されていた源頼朝や，信濃（現長野県）の木曾を拠点とする源義仲らが挙兵するなど，平氏打倒の動きが全国的に拡大し，治承・寿永の乱と呼ばれる内乱に突入した。

源平の争乱　高まる反平氏の動きに対抗するため，80年に清盛は平氏一族の拠点である福原（現神戸市）へ都を移し，畿内を中心に支配を固めようとした。しかし翌81年に清盛が病死し，養和の大飢饉が畿内・西国を襲う中で，平氏の勢力はしだいに衰え始めた。

　一方，反平氏勢力の中ではまず源義仲が兵を進めた。義仲は83年倶利伽羅峠（現富山・石川県境）の戦いで平氏軍を破り，同年京都を制圧した。しかしその後，京都で後白河法皇と対立した義仲は，鎌倉の源頼朝が派遣した源義経・源範頼と戦って近江（現滋賀県）の粟津で84年敗死した。

　この間，安徳天皇を伴い都から脱出した平氏は，福原付近に軍勢を戻していた。しかし，義経・範頼らは84年2月一の谷（現神戸市）の戦い・85年2月屋島（現香川県）の戦いで平氏を追いつめ，1185年3月長門（現山口県）の壇の浦の戦いで平氏を滅亡させた。

2　鎌倉幕府の成立

東国の武家政権　1180（治承4）年に伊豆で平氏打倒の兵を挙げた源頼朝は，同年鎌倉に入り，東国の支配に着手した。80年11月に頼朝は侍所（長官の別当は和田義盛）を設置して，頼朝と主従関係を結んだ御家人を統制し東国支配の基礎を固めた。

　83年頼朝は，源義仲を牽制しようとする後白河法皇から，東海道・東山道の行政権を認められた。同時に頼朝の官位も平治の乱以前に復され，ここに頼朝の東国支配権が朝廷から認められた。

　84年源義仲を滅ぼし，一ノ谷の戦いに勝利した頼朝は，多数の平家没官領（平氏一門の旧所領）を朝廷から与えられ，大きな経済的基盤を得た。鎌倉には，政務一般・財務などを行う公文所（別当は大江広元），訴訟・裁判を行う問注所（長官の執事は三善康信）を開設し，広元・康信ら京都出身の下級公家や官人を登用して政治組織を整備・強化した。

鎌倉幕府　平氏が滅亡した1185年，後白河法皇は頼朝の勢力拡大を恐れ，弟の源義経に頼朝追討の院宣を与えた。頼朝はこれを機に北条時政を京都に派遣して，逆に後白河に義経追討の院宣を出させて，諸国に守護を設置し国衙の在庁官人を指揮する権利，諸国の荘園・公領（国衙領）に地頭を任命する権利と反別5升の兵糧米の徴収の権利などを認めさせた。これによって頼朝は，東国だけでなく西日本支配にも関与することになり，鎌倉幕府の権限が拡大した。また，頼朝は，85年京都の警備を行う京都守護職と，九州の軍事・行政・裁判を行う鎮西奉行を置いた。

　守護は国ごとに1人ずつ置かれ，主として東国の有力御家人から任命された。その任務は大犯三カ条（大番催促・謀反人や殺害人の逮捕）に集約され，平時は管内の御家人の統制と警察権を用いて治安の維持にあたり，戦時には管内の御家人を統率して参戦した。守護は地頭をも兼ねており，それが主要な財源であった。地頭は，荘園・公領毎に御家人の中から任命され，年貢の徴収・土地の管理・治安の維持にあたった。地頭の任免権は幕府にあり，荘園領主が独断で罷免することはできなかったため，その地位は格段に安定していた。しかし，幕府の支配が及ぶのは，頼朝の知行

国(関東御分国)や平家没官領を含む頼朝支配の荘園(関東御領)と、御家人の所領などに限られていた。守護・地頭が設置された後も、朝廷は国司を通じて全国の行政を担当し、公家は荘園領主として荘園支配を続け、幕府はこれに介入しない方針をとったので、全国で朝廷と幕府による二元的な支配が行われることとなった。

89年頼朝は、平泉の奥州藤原氏が義経に加担したとして、朝廷の認可のないまま自ら陸奥・出羽に侵攻し、藤原泰衡を滅ぼして、この地の支配のために奥州総奉行を置いた。これによって頼朝は日本全国を軍事的に制圧した。

翌90年頼朝は大軍を率いて上京し、後白河法皇に謁見して右近衛大将に任命され、翌91年には公文所を政所と改称した。1192年3月後白河が死去すると、同年7月頼朝は後鳥羽天皇から征夷大将軍に任命され、ここに名実共に鎌倉幕府が成立した。

将軍と御家人 頼朝(将軍)と、御恩と奉公の関係を結んだ武士を御家人という。頼朝は、合戦で功績を挙げた武士に対して、従来からの所領の支配を認めたり(本領安堵)、新たな所領の支配権を与えたり(新恩給与)した。これを御恩という。これに対して、御家人は平時には京都大番役(皇居や都内警備を交代で行う)・鎌倉番役(鎌倉幕府の警備に当たる)に赴き、戦時には合戦の軍役を務めるなどの奉公を行った。この土地給与を通じた将軍と御家人の御恩・奉公の主従関係を封建関係と言い、この関係に基づく支配階級内部の法的な秩序を封建制度という。鎌倉幕府はこの封建制度に基づいて成立した最初の政権であり、以後このような仕組みが江戸時代まで続いた。

これまでの貴族が支配した社会においては武士の地位は低く、その土地支配権も不安定なものだったので、頼朝によるこうした所領保護は武士にとってきわめて大きな意味を持った。これにより頼朝と御家人とのきずなは強固となり、この関係が鎌倉幕府の支えとなった。戦時において幕府のために鎌倉に駆けつけ、命をかけて戦うことは「いざ鎌倉」といわれ、御家人達の義務であると共に誇りともなった。

3　承久の乱

北条氏の他氏排斥　1199年頼朝が死去し，頼家が2代将軍に就任したが，母の北条政子は実父の北条時政とはかって，頼家の独裁を停止して有力御家人13人の合議制によって政治を運営することにした。しかし，その後も有力御家人の間で主導権争いが激化した。1200年頼朝の信任が厚かった梶原景時が追討され，03年には頼家の義父比企能員が頼家の長子一幡とともに北条氏に討たれた。政所別当となった時政は執権とよばれた。頼家は伊豆に幽閉され，翌04年殺害された。03年頼家の弟実朝が3代将軍に就任した。その後05年には畠山重忠が北条氏に討たれ，さらに13年有力御家人で侍所別当の和田義盛が，政所別当であった北条義時によって討たれた。この結果，義時は政所別当と侍所別当とを兼任し，執権としての地位を固めた。その後執権の地位は北条氏によって世襲されていった。

　1219年，3代将軍実朝が頼家の子の公暁によって暗殺され，源氏の将軍が断絶した。義時は後鳥羽上皇の皇子を鎌倉幕府の将軍に招く交渉を行ったが，上皇から拒否された。そこで北条義時は頼朝の遠縁に当たる摂関家の九条道家の子九条（藤原）頼経を4代将軍として迎えることにした（摂家将軍）。

後鳥羽上皇　平氏が安徳天皇をつれて西国へ都落すると，1183年後鳥羽天皇が3歳で即位した。以後平氏が壇の浦で滅亡（安徳天皇も死去）するまでの2年間安徳・後鳥羽の両天皇が並立した。祖父の後白河法皇の死後の1192年，後鳥羽は親政を始めたが，98年には子の土御門天皇に譲位して院政を始めた。後鳥羽上皇は院の御所の造営・移転や熊野参詣を重ねたが，優れた歌人でもあった（1205年に『新古今和歌集』を勅撰。隠岐配流後も自ら改訂を続けた）。一方，既存の北面の武士に加えて西面の武士をも設置して，院の武力の強化をはかった。19年1月，3代将軍実朝が甥の公暁によって暗殺され，源氏の嫡流が断絶すると，後鳥羽はこれを討幕の好機ととらえた。同13年3月，後鳥羽は寵姫伊賀局亀菊の所領摂津国の長江・倉橋両荘の地頭の罷免を幕府に要求した。地頭の任命・罷免権

は鎌倉幕府にあり，地頭の罷免の要求は幕府に拒否された。こうして幕朝関係は緊迫化した。

承久の乱 1221（承久3）年5月，後鳥羽上皇は京都守護伊賀光季を討ち，北条義時追討の院宣を発して討幕の兵をあげた。しかし，この挙兵に応じる武士は，朝廷・院政との関わりのある西国守護・在京御家人や僧兵，北条氏に反発する東国武士の一部などの総勢2万数千にすぎなかった。これに対して鎌倉幕府側は「尼将軍」北条政子が頼朝以来の恩義を説いて御家人を結束させ，北条義時は弟の時房と長子北条泰時を大将とする19万余の統制された軍勢を派遣して1カ月たらずで京都を占領した。敗れた後鳥羽上皇は義時追討の院宣を撤回することになった（承久の乱）。

乱後の処分 後鳥羽・順徳両上皇は隠岐・佐渡へ配流となり，乱に関係しなかった土御門上皇も自ら土佐（後に阿波）へ移り，仲恭天皇（3歳）は廃されて，後堀河天皇が即位した。後鳥羽上皇側近の首謀者・在京御家人らは斬殺・自殺に追い込まれる厳しい処分が行われた。朝廷の監視・京都の警備・尾張以西（のち三河以西）の訴訟の総括のため，幕府は京都守護にかえて六波羅探題を新たに設置し，泰時と時房がこれに任命された。

上皇側の所領3千余カ所が幕府に没収され，戦功のあった御家人らがその地の地頭に任命された。その際，新たな基準（新補率法）により，田畑11町毎に1町の給田，田地1反毎に5升の加徴米（荘園領主に納める年貢に付加して，地頭が自らの収入として取り立てできる）の徴収権，山野河海からの収入の半分がそれぞれ地頭に与えられた。この適用を受けた地頭を新補地頭といい，それ以外の地頭を本補地頭という。これによって東国の御家人たちが西国の荘園・公領の現地に地頭として移り住み，鎌倉幕府の支配が畿内・西国の荘園・公領にも及ぶようになった。こうして幕府と朝廷とによる二元的支配の実態が大きく変わって，幕府支配の優位性が確立した。幕府は23年諸国に命じて，全ての荘園・公領の田畑面積，領主名・地頭名などを記載した大田文を提出させた。

京都ではその後も院政が続けられたが，公家政権は弱体化し，幕府が朝廷の政治や皇位継承にも干渉するようになっていった。

4　北条政権の時代

執権政治　承久の乱を乗り切り，鎌倉幕府を本格的な全国政権へと発展させた執権北条義時は1224年に死去し，その姉政子も翌25年に死去した。その後義時の子泰時は，幕政の安定をはかるため有力御家人との合議に基づく政策を推進した。叔父の北条時房を執権の補佐役の連署に，11人の有力御家人・吏僚を評定衆にそれぞれ任命し，その会議を幕府の最高決定機関とした。（2代将軍源頼家の時代に13人の有力御家人からなる合議制が行われていたが，これは将軍親裁を制限するのがその目的であった）。

貞永式目　泰時の政策の中で後世に最も影響を及ぼしたのが，1232（貞永元）年に制定した御成敗式目（貞永式目）51カ条である。この式目は，武家社会の慣習（道理）と頼朝以来の先例を成文化して訴訟の基準にしようとしたもので，当初は幕府支配下の武士社会のみを適用対象とし，国司・荘園領主の支配領域は対象外であった。また，律令や公家法を否定・改変しようとするものでもなかった。しかし幕府権力の拡大とともに，次第に公家社会にも浸透していった。

　御成敗式目と式目以降に制定された追加法の「式目追加」とは，幕府の基本法となり尊重された。この御成敗式目は，足利尊氏が樹立した室町幕府でも武家社会の基本法典とされ，さらに戦国大名らの分国法（家法）にも大きな影響を与えた。また，後世『庭訓往来』などとともに読み書きの手習い書としても活用され，その影響は広く社会に及んだ。

式目と御家人　御家人の所領支配に関する式目の基本条項は第7条・8条である。第7条は，頼朝以来代々の将軍と4代将軍後見人の北条政子の時に拝領した所領を，元の（それ以前の）知行者がその知行権を主張した場合には，基本的に現在の知行者の権利が認められるとするものである（不易法）。第8条では，幕府から公的に認められたものでなくても，所領を知行して20年が過ぎれば，その知行者は改替（変更）されないとしている（不知行年紀法）。これらは武家社会の慣習を強く反映している。

　また，第18条では所領を女子に譲与した後になって不和が生じた場合，親がその所領を悔い還す（取り戻す）ことができるとし，第23条では子の

無い女人が所領を養子に譲り与えることを認めるなど，公家社会にない独特の法規定もある。

北条時頼 合議政治は泰時の孫時頼の時代にも受け継がれ，裁判の公正化・迅速化をはかるため，49年引付衆が設置された。53年には13カ条からなる新制を出して，農民保護（撫民），質素倹約，薪・炭などの物価統制を定めた。また庶子や農民など弱者を救済する政策を進めた。

その一方で，時頼は摂家将軍（頼経・頼嗣）を相ついで更迭し，1252年には後嵯峨天皇の第一皇子の宗尊親王を将軍に迎えた（皇族将軍）。1247年の宝治合戦では大豪族の三浦泰村一族を滅ぼし，56年に執権職を長時に譲った後も得宗（北条氏嫡流家の当主）として実権を握り続け，合議制から専制（得宗専制）体制へと転換をはかった。

武士の生活 武士は基本的にその所領にある農村に居住した。周囲を堀でめぐらし，その内部を土塁や塀で囲んだ館に居住して，館の周辺には年貢や公事のかからない直営地（佃・正作・門田など）を持ち，下人・所従などの隷属民や所領内の農民を使って耕作させた。また地頭などとして農民から年貢を徴収して，荘園領主や国衙に納めていた。

当時武士の社会では分割相続が行われており，所領は女子を含めて子に譲渡された。公家社会とは違い女性の地位は比較的高く，地頭職を継承する場合もあった。婚姻は嫁入婚が一般的であった。惣領と呼ばれる一族の長が統率者として相続問題などに関与し，一族の庶子に御家人役などを分担させ，合戦の際には惣領の統率の下に一族で参戦した。惣領はまた氏神の祭祀も行った。こうした血縁に基づく一族の結合関係を惣領制といい，幕府の御家人体制の基礎をなした。

このような生活の中から，「弓馬の道」・「兵の道」などといわれる，武勇や名誉を重んじる気風・道徳や武士社会独自の慣習が形成されていった。彼らは，日常から犬追物・笠懸・流鏑馬（騎射三物）などの武芸の訓練を行い，幕府もまた巻狩などで，御家人たちに武術を競わせた。戦場では命を惜しまず手柄を立て，恩賞として新しい土地を獲得することが強調された。

5 蒙古襲来と社会の変貌

蒙古襲来 大陸では13世紀初め，チンギス゠ハーンがモンゴル系遊牧民を統一してモンゴル帝国を建国した。帝国は，13世紀中頃にはユーラシア大陸の東西にわたる広大な領土を征服し支配した。5代皇帝フビライは1271年国号を元と定め，中国の南宋攻略のために大都（現北京）に新都を築き，朝鮮半島の高麗を服属させ，東南アジアではベトナム・チャンパを服従させた。

　1268年，高麗の使者が日本に服属を求めるフビライの国書を携えて大宰府に到着した。執権就任直後の北条時宗はこれを黙殺し，その後のフビライの要求にも応えなかった。74（文永11）年10月，高麗軍も加えた元軍約3万が高麗の合浦（現馬山市）を出発し，対馬・壱岐を襲撃した後，博多湾に来襲してきた。幕府の動員した九州の御家人がこれを迎え撃ったが，元軍の集団戦法や毒矢・「てつはう」などの見なれない兵器の前に苦戦し，大宰府へ撤退した。元軍は博多などを襲撃した後に船に引き上げたが，翌朝までに博多湾から撤退していた（文永の役）。

　81（弘安）年，4千隻の軍船と元・高麗・旧金・旧南宋の混成軍からなる14万人が九州北部を再び襲った。博多湾に石塁・土塁をめぐらして元軍に備えていた日本側も容易に上陸を許さず，約2カ月間におよぶ激戦の後，元軍は暴風雨で大損害を受けて撤退した（弘安の役）。以後もフビライは日本遠征を計画したが，実現しなかった。

幕府支配権の拡大 2度にわたるフビライの遠征は失敗に終わったが，緊迫した情勢は続いた。そのため幕府は，文永の役後九州北部の警備に異国警固番役を強化して，九州諸国の御家人をこれに当てたが，さらに非常事態であるとして「本所一円地」（従来幕府の支配の及ばなかった公家・寺社の支配地）に住む非御家人の武士をも動員して，事態を乗り切ろうとした。76年に博多湾沿岸の石築地（石塁）を築かせた際には，非御家人にも工事を負担させた。さらに弘安の役の直後には，非御家人を動員する権限を朝廷に公式に認めさせた。

得宗専制　元の圧力をてこにして，幕府の支配権は大幅に拡大し，その支配権を幕府内で掌握したのは，得宗（北条氏嫡流家の当主）とその家臣（御内人）であった。1284年北条時宗が死去し，子の貞時が執権の地位を継ぐと，貞時の外祖父で有力御家人であった安達泰盛と内管領（御内人の長）の平頼綱との対立が激化し，頼綱は85年泰盛一派を滅ぼした（霜月騒動）。成人した貞時は93年平頼綱を滅ぼして（平禅門の乱），得宗の専制的な権力を固めた。同年貞時は北条氏の一族を博多に派遣し，鎮西探題として九州の政務・警固を担当させ，これまで幕府支配の浸透が未熟だった九州にも得宗の力が及ぶようになった。この頃全国の守護の半分以上が北条氏一門に占められるようになった。得宗の権力が強化されるとともに，3代執権北条泰時の頃確立した有力御家人による合議制は後退し，得宗とその一族・御内人が政治運営の中心となった（得宗専制政治）。

御家人の窮乏　蒙古襲来以前から御家人社会では，深刻な御家人の窮乏化が進んでいた。大きな戦が無いため御家人の所領は増大することはなく，分割相続によって所領の細分化が進んだ。一族の共倒れを防ぐため，女子への相続の制限や，単独相続への移行も始まった。蒙古襲来はこうした事態を一層進展させた。幕府は蒙古との戦によって新たに所領を獲得したわけではなく，命がけで戦った御家人にめぼしい恩賞を与えることもできなかった。

　困窮した御家人たちは貨幣経済の急速な浸透の中で所領の質入れ・売却に走り，一層困窮を深めていった。幕府は御家人の生活窮乏を救済するため，1297（永仁5）年，御家人の所領の売却・質入れを禁じ，高利貸し（借上）などの非御家人に売却した所領と，他の御家人に売却して20年以内の御家人の所領の返還を命じ，御家人に関する金銭の訴訟を受け付けないなどの措置をとった（永仁の徳政令）。しかしその効果は一時的なものにすぎず，金融の道を絶たれた御家人はますます困窮していった。

　一方，畿内やその周辺で力を蓄えた武士は徒党を組んで荘園を侵略し，当時悪党とよばれた者も現れた。悪党の活動は各地に広がり，社会不安が高まった。

6 鎌倉時代の社会と産業

農民の生活　農民たちは公領や荘園に属して生活していた。名主とよばれた有力な農民は名田などの大規模な農地の経営をまかされ，家族や下人などの従者が直接耕作する田畑以外は，一般農民である作人などに耕作させた。土地税である年貢は，名主や作人から荘官・地頭また公領の管理者である下司などに，現物で納入された。受け取ったかれらはこれを換金して領主に納めることも始まった。年貢以外には領主や荘園・公領の公的な行事の負担金である公事，領主に対して労働力を提供する夫役などがあった。幕府の御家人である地頭がそれぞれの荘園・公領に配置されると，年貢以外に地頭に納める加徴米や地頭への夫役が農民に課せられ，その負担が増大したので，農民が地頭を荘園領主に訴えるようなこともおこった。またこの頃，作人や下人の自立化の動きもみられた。

　新しく開墾や畑作が進み，農業技術も進歩した。肥料として草や灌木の若葉をつみ取って田の中にすき込む刈敷や，植物を燃やした草木灰の散布などが普及し，土をすき返す田起しや，水田の面ならしである代掻きに牛や馬を使う牛馬耕も始まった。

　農民たちは，桑の木を栽培して蚕を飼って絹織物を織ったり，大麻や苧麻を栽培して，麻布（布とよばれた庶民の衣料）を織ったりした。また近畿地方を中心に西日本では，冬に水田の水をぬいて畑地とし，麦を裏作にする二毛作も始まった。瀬戸内海沿岸地方などでは，農民たちはあぜ道などに灯油の原料になる荏胡麻などを作った。

交換と流通　米を含め農民たちの生産したものは，交通の便利なところ，寺院や神社の門前など人が多く集まるところで交換されていたが，この時代には定期的に開かれる市が各地に生まれた。月に三回開かれる市は三斎（度）市といい，毎月三の日に開かれるのを三日市，八の日に開かれるのを八日市などといって，地名として現在まで残っている。備前（現岡山県）の福岡市の絵の中では，魚・米・布・鳥・履物や瓶などが並んでおり，日常品が交換・売買された。京都は公家やその従者，地方からやってくる武士およびその従者，僧侶，手工業者など消費生活者が多かったの

で，商品は主として馬借や車借とよばれる運送業者によって京都に運ばれた。京都では商品を展示して販売する常設店舗の見世棚も生まれた。京都・地方を問わず塩や魚，絹・綿などの特定の商品を売り歩く，振売りと呼ばれる行商人も活躍し始めた。

貨幣の流通 農民たちの物々交換以外に，地方でも貨幣が流通し始めた。鍛冶の製作した刀剣や鉄製農具，鋳物師の制作した鍋や釜，瀬戸焼などの商品も流通した。また商品の集散や保管を行う問丸も各地に見られた。遠隔地にある荘園の年貢は，荘官や地頭が徴収した米を市などで売って得た銭を荘園領主に納めるようになった。

こうして貨幣が使われる頻度は次第に高まった。遠隔地への送金の危険防止のため当時は替銭と記された為替の制度も作られた。高利貸業者の借上も現れ，土地を質入れして借金をした武士や農民の中には土地を失う者も出た。

貨幣は皇朝十二銭以後日本国内では鋳造・発行されなかったので，南宋との民間貿易によって得た宋銭が多く流通した。産業の発達につれ貨幣の必要量が増したので，南宋との貿易は盛んになった1242年に日本へ帰国した商船には，宋銭10万貫が積まれていたという。日本からは，砂金・刀剣・硫黄・蒔絵・扇・水銀などが輸出され，宋からは宋銭のほかに絹織物・香料・書籍・陶磁器などが輸入された。

また禅僧の往来も盛んで，彼らは新しい文化・仏教の展開に大きな影響を与えた。

座の結成 商品の流通が盛んになると，商人や手工業者たちは営業・販売の独占や，流通過程での関銭免除などをねらって，公家や神社・寺院の保護を受け，代わりに営業税を納めるという同業者の組合を作っていった。これを座といい，平安末頃から京都を中心にして各地で生まれた。

石清水八幡宮の末社である大山崎離宮八幡宮（現京都府大山崎町）には，この神社を座の領主（本所）として，荏胡麻油をあつかう大山崎油座があった。かれらは本所に油を納入する代わりに，近畿を中心に10カ国の灯油の営業権を独占する特権を与えられた。京都の北野神社の麴座（西京の酒麴の座），祇園社の綿座も有名である。

7　南北朝の動乱

鎌倉幕府の滅亡　蒙古襲来以降，鎌倉幕府の全国への統治の強化に伴い，御家人体制や荘園公領制の枠組みから排除され，あるいは離脱した武士集団が，自己の所領や利益を守るために荘園領主や幕府に盛んに反抗行動を繰り広げるようになった。これらの武士集団は支配者層（幕府・朝廷）から「悪党」と呼ばれた。彼らの中には，河川や山野を支配して多角的に商業活動を展開する者もおり，地域的には，主として畿内やその周辺の先進地域に多かった。

　朝廷では後嵯峨天皇の子孫が，後深草天皇の流れの持明院統と亀山天皇の流れの大覚寺統とに分立し，皇位継承・院政を行う権利をめぐって争い，それぞれが有利な立場を得るため幕府に働きかけていた。そこで鎌倉幕府は両統から交互に即位するという両統迭立の妥協を実現させた（広大な皇室の荘園群で持明院統は長講堂領を，大覚寺統は八条院領を継承した）。

　1318年に即位した大覚寺統の後醍醐天皇は，両統迭立を解消して自らの子孫に皇統を伝えること，摂関・幕府・院政を否定して天皇親政を推進することを企図して，倒幕の意思を固めた。後醍醐は，君主・国家に対して臣民が守らねばならない筋道を強調する朱子学の大義名分論に基づいて，倒幕を正当化したとされる。当時鎌倉幕府では執権北条高時は政治を顧みず，実権は内管領の長崎高資が握って幕府政治は乱れていた。後醍醐天皇はこの機をとらえて秘かに倒幕の計画を進めていたが，1324年幕府に発覚し，計画は失敗した（正中の変）。さらに大規模な倒幕計画を進めたが，これもまた31年発覚し，後醍醐天皇は捕らえられ，翌年隠岐（現島根県）に流された（元弘の変）。幕府は31年持明院統から光厳天皇を即位させた。しかし後醍醐の皇子護良親王や，河内の楠木正成ら幕府に不満を持つ武士や悪党が立ちあがり，各地で幕府軍と戦った（楠木正成や伯耆（現鳥取県）の名和長年らは悪党の出身といわれる）。33年閏2月後醍醐天皇は隠岐を脱出して倒幕を呼びかけた。幕府軍の指揮官として派遣された足利尊氏は周囲の情勢を見て幕府にそむき，33年5月六波羅探題を攻め落とした。一方関東では，33年5月上野（現群馬県）の新田義貞が鎌倉を攻め，得宗の北

条高時一族を滅ぼしたため，ついに鎌倉幕府は滅亡した。

建武の新政 後醍醐は延喜・天暦の治の再現をかかげて幕府・摂関を廃止し，諸改革を断行した（建武の新政）。全ての土地所有権を天皇が発行する綸旨によって再確認することとし，天皇直属の機関として中央に記録所，恩賞方，雑訴決断所，武者所などを設置した。

地方には鎌倉将軍府，陸奥将軍府などを設置し，各国毎に国司と守護を併置した。さらに天皇は，10世紀に焼失した大内裏を新築し，958年の乾元大宝以来途絶えていた貨幣発行も企て，天皇権威の高揚をはかった。

南北朝の動乱 親政の徹底化をはかる天皇と，幕府の再興を願う足利尊氏ら武家はしだいに対立を深めていった。尊氏らの旧御家人層は得宗専制への不満から幕府を滅ぼしたが，幕府制度そのものを否定した訳ではなかった。天皇の皇子成良親王を奉じた鎌倉将軍府の足利直義（尊氏の弟）は，「執権」と呼ばれて御教書を発行するなど，京都の朝廷とは異なる動きを示しつつあった。

35年北条時行が起こした中先代の乱を鎮圧した尊氏は，鎌倉の旧将軍邸宅跡を居所とした。天皇はこれを許さず，同年新田義貞に尊氏追討を命じた。その後1年にわたり東国，畿内，九州を転戦した末に入京した尊氏は，持明院統の光明天皇を立て，後醍醐天皇は吉野へ逃れた（尊氏は36年には建武式目を定め，38年には征夷大将軍に任命され幕府政治を始めた）。こうして京都の持明院統の天皇と，吉野の後醍醐天皇とその子孫とが並び立つ「一天両帝」の南北朝の時代が始まった。

しかしその後，足利政権内部で，直義・高師直，尊氏・直義間の対立が激化し（観応の擾乱），全国の武士はそれぞれ，尊氏・直義・南朝の中で自己に有利な陣営に味方して戦ったため，戦いは長期化した。

1392年，3代将軍義満が仲介し，南朝の後亀山天皇から北朝の後小松天皇に神器が渡される形式で，南北朝の合一が実現した。60年余の南北朝の動乱は，守護の領国支配，国人の在地領主化，農民の自治村落である惣村の形成を促進させた，大きな社会変革を伴う時代でもあった。

8　室町幕府と守護大名

幕府の組織　室町幕府の中央組織は，3代将軍義満の頃に基礎が固まった。管領は将軍を補佐し，足利氏一門の有力守護である畠山・細川・斯波の3氏（三管領）から選任された。初めは将軍の権限を代行していたが，義満の親裁強化とともに権限もしだいに縮小されていった。侍所は，鎌倉時代の御家人の統制とは異なり，京都の警備・刑事訴訟を担当し，長官は有力守護の京極・山名・赤松・一色の4氏（四職）の中から選任された。最大の地方統治機関が関東・東北10カ国を管轄下に置いた鎌倉府で，鎌倉公方には足利尊氏の次男足利基氏の子孫が代々任命された（公方とは将軍の別称）。鎌倉公方を補佐する関東管領には上杉氏が代々任命された。

守護大名　守護は鎌倉時代には大犯三カ条（謀叛人・殺害人の逮捕，大番催促）を主な職掌にしていたが，南北朝動乱の中で，稲を一方的に刈り取り持ちさる苅田狼藉の取り締まり，幕府の裁定を現地で執行する使節遵行の権限が新たに加えられた。観応の擾乱が激化した1352年には，守護が荘園・公領の年貢の半分を兵糧米として徴収できる半済令が出された。はじめは近江・美濃・尾張の3カ国で，1年限りとされていたが，しだいに対象地域が拡大され恒久化した。また年貢の円滑な徴収を口実に年貢の徴収を全面的にまかせる守護請が進み，田地にも守護段銭を課す権利を得るなど，守護は国内の土地への支配権を強めた。やがて守護は，国内の武士に土地を給付するなどして，主従関係を結ぶようになり，一国全体における支配権を確立していった（守護による一円支配）。また，その国の守護職を一族で世襲化するようにもなっていった。このように鎌倉時代の守護にくらべ格段に権限が強化された室町時代の守護を守護大名と呼び，その支配体制を守護領国制という。

将軍の位置　室町幕府は，有力守護大名による連合政権という側面もあり，将軍の地位も守護大名の支持の上に立っていた。将軍・守護大名の力関係も安定したものではなく，しばしば強大化した守護大名と将軍が対立した。義満は，1390年には美濃・尾張・伊勢の守護土岐康行を，91年

には西国11カ国の守護を兼ね「六分の一衆」と呼ばれた山名氏清を（明徳の乱），さらに99年周防・長門など6カ国の守護大内義弘を（応永の乱）次々と倒した。こうして義満の時御料所に配備された直轄軍の奉公衆は3千騎にも達し，将軍権力は最盛期を迎えた。

　将軍の経済的基盤には，直轄領である御料所のほか，京都で高利貸しを営んでいた土倉・酒屋に課した倉役・酒屋役，交通の要所に設置した関所で徴収した関銭，五山寺院からの献上銭などがあった。また，日明貿易からの収益と，永楽通宝などの明銭を国内に独占的に流通させることによる支配権も手中にしていた。

　1392年に南北朝の合一を実現させた義満は，94年将軍職を義持に譲った後，太政大臣となり武家・公家の頂点にまで上った。太政大臣を辞し出家した後も義満は，北山第を政庁として官職にとらわれることなく権力を振るった。貴族の官位や神官・僧侶の位階などの叙任権，国家的祈禱を寺社に命ずる祭祀祈禱権を後小松天皇から奪い，北山第で行われる祭祀は内裏のそれを圧倒した。こうして義満は実質的には天皇を上回る存在となり，その上で明帝国の皇帝（「天子」）から「日本国王」の称号を得た。義満は明の皇帝に服属し朝貢するという冊封関係の中に組み込まれ，日本の王として天皇を超える存在となったのである。義満には皇位への野望もあったとされるが，突然の病死によってついえた。

　義満は将軍権力の強大さを示したが，子の4代将軍義持は守護大名の存在を無視できずに協調に努めて，その息子の5代義量の死後には義持自らは6代将軍を指名せず，守護大名の推挙に委ねた。このことは，室町幕府が基本的に守護大名の連合政権として成り立っていたことを象徴している。

将軍と京　京都に成立した室町幕府（義満は1378年に室町第「花の御所」を造営）は，南北朝動乱の中で京都の市政権をしだいに掌握した。京の検断権（裁判・警察権）・行政権を管掌してきた検非違使は廃止され，侍所がこれらの権限を吸収した（倉役・酒屋役も，本来は朝廷が課税していた）。こうして京都の支配権も室町幕府に一元化された。

9 幕府政治の動揺と応仁の乱

義教の政治 4代足利義持が1428年，5代義量の後継者を指名しないまま死去したため，管領畠山満家らの重臣は6代将軍を籤によって決めることにした。その結果，義満の子で天台座主の青蓮院義円が還俗して6代将軍に就任し，義教となった。義教は初めは義持の政治を継承し，管領らの意見を尊重して幕政を運営した。しかし，しだいに将軍家の権威を高めるため，管領の権力削減，大覚寺統の子孫絶滅，延暦寺弾圧を推し進め，守護大名らに対しても強圧的な態度をとるようになった。

1438（永享10）年，義教は鎌倉府の関東支配をめぐる鎌倉公方足利持氏と関東管領上杉憲実との対立に介入し，翌39年持氏を滅ぼした（永享の乱）。ここに初代足利基氏以来4代90年にわたった鎌倉府の関東支配は終わった。この直後におきた結城合戦（1441年・基氏の遺子を擁立した結城氏朝が上杉氏・幕府側と戦って敗れた），享徳の乱（54年・古河公方足利成氏と関東管領の上杉氏との22年にわたる戦いで関東の中央部を舞台とした）を経て鎌倉公方・関東管領ともに分裂し，関東では全国よりも一足先に戦国時代に突入していった。

義教は，山名，斯波，京極ら有力守護大名の家督相続にも介入し，40年，三河（現愛知県）・若狭（現福井県）・丹後（現京都府）3カ国の守護である一色義貫と伊勢半国守護の土岐持頼を大和の陣中で謀殺した。これらの義教の専制政治は，「万人恐怖」などと恐れられた。

嘉吉の乱 1441年，播磨（現兵庫県）・備前・美作（現岡山県）3国の守護赤松満祐は義教の専制に反感を抱き，自邸に義教を招いて，猿楽能鑑賞の宴席で殺害した。しかし，播磨に下った赤松満祐を追討するための幕府軍が編成されたのは実に2カ月後のことで，このことは幕府権威の失墜を示すものであった（嘉吉の乱）。

応仁の乱 後継の7代義勝は就任の2年後に病死し，その弟の足利義政が1449年に13歳で8代将軍に就任した。しかし管領畠山持国が幕政の実権をにぎり，妻日野富子や近臣の伊勢貞親らが政治に介入したため，義政はしだいに政治への熱意を失い，寛正の飢饉がおきてもその対策を

怠り，寺社参詣・酒宴など現実逃避の生活を送った。

29歳で隠居する意思を示した義政は，弟の義視を還俗させ一旦は次期将軍に定めた。しかしその直後に富子に義尚が生まれ，将軍継嗣をめぐる問題がおこった。一方管領家斯波氏・畠山氏内部でも家督相続の争いがおこっており，これらの争いに，幕政の主導権をめぐって対立していた細川勝元（管領）と山名持豊（侍所所司）とが介入した。対立は将軍継嗣の争いとも結びついて激化し1467（応仁元）年戦闘が始まり，11年にわたる応仁の乱（1467～77年）に発展した。勘合貿易での主導権争いで細川氏と対立していた大内政弘は，西軍に味方するなど，全国各地の守護大名がそれぞれ東軍（細川勝元方）と西軍（山名持豊方）とに分かれて戦った。主戦場となった京都は焼失・荒廃し，戦乱は地方へも波及して全国的な内乱となった。

この時期足軽とよばれる雇い兵が現れ，市街戦を展開するようになった。戦乱はしだいに膠着した。細川勝元・山名持豊が73年に相次いで死去すると，守護大名は各々の領国に帰り，77年の大内政弘の帰国をもって戦いは完全に終わった。この間，多くの公家や僧侶は，地方の守護大名を頼って下っていったため，一面では文化の地方への普及が促進された。

乱の影響　乱により京都の多くの寺院は灰燼に帰したのみならず，これを終息させることができなかった将軍や天皇の権威（王法），仏教界の権威（仏法）は破滅の危機に瀕した。もはや幕府の命令に従うのは山城国（現京都府）のみという有様であった。9代義尚以降の将軍は，いずれも戦陣や他国流浪中に死去するか，殺されるかの末路をたどった。

守護大名の領国支配も，戦争の間に実権を家来の守護代などにしだいに奪われていった。三管領の1つの斯波氏の領国では，越前（現福井県）で朝倉氏が，尾張（現愛知県）では織田氏が実権を握るようになった。

在地領主の国人も農民とも団結して勢力を伸ばし，応仁の乱後もなお争いを続けていた畠山氏の両軍を，1485年山城の国一揆によって国外退去に追いやった。また東軍所属の加賀国（現石川県）の守護大名富樫政親が1488年に一向一揆軍に敗れて自刃した。これらは以後約100年に及ぶ戦国の動乱の幕あけを告げる象徴的な事件でもあった。

10　室町時代の産業の展開

農業　農民たちの生産性向上のための意欲的な取り組みによって、農業生産は室町時代にさらに増大した。稲作に必要不可欠の用水面では、谷間や盆地などの水田に水を供給する施設である溜池、そのほか用水路や水車などが整備改良された。水稲の品種改良も進み、早稲、中稲、晩稲など、気候や土地の条件によって収穫時期を変えるための工夫もなされた。また肥料は刈敷や草木灰に加え、牛や馬の糞を醱酵させた厩肥、人糞尿を醱酵させた下肥などが使用され、生産性がより高まった。

瀬戸内海沿岸地方や近畿地方の条件のよいところでは稲作と麦作の間に蕎麦を植える三毛作も行われるようになった。しかし、西日本では普及した二毛作も、国土全体で見ると、寒冷地や麦の生育に都合の悪い湿地帯などではまだまだ不可能なところが多く、土地の生産性には大きな地域差があった。

京都や奈良などの近郊で、商品作物として野菜の栽培が始まった。また食料以外の、商品化目的で栽培された手工業製品の原料となる農産物の生産も盛んになり、各地で特産品が生産されるようになった。近世に木綿にとって代わられるまで庶民の繊維製品の原料として重要だった苧（苧麻）、蚕のえさの桑、紙の原料となる楮、漆器の材料となる樹液を採取する漆、染め物の原料植物の藍や茶の木などが代表的なものである。このように特産物の種類や生産量が増大した。

海岸部では満潮を利用して海水を取り込んだ入浜式塩田が開発され、次第に広まった。また、戦国時代に大きく発展する佐渡（現新潟県）の金山、石見の大森（現島根県）や但馬の生野（現兵庫県）の銀山などの開発が始められた。

商業　各地で手工業原料や手工業製品（商品）が大量に生産されるようになると、それらを消費地へ運ぶための運送業者や、商品の集散地で商品を扱う業者の活動が盛んになった。最大の消費地京都の周辺には特に運送業者が集中した。京都は内陸部にあるので、瀬戸内海から淀川をさかのぼる舟によるルート以外は馬借が活躍した。馬借は、馬の背に荷物を

積んで運び駄賃収入を得た。特に近江（現滋賀県）の大津・坂本，山城（現京都府）の馬借は，京都で消費する米の商人をも兼ねて営業規模も大きく経済力もあったので，正長の土一揆などの馬借一揆を起こして，関所撤廃などを要求するほどの力を持っていた。また牛馬に車を引かせて荷物を運ぶ車借もあった。海や川・湖の水上輸送では廻船が発達した。

交通の要地には，荘園からの年貢の保管・運送を行っていた問・問丸から，年貢以外の商品をも扱う問屋が生まれ，倉庫業，運送業，卸売業などの業務に携わるようになった。中には馬借の集団を配下に従えていたものもあった。

地方では交通の要衝や人の集まる寺院・神社などの門前で，1カ月に6回市がたつ六斎市が多くなり，京都三条・七条の米場，淀の魚市などのように特定の商品だけを扱う市場も生まれた。京都などでは店舗を構える店棚商人が一般化したが，振売・連雀と呼ばれた行商人も活躍した。16世紀初めに成立した『七十一番職人尽絵』には，いろいろな職種に携わる人々の姿が描かれているが，魚や飴などの販売の桂女や薪の販売の大原女，布の販売や機織などの職につく女性の姿も数多く描かれている。

手工業者や商人の同業組合である座は，各部門に新しい座が結成され，その数も著しく増大した。本所である公家や寺社に座役を納め，販売の独占権や関銭免除などの特権を得て，大きな勢力をもった。

流通と貨幣　商品の増大は，その交換手段としての貨幣を大量に必要とし，明との勘合貿易によって永楽通宝などの明銭が大量に流入した。それらを扱う金融業者も増大した。京都では質草をとって融資する土倉，酒造を行いながら金融業を営む酒屋などが軒を連ねるほど多く現れた。土倉や酒屋は比較的高利で貸したため，しばしば京都周辺の農民たちの一揆に襲われたり，幕府に借金の棒引きを要求する徳政一揆を起こされたりした。また大量の取引によって，私鋳銭や割銭・焼銭・欠銭などのさまざまな粗悪な貨幣も流通していた。これらの悪銭（鐚銭）は商取引の妨げとなるため，幕府や戦国大名はしばしば撰銭令を出して，悪銭の使用を禁止したり，良銭との交換や配分比率の指定を命じたりして流通の円滑化をはかった。

11　室町時代の都市と農村

京都　室町時代の後期には京都の町を描いた洛中洛外図が多く描かれ、現在もいくつか残されている。それらによると室町時代後期の市街地は、南は現在の京都駅周辺、北は京都御苑の少し北側の相国寺あたり、東は鴨川の河原をさけてその西側。西は現在の二条城の東、堀川通か少し西側の大宮通あたりまでの南北に細長い街であった。そこに天皇や公家とその家臣たち、将軍やその家臣、守護大名とその家来、土倉・酒屋など金融業者、その他の商人たちの家々が並んでいた。

　京都は最大の消費都市であった。全国から多くの商品が集まり、常設の見世棚（店舗）も一般的になった。洛中洛外図でも現在の室町通と考えられるところに店が集中し、扇を売る店、烏帽子屋など多くの店が描かれ、これらの仕事に従事する女性も多く描かれている。また、町の一角に共同便所と思われる厠が描かれているのも興味を引く。

自治都市　産業の発展に伴い、商品の集散地、参詣地、交通の要衝などに人や物が集まり各地で都市が発達した。越前の吉崎・山城の山科・摂津の石山・河内の富田林・大和の今井などの浄土真宗の寺院を中心にした寺内町、近江延暦寺の坂本・信濃善光寺の長野・山城の石清水八幡宮の八幡や伊勢神宮の宇治山田などの門前町、兵庫・尾道や出羽の酒田・越前の敦賀・若狭の小浜・薩摩（現鹿児島県）の坊津・津軽半島の十三湊（現青森県）などの港町などが栄えた。

　中には富裕な商人や手工業者を中心として、自らを戦乱から守り、繁栄を続けるために自治的な組織を作ったところもあった。京都では、町衆といわれる有力な商工業者たちを中心に都市民の自治的な団体である町が生まれ、町ではそれぞれ町法を定めた。町や町の集まりである町組では、月行事という役を選んで当番制で自治的な運営を行った。祇園祭もこの町衆たちが再興した祭である。また日明貿易の拠点として栄えた堺では36人の会合衆によって、博多では12人の年行司とよばれる豪商たちが合議で町の自治的な運営にあたった。さらに摂津の平野（現大阪市）も年寄衆による自治的な運営が行われた。

戦国大名は，領国内の要地に城郭を構えて家臣団を集住させ，商工業者を招いて城下町を形成した。城下町は戦国大名の領国の政治・経済・文化の中心として栄えたが，大内氏の山口・大友氏の府内(大分)・今川氏の府中(現静岡市)・北条氏の小田原・上杉氏の春日山(現上越市)・朝倉氏の一乗谷(現福井市)などはその代表的なものである。

惣村　鎌倉時代から，近畿地方では農村の内部に変化があらわれ始めた。
　生産性の向上によって農民の自立性が高まり，農業生産に欠かすことのできない水路・山野などを，農民が自主的に管理・運営するようにもなった。また戦乱や荘園領主・守護大名などの課税強化から，自ら村を防御する必要にも迫られてその力を蓄えた。一方，村が直接年貢を請け負う地下請(村請・百姓請)が近畿地方を中心に広まっていった。
　やがて地侍や有力な農民たちが中心となって，自治的性格の強い村＝惣村がうまれてきた。地侍や有力農民たちが，村の祭の組織である宮座などを利用して，鎮守の社などで寄合(村民の会議)を開き，合議した。有力な者が番頭・乙名・沙汰人などの代表者となり，かれらが中心となって村の運営にあたった。この惣村はいくつかの集落がまとまり，惣郷などとよばれることもあった。
　また，惣村では村の掟(惣掟)を作って村民が守るべきことを定めた。惣掟では山林や原野などの農民の共同利用地である入会地の利用の仕方，土地の境界争いの解決方法，村民でないものの扱い，居住地の制限などをきめ細かに規定した。掟を破れば宮座の仲間から外されるという厳しい罰則も伴った。しかも，村内での犯罪も村内で裁判し処分する地下検断(自検断)を行ったところもあった。
　こうして惣掟や地下検断などによって秩序を保ち，村民全体の結束を心がけた。領主からの負担の増大要求に対して村民全体で領主のもとに押しかけて村の要求を突きつける強訴を行ったり，村全体で耕作を放棄して村から逃亡する逃散を行ったりした。このような惣村の結束が，室町時代や戦国時代に近畿地方を中心に各地で発生した土一揆や徳政一揆などの土台にあった。

12　土一揆と国一揆

国人の成長　国人とは国衆ともよばれ、南北朝・室町時代に在地を強力に支配した領主をいう。国人には、鎌倉時代の地頭が土着・成長したもの、荘官や上層農民（名主）層が成長したものなどがあり、国人の活動が目立つようになるのは南北朝時代以降のことである。国人は、守護への抵抗や農村支配を守るため、契約を結び地域的な集団・一揆（国人一揆）を結成した。そのため守護の勢力が弱いところでは、しばしば守護との紛争も起こった。若狭国（現福井県）の国人らは、新守護の大高重成の入国を阻止し、次の守護細川清氏にも抵抗している。関東でも、関東執事の畠山国清が国人を強引に南朝との戦いに動員したため、反発した彼らは一味神水をして団結し、関東公方足利基氏に国清の執事罷免を要求し、これを認めさせた。1400年信濃（現長野県）の国人たちは、守護小笠原長秀と合戦し、これを敗走させている。地方領主層による上部の権力（守護、鎌倉公方、将軍）への抵抗（一揆）は、しだいに農民や下層民にも広がりを見せるようになっていった。

徳政の理念　徳政とは、支配者は仁政を行うべきであるとする中国の儒教倫理に由来する。日本でも、支配者が交代した時に徳政を求める考えが生まれ、さらには本来あるべき姿に戻すこと（債務や売買契約の破棄）といった観念が形成された。1297年の永仁の徳政令もこうした観念によっていた。さらに室町時代に入ると、田畠を土倉・酒屋などの高利貸業者に奪われた農民が、これを取り返すことを「徳政」と認識する考え方が形成された。

土一揆　農民や武士は土倉・酒屋からの借金に苦しみ、土地を手放さざるを得ないものも少なくなかった。また馬借などの運送業者も各地での関銭の徴収に苦しんでいた。こうした中で、惣の団結下にある農民や馬借などが結束して、高利貸しの圧迫に対抗するようになった。はじめは強訴などの形態であったが、15世紀に入ると武器をとって蜂起するような土一揆も増えた。1428（正長元）年の新将軍（6代義教）就任時に、全国的な飢饉を背景に「日本開白以来、土民蜂起これ初めなり」といわ

れた正長の土一揆（徳政一揆）が起こった。近江（現滋賀県）坂本の馬借が初めに蜂起し，畿内やその周辺の農民，地侍，飢饉で流れこんだ難民を含む都市の下層民も加わり，土倉・酒屋・寺院等を襲撃し，貸借証文を破棄した。この時幕府が徳政令を発することはなかったが，奈良市柳生の徳政碑文に「正長元年ヨリサキ者（は）カンヘ（神戸）四カンカウ（箇郷）ニヲヰメ（負目＝負債）アルヘカラス」と記されているように，地域ごとに行われた在地徳政や，一揆勢の実力行動による私徳政は，広範囲に及んだと推測される。

徳政令と幕府 1441（嘉吉元）年，「土民数万」と記される，空前絶後の大規模な嘉吉の土一揆（徳政一揆）が起こった。一揆勢は地域ごとに組織化されて京都を襲撃・制圧し，幕府は初めての徳政令を発令した。この一揆も，6代義教が殺害され，7代義勝が就任した将軍交代を契機に起きたものである。

　徳政一揆は，その後しばしば起きるが，しだいに規模は縮小していった。各村の中に種籾を貸しつける富裕な農民が現れ，都市の高利貸業者に依存する農民が減少したこともその原因の1つと考えられる。

国一揆 応仁の乱後も依然として争いを続けていた畠山氏の両軍勢は，1485年の山城（現京都府）の国一揆によって，国外退去に追いやられた。『大乗院寺社雑事記』は「山城国人集会す。上は六十歳，下は十五六歳と云々。同じく一国中の土民等群集す」と記し，国人と土民（農民）らが連携して守護勢力に抵抗して国外退去を要求したことを伝えている。以後8年間，南山城は「三十六人衆」と呼ばれた国人らの自治によって運営された。しかしやがて，幕府や守護（伊勢氏）らの介入によって国一揆は解体された。山城の国人の中には，守護など上部の権力と結びついて農民・農村を支配する立場にある者がいたため，幕府や守護の上級権力者層とは徹底的に抗争できないというその限界があったのである。

　その後，各地の国人層は，強力に領国支配を推し進める戦国大名によりしだいに家臣団の中に編成されたり，あるいは弾圧によって勢力を弱められていった。

13 戦国大名

群雄割拠 応仁の乱後幕府の実権は管領の細川氏の下に移ったが，その後その家臣の三好長慶に実権は移り，さらに長慶の家臣松永久秀に移っていった。

関東では永享の乱で討たれた足利持氏の子成氏の古河公方と，将軍義政の兄政知の堀越公方とが対立し，さらに関東管領上杉氏も山内・扇谷の両家に分立して対立・抗争していた。この混乱の中で京都から下ってきた伊勢宗瑞（北条早雲）は堀越公方を滅ぼし，ついで相模を制圧して小田原を拠点とした。子の氏綱と孫の氏康の時には北条（後北条）氏は関東の大半を支配する大大名に成長した。甲斐（現山梨県）の守護大名家の武田晴信（信玄）は信濃（現長野県）へ勢力を伸ばした。越後（現新潟県）の守護代長尾景虎は関東管領の職と上杉氏の家督を継いで上杉謙信と称し，信濃の支配をめぐって武田信玄としばしば戦った。駿河（現静岡県）の今川義元は，遠江（現静岡県）・三河（現愛知県）にまでその支配を拡大した。美濃（現岐阜県）では斎藤道三が土岐氏を追放して，領国支配を行った。

中国地方では山口の守護大名大内氏と，出雲（現島根県）の守護代出身の尼子氏とが対立していた。1551年大内義隆が家臣の陶晴賢に滅ぼされ，さらに晴賢も安芸（現広島県）の国人の毛利元就に滅ぼされた。その後元就は尼子氏をも滅ぼして中国地方の大半を支配下においた。四国では土佐（現高知県）におこった国人出身の長宗我部元親がやがてその大半を支配下においた。九州では豊後（現大分県）の守護大名大友氏と薩摩（現鹿児島県）の守護大名島津氏とが大勢力を誇った。東北地方では国人の伊達氏が台頭し，会津の葦名氏を圧迫するようになった。

このように応仁の乱後領国内の守護代や有力な国人たちが，京都の戦場に出ていた守護大名の権力を実力で奪って領国支配を行うことが多くなった風潮を下剋上とよぶ。こうして実力で領国（分国）を支配する権力を樹立したのが戦国大名である。戦国大名には，守護代や国人などから出たものが多いが，守護大名から転化したものも多い。

領国支配　戦国大名は，新しく服属させた国内の国人や地侍を家臣に組み入れていき，彼らに御恩として知行地を与えた。その知行地の大きさを銭に換算した貫高で統一的に表示する貫高制をとり，それに見合う軍役を負担させた。農民が負担する土地からの年貢の収納量も銭何貫文と表示した。戦国大名は，有力な家臣を寄親に，その下に多数の地侍を寄子として配属させて軍事組織として組織化していった。また身分の低い足軽は鉄砲隊や弓隊・長槍隊など集団戦の戦力として組織化されていった。

　戦国大名は，農民の耕作の権利を保障するとともに，配下の武士が勝手に農民を酷使することを禁じた。河川の治水・灌漑事業（甲斐の信玄堤など）も積極的に進め，農業生産の増大をはかった。三河などでは木綿の栽培も始まった。また家臣である領主や名主に土地の面積・耕作者・収穫高などを報告・提出させる指出による検地を行って，領内全ての土地と農民の直接支配を目指した。鉱山開発も進められた。甲斐・伊豆（現静岡県）の金山，大森・生野の銀山，中国地方の砂鉄などが有名である。

　戦国大名は商工業についても関所を廃止し，宿駅・伝馬の交通制度を整備するとともに，市場税・営業税を免除し，座の商人の独占権を廃止する楽座令や撰銭令を出し，商品流通の円滑化をはかり領国内の経済の発展をはかった。

分国法　戦国大名は，家臣団の統制と領国支配のため，その基本法として分国法（家法）を制定する者が多かった。その内容は，①家臣同士の喧嘩の当事者双方をその理非にかかわらず処罰する喧嘩両成敗，②家臣の婚姻・相続の許可制，③嫡子の単独相続制，④農民の年貢納入の義務と逃散の禁止，⑤鋸挽や火あぶりなどの厳しい犯罪者処罰と親や子に処罰が及ぶ縁座制・共犯者とみて処罰する連座制，などからなっていた。

　分国法には，大内氏の大内家壁書・朝倉氏の朝倉孝景条々・肥後（現熊本県）の相良氏の相良氏法度・後北条氏の早雲寺殿二十一箇条・今川氏の今川仮名目録・伊達氏の塵芥集・武田氏の甲州法度之次第・結城氏の結城家法度・近江の六角氏の六角氏式目・長宗我部元親百箇条などがある。

14　鎌倉仏教

新仏教　鎌倉新仏教とは，阿弥陀仏信仰を重視する念仏（浄土宗・浄土真宗・時宗），法華経を重視する題目（日蓮宗），坐禅を重んじる禅（臨済宗・曹洞宗）の6宗派をさす。各宗派の開祖たちは，いずれも比叡山延暦寺で仏教の修行につとめ，戦乱の続く末法の世で仏教に救いを求める人々（「衆生」）を救済する道を思索し，教えを説いた。
　法然（法然房源空・浄土宗の開祖）は，1175年，唐の善導の著書『観無量寿経疏』の「一心に専ら弥陀名号を念ず」という一文によって回心を体験し，阿弥陀仏を無条件に信じ，その「南無阿弥陀仏」と名号をとなえれば（「南無」とは絶対の信頼を寄せる意味で，仏に祈るとき最初に唱える語）全ての人々が極楽浄土に往生できるとした（専修念仏）。浄土宗は，九条兼実ら公家，武士，遁世僧（証空，親鸞ら），庶民に広まり，ここに日本ではじめて民衆を救済する宗派が生まれた。しかし法然の教えは興福寺など既存の寺院から「誤った考え」として非難され，専修念仏は停止され，1207年法然は土佐へ，弟子の親鸞も越後へ配流となった。法然の主著として『選択本願念仏集』がある。
　親鸞（浄土真宗開祖）は流罪をとかれた後も京には戻らず，20数年間，東国（現在の笠間市）で思索（『教行信証』を執筆）と布教の日々を過ごした。自ら妻帯（肉食妻帯）しながら僧侶としての生活を過ごす「非僧・非俗」を徹底し，法然の教えをさらに発展させ，「悪人」（仏教で禁じる殺生などを行い，悪人としての自覚を持っている人）こそ救済されるとする悪人正機説を説いた。しかしこの教えを誤解する異端者も生まれ，親鸞は子の善鸞を義絶するという苦しみも経験している。弟子の唯円が親鸞の教えなどを記した『歎異抄』は，親鸞の教えの本質をよく伝えている。
　一遍（時宗開祖）は，念仏を唱えれば，阿弥陀仏を信じても信じなくても，身分・男女・出家・在俗にかかわらず極楽へ往生できるとした。「遊行上人」・「捨聖」ともよばれ，全ての煩悩を捨て去り念仏を唱えることを説き，諸国を巡りながら「南無阿弥陀仏，決定往生，六十万人」と書いたお札を人々に配って念仏を勧めた。彼はまた，太鼓や鉦をたた

いて拍子をとり，踊りながら念仏を唱える踊念仏を始めた。一遍の生涯は『一遍上人絵伝』にくわしく描かれている。

日蓮（法華宗開祖）は，法華経（妙法蓮華経）を重視し，題目（「南無妙法蓮華経」）を唱えることによって救済されるとした。著書に，他国からの侵略と国内の内乱を予言した『立正安国論』がある。

栄西（臨済宗開祖）は，宋に2度渡って禅宗を学び，帰国後，鎌倉の北条政子や京都の公家らの帰依をうけ，京都に日本初の禅寺である建仁寺を創建した。延暦寺の非難，朝廷による禅宗禁止に対抗して著した書が『興禅護国論』である。

鎌倉幕府は，モンゴルの圧迫を受けていた南宋出身の禅僧蘭溪道隆や無学祖元を招き，鎌倉に彼らを開山とする建長寺や円覚寺を建立している。

臨済宗が幕府や公家など世俗の権力の保護をうけて発展したのとは対照的に，道元（曹洞宗開祖）は，権力から距離をおき，都から離れた越前国（現福井県）永平寺を中心道場とし，寸暇を惜しんでひたすら坐禅に徹する「只管打坐」を説いた。著書に『正法眼蔵』がある。

鎌倉新仏教は，日本独自の仏教思想を深め，念仏・題目・坐禅など，自らがもっとも修行しやすいと信じるものを選択させ，それまで既存仏教から排除されていた社会の各層や女性を救済の対象とした，真の民衆仏教となっていった。

既存仏教の再生　既存の仏教の中でも，新仏教と対抗しつつ自己革新をはかる動きがみられた。法相宗の貞慶（解脱）や華厳宗の高弁（明恵）は，戒律を重視して南都（奈良）仏教界の改革を進めた。

律宗の叡尊とその弟子の忍性は，西大寺を拠点に戒律を民衆に広め，貧民・病人の救済や社会事業にも尽くした。忍性は鎌倉にまで教線を拡大して極楽寺を開き，ここを東国における活動の拠点とした。また，幕府の保護をうけて，和賀江・六浦などの港湾管理を任され，商業活動も奨励した。一方，奈良には癩病患者を救済するために北山十八間戸を設立した。

しかし，これらの動きも既存仏教界全体の革新運動にはつながらなかった。

15　鎌倉文化

　鎌倉文化は，武家，民衆などの新しい価値観を基底とする人々の文化と，復活・再生を目指す王朝文化，それに禅宗文化とが競い合いながら形づくられた独創性豊かな文化であった。従来の京都に加えて，新たに武家の都となった鎌倉や，源平合戦の荒廃から復興された奈良が文化の舞台となった。

美術　彫刻では，定朝の流れの1つ，奈良仏師（慶派）が康慶・運慶父子のとき，南都復興を機に急成長した。中でも運慶は奈良の天平彫刻や平安初期の彫刻を学び，さらには東国武士の造像注文にも応じて新鮮な武士の息吹にふれながら，東大寺南大門金剛力士像，興福寺無著・世親像など，力強く写実的な多くの彫刻を残した。

　絵画では，絵巻物の製作が最盛期を迎えた。民衆教化の手段として『法然上人絵伝』・『一遍上人絵伝』・『明恵上人樹上坐禅図』などの高僧の伝記や，『北野天神縁起絵巻』・『石山寺縁起』・『粉河寺縁起』・『春日権現験記絵巻』などの寺社の縁起が盛んに製作された。また『鑑真和上東征絵伝』のように宋に取材してつくられたものもある。一方，中世の戦乱を題材とする『後三年合戦絵巻』・『平治物語絵巻』，武士の生活・戦闘の様子を伝える『男衾三郎絵巻』・『蒙古襲来絵巻』なども描かれた。これらの絵巻物は，当時の社会・風俗などを生き生きと伝えている。

　また鎌倉時代の初め，藤原隆信・藤原信実の父子は，後鳥羽上皇像・平重盛像など，個人を写実的・個性的に描く似絵と呼ばれる肖像画を制作した（これまで神護寺蔵・藤原隆信作の『源頼朝像』とされてきた似絵は，近年足利直義像だとする新説が提起されている）。その他個人を描いた肖像画には，『親鸞上人像』（鏡の御影），禅宗の僧侶が師を描く頂相などが描かれた（頂相の中には無学祖元像のような彫刻もある）。

建築　東大寺大勧進職となった俊乗房重源は，宋人陳和卿の協力を得て，大仏様と呼ばれる雄大・豪放な建築手法を取り入れて，東大寺の再建にあたった。その代表的遺構が東大寺南大門である。また，無学祖元を開山として北条時宗が建立した円覚寺の舎利殿（この建物は室町時代の

ものといわれる）は，禅宗様の建築を代表するものである。

これらに対して，従来の日本的な様式を継承した和様に，石山寺多宝塔や蓮華王院本堂（三十三間堂）などがある。和様に中国の新様式を取り入れたものが観心寺金堂（大阪府河内長野市）などの折衷様である。

文学 和歌の世界では，王朝政治の復興を目指す後鳥羽上皇の命で，藤原定家・藤原家隆らを撰者として，1205年『新古今和歌集』が撰集された。王朝文化は東国政権の都鎌倉にも受容され，将軍源実朝も定家に学んで万葉調の歌をよみ，『金槐和歌集』を残した。

戦乱・政変を後世に語りつぐ『保元物語』・『平治物語』・『平家物語』・『源平盛衰記』などの軍記物語や，歴史物語の『水鏡』，道理の概念で歴史を叙述した天台座主・慈円の『愚管抄』（慈円は藤原忠通の子で九条兼実の弟）が書かれた。また仏教伝来以降の仏教史をまとめた虎関師錬の『元亨釈書』，鎌倉幕府の正史『吾妻鏡』などの歴史書・歴史理論書も生み出された。

一方，王朝社会に身をおきながら，俗世間との縁を断って生きた隠者の文学もみられた。代表的な作品に，西行の『山家集』，鴨長明の『方丈記』，吉田兼好の『徒然草』などがある。

幕府樹立による東国都市鎌倉の誕生は，京都と東国との往来を盛んにした。紀行文として『東関紀行』，実子と継子の相続争い解決のため鎌倉に赴いた阿仏尼の『十六夜日記』などがある。

学問 鎌倉時代は宋・元との私貿易が活発に行われ，中国の学問も伝来した。代表的なものに宋学（朱子学）があり，その大義名分論は，後醍醐天皇らの討幕運動に大きな思想的影響を与えた。

神道もまた仏教の影響をうけて新たな展開をみせ，伊勢外宮の神官・度会家行は『類聚神祇本源』を著し，本地垂迹説に反対して神主仏従を主張する伊勢神道を始めた。王朝政治・文化への回顧から，古典の研究や朝廷の儀式・先例などを研究する有職故実の学も盛んになった。また武士の学問への関心が高まる中で，北条実時は鎌倉の近くの武蔵国金沢（現横浜市）に金沢文庫を創立して和漢の書を集めた。

16　室町文化

文化の特色　室町文化は，南北朝の動乱，応仁の乱といった激動の時代や，明・朝鮮との貿易・交流の活発化，下剋上の風潮，諸階層や地域間の交流が盛んになった時代を背景にしている。このため公家文化と武家文化（禅宗を特に保護した），大陸文化と伝統文化，中央文化と地方文化（応仁の乱により京の公家・僧侶が，周防の山口など地方都市へ移住して生まれた），上流文化と庶民文化など，それぞれの分野での融合が進み，現在に続く日本の伝統文化の多くがこの時代に生まれた。

文学　南北朝の動乱という歴史的体験を後世に伝えるため，『神皇正統記』・『梅松論』などの歴史書や，人間を生き生きと描いた軍記物語『太平記』などが生まれた。公家社会でも伝統文化の継承・創造に努め，関白も務めた一条兼良は，『花鳥余情』・『公事根源』などの有職故実の書，『樵談治要』などの政治思想書を著したことでも知られる。また二条良基が，連歌師救済の協力をえて準勅撰の連歌撰集『菟玖波集』を選集した。連歌は，15世紀末には幽玄・有心を重んじた宗祇が『新撰菟玖波集』を選集し，越後や山口などにも赴いて，地方へ連歌を広めた。16世紀には滑稽・卑俗な俳諧連歌を集めた山崎宗鑑による『犬筑波集』が選集された。また，小歌などの歌謡を集めた『閑吟集』も編まれた。

　民衆の夢などを盛り込んだ物語の御伽草子には，『酒呑童子』・『文正草子』・『物くさ太郎』・『一寸法師』・『浦島太郎』などの作品がある。

美術　室町時代には，禅宗の影響を受けた建築物が多く見られ，水墨画・作庭などが発達した。南北朝時代に華美を追求し，既存の権威に反発した佐々木高氏（道誉）ら婆娑羅大名も，芸術を保護・創造したことで知られる。北山文化の中心鹿苑寺金閣は，初層には王朝時の寝殿造の，第3層には武家好みの禅宗様の影響が見られる。東山文化の中心慈照寺銀閣の下層や持仏堂の東求堂同仁斎には，現代の和風建築の原型である書院造が出現した。

　水墨画は，北山時代に『五百羅漢図』の明兆，『瓢鮎図』の如拙，『寒山捨得図』の周文らが活躍した。東山時代には雪舟が，明で得た知

見や山口などでの生活体験をいかして『四季山水図巻』（山水長巻）などを描き，日本的な水墨画を大成した。幕府の御用絵師となった狩野正信・元信父子も水墨画に伝統的な大和絵の手法をとり入れた狩野派を興した。元信の代表作に『大仙院花鳥図』などがある。

河原者と呼ばれた賤民身分の人々（山水河原者）が作庭・花道・茶道などで活躍し，秀でた才能をもつ者は同朋衆と呼ばれ，将軍に近侍して仕えた。慈照寺（銀閣）庭園などを作った善阿弥の名が知られている（時宗の宗徒が多かったといわれている）。

芸能 観阿弥・世阿弥父子は将軍義満の保護をうけて猿楽能を大成した。世阿弥は能の理論書『風姿花伝』（花伝書）を著した。茶道では大徳寺の一休宗純に参禅した村田珠光が幽玄・閑寂を重んじる侘茶を創始し，堺の商人武野紹鷗がこれを受け継ぎ，その後千利休によって大成された。また池坊専慶により花道が確立された。

一方，華やかな姿で踊る風流踊りと念仏踊りとが結びつき，盆踊りとして定着していった。

学問・教育 学問の多くは，禅宗と密接に関わりながら発達した。北山時代には，京都五山（天竜寺・相国寺・建仁寺・東福寺・万寿寺）の禅僧らにより漢詩文を中心とした五山文学が栄え，虎関師錬・義堂周信・絶海中津らを輩出した。五山の下で中国古典の研究も行われ，それが近世儒学の藤原惺窩・林羅山の系譜へとつながっていった。大内氏の城下町・山口のある周防国の出身の桂庵玄樹は肥後・薩摩に，南村梅軒は土佐にそれぞれ赴いて，近世儒学（朱子学）の源流となった。

関東でも，関東管領上杉憲実が下野国（現栃木県）の足利学校を再興した。最盛期の16世紀には学生3千名を数えて文教の中心地となり，儒学や易学などの講義が行われた。当時，武士の子弟が寺院で教育を受ける習慣も見られるようになり，『庭訓往来』・『貞永式目』が手習い用の教科書として用いられた。

商業の発達とともに商人に読み・書き・計算が広がり，南北朝時代には堺で『正平版論語』，戦国時代には奈良で辞書『節用集』などが作られた。

17　東アジア世界との連携 1 ――中国・朝鮮と倭寇――

倭寇　14世紀後半，私貿易や海賊行為を行う集団が，対馬・壱岐・肥前松浦地方を根拠地として，朝鮮半島や中国の沿岸部をたびたび襲った（前期倭寇）。倭寇に悩まされた高麗は日本へ使者を派遣して倭寇の禁止を求めた。しかし日本は戦乱の中にあり，取り締まりの実はあがらなかった。倭寇の襲撃は高麗の衰退の遠因となった。

明の成立　中国では，1368年に朱元璋（太祖洪武帝）が元を北方へ追い明を建国した。洪武帝は周辺諸国に入貢を求め，日本には加えて倭寇の禁止を要求した。92年に南北朝を統一した足利義満は，1401年に僧祖阿と博多の商人肥富の2名を明に派遣して建文帝から「日本国王源道義」宛の詔書と大統暦を与えられた。さらに永楽帝からも「日本国王之印」の金印と，「日」「本」2字を割書きした証明書（勘合）を受け取った。これによって日本は中国を中心とする東アジアの伝統的な国際秩序（冊封体制）に組み込まれた。

勘合貿易　国交樹立とともに始まった日明貿易では，日本国王が明に朝貢し，その返礼に皇帝から下賜品を与えられ，貿易も許される朝貢貿易の形式をとった。遣明船は中国の寧波に入港し，使節団は，北京に赴いて朝貢儀礼と交易を行った。遣明船は倭寇への対策から勘合の携帯を義務づけられたため，これを勘合貿易とよぶ。

　勘合貿易は4代義持の時に中断したが，6代義教の時に再開された。応仁の乱で幕府の支配が衰えると，貿易の実権は有力守護大名の手に移った。博多商人と結ぶ大内氏は，堺商人と結ぶ細川氏と争って1523年に寧波の乱で勝利して，以後の日明貿易を独占した。

　遣明船は，1404〜1547年に合計17回派遣され，日本からは銅・硫黄・金・扇・漆器・刀剣などが輸出された。明からは永楽通宝などの銅銭（明銭）が大量に輸入され，日本国内で広く流通した。輸入品には生糸・絹織物・陶磁器・書籍・絵画などがあり，それらは「唐物」と呼ばれて珍重された。

後期倭寇 1551年の大内氏の滅亡で勘合貿易が途絶えると、倭寇の活動が再び活発化した（後期倭寇）。この時期の倭寇には中国人などが多く含まれ、海賊行為だけでなく日本の銀と中国の生糸などとの密貿易を行った。倭寇の頭目の1人で中国出身の王直は、日本の平戸を根拠地に密貿易を行い、種子島への鉄砲伝来にも関わっていた。後期倭寇の活動は、1588年に豊臣秀吉が出した海賊取締令まで続いた。

朝鮮王朝 高麗の武将だった李成桂は、1392年に朝鮮を建国すると、日本に使者を送って倭寇の禁止を求めた。足利義満は倭寇の禁圧と倭寇に連れ去られた俘虜の送還を約束して、朝鮮と国交を開き、日朝貿易を始めた。

日朝貿易 朝鮮は倭寇対策として通交を奨励したので、将軍の他に西日本の守護大名や、有力な武士・商人などが交易に参入した。1419年に朝鮮が対馬を倭寇の根拠地と見なして攻撃し（応永の外寇）、貿易も一時的に中断されたが、再開後は16世紀まで活発に行われた。

朝鮮は、図書（銅印）を受けた者に通交を許可するなどの統制を加えたが、対馬の宗氏は、朝鮮との通交者に文引（吹挙）を発行するなど、通交の仲介・統制に特権的な立場を与えられた。朝鮮の富山浦（現釜山）・乃而浦（現馬山）・塩浦（現蔚山）の3港（三浦）が貿易のために開かれ三浦と都の漢城（現ソウル）には、使節の接待と貿易のために倭館が設けられた。三浦の倭館の周辺には、交易に携わる多くの日本人が定住した。1510年、朝鮮から活動を制限されたことに反発した三浦の日本人が暴動を起こして鎮圧された（三浦の乱）。これ以後の開港場倭館は釜山だけに制限された。

日朝貿易では日本から銅・硫黄や、東南アジア産の胡椒や香木などが輸出されたが、16世紀中頃に朝鮮から灰吹法が伝わると、国内生産が急増した銀の輸出が増えた。その背景には中国における銀の巨大な需要があった。朝鮮からの輸入品の中心は木綿だった。木綿は当時の日本では生産されておらず、その優れた保温性から需要が高かった。その他に、虎皮・豹皮、高麗版大蔵経などが朝鮮から輸入された。

18 東アジア世界との連携 2 ——琉球・蝦夷——

琉球王国 沖縄では，11～12世紀頃に本格的な農業社会が始まり，鉄器や須恵器が本格的に使われるようになった。13世紀末からは按司とよばれる首長層が各地で勢力を伸ばし，城を構えて争った。沖縄本島では三山（北山・中山・南山）の地域勢力が競い合った。

　この3つの勢力を統一して琉球王国を開いたのが，尚巴志だった。南山の佐敷按司だった尚巴志は，1406年に中山の王を倒して父の思紹を王位につけ拠点を首里に移した。16年には北山も支配下におき，21年に父が死去すると，明の康熙帝から冊封を受けて王位についた。1429年には南山を服従させて三山を統一し，琉球王国を建国した。

中継貿易 沖縄本島を統一した琉球は明の冊封を受けるとともに，日本（室町幕府）や朝鮮，東南アジアのマラッカなどに使節を派遣して国交を開き，活発に貿易を展開した。その交易は中国と日本・朝鮮・東南アジアの間に位置する琉球の地理的条件を生かした中継貿易で，15世紀の琉球は東アジア交易の集散地として繁栄した。

　取引品目の中で琉球産の輸出品は，馬・硫黄・螺殻（ヤコウガイの貝殻）などにすぎなかったが，貿易港として繁栄した那覇には，日本産の銅・日本刀・工芸品，東南アジア産の香料・染料・錫・象牙などが運ばれ，各地へ輸出されていった。

　琉球の中継貿易が栄えた背景には，琉球周辺の地域間の貿易体制が未熟で，大規模な直接取引が困難だったことや，倭寇対策の一環から明が人々の自由な海外渡航・帰国を制限した海禁政策のために，従来のアジア貿易の中心だった中国商人の活動が制約されたことなどがあった。

　16世紀に入って明の勢力が衰えると，中国人を多く含む後期倭寇の活動が活発になった。明はその動きを抑えきれず，1567年に海禁政策を放棄した。後期倭寇は，密貿易によって中国とアジア各地を直接結びつけ，琉球の中継貿易に打撃を与えた。

　1511年に東南アジアの交易の拠点マラッカを占領したポルトガルも東アジア貿易に参入し，琉球の立場を脅かした。琉球は16世紀後半には

東南アジアへの直接のルートを失い，貿易上の地位は大きく低下した。

中世のアイヌ　中世の北海道（蝦夷ヶ島）は，日本に含まれない異域とされ，アイヌの人々（蝦夷・俘囚・夷狄などとよばれた）が狩猟・漁業や簡単な農業を営みながら，北東アジアの諸民族や，大陸の沿海州を支配した元や明，そして本州の東北地方と交易を行った。蝦夷の中には津軽（青森県）へ渡って定着する者もいたといわれる。

蝦夷との交易　12世紀末の滅亡まで東北地方を支配していた奥州藤原氏は津軽の外が浜を拠点に，蝦夷ヶ島に住む人々と交易を行い，鷲の羽根やアザラシの皮などを入手していた。

　鎌倉時代以後それを引き継いだのが津軽の安藤（安東）氏だった。安藤氏は，北条氏の代官として津軽地方の海上交通の拠点を支配し，来航する蝦夷を統括した。

　14世紀には，安藤氏の本拠地の十三湊（現青森県）は津軽から敦賀・小浜・琵琶湖を経て京都までを結ぶ日本海交易の拠点として繁栄した。この北方交易によって，鮭・昆布などの産物が畿内に運ばれた。

和人の進出　14世紀末から15世紀初めにかけて，本州から津軽海峡を越えて北海道の渡島半島南部に移住・定着する者が現れた。15世紀中頃，彼らは海岸部で港や館を整備し，蝦夷と交易を行って勢力を広げていった。

　道南十二館とよばれる代表的な館のひとつ志苔館（現函館市）から出土した約37万枚の中国銭に，その活発な経済活動の一端をうかがうことができる。

　本州から来た人々（江戸時代には和人と呼ばれた）の勢力拡大で生活を圧迫されたアイヌは，1457年に大首長コシャマインに率いられて蜂起した。アイヌ側は道南十二館のほとんどを攻略したが，結局花沢館の蠣崎氏によって鎮圧された（コシャマインの戦い）。

　この戦いで勢力を伸ばした蠣崎氏は，16世紀初めには松前大館に移るとともに渡島半島南岸の支配を固め，江戸時代には松前氏と改姓して，蝦夷地を支配する大名に成長した。

時代の風景 1　後白河法皇と平清盛・源頼朝

後白河と清盛　後白河，平清盛，源頼朝は時代が古代から中世へと激動する中で，それぞれの政権の確立に腐心し，またお互いに争った3人である。1155年に即位した後白河は，皇統の分裂と対立から生じた56年の保元の乱で勝利すると，58年院政を開始した（69年に出家し法皇となる）。しかし，翌59年の平治の乱では側近の藤原信西らを失った。その後も後白河は平氏や源氏などの武門勢力を抑えて，いかに自らの政権を維持していくかに生涯力を傾けていった。

　一方，保元・平治の乱で勝利した平清盛は60年には正三位参議となり公卿に列し，67年にはついに従一位太政大臣へと上りつめた。一門も嫡子重盛はじめ多くが中央政府の高位高官を独占，また諸国の知行国主，荘園所有，日宋貿易などを通して経済的にも優越しその全盛期を迎えた。

　しかしこうした平氏の繁栄は非平氏勢力の反発を生み，77年に平氏打倒を目指す鹿ヶ谷の陰謀が起き，79年には後白河によって重盛の遺領の荘園が没収されたりした。そのため清盛は79年ついに後白河の院政を停止した。さらに清盛は80年に娘徳子の産んだ3歳の安徳天皇を即位させたが，これを機に80年後白河の子以仁王らが挙兵すると平氏打倒の動きは全国に広まった（源平の争乱）。こうした中で81年清盛は亡くなった。

後白河と頼朝　平治の乱以来伊豆に流されていた頼朝は80年，以仁王の呼びかけに応じ挙兵，鎌倉にあって平氏打倒を目指す源氏勢力の中心となった。頼朝は弟義経らを派遣し，85年ついに平氏を長門の壇の浦で滅ぼした。東国で実権を握った頼朝に対して，後白河は85年に義経に頼朝追討令を出したが失敗，逆に頼朝に義経追討令を出さざるをえなくなり，守護・地頭の設置も認めた。その後頼朝は義経をかくまったとして奥州平泉の藤原泰衡を89年に滅ぼし，東国全域を統一した。翌90年頼朝は上京して後白河と会見した。この時後白河は頼朝が望んだ征夷大将軍には任じず，右近衛大将に任じた。しかし92年後白河が亡くなると，頼朝は待望の征夷大将軍に任命された。ここに名実ともに武家政権である鎌倉幕府が成立したが，その頼朝も99年落馬事故がもとで亡くなった。

| 時代の風景2 | 絵巻物 |

絵巻物とは 絵巻物は日本特有の物語絵画で,詞と絵によって物語を語り,これを巻物にしたてたものである。絵巻と称される条件は2つあり,1つはまずその形が「巻子本」である（巻物となっている）こと,第2に内容的にあくまで「物語」,すなわち絵が物語性をもっていることである。絵巻に用いられている料紙の大きさは,時代により若干の相違があるが,一般的には縦は29〜34cm,横は50〜60cmのものが多い。また一巻の長さは25m前後である。

平安時代 現存最古の絵巻は8世紀前半に描かれた『絵因果経』であるが,平安時代になると唐の画巻（巻物絵画）の影響も受けて,上品で優雅な物語絵巻が数多く描かれるようになった。『源氏物語』の中には,『伊勢物語絵巻』・『竹取物語絵巻』・『宇津保物語絵巻』などのことが書かれているので,10世紀の末には「物語絵巻」がすでに出現していたことになる。しかしそれらの絵巻は現在すべて失われており,この系統の絵巻としては12世紀の初めに作成された『源氏物語絵巻』が最古のものとなっている。

中世 12世紀の後半から鎌倉時代にかけて,「物語絵巻」に加えて社寺縁起,霊験譚,宗派の開祖のことを描いた祖師伝などの内容の絵巻も大量に作られるようになった。そのうち説話文学の絵巻としては,『伴大納言絵巻』・『信貴山縁起』・『病草紙』・『男衾三郎絵巻』・『絵師草紙』などがある。この説話絵から派生したものに,2つのジャンルがある。その1つは宗教的な主題の絵巻で,『一遍上人絵伝』・『法然上人絵伝』・『北野天神縁起』・『春日権現験記』といった高僧伝絵や社寺縁起などである。もう1つは軍記物で『前九年合戦絵巻』・『平治物語絵巻』・『蒙古襲来絵巻』などである。なお鳥羽僧正覚猷が描いたといわれる『鳥獣人物戯画』は絵巻物として扱われているが,詞書がないという点で性格が不明の絵巻物とされる。

室町時代には物語絵の系統として『御伽草子絵巻』などが描かれた。近世以降はしだいに創造的な機運が失われ,見るべき絵巻物は少なくなった。

時代の風景3　軍記物語の世界──『平家物語』と『太平記』──

平家物語　「祇園精舎の鐘の声，諸行無常の響きあり…」という冒頭の一節は，よく知られている。院政期に勢力を伸ばしてきた平氏が，清盛のときに保元・平治の乱を勝ち抜き，武士として朝廷で政治に携わるようになった。『平家物語』は，この清盛が1167年太政大臣として権力を掌中に収めた頃から，85年壇の浦の戦いで平氏が滅ぼされた後までの約30年間の平氏の盛衰をあつかった物語である。13世紀半ばにはほぼ成立していたとされ，作者（信濃前司行長の作という言い伝えもあるが）も明確ではない。変化に富んだ物語の展開で，鎌倉・室町時代には琵琶法師によって宗教的な施設で平曲として文字の読めない一般民衆にもわかりやすく語られ，世間に広まった。

太平記　『太平記』の具体的な内容は現代人にはあまり知られていない。『太平記』は14世紀初めの後醍醐天皇の即位から，足利義満の登場までのおよそ50年間の南北朝の対立とその戦いを，南朝の立場から描いた物語である。『平家物語』と中国の『史記』の影響があるといわれている。14世紀中頃にはその原型がほぼ成立した。「太平記詠み」が語ることで世間に広まり，後世にも語り継がれていったのである。

　両物語の内容は比較的史実に近いとされている。『平家物語』は，戦闘の様子が詳細に描写されているため，聞いているだけで登場人物の1人1人の戦場での動きや鎧甲の色や形，武器のありさまなどがよく理解できる。それに対して『太平記』は，『平家物語』のような個人的な描写は少なく，集団の印として家紋や旗の模様などの表現が詳しい。戦闘方法についても『平家物語』では一騎打ちの形式が多いのに対し，『太平記』では集団での戦闘場面の表現がほとんどを占めている。両物語のそれぞれの舞台となる150年ほどの間に，戦闘方法が大きく様変わりしていることを読み取ることができる。

　『平家物語』と『太平記』は江戸時代には庶民芸能として盛んとなった人形浄瑠璃・歌舞伎などの題材にも多く取り上げられ，広く親しまれた。

時代の風景4　荘園の消長

鎌倉時代　鎌倉幕府は各地の荘園や公領に，かつての荘官・郷司・地頭などの収入を受け継ぐ本補地頭を任命していたが，承久の乱以降新補地頭が入ってから土地支配の様子が一変する。地頭はもともと，荘園や公領の年貢を請け負ってそれを荘園領主に納入していた。しかし，次第に天災の被害などを理由とし年貢の未納や横領などの不法行為を繰り返すようになり，このため荘園領主側は収入を確保するため，地頭に荘園の管理権を与えて年貢を請け負わせる地頭請所（地頭請）の契約を結ぶことが増えた。しかしながら荘園の現地にいる地頭が京都などの荘園領主に対して圧倒的に有利であり，しばしば契約は破られた。13世紀半ばから14世紀末にかけて，荘園領主と地頭とが荘園全体を折半し，たがいにその支配権を侵さないという下地中分の方法がとられるようになった。これには話し合いによる場合（和与）と，裁判による場合とがあったが，その結果地頭は土地の領主権を獲得することになった。

荘園の終末　領主となった地頭は，室町時代に新たに成長してきた中小武士団とともに中小領主として国人と呼ばれ，一国全体を支配しようとする守護大名としばしば対立した。一方，存続している荘園も国人を含む在地の武士勢力によって奪い取られたり，荘園内の農民が年貢納入を渋ったりしたため，荘園領主は守護大名の武力を頼って年貢の徴収と納入を依頼することになった（守護請）。しかし，国人や土豪は守護と主従関係にあり，また農民たち自らが年貢を請け負う地下請が行われている場合もあって，荘園領主が荘園を維持していくことは困難になった。やがて守護大名による国内の国人・地侍の家臣化が進むにつれ，荘園を含めた耕作地や山林・原野・湖沼などの一国全体が守護大名の支配地（一円知行）となっていった。こうした動きは，領内の全ての土地と農民を直接支配しようとする戦国大名によってさらに強化されていった。
　豊臣秀吉が全国的に実施した太閤検地によって荘園は完全に消滅した。

時代の風景5　異国人から見た中世の日本

朝鮮使節の記録　『老松堂日本行録』は，1420年に朝鮮から来日した日本回礼使（日本国王の使節派遣への返礼使節）の残した紀行詩文集である。筆者の宋希璟は，日本の国情確認のため，正使として1419年の応永の外寇直後に日本へ派遣された。彼は漢城（現ソウル）と京都を往復する10カ月の旅の間に見聞きした様々な情報を記録し，当時の日本社会や東アジアの交流に関する貴重な証言を残した。

人々のくらし　宋希璟一行は，道中で博多や兵庫などの港町の繁栄ぶりを目のあたりにした。彼は農業にも注目し，京都や博多で畑の麦が豊かに実っている様子を，尼崎（現兵庫県）の記事では三毛作の存在についても触れ，稲・麦・ソバを栽培すると記している。その一方で，仕事もなく遊ぶ者が多いのに農民は少なく，飢えた多くの人が物乞いをしているとも述べている。この他，僧侶になる者が多いことや，父母が亡くなると13年間は四十九日の忌日に物忌みをすること，僧と尼がともに暮らしている寺院があることなど，当時の社会や風俗を伝えている。

海賊・外国人　一行が往復した瀬戸内海では，常に海賊の襲撃に警戒する必要があり，蒲刈（現広島県）では周辺海域を支配する海賊の難を避けるため，銭七貫で海賊の1人を雇っている。このことは海賊が略奪者であると同時に，航海の安全を管理・保証する海上交通の支配者でもあることを物語っている。

　日本に住む朝鮮・中国出身者との出会いもあった。宋希璟たちを先導したのは，この前年に日本国王副使として朝鮮に派遣された博多商人の平方吉久だったが，その祖父は中国の浙江省から博多に渡り，僧となった人物だった。また対馬では2年前に倭寇の捕虜となり，奴隷として漁師に買われた明の軍官に遭遇した。京都で一行を接待した通事（通訳）の魏天は，幼い時に中国で捕まって，日本・高麗に転売され，後に中国に帰されたが，この頃は再来日して幕府の通訳を務めていた。一行と彼らとの交流からは，当時の国際関係の実態をかいま見ることができる。

時代の風景6　一向宗と一向一揆

本願寺派の教勢拡大　浄土真宗（一向宗）は，親鸞の死後，専修寺派・仏光寺派・本願寺派などに分派した。親鸞の血脈を伝える本願寺派第8代法主の蓮如（1415～99）は，自ら摂津，近江や北陸に下向し，念仏の教えを手紙の文体で民衆にわかりやすく説いた「御文」（蓮如は生涯に250通余も書いた）を作成するなど独自の布教を行った。その結果，越前国吉崎を中心に北陸地方に多くの門徒を抱えることに成功した。

越前・加賀では本願寺派門徒の国人・地侍・農民らが力をもち，加賀では守護富樫家の内紛を左右するほどになった。1473年，富樫政親を本願寺派門徒が支援して富樫幸千代・真宗高田派門徒を破った。しかしその後，本願寺派門徒はしだいに政親と対立を深め，88年富樫泰高を擁立して政親を滅ぼした。「百姓の持ちたる国」はここに始まり，約100年間一向一揆が加賀一国を支配することになった。蓮如自身は，政親との全面戦争に突入しつつあった頃，門徒を戒めた。彼は，大名，領主の定める法・慣習に従うべきだと民衆に説いてきたからである。その後，本願寺法主は幕府，公家，戦国大名など支配者側とも協調し，一揆を戒める立場をとり続けた。

石山戦争　諸国に多くの門徒を従え中央権力とも結んだ本願寺は，戦国大名と並ぶ勢力に成長し，本拠地も山科から現大阪市の石山へ移した。15代将軍義昭が諸大名に発した信長打倒の呼びかけに呼応して，1570年天下統一を進める織田信長との全面戦争（石山戦争）を開始した。法主顕如は全国の門徒に信長との戦いに命をかけることを呼びかけ，それこそ真の念仏者であると述べている。

一向一揆は信長にとって最大の強敵となり，伊勢長島では弟が戦死し，石山本願寺との戦争では信長自身銃弾を受けたほどである。このため信長が，伊勢長島や越前の一向一揆を鎮圧するためにとった戦法が，「根切り」・「撫切り」という大量殺戮であった。毛利氏の水軍の支援も受けての10年に及ぶ戦いの末，80年講和が成立し，顕如（本願寺光佐）は石山を退去した。家康により，顕如の子の世代に本願寺は東西に分立した。

時代の風景7　日本的生活文化の形成──衣・食・住──

日本的生活文化の成立　室町期になると，武家と公家，大陸と日本の文化が互いに結びつき，そこに社会で力を伸ばしてきた庶民の文化が加わって，現在につながる日本の伝統文化の基盤が確立された。また，応仁の乱で混乱した京都を避けた公家が有力な戦国大名を頼って各地へ移ったため，中央の文化が各地へ浸透していった。

住　建築様式では，平安時代以来の寝殿造をもとに，現在の和風建築のもとになる書院造がうまれた。寝殿造では天井がなく，板敷きの床の座る部分に敷物を置き，大きな室内を几帳などで間仕切していたのに対し，書院造では，天井を張り，畳を敷き詰め，襖や障子などで部屋を間仕切するようになった。

　書院造の建物の室内には，絵画や陶磁器，書籍，文房具を置くために，違い棚・付書院（つくり付けの机）などが室内に設けられた。そのため，書院造の発達とともに，室内を飾る装飾としての大和絵や水墨画，蒔絵などの工芸品，生花（花道）なども発展した。

食と衣　食生活では，現在の和食に連なるさまざまな料理・食材が，庶民の間にも広がり始めた。禅宗寺院では，植物性の素材中心の料理が室町時代に発達し，これが精進料理のもととなった。大豆を加工した豆腐・味噌・醬油など，現在の和食には欠かせない食材も，室町時代には広く用いられるようになった。

　鎌倉時代には，油を使って麵を細く伸ばす技術や挽臼が伝えられ，室町時代にはそうめん・うどんなどが広まった。また，12世紀に栄西が宋から伝えた喫茶の習慣は，南北朝時代には茶寄合や闘茶の形で流行し，室町時代には茶の湯（茶道）の基礎が固められた。

　服装の面では，もともと下着として用いられていた小袖が，武家の女性や庶民の間で活動的な普段着として普及した。この小袖が現在の和服の原型となった。

III 近世

1 大航海時代と鉄砲・キリスト教の伝来

大航海時代　ルネッサンスや宗教改革をへてヨーロッパの勢力は、15〜16世紀キリスト教の布教、海外貿易の拡大、植民地の獲得を目指して世界の各地へ積極的に進出していった。これを大航海時代とよんでいる。アジアへは、1498年ポルトガル人のヴァスコ＝ダ＝ガマがアフリカの喜望峰をまわってインドのカリカットへ到達した。その後ポルトガルはインドのゴアと中国のマカオを拠点にアジア各地域との貿易を広げていった。

鉄砲の伝来　こうした中で、1543年倭寇の頭目の1人である王直が乗る中国船が種子島に漂着した。その時乗船していたポルトガル人が持っていた鉄砲の威力を知った領主の種子島時尭は、早速その鉄砲を買い取り、鉄砲や火薬の製法を学ばせた。鉄砲の製法は間もなく和泉（現大阪府）の堺、紀伊（現和歌山県）の根来、近江（現滋賀県）の国友へと伝わり、盛んに製造されるようになった。このように直ちに鉄砲の国内生産が可能だったのは、刀鍛冶の高度の技術が蓄積されていたためといわれる。

この鉄砲は"火縄銃"と呼ばれ、先ごめ式で打つまでに時間がかかることや、火薬と弾丸が別々で雨の日は火薬が湿気て使用しづらいなどの欠点もあった。しかし弓矢と比べて破壊力・命中率で圧倒的な威力を発揮し、戦いの勝敗に決定的役割を果たしたので、戦国大名は競って鉄砲の獲得に努めた。鉄砲の導入によって、従来の騎馬戦に変わり鉄砲隊を組織化した集団戦法がとられ、石垣土壁・鉄砲狭間を備えた堅固な城郭が造営されるなど、戦法や築城法などが大きく変わった。75年の長篠の戦いで、信長・家康の鉄砲隊が武田氏の騎馬軍に対して壊滅的な打撃を与えたことによって鉄砲の威力が天下に示された。

南蛮貿易　1584年にはイスパニア人が肥前（現長崎県）の平戸に来航した。当時、日本ではポルトガル人やイスパニア人を南蛮人と呼んだ。南蛮人による貿易船は、九州の平戸・長崎、豊後府内（現大分市）などに来航して現地の諸大名と貿易を行った。南蛮人は鉄砲・火薬だけでなく、中国産の生糸・絹織物、東南アジア産の鹿皮・香料などを日本にもたらし、日本からはその頃多く産出した銀などを持ち帰った（南蛮貿易）。

キリスト教の伝来　ヨーロッパでは16世紀宗教改革がおこり，新教徒が増大する一方，カトリック勢力は停滞した。そこで教勢を回復するため新たなカトリック教団が結成され，アジアや新大陸における布教に乗り出していった。イエズス会はその代表的なものであり，結成の中心にもいた宣教師フランシスコ＝ザビエルは，1549年鹿児島に来航し，以後2年数カ月の間に大分，山口，京都など各地に布教した。その後も，ポルトガル人宣教師ガスパル＝ヴィレラやルイス＝フロイスら多くの宣教師が来日し布教に努めた結果，16世紀末には九州などを中心に約15万人の信者が生まれたといわれる。また，日本風の教会である南蛮寺や，神学校にあたるセミナリオ，宣教師養成のためのコレジオなどが安土や豊後府内など各地に建設された。

　当時日本ではキリスト教をキリシタン（吉利支丹・切支丹）宗とか天主教と呼んだ。16世紀末〜17世紀初頭には，フランシスコ会・アウグスチノ会・ドミニコ会も来日して，布教にとりくんだ。

キリシタン大名　鉄砲や火薬の原料である硝石などを手に入れて有利な立場に立つため，南蛮人との貿易を積極的に行い，自らも洗礼を受け，領民への布教を認めるなど，キリスト教を保護する戦国大名も現れた（キリシタン大名　高山右近・小西行長・黒田如水（孝高）・細川忠興らの大名）。中でも，有馬晴信・大村純忠・大友義鎮（宗麟）の3キリシタン大名はイエズス会宣教師ヴァリニャーニの勧めで，1582（天正10）年に伊東マンショ，千々石ミゲル，中浦ジュリアン，原マルチノの14〜15歳の4人の少年使節をヨーロッパに派遣した（天正遣欧使節）。彼らはインド洋をへて，ポルトガル・イスパニア国王フェリーペやローマ法王グレゴリオ13世に謁見し，ローマの市民権を与えられるなど各地で歓待を受けた。しかし帰国した90年には，すでに豊臣秀吉がバテレン追放令を出しており，訪欧の成果は十分に生かされなかった。キリスト教への迫害が強められていく中，千々石ミゲルは棄教，他の3人も病死，国外への追放，また殉教した者も出た。

　なお帰国の際，ヴァリニャーニらは活字印刷機を携行してきた。以後約20年間ローマ字などで出版を続けた（天草版・キリシタン版）。

2　織田信長の登場——中世から近世へ——

信長の台頭　応仁の乱以来続いた戦国の動乱は，16世紀後半に入ると，統一の気運が高まった。こうした中で最初に上洛（京都に地方から入ること）して全国統一を実現しようとしたのが織田信長である。

信長は，1534年尾張国（現愛知県）の守護代の一族に生まれた。この時代の尾張地方は高い農業生産力を持ち，他方京都・奈良の貴族や寺院などの旧勢力とは一定の距離を保ち，政治的に独立できる環境にあった。信長の周囲には，駿河（現静岡県）に今川義元，甲斐（現山梨県）に武田信玄，美濃（現岐阜県）に斎藤道三ら有力な戦国大名がおり，さらに一向一揆が伊勢（現三重県），尾張などに大きな勢力を張っていた。

統一の進展　信長は一族内の戦いを勝ち抜き，1560（永禄3）年今川義元を桶狭間の戦いで破って有力大名の仲間入りをした。また，この戦いの後，今川氏の人質であった徳川家康と同盟を結び，後方からの脅威を取り除いた。67年には道三をついだ斎藤龍興を破って美濃を奪い，稲葉山城を岐阜城と改称して清洲城から移った。この頃から信長は「天下布武」の印章を使用し始めた。

68年，松永久秀に殺された13代将軍義輝の弟の足利義昭をたてて上洛し，将軍とした。京都・堺などの商工業都市の支配も進め，経済的にも全国的政権へと第一歩を踏み出した。しかしその後，義昭は次第に信長と対立し，越前（現福井県）の朝倉義景，近江（現滋賀県）の浅井長政，甲斐の武田信玄，一向宗の本拠石山本願寺（現大阪市）と結んで対抗した。信長は70年，浅井・朝倉連合軍を姉川の戦いで破り，さらに71年にはこれらに同調した比叡山延暦寺の全山を焼き討ちした。73年，反信長工作を続ける足利義昭を京都から追放した。これにより室町幕府は滅んだ。

73年には朝倉義景・浅井長政を滅ぼした。さらに75年信玄の後を継いだ武田勝頼の騎馬軍を長篠の戦いで破った。この戦いでは大量の鉄砲が使用され，その威力が示された。翌76年，信長は琵琶湖東岸に五層七階の安土城を築き，天下統一の拠点とした。

信長は，敵対した一向一揆をも徹底的に弾圧した。一向宗は石山本願寺

の顕如を中心として，尾張・伊勢・越前・加賀など各地で大きな勢力を持っていた。信長は74年伊勢長島の一向一揆を鎮圧し，続いて75年越前の一向一揆を討ち，さらに77年には紀伊の雑賀の一向一揆を討った。そして80年には石山本願寺を屈服させ，顕如を石山から退去させた。

　82年には武田勝頼を天目山の戦いで滅亡させた。しかし，信長は同82年6月，中国地方の毛利氏と対陣中の家臣羽柴秀吉の支援に向かう途上，家臣明智光秀の謀反にあい京都の本能寺で自決した（本能寺の変）。

信長の政策　信長は，支配下に入れた各地の領主に命じてその支配地の面積・耕作者・収穫高などを報告させる形式の指出検地を行い，岐阜や安土（信長は76年に安土に入った）においては家臣の城下集住を命じた。

　さらに楽市を発令して，税の免除，座の特権廃止などを実施し，商人の往来を活発にし，商工業の発達をはかるなど城下町の振興をはかった。また，安土・京都間の道路の整備を行い，関所を廃止して物資の輸送と商人や軍隊の移動などを円滑化した。

　こうした一連の政策は関銭を徴収したり，座の特権を有する公家や寺社勢力に対して大きな打撃を与えた。

　一方，堺などの都市から莫大な軍資金を徴収するなど，豪商の経済力をも利用した。また，各種の貨幣間の交換比率を定め撰銭を規制して銭貨の流通を促進するため撰銭令を出し，商品取引の円滑化をはかった。

宗教政策　信長は敵対する延暦寺や一向一揆を徹底的に弾圧し，79年には日蓮宗と浄土宗との論争（安土宗論）を行わせて日蓮宗をも弾圧した。

　他方キリスト教については，仏教勢力を抑えて南蛮貿易の利を得るために，ルイス＝フロイスやオルガンチノらの宣教師に保護を与えた。安土にセミナリオ（神学校），京都にはキリスト教教会の南蛮寺が建設された。

　また朝廷に対しては献金や御所の建築を行う（信長は，内大臣と右大臣にもなっている）一方，正親町天皇を圧迫して譲位を迫ったが，これは実現しなかった。

3 豊臣政権の成立——統一と検地・刀狩——

天下統一　豊臣秀吉は足軽をつとめたこともある尾張国の農民の家に生まれた。秀吉は織田信長の家臣となり、墨俣城築城などの功績により、次第に有力家臣の1人に数えられるようになった。1582（天正10）年信長が本能寺の変で倒れたため、備中（現岡山県）高松城から急遽引き返し、山崎（現京都府）の戦いで明智光秀を破った。83年には織田家重臣の柴田勝家を破り、信長の後継者となった。徳川家康とは84年の小牧・長久手（現愛知県）の戦いで戦ったが、これを服属させ家臣とした。秀吉はこの間石山本願寺の跡に大坂城を築き、85年に四国を平定し、同年に関白、そして翌年には太政大臣に就任し、豊臣の姓を与えられた。朝廷の最高位を得たことにより、全国の戦国大名に対し「惣無事」令を出して停戦を命じ、領土の確定を秀吉の決定にゆだねるように指令した。これに従わなかった薩摩の島津義久を降伏させ、87年に九州を平定した。

さらに90年、関東に大勢力をもっていた小田原の北条氏を攻め、滅亡させた。同時に奥州の伊達政宗らも服属したため、ここに全国統一が実現した。そして家康に対して関東への国替え（領地替え）を命じ、家康は本拠を江戸に移した。

財政基盤　秀吉は、畿内近国や東海地方を中心として約220万石にのぼる蔵入地と呼ばれる直轄地を設定した。さらに大坂・京都・堺・伏見・博多・長崎などの主要都市にそれぞれ奉行を置いて直轄とし、角倉了以や今井宗久・千利休・島井宗室らの豪商を支配下において大都市の経済力を手中にした。

また、佐渡（現新潟県）の相川金山・石見（現島根県）の大森銀山・但馬（現兵庫県）の生野銀山など、主要鉱山を直轄して金銀の生産を独占し、天正大判・丁銀などの貨幣の鋳造も行った。

太閤検地　秀吉の実施した検地は一般に太閤検地（または「天正の石直し」）といわれ、それまで戦国大名や信長が行った指出検地と違って、直接検地奉行を現地に派遣し、田畑を一枚一枚実際に測量する方式であった。

まず、長さ（1間＝6尺3寸＝約191cm）、面積（1町＝10段＝100畝＝3000

歩，1歩は1間平方），枡（京枡1升＝約1800cc）の単位を統一し，田畑や屋敷地を実測して，玄米に換算したその土地の生産高を米何石として表示した（石高制）。田畑の等級を上・中・下・下々の4段階に分け，1反当たりの公定収穫高（石盛といった。上田1石5斗・中田1石3斗・下田1石1斗・下々田9斗）に面積をかけて石高を表示した。田畑1枚ごとに等級・面積・石高・耕作者などを確定し，耕作者を土地所有者として検地帳（水帳）に登録した。いわゆる一地一作人の原則である。検地帳は村ごとに作成され，その村高に対して年貢（石高の3分の2を納入する2公1民）が賦課され，村全体で責任をもって納入する村請制がとられた。

こうして荘園制の下で1つの土地に何人（何層）もの権利が重なっている重層的な土地の支配権は否定され，農民の土地の耕作（所有）権が認められた。しかし一方では農民は年貢の納入を義務づけられて，移転の自由を失った。こうして近世の農民支配の基礎が固められた。

刀狩 荘園制の下で中間搾取（当時これを作合と呼んだ）を行っていた各地の土豪・名主らは，全国的に行われた太閤検地によってその特権を奪われることになるため，検地反対の一揆を各地で起こしたが，秀吉はこれを徹底的に弾圧した。1588年の刀狩令は，こうした検地反対一揆だけでなく，一向一揆など農民の反抗全てを抑え込むため，刀・脇差・弓・槍・鉄砲など，あらゆる武器を農民から没収し，農民を農業に専念させようとする政策であった。

身分統制令 秀吉は，全国統一の翌91年には武家奉公人が新たに町人や百姓になること，百姓が農地を捨てて商売や賃仕事にでることを禁止した身分統制令を出した。さらに92年には村ごとに，家数・人数・身分・老若男女などを武家奉公人・町人・百姓の身分別に調査することを全国に命じた（人掃令）。これは朝鮮出兵をひかえ，兵士の確保と農民の土地への縛り付けをねらったものであった。

検地や刀狩・身分統制令などの一連の政策によって兵農分離が促進され，武士や町人は城下町に，百姓は農村に居住するしくみとともに近世の身分制ができ上がった。

4　秀吉の対外政策と豊臣政権の構造

キリスト教政策　秀吉は当初, 信長と同じくキリスト教を許可した。その結果, 秀吉に近い大名や家臣にも高山右近・小西行長をはじめとして, キリスト教に入信するものもおり, 信者数も全国で15万にのぼったとされる。

　1587（天正15）年, 秀吉は九州平定後の博多においてキリスト教禁止令を発布した。6月18日には大名やその家臣に対し, キリスト教の入信には秀吉の許可が必要であること, 領内の百姓にキリスト教を強制するのを禁止することを命じた。翌19日には宣教師に対し, 宣教師の20日以内の国外退去と貿易は従来通り許可するバテレン追放令を出した（バテレンとはポルトガル語の神父を意味するPadreからきている）。秀吉のこの方針転換は, 大村純忠によって長崎がイエズス会に教会領として寄進されていたこと, 外国の日本征服の野望を警戒したこと, 日本人が奴隷として売買されていたことなどがその理由とされている。しかし, 当時宣教師は外交官・商人的側面をもっていたので, 貿易を許可する限りキリスト教だけを禁止することは不可能であり, その後も宣教師の潜伏布教は続いた。また, 96年土佐沖に漂着したサン゠フェリペ号の船員が, スペインの領土的野心について述べたのをきっかけに, 宣教師・信者が長崎で磔にされた26聖人の殉教が起こった。

　一方, 秀吉は明の衰退に乗じて, ポルトガルの東アジアにおける貿易の主導権を抑え東アジア貿易全体を統制下に置こうとした。秀吉は1588年海賊取締令を出すとともに, ゴアのポルトガル政庁・マニラのスペイン政庁・高山国（台湾）に対し入貢して服属することを要求したが, 何れからも拒否された。

文禄・慶長の役　秀吉は九州平定が完了した頃から, 朝鮮・明の征服を考えるようになった。92年, 出兵の拠点として肥前（現佐賀県）に名護屋城を築き, 小西行長・加藤清正らを先鋒に西日本の大名を中心に約15万の大軍を派遣した。当初は鉄砲の威力と野戦にたけた日本軍の勝利が続き, 漢城（現ソウル）・平壌を陥落させ, 明国境近くの豆満江まで攻め込

んだ。しかし，朝鮮の義兵の武力抵抗，明軍の来援，李舜臣の亀甲船などの水軍の活躍で日本軍の補給路が断たれ始めると，戦いは長期化し，日本軍は苦戦に陥った。その後いったん明との和議が成立しかかったが，秀吉の過大な要求によって決裂した（文禄の役）。97年，再度約14万の大軍が派遣されたが，朝鮮・明軍の激しい抵抗にあい，また日本軍にも厭戦気分が広がって，日本軍は南朝鮮に釘付けにされた。98年秀吉の死により，日本軍は撤退した（慶長の役）。朝鮮ではこの2度にわたる日本軍の侵攻を，壬辰倭乱・丁酉倭乱と呼んでいる。

　この侵攻は日朝の友好関係を断絶させただけでなく，朝鮮に甚大な被害を与えた。特に2度目の侵攻は残虐で，将兵以外にも民間の老若男女を無差別に殺戮し，諸大名は競って耳や鼻をそぎ，塩漬けにして戦功の印として日本に送った。日本軍に連行された人々は5万から6万人に達したといわれる。その中には姜沆（カンハン）らの優れた儒学者もいた。

　また，茶の湯が流行していた当時の日本では朝鮮の青磁や白磁がもてはやされていたため，大名は競って多くの陶工を連行し，自藩内で陶磁器を焼かせた。九州・中国地方の有田焼・唐津焼・薩摩焼・高取焼・上野焼・萩焼などの陶磁器の産地が生まれた。また，印刷技術が発達していた朝鮮から銅製の活字印刷術も伝わった。

　出兵の失敗は，参戦した秀吉子飼いの大名の弱体化を招いただけでなく，大名間の対立をも生み，豊臣政権の弱体化を早める結果となった。

政権の構造　秀吉は実子鶴松の死後いったん後継者として，姉の子の秀次に関白の職を譲った。しかしその後淀君との間に実子秀頼が生まれると，秀次に切腹を命じた。豊臣政権が短命に終わったため，その政治組織は十分には整備・確立されていなかった。98年，死を目前にした秀吉は，幼い秀頼の補佐を徳川家康・前田利家・毛利輝元・宇喜多秀家・上杉景勝ら，重要政務を合議で処理する最高機関の五大老に依頼した。一方，秀吉は石田三成・浅野長政・増田長盛・前田玄以・長束正家ら五奉行たちに行政・司法・財政について分担・執行させた。農民出身であった秀吉には，代々の家臣団が存在せず，豊臣政権下の政治はほぼ秀吉の独裁だったため，この体制は秀吉の死後まもなく崩壊することとなった。

5 桃山文化

文化の特色　桃山文化は，織田信長と豊臣秀吉が全盛をきわめた時代の文化であり，その名称は，秀吉が晩年に居住した伏見城の所在地に由来している。この文化の特色は，第1に新たな支配者となった戦国武将たちと，時代に乗って大きな富を手にした京都・堺・博多等の都市豪商たちが担い手となったことである。彼らが信じ頼りにしたのは，極楽浄土の想念や幽玄・枯淡の境地ではなく，鉄砲・金銀など人間がつくり出した現実的な力であった。そのため桃山文化は，彼ら大名・豪商たちの現実主義や成金趣味を反映して，豪放・華美を特色とする文化になった。第2に，信長が延暦寺の焼き討ちや一向一揆の徹底的弾圧の政策をとったために，文化から仏教的色彩がほとんど影をひそめたことである。飛鳥時代以来日本文化の基調が仏教思想だったことを考えると，これは画期的な変貌であった。第3に，南蛮文化（ヨーロッパ文化）が流入したことである。前代までの日本人の海外知識は，唐（中国）・天竺（インド）に限られていたのに対して，この時代の日本人は初めて全地球的な視野を持つに至ったのである。総じて桃山文化は，"日本のルネサンス"ともよばれるような，創造的気運の満ち満ちた文化だったと言えよう。

建築・美術　前代までの建築の多くは，もっぱら神仏のために造られたが，桃山時代には，建築主の権威を高め飾りたてる建築が生まれた。特に城郭は，城下町の主である大名の権力のシンボルとして，軍事と政治の両面から威容を誇っていた。そこには高層の天守閣，石垣や濠で囲まれた複数の郭を構え，大名領主の居住していた殿館の壁や襖・欄間などには豪華な絵画・彫刻がほどこされた。当時の城郭で現存するものとしては姫路城・松本城・犬山城などがあり，殿館としては伏見城の遺構とされる都久夫須麻神社本殿・唐門（滋賀県），西本願寺大書院などが知られる。

　城郭内を飾った障壁画の特徴は，狩野永徳筆の『唐獅子図屏風』に見られるように，力強い筆法と濃絵と呼ばれる濃彩の色調にある。永徳とその門人山楽らが御用絵師として活躍した。また長谷川等伯や海北友松らも濃彩の装飾画や墨絵にすぐれた作品を残した。他に「洛中洛外図屏

風」などの風俗画にも，この時代の京都市中の活気が表現されている。

生活文化 この時代，多くの大名たちや堺・京都の豪商たちが，茶の湯を愛好して，茶の湯ブームともいえる現象が見られた。秀吉の北野大茶湯(1587)は，秘蔵の茶器を公開して商人や農民にも参加を許したことで知られるが，その派手好みの茶の湯は，やがて黄金の茶室と黄金の茶道具で茶をたてるという方向に向かった。

一方，堺の豪商千利休は，「書院の茶」「草庵の茶」を好む村田珠光の流れを引く「侘び茶」の方式を大成した。簡素・閑寂を精神とし，二畳・三畳の簡素な小茶室で，世俗の雑念から解放された茶の道をたしなむことを理想とした。のち秀吉の怒りにふれて利休は切腹を命じられたが，利休の末裔は，武者小路千家・表千家・裏千家として，家元制度を整えて茶の作法と精神を伝え，後世の茶道界に大きな影響を与えた。

その他の武士の茶人としては，織田有楽斎（信長の弟長益）や古田織部らが知られる。茶器・庭園なども発達したが，茶室建築では，妙喜庵待庵（利休作）や如庵（有楽斎作）が有名である。

庶民的芸能 新しく興った庶民的芸能では，民話を題材にした浄瑠璃節が，伝統的な人形操りや琉球伝来の三味線と結びついて，人形浄瑠璃の芝居興行が始まった。また，出雲大社の巫女の出身といわれる出雲阿国が，猿楽能や念仏踊りの伝統をふまえて独自の「かぶき踊り」を始め，京都内外の人気をさらった。その後歌舞伎は，女歌舞伎，若衆歌舞伎を経て元禄頃から野郎歌舞伎に移行した。人形浄瑠璃と歌舞伎は，ともに木戸銭（入場料）を徴収する都市芸能として江戸期に全盛期を迎えた。

南蛮文化 ヨーロッパ文化，特に南欧系のキリスト教文化（南蛮文化）が導入され，日本人にも入信する人々が出た。宣教師ヴァリニャーニによってもたらされた活字印刷機により，キリシタン版と称する『平家物語』『伊曾保物語』などの書物が発刊された。また，西洋の進んだ天文学・航海術などが，日本人の世界への視野を広げ，大名や豪商の一部には，時計・メガネ・寝台・椅子・ラシャ・カステラ・てんぷら・葡萄酒・たばこなどを日常生活で用いる者もあらわれた。

6　江戸幕府の成立

徳川家康　徳川家康は1542年三河（現愛知県）の土豪の家に生まれた。その頃，東は今川義元，西は織田信秀（信長の父）に囲まれる状況であった。家康はそのため幼少時は織田氏や，今川氏の人質生活を送った。家康の辛抱強い性格はこうした政治環境の中で作られたといわれる。60年の桶狭間の戦いの後，今川氏の支配から離れて織田信長と同盟し，次第に勢力を拡大した。武田信玄に敗れたこともあったが，その後武田勝頼を破り，駿河（現静岡県）の支配を認められた。本能寺の変後の84年，豊臣秀吉と小牧・長久手の戦いで争ったが，妥協して臣下となった。秀吉が北条氏を滅ぼした90年に，家康は関東に移され250万石の大名となった。

関ヶ原の戦い　家康は秀吉の死後，豊臣政権下において五大老の1人として権勢を振うようになった。豊臣政権の内部対立を利用し，豊臣秀頼の名代として関ヶ原の戦いで東軍を率いて，石田三成らの西軍を破った。その結果，家康は87家の大名から石高約400万石の領地を没収し，また，毛利輝元や上杉景勝など4家・石高約200万石の領地を削減した。豊臣氏の領地も220万石から65万石に削減し，単なる一大名に転落させた。こうして家康は天下人として揺るぎない地位を獲得した。

江戸幕府　1603（慶長8）年，家康は征夷大将軍に任ぜられた。2年後には将軍職を秀忠に譲り，徳川氏による世襲体制を印象づけた。しかし，駿府へ隠居後も大御所として権力を保持し続けた。さらに方広寺の鐘銘の「国家安康」「君臣豊楽」の文字を口実として，14・15年の大坂冬の陣・夏の陣において豊臣氏を滅亡させた。ここに戦国の世は終わり平和が到来した。これを元和偃武と呼んでいる。

大名統制　15年，家康は，大坂の役後一国一城令を出し，大名の領国内の居城を1つに限定してそれ以外の支城は全て破却させた。このため，伏見城など400もの城が破壊された。さらに同年武家諸法度を発布し，大名にその遵守を命じた。それは家康が南禅寺の金地院崇伝に起草させたもので，将軍秀忠の名で出された。以後将軍の代替り毎に出され，多少の修正がなされた。文武の奨励，新規の築城禁止や修理の届け出，私的

な婚姻の禁止などを規定した。さらに家光の時（35年の寛永の武家諸法度）には参勤交代を制度化し，大名の妻子を人質として江戸に置き，大名には領地と江戸を1年交代で往復するように命じた。これらの条項に違反した大名には，福島正則や加藤忠広（清正の子）のように改易（領地没収・取りつぶし）や，減封（領地削減）の重い処分を加えた。大名は徳川家の一門にあたる親藩，三河以来の譜代大名と，関ヶ原の戦い前後に徳川家に臣従した外様大名とに分けられた。外様大名は多くが転封（国替え）を命ぜられて遠隔地に追いやられた。一方家康の子が封ぜられた尾張，紀伊，水戸は御三家と呼ばれ，将軍職をも継げる家として特に優遇された。また，大名は石高に応じて軍役を負い，一定の兵馬を常備して将軍の命令の際出陣する義務を負った。さらに平時には，御手伝普請と称して，江戸城や駿府城等の建築や修理や河川工事等に動員され，その財力と労力を浪費させられて次第に財政難に陥った。

朝廷・寺社の統制　幕府は朝廷に対しては，経済力をわずか3万石の禁裏御料と公家領を含めて10万石程度に限定し，15年には禁中並公家諸法度を定め政治的にも無力化を図るとともに，京都所司代をおいてきびしく監視した。これに対し後水尾天皇は27年の紫衣事件などで反発を見せたが，結局後水尾天皇の譲位，大徳寺の僧沢庵宗彭の処罰等で押さえ込まれた。幕府は29年，前将軍秀忠の孫に当たる幼い明正天皇を立て，奈良時代の称徳天皇以来約850年ぶりの女帝が出現した。

仏教界に対しては，各宗派ごとに本山・本寺による末寺の支配を認め，支配機構の中に組み込んだ（本末制度）。また，諸宗寺院法度を出して僧侶全体を取り締まった。特に一向宗については，本願寺派11世顕如の没後の後継者争いに乗じて本願寺を東西に分立させた。

幕府は，キリスト教を禁止するため，全ての人々をいずれかの寺院の信徒（檀家）とさせ，その身元を保証させるようにした（寺請制度）。このように寺院は政治的に支配機構の一端に組み込まれ，今日の戸籍業務などを担わされた。経済的には安定したが，次第に仏教は宗教的活力を失っていった。17世紀半ばには明から隠元隆琦が来日し，禅宗の一派である黄檗宗を伝え，京都の宇治に万福寺を開いた。

7　幕藩体制の構造

幕府の組織　全国の統治権を有する将軍(幕府)と、将軍によって一定の領域(石高1万石以上)支配を認められた大名(藩)とが、全国の土地と人民を支配する体制を幕藩体制と呼んでいる。

　江戸幕府の組織は3代将軍家光の頃までに整備されていった。幕政の最高職として、常置ではないが大老1名を置いた。通常は4～5名の老中が政務を統括した。その下に、老中を補佐し旗本を管轄する3～4名の若年寄、大名を監視する大目付、旗本を監視する目付を置いた。また、寺社・寺社領の支配と関八州以外の旗本領の訴訟を担当する寺社奉行、幕府財政や関八州の訴訟を担当する勘定奉行、江戸の市政を扱う町奉行、の三奉行を置いて行政を分担させ、重要事項は評定所において三奉行に老中も加わって合議で決定した。

　京都には朝廷と西日本の大名を監視する京都所司代、大坂や駿府などには城代、その他の都市には奉行(遠国奉行)を置いた。関東・西国・美濃・飛驒などにある直轄地には郡代や代官を置いた。郡代は10万石以上の領地を治めたといわれ、代官はそれより狭い領地を治め、40～50名いた。全体として幕政の要職につくのは譜代大名と旗本であり、外様大名は排除された。また役職は複数制・月番制(月毎に担当を交代する)をとったが、老中・若年寄などの行政職(役方)が大番(頭)・書院番(頭)・小姓組番(頭)などの軍事職(番方)をその支配下に置く体制がとられた。

経済基盤と軍事力　幕府の直轄地(天領)は18世紀の前半には約400万石となり、旗本領約300万石を加えると700万石に達し、全国の石高の4分の1に上った。また、江戸・京都・大坂の三都や、長崎・堺・奈良・日光などの重要都市も直轄した。さらに佐渡・伊豆の金山、石見大森・但馬生野の銀山やその他の銅山をも含めて主要鉱山を直轄・支配した。しかも幕府は貨幣の鋳造権を独占していたため、三都の経済機能を押さえたこととあわせもって、諸大名を圧倒するほどの経済力を誇った。

　幕府の直属家臣(直参)は、将軍に謁見を許される御目見得以上の旗本約5千人と、謁見を許されない御目見得以下の御家人約1万7千人から

なり，かれらの配下の軍事力を含めその動員兵力は約8万人に達した。彼らは江戸に屋敷を構え，幕府の行政に参画し，軍役を負担した。また，諸大名にもその石高に応じて軍役を負担させ，大坂の役や島原の乱などの際に動員された。

藩の体制 将軍から1万石以上の知行地を与えられた者を大名といい，時期によりその数は改易などの影響で多少変動したが約250〜270家であった。100万石以上は加賀藩のみで，50万石以上の大大名は7家しかおらず，大半が5万石以下の小大名であった。大名は幕府の法令に違反しない範囲で独自の領国支配を認められた。こうした大名の領地と支配機構を藩と呼んでいる。藩の組織は幕府の組織を小型化したようなものともいえ，大名（藩主）はその家臣である藩士（陪臣）を率いて藩政を行った。藩主の下に家老（国元と江戸詰とがあった）が置かれ，藩の政務全般を統括した。家老の下に百姓の管理・徴税・訴訟などを担当する郡奉行，財政を担当する勘定奉行，城下町の市政を担当する町奉行などが置かれた。郡奉行の下で代官・手代が農政に関する具体的な業務を行った。

大名の居城を中心として城下町が形成され，家臣団や商工業者が集められた。上級家臣の居宅は，一般に城に近いところに置かれた。初め上級家臣には，一定の支配権を有する知行地を与える地方知行制がとられていたが，17世紀中頃から大名による直轄地（蔵入地）化が進み，家臣に俸禄米（扶持米）を支給する俸禄制が増加した（支給される武士を蔵米取といった）。100石の知行取りの場合，藩士の収入は石高100石の農地からの年貢米収入に相当した。また，下級武士の足軽などの場合は，何人扶持（1人扶持は，1日当たり米5合を与えられた）・給金何両の形で俸禄が与えられた。大名は参勤交代を義務づけられていたので，国元と妻子が住む江戸の藩屋敷との二重生活を余儀なくされた。また幕府から御手伝普請として大河川や城郭の造営工事も命ぜられたため，当初から藩は経済的に苦しい状態が続いた。

商工業者は，統制を容易にするためそれぞれ同業者が特定の地域に集住させられた。農民（百姓）は村に居住し，五人組・村単位で藩の支配下に組み込まれた。

8　封建的秩序の形成

士農工商　徳川幕府は，豊臣政権の兵農分離・商農分離という身分秩序の固定化の方針を受け継ぎ，士農工商の四民の別を確定した。

　第一身分の武士は全人口の1割弱を占め，封建支配者として武力を独占し，苗字帯刀・切捨御免などの特権を持っていた。同じ武士身分でも，家中・士分と呼ばれる上士層と徒士・足軽と呼ばれる下士層に分かれ，下士から上士への昇進は困難であり，下位者は上位者への絶対的な服従を求められた。また，幕府による大名の改易で失業した武士は牢人と呼ばれた。薩摩藩や土佐藩では，豪農的な生活を営みながら武士身分を保つ郷士が存在した。牢人や郷士を除く一般武士の収入は，原則としてそれぞれの主君から支給される俸禄（禄米・給金）だけであった。

農民の統制　全人口の約8割を占める農民は，幕藩制社会の経済的基礎をなす農業に従事するため，武士の次に置かれたが，年貢の上納や土地への緊縛のため，その生活は苦しく不自由なものであった。しかも，検地帳に登録されて年貢を負担する本百姓，無高で小作農として生活する水呑百姓，名子・被官と呼ばれる隷属農民という階層に分かれていた。代官・郡奉行などの幕府・諸藩の農政担当の役人は，本百姓の中から庄屋（名主・肝煎）・組頭・百姓代と呼ばれる村役人（村方三役）を任命して村政を行わせた。本途物成（本年貢）の年貢率は収穫の4〜5割で，他に小物成・高掛物などの雑税や助郷役などの労役が課され，農民の生活はきわめて苦しかった。

町人の統制　全人口の6〜7%を占める工商は，城下町に住む職人・商人であり，通常は町人と総称されていた。土地や屋敷を持つ狭義の町人（地主・家持）と，屋敷地だけを借りている地借，借家住まいの店借，住みこみの奉公人などの階層に分かれていた。家持層の中から町名主・町年寄と呼ばれる町役人が任命され，町奉行からの触れの伝達，人別改め，消防，祭礼など町政の運営に当たった。町人に対する統制はゆるく，屋敷の間口に応じた地子と，営業税的性格を持つ運上・冥加を納めていたが，その負担額は農民に比べて軽かった。特に商人は，生産的労働

に従事しないで金銭をあつかう卑しい身分として四民の最下位におかれたものの、商品経済の進展に伴い、しだいに経済力を発揮して武士を圧倒する勢いを持つに至った。

士農工商の他に公家・僧侶・神官などがあり、公家は天皇に直属していたものの、事実上武家の監督を受けていた。僧侶・神官は、武家の支配下におかれていたが、農工商よりも上に格づけされていた。

被差別身分 幕府・諸藩は、士農工商（四民）の下に穢多・非人と呼ばれる賤民身分（被差別部落民）をおいた。穢多は零細農業にもたずさわったが、その多くは牛馬の屍体処理、皮革製造、捕吏の手先などに従事させられた。非人の生業は、物乞い、遊芸、罪人の処刑とその後かたづけなどに制限された。穢多・非人は、他の身分の者との交際を禁じられ、居住地も隔離的なあつかいを受け、服装にも差別を強制された。こうした穢多・非人に対する苛酷な差別政策には、下層の農民や町人に優越感を与え、武士支配への不満をそらすという政治的意図があったといわれる。被差別部落民が法的に解放されるのは、1871（明治4）年の太政官布告を待たねばならなかった。

身分秩序 固定された封建的身分秩序は、幕藩制社会のすみずみまで浸透し、すべての人間を上下主従の関係でとらえるようになった。農村における地主と小作人、商家における主人と番頭・手代・丁稚、職人の家における親方と徒弟、親類における本家と分家、家庭における夫と妻などの関係は、武家社会の君臣関係と同質のものとされ、分限思想（身のほどをわきまえる考え方）と絶対服従の道徳が力説された。

特に家族の中では、家長が絶対的な権限を持ち、家の財産はふつう長男ひとりが相続するという単独相続制が強化された。また、家の格式を守るという名目で、婚姻も家長の意向によって決定されることが多く、それに従わない場合は勘当（義絶）された。妻を一方的に離別したり、妾を持ったりすることも公認されていたが、妻の方から離縁を求めるのはきわめて困難であった。男尊女卑の風が強く、女性は一生を通じて父・夫・息子に従属して生きるという「三従」の教えが強調された。

9　江戸初期の対外関係

西洋諸国　ヨーロッパで台頭してきたイギリスとオランダは、アジアにおいても東インド会社を設立し次第に勢力を拡大しつつあった。1600年オランダ船リーフデ号が豊後（現大分県）臼杵湾に漂着した。家康はその乗組員オランダ人ヤン＝ヨーステン（耶楊子）とイギリス人ウイリアム＝アダムズ（三浦按針）を外交顧問とし、両国との貿易を行おうとした。1609年にオランダ船が、13年にはイギリス船が平戸に来航し商館を開設した。こうして従来のポルトガル・イスパニア（南蛮人）に加えて、オランダ・イギリス（紅毛人）との交易が始まったのである。

　当時ポルトガルは中国のマカオを基地として中国産生糸をもたらし、莫大な利益を上げていた。家康は京都・堺・長崎（のちに大坂・江戸を加え、五カ所商人といわれた）の特定の商人に糸割符仲間を作らせ、この仲間がポルトガル商人から生糸を一括購入した後、仲間構成員に分配する糸割符制度を設けてポルトガルの利益独占を止めさせ、かれらに大きな打撃を与えた。

　イスパニアはマニラを基地として交易を行っていたが、サン＝フェリペ号事件以来日本と断絶状態にあった。1609年ルソンの前総督ドン＝ロドリゴが日本に漂着したのを機に、翌年家康はかれらに船を与えスペインの植民地であったノビスパン（メキシコ）に送った。この時メキシコとの交易を企て、京都の商人田中勝介を同行させたが、交易は実現しなかった。

　仙台藩の伊達政宗もイスパニアとの貿易を求めて家臣の支倉常長をヨーロッパに派遣した。常長はイスパニア国王フェリペ3世やローマ教皇パウロ5世に謁見することはできたが、貿易は実現するに至らなかった。

日本人の海外進出　家康は東南アジア各地との貿易に対して、朱印状を発布する形で統制を加えた。京都や大坂の豪商、九州の大名らに朱印状を与え、貿易を許可した。いわゆる朱印船貿易である。朱印船はシャム（現タイ）、呂宋（現フィリピン）、交趾（現ベトナム）、カンボジアなどに渡航し、多数の日本人が各地に居住した。マニラ、アユタヤ、フェフォーなどには日本町が形成され、特にマニラには約3千人の日本人がいたといわれる。また、駿河出身の山田長政は日本人傭兵隊長としてシャムのアユ

タヤ王朝に仕え，後リゴール（六昆）地方の太守に任じられたが毒殺されたことで知られている。

中国・朝鮮　秀吉の朝鮮出兵によって中国との関係は悪化していた。幕府は朝鮮や琉球を通して明との国交を修復しようとしたが，明の海禁政策もあって実現しなかった。

朝鮮とは対馬の宗氏が朝鮮人捕虜の送還などを交渉した結果，1609年己酉約条が結ばれ対等で正式な国交が回復した。貿易は対馬藩を通じて行うことになり，釜山に倭館が開設され，年間20隻の貿易船が派遣された。

朝鮮からは当初，朝鮮出兵の際日本へ連行された朝鮮人を帰国させる目的などで回答兼刷還使が来日した。この使節は4回目以降通信使と呼ばれて，平均400人を超える人数で将軍の代替わりごとに来日し，日本側もこれを手厚くもてなした。その際各地で漢文を共通の意思疎通の手段として漢詩文や書画のやりとりなど文化交流が盛んに行われた。

琉球　15世紀以来琉球王国は中継貿易で栄えていたが，1609年幕府の許可を得た薩摩藩の島津家久の侵攻によって征服された。与論島以北の奄美諸島は島津氏の直轄地とされ，那覇には在番奉行がおかれた。以後，琉球は実質的に薩摩藩の支配下におかれ，特産の砂糖の上納を強制された。そして将軍の代替わり毎に慶賀使を，国王の代替わり毎に謝恩使を江戸へ派遣することを義務づけられた。また，薩摩藩は琉球に明との宗属関係を維持させ，朝貢貿易によって中国の産物を手に入れた。

蝦夷地　蝦夷地には多くのアイヌが住んでいた。蠣崎氏が勢力を拡大し，秀吉・家康にその地位を認められて松前氏と改称し，松前を拠点に蝦夷地を支配した。蝦夷地では米などの農産物収入が見込めなかったため，松前藩では家臣に対しアイヌとの交易権を知行として与えていた（商場知行制）。しかし実際にはこの交易は商人が請け負っており（場所請負制），日本の布などを高く売りつけ，鮭・昆布・鰊などを不当に安く買い取ったりしてアイヌに不利な取引を長年強い続けたために，1669年シャクシャインの戦いが起こったが，松前藩によって鎮圧された。

10　鎖国体制の形成

キリスト教の禁止　徳川家康はヨーロッパ人との貿易や朱印船貿易等は奨励した。しかし、2代将軍秀忠は1612年直轄地にキリスト教禁教令を出し、翌年にはこれを全国に広げた。さらに14年にはキリシタン大名の高山右近をはじめ300人余りの信徒と宣教師をマニラやマカオに追放した。しかしその後も国内に潜伏・密入国する宣教師は多く、幕府は厳しい取り締まりを行って、22年には宣教師・信徒55人が処刑された（元和の大殉教）。3代将軍家光はさらに厳しい禁教政策をとり、絵踏を行わせたり、寺院がキリシタンではないことを保証する寺請制度をつくって庶民を宗旨人別帳に登録させるなどして、キリスト教の根絶をはかった。

鎖国政策　幕府はキリスト教が広まるのと西国大名が貿易の利益によって強大化するのを防ぐため、ヨーロッパ諸国との貿易の統制にも乗り出した。1616年にはヨーロッパ船の入港を長崎と平戸に限定したが、家光の代に入ると、24年にはイスパニア船の来航を禁止した。一方、豊臣秀吉の頃から盛んだった日本人の海外渡航にも制限を加えるようになり、31年には、海外に渡航する船にそれまでの朱印状に加えて老中発行の貿易許可証である老中奉書を与えることとした（奉書船制度）。そして33年には奉書船以外の日本船の海外渡航を禁止し、海外在留5年未満の者には帰国を認めた。しかし35年には、日本船の海外渡航を全面的に禁止し、在外日本人の帰国も禁止した。また36年、それまで長崎市中に居住していたポルトガル人を長崎港内に築いた出島に移住させ、日本人との接触を絶たせた。さらに同年、ポルトガル人らの子孫・混血児たち約300人をマカオに追放した。

　こうして鎖国への政策が進められる中、37年から翌年にかけて島原の乱が起きた。この乱は松倉勝家の支配地肥前国島原地方と、寺沢堅高の支配地肥後国天草地方の農民ら3万人余が、益田（天草）四郎時貞を首領とし、領主の過酷な年貢徴収と厳しいキリシタン弾圧に抵抗して蜂起した大規模な農民一揆である。この地方はかつてキリシタン大名であった有馬晴信や小西行長の領地でもあったため、一揆の中には有馬氏・小西氏の牢

人やキリスト教徒が多かった。幕府は板倉重昌を派遣し，近隣の諸藩を協力させて廃城の原城に立てこもる一揆勢の鎮圧に当たったが，鎮圧できずに板倉は戦死した。代わって松平信綱が全九州の大名を動員し，12万の大軍をもってようやく乱の鎮圧に成功した。

この乱に衝撃をうけた幕府はキリスト教に対する警戒を一層強め，39年には布教をやめようとしないポルトガル船の来航を禁止した。イギリスはオランダとの競争に敗れ，23年に日本から撤退していたので，日本にはオランダ人が残るのみとなった。そして41年にはオランダ人をポルトガル人の去った出島に移して日本人との自由な接触を禁じた。

鎖国の実態とその影響　鎖国の語は，17世紀末に来日したオランダ商館医師のドイツ人ケンペルがその著書『日本誌』中で，日本がオランダのみと関係を有する，国を閉ざした状態にあることを述べた一章を，長崎通詞の志筑忠雄が『鎖国論』として訳したことから始まる。

鎖国の語は日本が外国に対して国を閉ざしたというイメージが強い。しかし，実際には江戸時代の日本には長崎・対馬・薩摩・松前の4つの外交窓口が開かれていた。長崎ではオランダが出島に商館をおいて貿易を行い，商館長の江戸参府の時にもたらされるオランダ風説書によって幕府はある程度海外の情勢を知ることができた。

また，中国とは正式な国交は無かったが，明・清の時代に多くの中国人が来航してきた。1689年には密貿易を防ぐため長崎に唐人屋敷を設けて居住地を制限したが，貿易は盛んに行われた。

朝鮮とは対馬の宗氏を通じて貿易が行われ，朝鮮からは将軍就任の慶賀のため通信使とよばれる使節が来日した。

さらに島津氏の支配下にあった琉球は，幕府に謝恩使や慶賀使を派遣してきた。また松前氏を通した蝦夷地における交易も時代がくだるとともに盛んになった。

200年余りにわたった鎖国は，その後の日本を世界の情勢から孤立させ，近代化を遅らせる原因になったが，一方，長い平和の中で独自の庶民文化が築かれていく基にもなった。

11　文治政治への転換

文治政治　3代将軍家光が1651年4月死去し，その幼少の子徳川家綱が4代将軍になった。この政権交代を機に，51年7月兵学者由井正雪は丸橋忠弥らと幕府に不満をもつ牢人（はじめ落ちぶれて困っている牢籠の人の意味で牢人と書いたが，後には浪人も使用された）を集めて幕府転覆をねらったが，事前に発覚し失敗に終わった（慶安の変）。翌52年には戸次庄左衛門の老中襲撃計画も発覚した（承応の変）。こうして家康・秀忠・家光の3代に大名が次々に改易・減封された結果生じた牢人は，彼らが仕官するために新たな戦乱を待望したこともあり，その増大を防ぐことの必要性が痛感された。そして幕府権力が既に確立し社会の秩序も安定しつつあったことから，家綱の叔父で会津藩主の保科正之（3代家光の異母弟）や松平信綱らの譜代大名らは，幕政を従来の強権的な武断政治から，法律・諸制度を整備し儒教的徳治主義の理念に基づいた文治政治へと転換した。

　一方，社会秩序が安定してくると，それに反発する「かぶき者」（「旗本奴」や「町奴」）が出現して放火や辻斬りなどの行為に出て社会を混乱させたため，これらを厳しく取り締まった。

　幕府は従来嗣子のない大名が死の間際に養子を願い出る末期養子を認めず改易（取り潰し）に処してきた。このため牢人が激増して社会不安が生じたとして，51年12月，養父が17歳から50歳以下の場合は認めることにした（末期養子の禁緩和）。63年には主君の死を追って家臣が自害する殉死を厳罰をもって禁止した。それは奉公とは一代限りのものではなく，主君の死後も新しい主君に仕える義務があることを明確化させ，体制の安定化をはかることにあり，戦国の遺風として忠義のための義腹，他藩に負けまいとする論腹など，また自分の子孫が将来優遇されることを期待して自害する商腹などがあるとされて，当時形骸化していたものを禁止したのである。さらに65年には大名の妻子とは別に家老などの子を人質（証人）として江戸に出させることを廃止した（寛文の二大美事）。家綱は，63年には代替わりの武家諸法度を発布したが，翌64年に全ての大名から領地宛行状（所領を与えた時に渡した文書）を回収し，改めて宛行状を公布し直し

て将軍の権威を示した。また幕領の検地を一斉に行って，幕府財政の安定化をはかった。

藩政の刷新　文治政治の傾向は諸藩にも影響を与えた。諸藩においても儒学思想に基づいて藩政に励み，後世「名君」と呼ばれた大名が現れた。この背景には，大坂の役以後平和が続いたため藩の軍役動員の負担の軽減，1642〜43年の寛永の大飢饉で大きな被害を出したことへの反省，藩政の安定と産業の発達とが目指されたことなどがあった。各藩においては，土木技術の発達により治水工事が進められ，それまで未墾だった土地が新田として開発されて，耕地面積は全国で飛躍的に増大していった。

会津藩の保科正之は山崎闇斎に朱子学を学んでこれを重用し，藩校稽古堂の設立や社倉を設立したほか，漆を栽培させるなど藩政を整えるとともに，幼少の将軍家綱を補佐して幕政の安定に努めた。

水戸藩の徳川光圀は，明から亡命してきた儒学者の朱舜水を招いて教えを受け，民生の安定に努めるとともに，彰考館を設立して『大日本史』の編纂を始めた。『大日本史』は史実の考証にすぐれていた。例えば672年の壬申の乱で敗れた大友皇子の即位を認めて弘文天皇の号を追贈したことなど，大義名分論で貫かれている。こうした編纂等の過程で，後に後期水戸学の尊王攘夷思想を生み出す土壌が醸成されていった。『大日本史』は1906年に完成した。

岡山藩の池田光政は，陽明学者の熊沢蕃山を招き，花畠教場を設立させるとともに，藩政改革を実施し，新田開発や殖産興業にも努め，質素倹約の風を育てた。庶民も学ぶことができる郷学の閑谷学校（建物は現国宝）も設立し教育に力を注いだ。しかし蕃山は後に，著書の『大学或問』の中で，重農主義の立場から武士が帰農することや参勤交代の緩和を主張するなど幕政を批判したとして幕府に処罰され，下総古河に幽閉された。

加賀藩の前田綱紀は，義父の保科正之の助言を得て藩政を整えるとともに，木下順庵らを招いて学問の振興をはかり，『庶物類纂』・『東寺百合文書』など和漢の古典の収集保存・編集事業に努めた。

12 綱吉政権から正徳の治

綱吉の登場　4代将軍家綱の死後，1680年に館林藩主であった弟の綱吉が5代将軍となった。綱吉は，彼の将軍擁立に功績のあった堀田正俊を大老に任命し，正俊が幕政を担当した。しかし，正俊はその後綱吉と対立が生じ，江戸城中で反対派に暗殺された。これを機に綱吉は，側用人に柳沢吉保を任命し政治をまかせた。このため幕政は従来の譜代大名等の合議制から側用人主導の政治へと転換していった。

綱吉は学問を好み自ら儒学の講義を家臣に行い，湯島聖堂を建てて林信篤（鳳岡）を大学頭に任命して，孔子廟と聖堂学問所とを管轄させた。こののち林家が代々大学頭となり，朱子学が幕府の官学となった。また，日本の古典の研究機関として歌学方を設けて北村季吟を任命し，貞享暦をつくった渋川春海（安井算哲）を天文方に任命し暦の編成にあたらせた。

生類憐みの令　綱吉は仏教にあつく帰依し，東大寺大仏殿の再建，上野寛永寺の本堂・護国寺・回向院等の大寺院の造営を巨費を投じて行った。また，生母桂昌院や護持院の僧隆光らの勧めもあって1685年から生類憐みの令を度々出した。これは当初仏教の慈悲の思想を示すものであったが，やがて綱吉の生まれ年である犬を極端に保護する政策になった。このため綱吉は犬公方と呼ばれ，幕府は四谷・大久保や中野に大規模な犬小屋を作って，激増した野良犬を収容せざるをえなくなり，その費用を関東の農民や江戸の町人らに割り当てた。

1684年服忌令が出された。服忌とは喪に服する服喪と，穢れを忌む忌引きのことで，近親者の死に際して喪に服する日数や忌引きの日数を定めた。生類憐れみの令と服忌令とで殺生や死を忌み嫌う風潮が作り出され，死んだ牛馬の処理や皮革業にたずさわる人々（穢多と呼ばれた）への差別意識が強くなった。

貨幣の改鋳　1657年の明暦の大火により江戸城本丸・二の丸・天守閣も含め江戸の市街の6割が焼失した。この再建のための費用は幕府の大きな財政負担となり，江戸城や市街の再建費用に加え，綱吉の相次ぐ寺社の造営事業と奢侈な生活などにより幕府財政の危機を招いた。この頃幕

府の鉱山収入も減少していた。

そこで勘定吟味役（後に勘定奉行）の荻原重秀の意見を入れ，金銀貨幣の質を落とす改鋳を行って，その差益金（出目）を幕府の収入に組み入れて危機を乗り切った。しかし，貨幣価値の下落により諸物価が騰貴したため，武士や庶民の生活が圧迫された。

正徳の治 1709年，綱吉の死後甥の甲府藩主家宣が6代将軍に，次いでその子家継が7代将軍に就任した。家宣は生類憐みの令を撤廃し，柳沢吉保を引退させた。そして側用人に間部詮房を起用し，侍講で朱子学者の新井白石が中心となって儒教理念に基づく政治を行った（正徳の治）。

白石は荻原重秀を罷免して，質の悪い金銀貨を元の慶長金銀と同じ高品位に戻し（正徳金銀），物価の騰貴を抑えようとしたが，貨幣の流通量が不足してかえって経済の混乱を招いた。

さらに金銀の海外流出を防ぐため1715（正徳5）年貿易額を制限する海舶互市新例（長崎新令・正徳新令）を出し，年間清（中国）船は30隻・貿易額銀6000貫，オランダ船は2隻・銀3000貫に制限し，密貿易を厳しく取り締まった。

また白石は，家宣の将軍就任の慶賀のため来日した朝鮮通信使の待遇を簡素化するとともに，朝鮮国王からの国書で将軍のことを「日本国大君殿下」と記されていたのを「日本国王」と改めさせた。それは大君とは朝鮮では王子を指す語であることを嫌ったもので，国王と改めさせた。しかし8代吉宗のとき大君に戻された。

白石は，また儒教の理念に基づき儀式や服制・官位についても，公家風を取り入れて将軍の権威を高めようとした。

当時朝廷は財政的に苦しく，皇子・皇女は出家することが多かった。白石は，幕府が費用を献じて新しい宮家として1710年閑院宮家を創設して幕府と朝廷間の融和をはかった。その後，1779年閑院宮家から光格天皇が即位している。

白石の政治により幕政は一時的安定をみた。しかし儒教に基づく理想主義的なものであったため，社会の実情にあわない面が少なくなかった。

13　農業の発達

勧農政策と耕地の増大　幕府や諸藩など封建領主は，財政の安定と年貢の増徴を図るために勧農政策を進め，農業の振興に力を注いだ。戦国末期からの築城法や治水工事，鉱山開発などの土木技術をいかし，耕地面積を拡大して年貢増収をはかるために積極的に新田開発を行った。新田開発には，村役人・村民が村として開発を申請した村請新田（享保期の武蔵野新田など）や，幕府代官が適地を見立てて農民に開発させた代官見立新田，土豪とよばれた有力農民が開発した土豪開発新田（信濃の五郎兵衛新田など），藩が農民に開発させた藩営新田（尾張藩の熱田新田）などがあった。その結果，全国の耕地は飛躍的に拡大した。17世紀末からは都市商人が資金を出して開発する町人請負新田（河内の鴻池新田など）もみられるようになった。

農業技術の発達　当時の農業では農民たちが小規模な直系家族を中心に小さな耕地に人力を集約的に投下する小規模経営が中心であった。そのため少しでも単位面積あたりの収穫率を高めようとして農業技術（農具，肥料，農学など）が目ざましく発達した。農具では，深耕用の備中鍬，脱穀用の千歯扱，選別用の唐箕や千石どおし，灌漑用の踏車などが次々と考案された。肥料は山野の草からつくる刈敷や都市部の下肥（人糞尿）もさかんに用いられた。綿などの商品作物の生産が発達した地域では，干鰯・油粕などの貨幣で購入する金肥も使用された。また，新しい栽培技術や農業知識を説く『清良記』，『農業全書』など農書も数多く著され，広く読まれた。こうして米づくりの技術はほぼ完成の域まで達した。生産の中心である米は多くは年貢として領主に取り上げられ，農民たちは自給自足の貧しい暮らしを強いられた。農民たちはよりよい生活を求め現金収入の途を模索していった。

商品作物　農業生産力が増大すると農民は余剰米を商品としたり，米以外に商品化・現金化しやすい桑・麻・綿花・菜種・楮・野菜・茶・果物・タバコなどの商品作物も栽培するようになった。はじめ領主は年貢を確保するため本田畑への商品作物の作付制限を行ったが，17世紀後半に

は禁令も出されなくなった。特に四木（桑・茶・楮・漆）・三草（紅花・藍・麻）は重要な作物とされた。商品作物の取引は城下町や在郷町の市場で行われた。こうして多くの村々は自給自足の自然経済から，しだいに商品・貨幣経済の中に巻き込まれていった。

特産品　貨幣を獲得するため農民は各地で立地条件や土壌・気候に適した収益性の高い商品作物を栽培し，全国各地で特産品（物）や生産地の名を付けた名産品が誕生した。染料として使用された出羽（現山形県）の紅花，畳表の原料となる備後（現岡山・広島県）の藺草，染料として使用される阿波（現徳島県）の藍玉の生産などが有名である。また，中国・朝鮮からの輸入が多かった木綿も日本国内でその原料となる綿花の栽培がさかんとなり，河内（現大阪府）や尾張（現愛知県）など各地に名産品が生まれた。そして17世紀末まで中国・朝鮮からの輸入が中心だった生糸（絹糸）は，日本国内で養蚕がさかんとなり，国内生産量は増大した。そして幕末の開港以降，生糸は日本の代表的輸出品になった。さらに灯火用の菜種，蠟燭の原料の櫨，和紙の原料である楮などの栽培もさかんになった。

　織物業や製陶業，醸造業，製紙業など手工業製品の特産品・名産品も次々と生まれた。手工業製品は領主の奨励や問屋制家内工業，工場制手工業の発達により生産量は増大していった。商品作物や手工業製品は藩の専売政策により統制されることが多かった。

農村の変化　全国的な商品生産と流通経済の発達が顕著となった。農村でも貨幣経済・商品経済が浸透し，農民層の分解が始まった。村役人や新興の上層農民は，商品生産と流通の中心的な担い手となり，高利貸として質地を集め地主に成長して豪農となっていった。

　一方，没落した本百姓たちは小作人や都市・農村の年季奉公，日雇となった。こうして従来の本百姓を中心に構成されていた農村は，水呑百姓に転落し小作人化した新たな階層と豪農とに分化し，内部に対立を生んだ。豪農と本百姓・小作人との対立が深まり，村役人や豪農の不正を追及する「村方騒動」も各地でみられるようになった。

14　諸産業の発達

漁業　漁業では摂津・和泉・紀伊などの漁民による網漁法（上方漁法）が各地に普及し，地引網・船引網・定置網など大規模な漁法が生まれた。房総の九十九里浜では地引網による鰯漁が発達し，鰯は肥料の干鰯（鰯を干したもの）として用いられるようになった。土佐の鰹などの釣漁，紀伊・土佐・肥前・長門などでは網や銛を使った捕鯨が発達した。蝦夷地では鮭・鰊・昆布漁が盛んになった。漁村では網元（網主）・網子の上下関係が生まれ，網や漁船を所有し漁師を雇う網元による漁業経営が出現した。江戸中期には，いりこ（干しなまこ）・干しあわび・ふかのひれなどを詰めた俵物が輸出品として奨励された。俵物は幕府の俵物会所を通じて取り扱われ，長崎貿易で銅に代わる中国への主要な輸出品となった。

製塩・鉱業・林業　製塩業では人力で海水を汲み上げる揚浜式から，潮の干満を利用し海水を導入する入浜式塩田が発達して塩の生産量も増大した。赤穂（現兵庫県）など瀬戸内海沿岸が主たる生産地であった。鉱業では江戸初期に領主の奨励と銀を精錬する灰吹法の普及により，銀や金の産出量が増大した。しかし，17世紀中頃には産出量が減少し，代わって銅の産出量が増大して，長崎貿易の最大の輸出品ともなった。金山では幕府直轄の伊豆・佐渡，銀山は生野（現兵庫県）・大森（現島根県），藩営では秋田の院内銀山，銅山は阿仁（現秋田県），足尾（現栃木県）・別子（現愛媛県）などが知られる。鉄は，砂鉄から鉄をつくるタタラ製法が中国地方を中心に行われ，農具や工具など生産用具に加工され産業の発展に役立った。林業は，都市建設に伴う木材需要の増大により急速に発達した。重要な森林は幕府や尾張・秋田など諸藩が経営にあたった。木曽（現長野県）の檜，熊野（現和歌山県）・吉野（現奈良県）・秋田の杉などが知られる。また薪や炭も都市の燃料や鉱山の精錬用として需要が増大した。

手工業　17世紀後半，手工業は農業と結びついた自給自足の農村家内工業が中心であったが，次第に専業化し技術も進歩した。18世紀に入ると商業資本をもつ問屋が農家に原料や道具を貸与して，出来上がった製品を買い取る形態（問屋制家内工業）が広まり，商人の農村進出が活発

化し，藩の保護や専売政策で農村での商品生産は一層発達した。

18世紀末には，一部に工場制手工業（マニュファクチュア）が出現した。工場に賃金労働者を集め分業と協業に基づく工場での手工業生産の形態で，豪商・豪農・藩が主な経営主体であった。綿織物業では大坂周辺や尾張など，絹織物業では西陣・桐生など，醸造業では伊丹・灘の酒造などでマニュファクチュアが行われていた。

織物業 庶民の代表的衣料となった木綿は，戦国期に綿花の栽培が伝わると，河内・和泉（現大阪府）・三河（現愛知県）などの産地が生まれた。中でも豊前（現福岡県）の小倉織や筑後（現福岡県）の久留米絣などが特産品として有名となった。絹織物業では京都の西陣が早くから発達し，その高度な文様が織れる高機の技術が18世紀に西陣から地方へと伝わると，北関東の桐生・足利や各地で絹織物生産が盛んになった。麻も引き続き生産され，奈良の晒や越後縮が知られた。織物業の発達で阿波の藍や出羽の紅花などの染料生産も盛んになった。

製陶業 陶磁器生産は中世以来の瀬戸・備前などが中心であったが，朝鮮出兵により伝来した技術の普及で肥前（現佐賀県）の有田焼，薩摩（現鹿児島県）の薩摩焼，長門（現山口県）の萩焼など各地に産地が生まれ，飛躍的に発展した。特に有田焼は佐賀藩の保護により発展し，専売制がしかれたが，その一部はオランダの東インド会社を通じてヨーロッパへ伊万里焼として大量に輸出された。

醸造業 上方地方の伏見（現京都市）・伊丹・西宮・灘（現兵庫県）で酒造りが，播磨（現兵庫県）の竜野，下総（現千葉県）の銚子・野田などで醤油の生産がさかんとなった。のち18世紀後半から19世紀初めに，分業と協業が可能であったこの分野で工場制手工業が行われた。

製紙業 支配・行政や商売のための文書（書類），情報伝達や書籍の発達で紙の需要が増大した。そのため美濃（現岐阜県）や越前（現福井県）・播磨（現兵庫県）などに加えて，和紙の産地が各地に生まれた。生産地の多くでは専売制がしかれ，藩財政に寄与した。

15　商業と金融の発達

商業　農業や産業の発達にともない生産物の売買・取引がさかんとなり、商業・金融が発達した。17世紀後半になると三都（江戸・大坂・京都）、城下町など都市を中心に全国を結ぶ商品流通の市場＝全国市場が形成された。その中心となったのが大坂であった。大坂には諸藩の蔵屋敷がおかれ、米穀をはじめ特産品など多くの物資（蔵物）が集散した。18世紀初めには一般の商人の扱う商品である納屋物の量が増大して、領主の蔵物の量を上回るようになった。

　三都や城下町に多くの商品が集散したが、これらを扱う商人たちは専門化して、問屋・仲買・小売りに分かれていった。問屋や仲買の中には業種ごとに仲間という同業者の団体をつくり、独自の法（仲間掟）を定めて営業権の独占をはかるものも現れた。幕府は当初この仲間を公式には認めなかったが、18世紀になると商品流通の統制や物価対策、運上・冥加という営業税徴収のためこれを公認し、営業権の独占を許した。公認された営業の独占権を株といい、株を持つ商人たちの仲間を株仲間といった。大坂〜江戸間の流通の円滑化を図るため大坂に二十四組問屋、江戸に十組問屋が結成された。

　消費者に直接に商品を販売する小売り商人は問屋や仲買から商品を仕入れた。常設の店舗を持たず、零細な小規模経営で商品を天秤棒にかついで街中を売り歩く振売・棒手振とよばれた商人もいた。

金融　大坂・江戸などの大消費地には年貢米や商品が大量に集まり、大坂堂島の米市場・雑喉場の魚市場・天満の青物市場、江戸日本橋の魚市場・神田の青物市場など各種の卸売市場が発達した。諸藩は年貢米や特産物を売りさばくため、大坂や江戸に蔵屋敷を置いた。諸藩では蔵物（年貢米や特産物）の保管・販売は、初め蔵役人が行ったが、のち商人に委託された。これを蔵元といい、販売代金の保管・送金を担当する掛屋を兼ねるものが多かった。江戸には幕府から旗本・御家人に支給された切米（蔵米）や扶持米の換金を担当した札差（蔵宿）がいた。蔵元・掛屋はやがて蔵米などを担保に、大名に貸し付けを行い（大名貸しなど）、武士の経済

生活に強い影響力を持つようになった。巨利を得て富を蓄積した豪商の中には苗字帯刀を許され，豪奢な生活をするものさえあらわれた（奈良屋茂左衛門や淀屋辰五郎・紀伊国屋文左衛門ら）。彼らは元禄文化の一方の担い手ともなった。しかし，鎖国体制のもとでは国内市場や投資の場に限界があり，幕府や藩の政治的支配は強力で，封建支配体制に依存することから抜け出せなかった。

貨幣制度　幕府は貨幣の鋳造権を独占し，金座・銀座・銭座を設けて全国統一の貨幣として金・銀・銭の三貨を発行した。金貨は大判（10両）と小判（1両・1両＝4分＝16朱）などの定額を表示する貨幣で，銀貨は秤で量って使用する秤量貨幣であった。銭は1枚が1文とされた。諸藩では藩内だけに通用する紙幣（藩札）を発行する場合もあった。

　金・銀・銭の三貨は全国に普及し，商品流通の飛躍的な発展を支えた。商取引では東日本では主に金貨が使用され（金遣い経済圏），中世以来中国・朝鮮との貿易の伝統がある西日本では主に銀貨が使用された（銀遣い経済圏）。そこで東と西の間の取引では金貨と銀貨の交換が必要となった。三貨の交換比率は，金1両＝銀60匁＝銭4貫文（1貫文＝1000文）と公定されていたが，相場により常に変動した。田沼意次の時，南鐐弐朱銀をつくり金貨として通用させて（8枚で1両と等価とした），金貨と銀貨の統一を図ろうとしたが上手くいかず，本格的な統一貨幣制度の成立は明治時代まで待たなければならなかった。

　三貨の両替や銀貨の秤量を行うのが両替商であったが，彼らの中から幕府や藩の公金の出納や為替，大名への金融（大名貸し）など金融機関の役割をはたす本両替も生まれた。江戸の三井，大坂の鴻池などが有名である。また江戸の札差も幕臣に俸禄米を担保に金融を行い，巨富を成すものも出た。

　庶民の生活では主として銭が使用された。生活に困窮した庶民の金融機関としては質屋があり，土地や品物を担保に金貸しを行った。

　また，幕府はしばしば貨幣の改鋳を行い，小判の中の金の含有量を減らし，その差益分（出目）で収入を増やす政策を行った。そのため貨幣価値が下落し，インフレが生じて経済が混乱し，庶民を苦しめた。

16 都市の発達と交通通信の発達

都市の発達 　農業や諸産業の発達は，交通と流通の発達を促し消費市場としての都市の拡大をもたらした。江戸・大坂・京都の三都は当時の世界の大都市に数えられるほどに成長した。また，諸大名の居城を中心に城下町が各地に栄え，各城下町を結ぶ街道には宿駅＝宿場がおかれ，宿場町が形成されていった。港町・門前町などの発達も著しかった。

江戸 　1590年家康の関東入府後，本格的な江戸城下の整備が始まった。武家地は江戸城を中心に，その周囲に大名屋敷・旗本・御家人の屋敷を配置して形成され，町人地は江戸湾の入り江を埋め立てた低湿地に形成された。狭い町人地には約1700の町が密集していた。江戸は軍事都市であり，将軍のお膝元という政治都市としての性格が強かった。上水道も整備されていた。参勤交代に伴い諸藩の大名屋敷が置かれ，多くの家臣が居住した。その生活を支えるため多くの商人や職人が集まってきた。江戸はこうした人々の需要を満たすため多くの物資が全国から集まる大消費都市でもあった。18世紀には人口100万人をこえ，世界最大であった。

大坂 　琵琶湖・淀川を含めた河川，運河が多く物資の輸送に便利な立地条件をもとに，商工業者が集まり経済都市として発展していった。諸大名の蔵屋敷が多く集まり，全国からの大量の物資が集散し「天下の台所」と称された。幕府は大坂を直轄地とし，大坂を中心に全国の流通ルートを統制下においた。人口は35万人に達した。

京都 　朝廷のある京都は，幕府の直轄地で京都所司代の支配を受けた。西陣織・陶芸・高級調度品など手工業が発達した工芸都市であり，寺院の本山，神社の本社などが集中し，多くの参詣者を集める宗教都市でもあった。17世紀には人口は約40万人程であった。

都市の変容 　町は本来，家持（地主）町人の共同体として運営されてきた。しかし，三都などの大都市では，大商人が町屋敷を買い集めて不在地主化し，家持町人が減り，住民は地借・店借・店者（商家奉公人）らが多くなった。そのため町は，家持の代理人である家主（家守）を通じ管轄・運営されるようになった。

裏長屋や場末地域には農村から流入した人々や行商などの小売・職人や，日用稼などで生計を立てる下層民が多く居住した。彼らは米価の上昇や自然の災害や病気で生活がたちまち脅かされた。都市下層民を主体として大都市では打ちこわしが発生した。

交通の発達 産業の発達や参勤交代の実施などにともない交通もめざましく発達した。陸上では江戸を中心に東海道・中山道・日光道中・奥州道中・甲州道中の，いわゆる五街道が幕府直轄の主要街道として整備され，大名・庶民の通行・輸送に利用された。道中奉行が管轄し，一里塚も設けられた。他に脇街道なども整備された。

主要な街道には宿駅（宿場）が設置され，大名らが宿泊する本陣・脇本陣や一般旅行者用の旅籠などの宿泊施設が置かれた。また公用旅行者のために人馬の継ぎ立てを提供する問屋場が置かれた。宿駅に常備する人馬で不足の場合には，周辺の農村から臨時に徴発する助郷役の制度があった。

一方，幕府・諸藩は軍事・治安上の必要から交通の要地に関所を設置した。幕府直轄の関所は東海道の箱根・新居（今切），中山道の碓氷など50余カ所に及び，特に「入り鉄砲に出女」（武器の持ち込みと江戸住まいの大名の家族の脱出）を，江戸防衛や反乱防止のため厳重に取り締まった。また軍事上，大井川・天竜川などの河川に橋を架けたり舟で渡したりすることを禁じた。

大量の物資輸送のためには主に船が用いられ，水上交通が発達した。海上では大坂～江戸間の南海路が重要で菱垣廻船・樽廻船が活躍した。河村瑞賢らの努力で東廻り航路・西廻り航路が整備された。また，蝦夷地と大坂間を回航した北前船も蝦夷地や日本海沿岸の産物を運び活躍した。河川や湖の水運も発達し琵琶湖・淀川・利根川下流などがよく利用された。角倉了以は富士川・保津川などの水路を開いた。

通信制度として飛脚制度が設けられ，手紙だけでなく為替や現金も運んだ。各宿場で人馬を継ぎ替えて運ぶ幕府公用の継飛脚は，17世紀末頃には江戸～京都間で約90時間を要した。大名が江戸と国元との間に置いたのが大名飛脚で，庶民のために飛脚問屋が請け負ったのが町飛脚である。

17 商品・貨幣経済の発達と農村分解
―― 幕藩体制の動揺 1 ――

幕府・藩の赤字　幕府財政は、鉱山（金・銀）からの採掘量の減少、明暦の大火からの復興の出費、5代将軍綱吉の奢侈や大寺院の造営費用、年貢率の低下などが重なり、赤字が続いた。一方、諸藩も参勤交代の出費や御手伝普請の費用などで早くから窮迫していた。幕府・藩ともに、この財政赤字は支配体制の危機を招いた。

商品・貨幣経済の発達　幕藩体制は農民を土地に縛りつけ、農民が生産した収穫物を領主が現物（主として米）で徴収する自給自足の経済を前提としていた。一方で領主は兵農分離により家臣を城下町に集住させ、家臣たちに必要な物資を供給するため商工業者を城下町へ集め、領主（武士）は商工業者たちから必要物資を貨幣で購入したから、武士は商品・貨幣経済の中に巻き込まれた。また商品・貨幣経済の発達の中で武士の生活は次第に華美となり、支出は増大していった。しかし、収入源である年貢の収納には限界があり、年々収入（歳入）と支出（歳出）の差は拡大し、財政が赤字になるのは必然的であった。

　一方、自給自足の自然経済の中に押し込められていた農民も、米の生産に不可欠の農具や物資は貨幣で購入しなければならなかった。そこで換金しやすい商品作物の生産が始まった。当初生産を制限されていた五穀以外の作物も、やがて認められ各地に商品作物が栽培されていった。こうして農民にとっても貨幣は必要なものとなり、農民・農村も商品・貨幣経済の中に巻き込まれていった。

農村の分解　江戸時代、土地の売買は田畑永代売買の禁令により禁止されていたが、経済的に困窮した農民は土地を担保に質入れして借金した。返済できなければ質流れとなり、その土地は貸主の所有となり、実質上は売買されたのと同様となった。幕府は、1722年質流れ地禁令を出して土地の質流れを禁止しようとしたが、各地で質地騒動など農民の激しい抵抗を受け、23年撤回した。

　こうして農村では、実質上自分の土地を失い小作人に転落する農民が出

現する一方，多くの土地を獲得して大地主となっていく農民が出現した。彼らの中には土地の耕作を小作人に請け負わせ，自らは別の土地に住み小作料を受け取る不在地主となる者もあった。本百姓は，土地を失い小作人に転落した貧しい層と，土地を集積して地主となった富裕層との二極に分解し，貧富の差は拡大して本百姓体制は崩壊していった。こうして幕藩体制支配の末端機構である，小規模な自作農の本百姓を基盤として成立していた農村は分解していった。

　このように財政窮乏化により幕藩領主の支配体制が危機に陥ったことや，幕藩体制の基盤である本百姓体制が崩壊して農村が分解したことにより，幕藩体制は次第に動揺していった。

幕府・藩の対応策　幕府・藩の財政赤字を解消させるためには，大別すると2つの方策がとられた。

　1つは貨幣経済・商品経済の発達を抑制し，農本主義（農業を中心とする考え方）に立った政策である。すなわち，農民からの年貢の収奪（取り立て）をさらに徹底化していこうとするものである。年貢の徴収方法を変えて年貢率を高めるとともに，都市へ流出した農業人口を農村に戻して農村を再建させ，年貢の増収・確保を図った。享保の改革・寛政の改革・天保の改革ではこうした方法が主としてとられた。

　もう1つは，貨幣・商品経済の発達をむしろ積極的に利用して財政収入の増大をはかろうとする方法である。商人たち商業資本に営業の独占権という特権（株）を与え，その商品の流通ルートから上がる利益の一部を運上・冥加として幕府が吸い取ったり，幕府自らが座を運営したりする政策がとられた。田沼意次が取った政策がこれに相当する。

　諸藩でも同様で，倹約令や年貢増徴策を出したり，半知などで家臣の俸禄を削減したりして歳出の減少をはかる政策がとられた。さらに，特産物の生産を奨励したり，有力商人に苗字帯刀の特権を与えたりして御用金を課したり，専売制を実施してその収益を藩が吸い取るなど様々な対応策をとった。

Ⅲ　近　世　129

18 百姓一揆・打ちこわし・飢饉——幕藩体制の動揺2——

百姓一揆・打ちこわし　百姓一揆とは，農村で過重な年貢負担に苦しんだ農民が集団で領主に対して直接行動に及んだものをいい，打ちこわしは都市の下層民が米価の高騰で困窮し，米屋や高利貸を襲った暴動をいう。江戸時代を通じ一揆は3千件以上（1590〜1877年の間で3700件以上になるともいわれる），打ちこわしは500件以上発生した。

　17世紀初めには，徳川氏や新しい領主の支配に抵抗する武力蜂起や「逃散」など中世一揆の名残りがみられた。17世紀後半からは村々の代表者が百姓全体の利害を代表して領主に直訴する「代表越訴型一揆」が増えた。越訴とは正式の審理手順を経ないで上級の役人・役所へ訴えることで，要求が認められても代表者は処刑された。下総の佐倉惣五郎，上野の磔茂左衛門らが有名で，彼らは義民とよばれ農民から後世まで尊崇された。

　17世紀末になると，村を越えた広い地域の百姓が団結して集団の力で要求を通そうとする「惣百姓一揆」が各地で起こった。一揆の範囲が藩領全域に及ぶ場合を「全藩一揆」とよんだ。1738年の磐城平藩（現福島県）の元文一揆が代表的である。年貢増徴・新税の撤廃，専売制の撤廃などを藩に要求し，時には藩の政策に協力した商人や村役人の家を打ちこわした。

　また領主や特権商人の流通独占に反対する在郷商人や農民が，郡や国を越え広範囲な規模で結集し訴願した「国訴」も起こった。1823年，菜種・綿の流通規制に反対して摂津・河内・和泉の1千以上の村が結集し，大坂町奉行所に訴えた国訴が知られる。

　また村役人の不正を追及して，村の公正な運営を求める村方騒動が，村内の階層分化の進展の中で各地でおこった。

世直し一揆　19世紀に入ると，暴動・打ちこわしが増大し，新しい世の中の到来への願望と百姓一揆が結びつき，「世直し一揆」も起こった。特権商人・豪農に対して，質地・小作地の返還や米価引き下げなどの救済を求め，打ちこわしを行った。1836年の三河加茂一揆，1866年の武州

一揆,陸奥信達騒動などが有名である。これらの一揆に対し,幕府・藩は,大部分は武力で鎮圧し,その指導者を厳罰に処した。

飢饉 長雨・干ばつ・風害・虫害・冷害など自然災害により農作物が実らず,食べ物の欠乏で,多数の犠牲者を出す飢饉が度々起こった。飢饉は一揆・打ちこわしを伴う場合が多く,社会不安の源となった。飢饉の原因には自然災害のほか,大坂・江戸への廻米により現地が米不足となって生じる場合もあった。享保・天明・天保の飢饉は江戸時代の3大飢饉として有名である。

〈享保の飢饉〉(1732)は,天候不順の中,西日本一帯でウンカが大量発生し,稲を食い尽くして大凶作となり全国に及ぶ飢饉となった。江戸では都市下層民が米価高騰で米を入手できず,1733年米商人らを襲う打ちこわしが起こった。これが江戸で最初の打ちこわしといわれる。

〈天明の飢饉〉(1782〜87)は,1782年の冷害からはじまり翌年の浅間山の大噴火を経て数年に及んだ大飢饉で,東北地方を中心に数十万人の餓死者を出したという。このため全国で年貢減免を求める百姓一揆や,都市では米の安売りを求める激しい打ちこわしが数多く発生した。

〈天保の飢饉〉(1832〜39)は,1832〜33年の冷害により米の収穫が例年の半分以下の凶作になり全国的な飢饉になった。農村や都市では百姓一揆・打ちこわしが続発したが,幕府・諸藩は有効な対策も立てられなかった。1836年の飢饉は特にひどく,甲斐の都留郡や三河の加茂郡で一揆がおこり,大坂でも多数の餓死者を出した。しかし大坂町奉行は無策で,大商人らの米の買い占め,大坂の米の江戸廻送などが行われた。これに対し,大坂町奉行所の元与力大塩平八郎は1837年,貧民救済のため武装蜂起した(大塩平八郎の乱)。これは幕府に大きな衝撃を与えた。

幕府・諸藩の対策 飢饉に備えて幕府や諸藩は囲い米を行ったほか,民間に社倉など貯穀を行わせた。また飢饉時には,租税の減免・穀物の払い下げ・救小屋の設置・米価調節策などを行った。しかし藩の枠をこえた全国的な救援体制などはなく,効果はあまりなかった。

19　享保の改革

吉宗の登場　17世紀を通じて農業は飛躍的に生産力を増大させ，また諸産業も著しく発達した。しかし5代将軍綱吉の時から幕府は財政赤字が続き，農村でも本百姓を主体とする農民層の分解が始まった。こうした中で，御三家の紀州藩主から8代将軍となった徳川吉宗が行った政治を享保の改革と呼ぶ。家康を目標とした吉宗は財政赤字を解消するため，商品・貨幣経済の発達を抑制して，年貢（米）の収奪・増徴に主力を注ぐ農本主義の政策を基本として改革を推進した。倹約令を出して消費支出を抑え，文武を奨励した。また借金で苦しんでいた幕臣（旗本・御家人）を救済するため，1719年相対済し令を出し，幕臣と札差との金銭貸借の訴訟を受理せず当事者間で解決することとした。

米将軍　22年上米令を出し，大名から石高1万石につき100石の米を上納させ，大名には参勤交代の江戸滞在期間を半減した。年貢の徴収方法を，作物の出来具合を見て年貢高を決める検見法から，数年間の平均値を定額の年貢高とする定免法に変え，従来4公6民だった租率を5公5民へと引き上げた。また幕府役職の標準役高（石高）を定め，それ以下の者が就任した場合，在職期間に限り不足額を補足して支払う足高の制を始め，財政負担を増やさず人材の登用をはかった。

広く町人らも含めた人々に新田開発を奨励した。さらに農民に甘藷など主穀以外の作物の栽培をすすめ，飢饉に備えさせるとともに農民の生活の安定を図った。こうして吉宗の治世中，江戸時代最高の年貢収納高を達成した。しかし困窮した農民たちは百姓一揆でこれに反抗した。

幕藩体制下では年貢として徴収される米が経済の中心であった。しかし，経済が発達するにつれ，米価安の諸色高（諸物価高）となり，米価が物価の主役として機能しなくなった。そのため米を売り現金に換えて生活する武士たちは，米価安になると生活に困窮した。米価の調整の必要性を痛感した吉宗は，30年大坂の堂島に米市場を設置するなど米価の調整に取り組んだ。このことから吉宗は，米将軍とも呼ばれた。

一方，西国の蝗などによる飢饉で米不足が起きると，江戸では米価が

高騰した。江戸の下層町人たちが33年，米の買い占めがその原因だとして米商人高間伝兵衛らを襲う，江戸で最初の打ちこわしが発生した。

1722年幕府は事実上の土地売買にあたる質流しを禁止する質流れ地禁令を出した。これに対して出羽や越後では地主や高利貸から質地の返還を求めて質地騒動が起こった。驚いた幕府はこの禁令を撤回した。これにより田畑の売買が広く黙認されることになった。

さらに株仲間の結成を公認し，運上（営業税）・冥加（献金）を徴収し，商人たちの統制と収入増をはかった。このように享保の改革は農本主義に立脚しながらも，一面では商品経済の発展に即応する現実的性格をもたざるをえなかったのである。

都市政策・実学奨励　江戸では人口の半分を占める町人が，市中の2〜3割の土地に密集して長屋に居住していたため，いったん火事が起こると被害は甚大であった。そこで町奉行大岡忠相は，町人の居住地を消火するために，独自の消防隊である町火消を組織した。また庶民の意見を聞くため評定所に目安箱という投書箱を設けた。この投書に基づいて，貧民を対象とした医療施設である小石川養生所をつくったりした。

幕府の法令や判例を集大成した公事方御定書を42年制定し，裁判の公正化をはかった。また法令の遵守などを一般庶民に教え諭すため，中国の教訓書を儒学者室鳩巣に注釈させて「六諭衍義大意」として刊行した。

幕府は甘藷・サトウキビ・朝鮮人参など新しい作物の栽培を奨励した。キリスト教関係以外の漢訳洋書の輸入を緩和し翻訳も許可して，実用的な学問を奨励した。これがのちの蘭学の発達につながっていった。

吉宗の時代　幕府財政は一時的に黒字となったが，その一方，江戸で最初の打ちこわしが起こったり，百姓一揆が急増した。改革後農民の階層分化がより進み，小百姓と地主との対立が生まれた。地主の中には商品作物生産や流通・金融の中心となる有力な農民＝豪農になる者も出現した。村内では村役人を兼ねる豪農と小百姓との対立が深まり，小百姓らが村役人の不正を追及し，公正な運営を求める村方騒動が各地で頻発した。また都市商人は豪農と連携して問屋制家内工業を展開した。

20　田沼政治と寛政の改革

田沼政治　享保期の年貢増徴により幕府財政は好転したが，宝暦年間（1751～63）には年貢収入が頭打ちとなり，再び行きづまった。10代家治の時側用人から老中に昇進した田沼意次は，財政赤字の解消のため，当時発達してきた商品の生産・流通が生み出す富を幕府の財源に取り込もうとする政策をとった。都市・農村の商人と手工業者の仲間組織を株仲間として広く公認し，運上・冥加などを徴収した。幕府も銅座・真鍮座・朝鮮人参座などを設けて専売制を行った。また，上方は銀遣い・関東は金遣いという不便さを解消するため，南鐐二朱銀（8枚で1両と等価）を鋳造して，金中心の貨幣制度への一本化をはかった。

ロシア貿易と蝦夷地開発を説いた工藤平助の『赤蝦夷風説考』に注目し，最上徳内らを蝦夷地に派遣して蝦夷地の開発とロシアとの交易の可能性などを調査させ，蝦夷地の直轄と大規模開発を進めようとした。そして大坂・江戸の豪商の出資で下総（現千葉県）の印旛沼・手賀沼を干拓する大規模な新田開発を始めた。さらに貿易額制限を緩和して長崎貿易を奨励し，銅や，海産物を俵に詰めた俵物の輸出増加をはかり，その俵物を扱う俵物会所を長崎に設置した。

田沼政治の後半は，天明の大飢饉や浅間山の噴火などのため百姓一揆や打ちこわしが頻発した。このような状況の中，意次の息子で若年寄の意知が江戸城で刺殺された事件を契機に，意次に対して不満をもつ門閥譜代大名らの保守層は田沼を失脚に追い込んだ。田沼時代は賄賂が盛んで金権政治が行われ，社会の退廃を招いたとしばしば批判されることもあった。しかし，年貢米の収入に限界が見られた中，商業分野に幕府の財源を拡大していこうとした点には新しさがあった。

寛政の改革　天明の大飢饉による百姓一揆・打ちこわしが続発する中で，田沼の失脚後，保守派に支持された松平定信（吉宗の孫）が老中となり，15歳の11代将軍家斉を補佐して幕政を担当した（寛政の改革・1787～93）。定信は，商業資本の発展を抑えて，農村の再建に力を注いだ。

定信は徹底した引き締め政策をとり，華美な生活を抑える倹約令を出し，

武芸を奨励し、質実剛健な気風を取り戻そうとした。幕政への批判を抑えるため、林子平が『海国兵談』・『三国通覧図説』で海防の必要性を説くと、社会不安を煽るものとしてこれを弾圧した。また風俗取り締まりを強化し、黄表紙や洒落本の出版を禁じ、作者の山東京伝や出版元を処罰した。

天明の大飢饉で荒廃した農村を復興させるため、農民の出稼ぎを制限し、江戸に定職を持たない農村出身者に帰農を勧める旧里帰農令を出して、農業人口の確保をはかった。また、各地に社倉・義倉を設け、飢饉に備えて米穀を蓄えさせた（囲米）。

打ちこわしなどが続発した江戸では治安維持上、都市対策が必要となった。そこで、江戸の石川島に人足寄場を設けて無宿人を強制的に収容し、技術を身につけさせ生業につけようとした。また江戸の町々の町費（町入用）を節約させ、節約分の7割を積み立てさせて、新たに設けた江戸町会所に運用させ、飢饉・災害に備えさせた（七分積金）。

また、1789年困窮化する旗本・御家人を救済するため、札差からの6年以上たつ借金は帳消しし、以後のものは利息を下げて年賦返済にするという、棄捐令を出した。

寛政異学の禁　人材登用のため学問を重視し、1790年朱子学を正学として聖堂で朱子学以外の学派（異学）の講義・研究を禁じた（寛政異学の禁）。また湯島の聖堂の林家の私塾を幕府の学校（昌平坂学問所）とした。

ロシア使節ラクスマンが通商を求めて92年根室に来航し、江戸入港を要求したことが契機となり、江戸湾・蝦夷地の海岸防備の強化を諸藩に命じた。その後、外国船の来航が頻発するようになった。

朝廷は、光格天皇の実父閑院宮典仁親王に太上天皇の尊号を贈りたいと幕府に申し入れてきたが、幕府はこれを拒否した。この事件の処置をめぐり、定信は将軍家斉とも対立した（尊号一件）。あまりにも厳しい統制や倹約令は人々の反発を招き、定信は在職6年余りで退陣した。

この頃諸藩でも名君とよばれる藩主主導の藩政改革が行われた。細川重賢（熊本藩）、上杉治憲（米沢藩）、佐竹義和（秋田藩）などが知られる。

21 文化・文政時代と天保の改革

文化・文政時代 松平定信の老中辞任後しばらくして11代将軍徳川家斉が親政を行うようになり、1837年将軍職を子の家慶に譲った後も大御所として実権を握った（文化・文政時代）。この時期、低品位の貨幣への改鋳で幕府財政の赤字を補い、放漫な政治が続いた。また、江戸を中心とした町人文化である文化・文政文化（化政文化）が栄えた。

内憂外患 家斉は贅沢で華美な生活を続けたので、幕府財政は赤字となった。この放漫財政下で諸産業は活性化し、一層農村の中に商品貨幣経済が浸透して農民の階層分化が進み、豪農と貧農との格差が拡大し、百姓一揆や打ちこわしが続発・激化していった（内憂）。中でも江戸周辺の関東農村は天領や旗本領・大名領が多く、所領が錯綜して取り締まりが十分に行き届かず、治安も悪化した。そこで、幕府は1805年、関東取締出役を設けて犯罪者の取り締まりにあたった。さらに27年幕領・私領・寺社領の違いを超えて40〜50の村々を組み合わせた寄場組合（改革組合）村を作らせ、その地域の治安の維持・風俗の取り締まりを行わせて農村の秩序維持を図った。

一方、寛政期以降日本近海には外国船が出没し、緊張感がより高まっていった（外患）。1792年のロシアのラクスマンの来航につづき、1804年にはレザノフが通商を求めて長崎へ入港した。その後日露間で紛争が生じ、1811年にはゴローウニン事件も起こった。

1808年イギリス軍艦が長崎に入港して乱暴・狼藉をしたフェートン号事件が起こり、この事件で長崎奉行松平康英は責任を取り自決している。その後も続いたイギリス船の相次ぐ来航、乱暴に対して、幕府は1806年に出した文化の薪水給与令（撫恤令）を改め、1825年異国船打払令（無二念打払令）を出し清国・オランダを除く外国船は理由のいかんを問わず打払えと命じた。この結果、1837年には日本人漂流民の送還に来航したアメリカ商船モリソン号を砲撃、退散させる事件が起こった。幕府の措置を批判した高野長英、渡辺崋山らの蘭学者を弾圧する蛮社の獄が起こった。

天保の大飢饉　1832・33年には，冷害により天保の飢饉が発生し，百姓一揆・打ちこわしが続発した。幕府の直轄地で「天下の台所」の大坂の米不足も著しく，大坂町奉行所の元与力大塩平八郎は37（天保8）年貧民救済を唱えて武装蜂起したが，半日で鎮圧された（大塩平八郎の乱）。しかしこの事件が幕府や藩に与えた衝撃は大きく，その波紋は全国に及び，同年越後の柏崎では国学者生田万の乱も起こった。

天保の改革　41年家斉が死去すると，将軍家慶の下で老中水野忠邦が中心となり，幕府権力の再建を目指す天保の改革（1841〜43）に着手した。享保・寛政の改革を模範として，消費支出を抑えるため倹約令を出し，大御所時代の華美な風潮を厳しく取り締まって，文武を奨励した。江戸の芝居小屋を町外れに移したり，寄席の取り潰しなど娯楽や衣食住全般にわたり風俗を厳しく規制した。人情本の作家為永春水や合巻の作家柳亭種彦らを，風俗を乱すとして処罰して出版を統制した。

　物価引下令を出す一方，物価高騰の原因は株仲間の買い占めにあるとして41年株仲間を解散させた。これは一般商人や江戸周辺の在郷商人の自由な取引を認め，物価の引き下げをはかるものであった。43年には旗本・御家人の窮乏を救うため棄捐令を出し，札差には幕府貸付金の返済の半額を帳消しにした。農民の離村や出稼ぎを禁じ，副業を制限するとともに，江戸への流入者を帰郷させる人返しの法を43年に出し，農村の復興をはかった。

上知令　1840年，幕府は武蔵の川越藩を出羽庄内に，庄内藩を越後長岡に，越後長岡藩を川越に転封させる（三方領知替）ことを計画したが，庄内領民や庄内・水戸藩の反対で翌年撤回した。幕府が決定した転封を実施できなかったことは，幕府の権威の失墜を示す出来事であった。

　幕府は，支配の強化と財政の安定を図るため1843年上知令を出し，江戸・大坂周辺の領地を幕府直轄地に編入しようとした。しかし，該当する大名や旗本・商人・農民らの反対が相次ぎ，これも失敗に終わった。忠邦は失脚し，天保の改革は失敗した。

　天保の改革の失敗は幕府の衰退を明白にしたが，一方，同時期の西南諸藩の中には藩政改革に取り組み，成功して強大化していく藩もあった。

22　列強の接近と日本の対応

列強の接近　17世紀にはオランダが，続いてイギリスやフランスが東アジアへ進出した。18世紀後半ロシアはシベリアに進出し，アメリカは西部を開拓し太平洋に進出した。

　日本に最初に接近してきたのはロシアであった。1792年ロシア使節ラクスマンが，82年に遭難してロシアにいた大黒屋光太夫を伴い根室に来航し通商を求めた。幕府はこれを拒否したが，以後北方で緊張が高まった。1804年にはレザノフが幕府がラクスマンに与えた信牌（長崎入港を許可する証明書）を持参して，長崎に来航し通商を求めたが，幕府は強く拒否したので翌年帰国した。そのため，以後ロシア船による樺太や択捉島への襲撃事件が起こった。

　11年にはロシア軍艦艦長ゴローウニンが国後島に上陸した際，日本側に捕らえられ，松前・箱館に監禁された。ロシア側は商人高田屋嘉兵衛を抑留して，両者の交換を要求した（ゴローウニン事件）。その後蝦夷地情勢は一応安定し，1821年幕府は防衛上一旦直轄地とした蝦夷地を，松前藩に返還した。

　一方，ナポレオン支配下のフランスと世界各地で戦っていたイギリスは，アジアでもフランスの属国となったオランダの植民地を奪い，東アジアへも進出してきた。1808年にはイギリス軍艦フェートン号が，オランダ商船を追いかけ長崎に侵入したフェートン号事件がおこった。

幕府の対応　ロシアによる蝦夷地情勢の緊迫化にともない，幕府は1799年東蝦夷地を，1807年に西蝦夷地を直轄地とし，松前藩を奥州に移し，松前奉行を新たに設置して東北諸藩をその警備にあたらせた。また，老中松平定信はラクスマンの来航や林子平の『海国兵談』に影響され江戸湾防備計画を立てたが，定信の老中辞任により計画は実行されなかった。その後，1810年には外国船に対する海防のため江戸湾防備体制がつくられ，三浦半島と房総半島に台場（砲台のこと）が築かれて会津藩と白河藩が配備され防備にあたった。

　この間，1798年には近藤重蔵が千島の探検をして，択捉島に「大日本

恵土呂府」の標柱を立てた。1808年には間宮林蔵が樺太探検を命じられ樺太と大陸の間に海峡のあることを発見した。後にシーボルトは間宮海峡と名付けて，これを世界に紹介した。

また幕府は，海外情報の収集のため，1811年幕府天文方の高橋景保の建議で，洋書の翻訳機関である蛮書和解御用を設置した。さらに防衛の必要上から日本地図を作成するために，1800〜16年にかけ伊能忠敬に全国を測量させた。その結果出来上ったのが『大日本沿海輿地全図』である。

1806年幕府は，外国船来航に対して，文化の薪水給与令（文化の撫恤令）を出し，外国船には水・薪・食糧など必需品を供与して退去させる穏便な対応策をとった。

しかしフェートン号事件以来のイギリス船の相次ぐ接近に対し，幕府は1825（文政8）年異国船打払令（無二念打払令）を出した。これは清国・オランダを除く外国船の打ち払いを命ずるものであった。その結果37年にはモリソン号事件が起こった。日本人漂流民を送り届けるため浦賀に来航したアメリカ商船モリソン号が浦賀奉行に砲撃され，退去した事件である。この事件について，蘭学者の高野長英は『戊戌夢物語』で，渡辺崋山は『慎機論』で幕府のとった措置・鎖国政策を批判した。このため，目付鳥居耀蔵が中心となって崋山らの蘭学者の団体尚歯会の人々を厳しく弾圧した（蛮社の獄）。

40〜42年のアヘン戦争で中国（清）がイギリスに敗北したことを知った幕府は，異国船打払令を緩和して42年に天保の薪水給与令を出した。これは漂着した外国船に水・薪・食糧などを供与することを復活させたものであった。こうして再び外国船に対して穏便な対応策へと戻った。

1844年にはオランダ国王から幕府に開国を勧告する信書が送られてきたが，世界情勢の認識に欠けていた幕府はあくまでも鎖国体制の維持を図り，これを謝絶した。1846年アメリカ東インド艦隊司令長官ビッドルが浦賀に来航し通商を求めたが，拒絶した。その後も，外国船がたびたび来航したが，幕府は鎖国の方針を変えず，1853年のペリー来航を迎えることになった。

23 幕府権力の衰退と西南雄藩の台頭

宝暦・寛政期の藩政改革 18世紀後半の宝暦・寛政期の藩政改革は，多くが名君と呼ばれた藩主の主導により行われた。熊本藩主細川重賢，米沢藩主上杉治憲（鷹山），秋田藩主佐竹義和らが知られている。また各藩では，人材を育成し登用するために藩校を設け，教育に力を注いだ。倹約の励行や殖産・専売政策を進め，他国へ産物を販売して藩の収益を増やす政策が実施された。

大半の藩では財政は悪化の一途をたどっていた。そこで商人に御用金を課したり，家臣の俸禄の一部を借り上げたり，俸禄の半分を削減する半知を実施して，かろうじて財政を維持していた。しかし，天保の飢饉を契機に領民や下級武士から藩の飢饉対策に対する鋭い批判がおこり，諸藩では新たに国力の充実を図る改革の断行が求められた。

天保期の藩政改革 幕府の天保の改革は失敗し幕府権力は衰退していったが，薩摩や長州，佐賀など西国諸藩の藩政改革は成功し，幕末の政局に大きな発言力をもつ西南雄藩として台頭していった。

薩摩藩（鹿児島） 1827年薩摩藩では膨大な借金を抱え藩内が動揺していた。藩主島津重豪の時，下級武士出身の調所広郷を中心に改革を断行した。500万両にのぼる上方商人からの負債を250カ年賦無利息返済で事実上帳消しにし，その上で，奄美三島（大島・徳之島・喜界カ島）特産の黒砂糖の専売を強化し，琉球を通じた密貿易で利益をあげ急激に財政再建に成功した。

この財源をもとに，藩主島津斉彬は鹿児島に反射炉や造船所，ガラス製造所など洋式工場（集成館）を建設した。斉彬死後もイギリスの指導で67年洋式の紡績工場を建設し，長崎のイギリス人商人グラバーから大量の洋式銃などを購入し軍事力の強化をはかった。

長州藩（萩） 1831年長州藩では，藩の専売制強化に反対して全藩に及ぶ百姓一揆（防長大一揆）がおこり，政策の変更を余儀なくされた。藩主毛利敬親の時，村田清風を中心とする下級武士たちが改革を断行した。清風は，在郷商人らの協力をえて殖産政策を進めるとともに，銀8万5

千貫(金で140万両)にのぼる藩の債務を37カ年賦で返済することとし,家臣の借金も藩が肩代わりした。さらに紙・蠟の専売制を改革した。また,越荷方という役所を下関につくり,他国の船が大坂の問屋などに運ぶ予定の商品(越荷)を担保にして金融・倉庫業を行ったり,越荷を買取り委託販売を行って莫大な利益を上げ財政の再建に成功した。そして村田清風は洋式軍備や洋学を採用し,下級武士を登用するなどして藩の力を強化した。

肥前藩（佐賀） 肥前藩では藩主鍋島直正が主導して,地主の土地を没収し没落した農民に土地を再配分する均田制を実施し,本百姓体制の再建をはかった。また,陶磁器生産の保護・奨励と専売制の強化を行い藩財政を立て直した。日本最初の洋式反射炉を備えた大砲製造所を設けて軍事工業の導入をはかり,藩の力を強化した。幕末には日本で唯一国産の大砲を製造できる軍事技術を持つ藩になった。

土佐藩（高知） 土佐藩では下級武士中心のおこぜ組とよばれる改革派が藩の主導権を握り,支出の緊縮を行い財政の再建に努め一応の成果を上げ,洋式の兵器を導入して軍事力強化をはかった。

伊達宗城の宇和島藩,松平慶永(春嶽)の越前(福井)藩などでも,有能な中・下級武士を藩政の中枢に登用したり,三都の商人や領内の地主・商人層との提携を深めて藩権力の強化に成功した。

これらの諸藩は天保期の改革の成功を土台に藩財政を再建して軍事力を強化し,西南日本の雄藩として幕末の政局に発言力を強めて行った。しかし,他方水戸藩のように,藩主徳川斉昭の努力にもかかわらず藩内の保守派の反対など,藩内抗争が激しくて改革が成功せず,尊王攘夷論の中心として幕末の政治に大きな影響を与えながらもその主体となりえなかった藩もある。

一方幕府も幕末には代官江川太郎左衛門(坦庵・英龍)に命じて伊豆韮山に反射炉を築造させ,勘定奉行小栗忠順が中心となりフランス人の指導で横須賀に製鉄所(造船所)を建設した。幕府・雄藩のこれらの洋式工場は明治維新後の官営工場の先駆けとなった。

24　江戸期の文化 1 ——特色・担い手・文学——

寛永・元禄文化　桃山文化を受け継いだ江戸初期の文化は，寛永期前後に新しい傾向を示し始めた（寛永文化）。17世紀後半になると，農業生産の飛躍的な発展と商品経済の波及を背景に，三都をはじめとする都市の繁栄が見られた。上方の豪商（上層町人）の台頭がめざましく，特に大坂では経済力を背景にして新時代の文化を担う存在へと成長した。5代将軍綱吉の時代には，その学問奨励策や木版印刷術の普及なども影響して，江戸前期の頂点をなす元禄文化が開花したが，この文化は現実主義的な傾向が強く，上方町人の実利主義的な生活行動や欲望を強く反映している。

俳諧と浮世草子　文学の分野で元禄文化を代表するのは，松尾芭蕉の俳諧と井原西鶴の浮世草子である。連歌から派生した俳諧は軽妙奇抜な短詩として庶民の人気を集め，江戸初期に松永貞徳の貞門派，西山宗因の談林派が発展したが，それを芸術的に大成したのが芭蕉であった。伊賀上野の藤堂藩の武士から町人の世界に身を移した松尾芭蕉は，俗語・日常語を大胆に採り入れて，"自然と人生"を新鮮な切り口で表現する「蕉風」を確立した。芭蕉の俳諧は多くの場合旅先での一座による連句形式で詠まれたことから，各地の門人たちを通じて庶民層に愛好者を広げていった。代表作に『野ざらし紀行』『奥の細道』などがある。
　浮世草子は，江戸初期の仮名草子の系譜を継ぐ小説形式で，もと大坂の談林派俳諧師だった西鶴により確立された。西鶴は上方町人が物欲と愛欲に執着しながら，自らの才覚で生き抜く姿ををリアルに描写した。その町人物・好色物と呼ばれる作品群は，多くの町人たちに愛読された。代表作に『好色一代男』『日本永代蔵』などがある。

人形浄瑠璃　人形浄瑠璃は元禄の頃，竹本義太夫が出て独得の声音の義太夫節で人気を高め，さらに近松門左衛門がその台本を多く書いて，絶大な人気を集めた。近松は武家出身であったが，大坂の町人世界に取材して義理と人情の葛藤に苦しむ上方町人の人間性を，世話物と呼ばれる心中悲劇の形式で格調高く唱いあげた。また歴史に取材した時代物も手がけた。代表作に『曾根崎心中』『心中天の網島』などがある。

化政文化 江戸後期になると，商品経済が一段と発展し，最大の消費都市江戸の繁栄が著しく，文化の中心も上方から江戸へ移行していった。文化活動の担い手も中流町人層が主役をつとめるようになり，江戸と地方の人的・物的交流が活発化して，地方の文化も発達した。都市生活の多様化もあって，文化は多様なものとなった。しかし，幕府の厳しい言論統制で，人々は抑圧された本能をかすかな風刺や皮肉に発散させたり，愛欲や駄洒落や怪奇を好むといった傾向も生まれた。こうした享楽的・退廃的な傾向の反面，学問や思想の面では，幕藩体制の矛盾・行きづまりに目覚め，その打開の道を目指す実証的・合理的な精神も成長してきた。

洒落本・人情本・滑稽本・読本 浮世草子のあと江戸の遊里の生活を描いた洒落本が流行したが，その作家山東京伝が，寛政の改革の風俗取り締まりで処罰された。その後，大人向けの絵本・絵入り小説ともいえる黄表紙や合巻を経て，江戸庶民の男女の官能的な世界を風俗的に描いた人情本が流行した。為永春水の『春色梅児誉美』はその代表作である。

滑稽本は町人の日常の会話を写して軽妙なおかしみをねらった小説で，十返舎一九の『東海道中膝栗毛』や，銭湯・床屋を舞台にした式亭三馬の『浮世風呂』『浮世床』が代表作である。

絵よりも文章を読むことを主体とした読本は，滝沢馬琴の『南総里見八犬伝』や『椿説弓張月』などが有名で，儒教的な勧善懲悪思想に基づいて壮大なロマンをくりひろげた。

俳諧・川柳・狂歌 芭蕉後の俳諧では，天明〜化政期に与謝蕪村と小林一茶が登場した。蕪村が絵画的な美しさと豊かな抒情性をたたえた句を詠んだのに対し，一茶は信濃・越後の農民生活に密着した個性的な生活句を詠んだ。

和歌では香川景樹が古今調の歌を詠み，越後の良寛が独自の生活歌を詠んだ。

浅草の名主の柄井川柳が俳諧の発句形式をまねた滑稽詩を選んで出版し，川柳と呼ばれて有名になった。蜀山人（大田南畝）らを代表とする天明期の狂歌とともに，役人への鋭い風刺や人生の機微をついた句が，庶民の間でもてはやされた。

25　江戸期の文化2 ──儒学の展開──

朱子学　禅僧だった藤原惺窩は，朱子学を学んでこれを体系化し，京学派を形成して禅宗から解放した。将軍家康は，惺窩を側近学僧として外交文書の作成などに当たらせた。惺窩は弟子の林羅山を家康に推挙し，羅山は家康に仕えて公文書の起草や幕府の正史の編纂などに従事した。羅山はさらに宋代の朱子の言説により，家康のつくった幕藩体制を「理」にかなったものとして合理化し，権威づけた。そこでは現にある上下尊卑の秩序が天地陰陽の秩序のように絶対不動のもので，それに従うことが道徳の根本であると説明されたから，朱子学は幕府高官の意向にそい，重用されることになった。

　5代将軍綱吉は，湯島聖堂を建てそこに林家の私塾を移し，羅山の孫信篤（鳳岡）を大学頭に任じた。以後，林家は大学頭の職を世襲し，幕府の文教の元締を勤めるようになった。

　18世紀の末になると老中松平定信が，聖堂学問所での朱子学以外の教授を禁止する寛政異学の禁を発し，諸藩もこれにならったので，藩校も朱子学で統一されるようになった。その上，林家私塾を昌平坂学問所（昌平黌）と改称して，幕府役人の養成機関に昇格させたため朱子学の官学化が強まり，幕末まで権勢を誇ることになった。

　林家以外にも京学の系統の学者として，綱吉に仕えた木下順庵，6代家宣・7代家継に仕え「正徳の治」と呼ばれる政治を行った新井白石，神道の朱子学的解釈に基づく垂加神道をおこし，主君に対する家臣の心のあり方（臣道）を説いた山崎闇斎らがいる。

陽明学　明代の王陽明が朱子学を批判して創始した陽明学を，日本で最初に主唱したのは中江藤樹である。藤樹は当初，朱子学を信奉していたが，思想と現実との矛盾に悩み，人間の心の自発的な動きを重んじ，「知行合一」を説く陽明学に転向した。その弟子熊沢蕃山は，岡山藩の池田光政に仕えて藩政に参画した。しかし，『大学或問』で幕政を批判して武士土着論の理想を唱えたため，下総古河（現茨城県）に幽閉された。

　現実の社会を批判してその矛盾を改めようという陽明学の革新的傾向は，

元幕臣でありながら1837年に大坂で反乱を起こした大塩平八郎，幕末の長州藩の吉田松陰，薩摩藩の西郷隆盛らにも受け継がれ，幕末維新期の志士たちにも大きな影響を与えた。

古学 朱子学・陽明学は儒学を宋・明代に解釈し直した学問であり，儒学の真髄をとらえるためには孔子・孟子の原典に立ち返るべきだと唱える古学派が出現した。最初にこれを唱えた山鹿素行は，朱子学を武士の日常の倫理に合致しない有害無益の学と批判し，日本こそ中朝（天下の中心）であると主張した。そのため幕府の怒りにふれ，赤穂藩に流された。

京都の商家に生まれた伊藤仁斎は，朱子の説を離れて独学で孔子・孟子の原典につき，その古義（原義）を明らかにしようとし，仁（人間相互の思いやりや愛情を基盤とした相互信頼）こそが，人倫のうちに実現されるべき価値だと訴えた。仁斎は生涯仕官せず，京都堀川の私塾古義堂で門人を養成しながら，『論語』『孟子』の注解の増補にとり組んだが，子の東涯によって大成された。

江戸で私塾蘐園塾を開いた荻生徂徠は，「聖人の道」を明らかにするため，中国古代の諸子学や詩文の古文献に即して，古語の意味とその具体的事実を論証しようとした（古文辞学）。そして，人間社会の秩序は永遠不変の自然的秩序ではなく，聖人と呼ばれる中国古代の政治家によって人為的につくり出されたものであると断じた。そこには社会を人間が創り出すものと考え，個人道徳よりも政治学を重視する近代思想の萌芽が認められるともいわれる。

儒学の変容 官学化した朱子学は，幕藩体制の動揺にともない，しだいに現実との遊離が明確になり，形骸化した。これに代わって徂徠学は，幕藩体制建て直しの理論的支柱となった。徂徠は将軍綱吉の側近として権勢をふるった柳沢吉保や8代将軍吉宗の政治顧問をつとめ，農本主義に基づく武士帰農論などを提言した。徂徠の弟子太宰春台は，『経済録』を書いて新しい経世論（藩営商業論）を展開した。

また，古文辞学の文献学的実証主義の方法は，漢詩文に重きをおく弟子の服部南郭らの学派とともに，国学や洋学の学者にも影響を与えた。

26　江戸期の文化 3 ——国学・洋学の展開——

国学の成立　儒学が中国古典の教説を無上の権威と仰いだのに対し，万葉集研究から始まった日本古典研究は，徐々に古代以来の日本の学問・思想についての復古主義的な研究＝国学として体系を整えはじめた。元禄の頃，僧契沖は荻生徂徠の古文辞学の影響を受けた文献学的方法により，古代日本人の自然の心情を重視した『万葉代匠記』を著した。その後を継いだ京都伏見の稲荷神社の神官荷田春満は，万葉集の文学的研究にとどまらず，"大和"の"人の道"（道徳）を明らかにすることの大切さを訴え，"国学"という名称を初めて使用したとされる。

　その門弟である遠江（現静岡県）の神官賀茂真淵は，万葉集に表現された古代日本人の心の素直さ・自然さこそ，"人の道"の真髄を示すものだと指摘し，儒学・漢学がその古代日本人の心をけがしゆがめた，と説く国学独自の歴史観を表明した。ここには儒学を排撃し，日本の古道に復帰しようとする真淵の立場が示されている。

集大成と変質　真淵の門弟として，国学の思想と研究方法を集大成したのが，伊勢松坂の商家に生まれ，医業を営んだ本居宣長であった。宣長は真淵のすすめで古代日本人の心を最もよく伝えるという『古事記』の研究に没頭し，35年間かけて『古事記伝』48巻を完成した。そこには『古事記』の歴史的・文学的考察が豊かに展開され，仏心（仏教）や唐ごころ（儒教）にゆがめられない古代日本人の素直な心，日本の古道への復帰を求める宣長の主張が表現されている。

　宣長の没後の門人である秋田藩士平田篤胤は，師の文学的主情主義の世界に安住できず，宗教的要素を加えて復古神道を唱えた。彼の国学は，神道＝皇道説を唱え，日本を世界の中心と考えるもので，地方の豪農・神官層に熱烈な支持を受け，幕末の尊王攘夷運動にも大きな影響を与えた。これとは別に国学の文献学的研究方法を受け継いで発展させたのが，伴信友や塙保己一であった。

洋学の発展　西洋の学術研究である蘭学・洋学は，幕府の鎖国体制により厳しく規制されたが，長崎のオランダ商館を通じて徐々に全国各地に

波及していった。特に享保の改革時にキリスト教に関係のない漢訳洋書の輸入が許されると、長崎の通詞以外にも蘭学を学習する気運が生まれた。1774年の前野良沢・杉田玄白らによる西洋医学解剖書の翻訳書『解体新書』の発行は、蘭学発展の画期となった。

続いて大槻玄沢の手になる蘭学入門書『蘭学階梯』、ニュートンの学説を紹介した志筑忠雄の『暦象新書』、西洋の化学を紹介した宇田川榕庵の『舎密開宗』などが出版され、西洋の進んだ科学技術が注目されるようになった。幕府も幕藩体制補強の技術・知識を摂取するために、蛮書和解御用と称する翻訳局を開設し、有能な蘭学者に情報収集させたりした。

洋学の弾圧 蘭学の発展にともない、西洋諸国との交流が日本の国家的利益に役立つという認識が、一部の民間知識人の間に芽生えてきた。そんな時期に2つの事件が起こった。1828年のシーボルト事件は、オランダ商館医シーボルトと幕府天文方の高橋景保が共に学問的動機から日本地図と世界周航記を交換し、それが発覚して幕府から厳罰に処された事件である。

また1839年の蛮社の獄は、三河（現愛知県）田原藩家老渡辺崋山やシーボルト門下の高野長英らが蘭学研究会を開いたり、幕府の異国船打ち払い政策を批判したりして、処罰された事件である。この2つの事件を契機に、洋学研究は社会批判を封じられ、医学・軍事学の分野に囲い込まれることになった。

開国後の洋学 開国以後になると、イギリス・フランス・ロシア・ドイツの諸学も移入され、同時に歴史・哲学・法制・経済・政治などの諸分野が開拓された。幕府は蕃書調所（のち洋書調所、開成所）を開設し、翻訳や洋学の教授を行い、西周・津田真道らをオランダに留学させた。また、長崎では海軍伝習所を開き、洋式軍艦の操縦などの訓練を行った。その結果、西洋諸国の政治や社会制度がいっそう明らかにされるとともに、世界の中で自国のおかれた情況がリアルに認識されるようになった。こうして幕末の知識人たちは、日本の近代化への志向を強め、明治期の「文明開化」の土台を築いていった。

27　江戸期の文化 4 ──絵画・工芸・演劇──

寛永・元禄期の絵画　16世紀後半，狩野永徳のとき全盛を誇った狩野派は，3代家光の寛永期頃永徳の孫探幽が幕府の御用絵師に就任し，以後その地位を世襲するようになった。狩野派はこうして江戸画壇の覇権を握ったが，やがてその画風はマンネリズムに陥った。

　一方，京都の町人俵屋宗達は，特異な構図と技法の装飾的な画風で画壇に新風を吹きこんだ。その流れをひく尾形光琳が，元禄期に光琳模様と呼ばれる独自の装飾的大和絵画風を確立した。その代表作に『紅白梅図屛風』『燕子花図屛風』がある。

浮世絵　元禄期の江戸で桃山時代の風俗画の流れをくむ浮世絵が生まれた。江戸の美人・役者・相撲取りなどを描いた。初めは肉筆画だったが，しだいに安価に量産できる木版画がとって代わり，江戸庶民の間で愛好された。菱川師宣がその先駆者で『見返り美人図』がある。

　18世紀の中頃，鈴木春信が錦絵と呼ばれる多色刷りの美しい版画を始め，浮世絵は全盛期を迎えた。制作面では絵師（画家）・彫師（版画職人）・摺師（印刷職人）の分業体制が確立し，版元商人がそれを手広く販売するようになった。

　美人画では春信に続いて喜多川歌麿（1753～1805）が登場し，細おもて・切れ長の目，小さな唇という特徴を持つ美人大首絵（上半身，特に顔を大写しにする絵）で絶大な人気を集めた。役者絵では東洲斎写楽が役者の瞬間的な表情を際だたせて描いて，強烈な印象を与えた。

　19世紀には浮世絵風景画に新生面が見られた。葛飾北斎の『富嶽三十六景』は奇想天外な構図で人目を引きつけ，歌川（安藤）広重の『東海道五十三次』は，旅情のにじみ出たしっとりした画風で好評を博した。こうした浮世絵はヨーロッパの画壇にも大きな影響を与えた。

文人画・西洋画　中国の南画・文人画（文人・学者が余技として描いた気品の高い山水画など）から学んで，余韻や風格を重んずる日本独得の文人画が描かれるようになった。京都の池大雅や与謝蕪村，少し遅れて江戸の谷文晁や渡辺崋山らが，漢詩文の教養を基に俗塵を離れた新境地を切り

開いた。

　また日本画では，円山応挙が西洋の遠近法を採り入れて，立体感のある写生画の様式を確立し（円山派），京都を中心に大きな影響を与えた。

　蘭学の普及にともない，西洋画の遠近画法や陰影法などが採り入れられるようになった。平賀源内の『西洋婦人図』や司馬江漢の銅版画『三囲の景』は，その代表作である。また，渡辺崋山の肖像画『鷹見泉石像』にも，西洋画法の影響が色濃く認められる。

工芸　寛永年間に肥前有田で酒井田柿右衛門が，上絵付けの技法による「赤絵」の磁器をつくりだし，伊万里焼として海外にも輸出されるようになった。

　茶の湯が盛んになるにつれて，茶器も盛んに焼かれた。京都の本阿弥光悦は焼き物のほか，刀剣の鑑定・研磨，蒔絵，書道など多方面で活躍し，洛北鷹ケ峰の地を与えられ，そこに芸術家村をつくりあげた。光悦に感化された野々村仁清は，17世紀後半には上絵付法をもとに華麗な色絵を完成して，京焼の祖と呼ばれた。

　尾形光琳は絵画だけでなく，蒔絵の分野でも弟乾山とともに活躍し，装飾的意匠をこらした『八橋蒔絵硯箱』などの名品を残している。また，光琳の画風を学んだ宮崎友禅は，布地に自由に染色できる友禅染の技法を発明し，華麗な元禄模様の流行をもたらした。

演劇　歌舞伎は幕府の風俗取り締まり政策のためそれまでの女歌舞伎や若衆歌舞伎は禁止され，元禄期に男女全ての役を成年の男優のみで演じる野郎歌舞伎が確立した。脚本も演出法も当初は人形浄瑠璃のものが利用され，劇としてのまとまりよりも主演俳優の演技に重きをおいた。江戸では勇壮な演技で立ちまわる荒事の市川団十郎が，上方ではやわらか味のある和事の坂田藤十郎や女形の芳沢あやめらが人気を博した。

　18世紀後半から演劇の中心は人形浄瑠璃から歌舞伎に代わり，劇場も回り舞台や花道を備えた豪華な建築になった。鶴屋南北の『東海道四谷怪談』や河竹黙阿弥の『白浪五人男』のように，題材に庶民の生活や欲求不満の心情などを反映したものが多かった。

28　江戸期の文化 5 ——学問・教育，生活文化と宗教——

歴史学・実学　儒学の発展にともない，その合理的・実証的な学風は，さまざまな分野の学問，特に実学に影響を与えた。歴史学においては，林家が幕命で編集した『本朝通鑑』では本文と別に異説を注記したり，水戸藩では徳川光圀の意図により，出典史料を1つ1つ明記した『大日本史』の編集が行われ，250年後の1906年に完成をみた。新井白石は『古史通』を著し，記紀の神話・伝説の合理的な解釈を展開した。

　主に商売や土木建築工事の必要から発達した和算では，吉田光由の『塵劫記』が，ソロバンによる実用的な計算法の教科書として広まった。和算の水準の頂点に達したのは関孝和で，微分積分学に近い方法で円の面積や円周率などの研究を行った。しかし，和算は難解な問題を作って額や絵馬の形で神社に掲げて他流派に挑戦するという知的遊戯にとどまり，ヨーロッパの数学のように自然科学・応用技術の基礎としての発展は見られずに終わった。

　農業知識の進歩にともない，1697年には宮崎安貞により初の体系的な農書『農業全書』が刊行された。江戸後期には大蔵永常が商品作物の栽培法を解説・奨励した『広益国産考』や『農具便利論』を著した。

　特産物や薬への関心が高まった結果，動植物や鉱物を研究する本草学が盛んになった。貝原益軒の『大和本草』や稲生若水の『庶物類纂』は，博物学的本草学の集大成である。

　天文・暦学では，平安時代から行われていた中国唐の宣明暦の誤差が甚だしくなったため，渋川春海（安井算哲）が元の授時暦をもとに天体を観測して誤差を修正した貞享暦を完成して，幕府に採用された。

教育の普及　江戸後期になると，諸藩は行財政の行きづまりを打開するため，文武にすぐれた人材の育成を目指して藩校を開設した。長州藩の明倫館，水戸藩の弘道館，薩摩藩の造士館などが有名で，その総数は全国で260余に及んだという。また，岡山藩の閑谷学校のように，藩士だけでなく領民の子弟を受け入れる郷学を開設する動きも高まった。

　兵農分離政策により武士と農工商の意思の伝達は，もっぱら文書による

ことが多くなった。そのため村や町の役人を勤める者をはじめとして、庶民も読み・書き・そろばんの能力が必須条件となった。

こうした社会的需要にこたえる教育機関として発達したのが、寺子屋であった。その数は19世紀に入ると急増し、全国で1万5千を数えたという。教師は僧侶・神官・浪人などがつとめ、教科書には『商売往来』『百姓往来』など手紙形式の例文集が使われた。寺子屋の普及は、階層別・性別・地域別にばらつきがあるが、識字能力を持つ人々を大幅に増やすこととなり、明治以後の初等教育の急速な普及につながった。

より高等な教育を担当したのは、儒学者が主宰した私塾であった。個性的な学者が私宅を開放して、その教学を慕う人々を集めたもので、身分や家柄を問わない自由な学風が特徴であった。その代表例として、京都堀川の古義堂（伊藤仁斎）、豊後（現大分県）日田の咸宜園（広瀬淡窓）、長州（現山口県）萩の松下村塾（吉田松陰）、大坂町人が出資して経営した懐徳堂（中井竹山）などがある。

他方、異色の庶民教育を展開したのが、18世紀の前半に京都で心学を始めた石田梅岩で、正直と倹約を徳目とする「商人の道」を力説した。その弟子の手島堵庵らは諸国に心学舎を設立し、教化活動を行った。しかし、その教化内容はしだいに封建秩序の尊重と支配者への協力を説く通俗道徳へと変質していった。

生活文化と宗教　江戸時代の寺院は、幕府のキリシタン禁圧と庶民の統制に利用され、葬祭法要や仏事儀礼が中心となり、人別改（戸籍業務）なども行った。こうした宗教的な活動に乏しい仏教にあきたらなくなった庶民は、家内安全や商売繁盛などの現世利益を求めて迷信的な民間信仰にすがるようになった。商売繁盛のお稲荷さま、「福の神」のえびす・大黒、縁結びの出雲社、子育て地蔵など、特定の神仏と霊験とを結びつける風潮が広がった。修験者・陰陽師の活動も盛んだった。

また、年中行事や祭礼などが庶民の生活の楽しみとして発達し、伊勢神宮や長野の善光寺など有名寺社を参詣する旅行者が大幅に増えた。

29　社会批判の思想

経世論　幕藩体制の動揺や矛盾が現れる中で、その打開策を探求するため政治・社会思想にも大きな変化が生まれてきた。17世紀末から儒学者の間で封建社会の維持を図るための方策が説かれるようになった。熊沢蕃山は『大学或問』で武士土着論を、荻生徂徠は『政談』で武士帰農論を説き、徂徠の弟子の太宰春台は藩営商業論などを展開したのがその代表例である。19世紀に入ると封建社会の矛盾をどのように打開するかという経世論が盛んになった。経世論とは、経世済民（世を治め民の苦しみを救う）の論を意味し、現実社会の諸問題への具体的な対応策を説いたものである。海保青陵は『稽古談』で、武士は商業を卑しむべきではないとして藩営専売による藩財政再建論を展開した。また工藤平助は『赤蝦夷風説考』で蝦夷地の開発やロシアとの貿易を説いた。本多利明は、『西域物語』や『経世秘策』で海外貿易の振興による富国策を提案し、幕府や藩の枠を超えた国家を主体として論じた。佐藤信淵は、徳川封建制度下での統一国家の形成と積極的な海外進出が必要だとして、身分制度の廃止と産業の国営化・貿易による振興を主張した。

欧米列強の接近に対応して林子平は『海国兵談』で海岸防備の必要性を唱え、1837年のモリソン号事件を契機に蘭学者の高野長英は『戊戌夢物語』、渡辺崋山は『慎機論』で幕府の鎖国政策を批判した。これを契機に翌38年蛮社の獄と呼ばれる蘭学者の弾圧事件も起こった。

また、豊後の日田（現大分県）の広瀬淡窓の咸宜園（高野長英・大村益次郎らが学ぶ）や萩（現山口県）の吉田松陰の松下村塾からは幕末に多くの優れた人材が育った。

そして、疲弊した農村の復興に努力した多くの人たちが出現した。農学者大蔵永常は『広益国産考』や『農具便利論』などすぐれた農書・農業技術書を著した。また農政家二宮尊徳は独自の方法（報徳仕法）にもとづく自力更生による農村の再生に尽力した。農民指導者の大原幽学は南関東の村々を回り、農業経営の合理化を説き、先祖株組合という日本最初の農業組合を作った。

封建社会の批判　封建社会や幕府の教学を批判する意見も生まれてきた。陸奥の八戸(現青森県)の医者安藤昌益は18世紀半ば頃,『自然真営道』の中で,支配・被支配のない万人が平等に耕作して生活する農業中心の自然の世を理想として,封建社会の身分制度を否定し,武士による農民の搾取を批判した。また大坂の懐徳堂出身の,富永仲基は仏教・儒教などの既成の教学の権威を歴史的見地から批判し,山片蟠桃は合理主義の立場から無神(無鬼)論・唯物論を主張した。しかし,これらの論は一部の人々の間でしか広まらずその影響力には限界があった。

尊王論　儒学・国学の中から天皇を王者として尊崇すべきであるという尊王論が生まれた。1758年に竹内式部は京都で公卿たちに尊王論を説いたために追放となり(宝暦事件),山県大弐は江戸で覇者である幕府を排斥する尊王斥覇の思想を説いたために処刑された(67年の明和事件)。寛政期には高山彦九郎・蒲生君平・頼山陽らの尊王家も出た。

　水戸藩に生まれた水戸学は『大日本史』編纂事業の中でおこった学派であった。初期水戸学の尊王論は,大義名分論に基づき幕藩体制を維持・強化する敬幕論で,将軍は天皇の委任により政権を預かっているという立場に立つものであった。その後,内外の危機が高まる幕末になると,後期水戸学の藤田幽谷・東湖父子や会沢安(正志斎)らは,この尊王論と外国(夷狄)を排斥するための攘夷論を唱えるようになった。水戸学は本来幕藩体制を否定するものではなかったが,幕末の混乱の中で幕府を批判する論理的拠り所となり,大きな影響を与えるようになった。

　本居宣長の影響を受けた平田篤胤は,日本古来の純粋な信仰を尊び儒教や仏教を排斥し,排外的な尊王思想を主張した。篤胤の唱える復古神道は,地方の豪農など農村の有力者や神官らに広く信奉され,幕末の危機感の高まる中で水戸学とともに草莽(草むらのことで在野を意味する)の国学として尊王攘夷運動を支えた。彼らは草莽の志士とよばれ,尊王攘夷運動を行い,やがて攘夷実行のため幕府に代わる新しい政治体制を求める討幕運動を展開していった。

時代の風景1　女性の歩み──古代から近世まで──

霊力　豊かな生産や多産を祈る呪具と考えられている縄文時代の土偶が女性を象っていることは，女性の産む力の神秘に霊力を感じ崇拝したものと考えられる。3世紀の歴史書『魏志』倭人伝に邪馬台国の女王卑弥呼が「鬼道に事え能く衆を惑わす」と記述されていることは，卑弥呼が神を祭り神の意を伝達する巫女として人々を統率していたことを示している。

女帝　飛鳥時代から奈良時代にかけては女帝の時代といわれ，推古・皇極（重祚して斉明）・持統・元明・元正・孝謙（重祚して称徳）の8代の女性天皇が即位している（女帝はこの他には江戸時代の明正と後桜町のみ）。女帝の即位は，それ以前の司祭者的能力に長けた女性統率者の存在に通じるというよりは，父系直系の男性天皇即位が困難な場合の中継ぎであったと考えられる。この時期，父系の近親婚が繰り返され神話に由来する天皇の地位の正当性が強化されていった。

宮廷の女性達　大宝令では後宮に十二司がおかれ，そこに仕える女官があげられている。平安時代には，天皇に常侍し奏請を行う尚侍をはじめ，本来は国政に関わる重要な政治的役割を担っていた女官の中に天皇の后となる例も多くなっていった。女を後宮に送り込み，次世代の天皇を誕生させることで外戚として天皇権力を代行する地位を確立したのが藤原北家であった。平安時代の貴族の結婚は妻問いや婿取りの形式が一般的で，出産・育児には妻の実家が大きく関与していた。天皇や皇太子の結婚は女性が入内するという形式をとったが，外戚の影響力は同様に大きかった。后妃候補として育て入内させた女に皇子が誕生するのを後援するため，実家は教養・振舞い・容貌ともに優れた受領層出身の女性たちを女房として仕えさせた。平安貴族の栄華の絶頂にあった藤原道長の女で一条天皇の中宮彰子に仕えた紫式部の『源氏物語』や，道長の兄道隆の女で一条天皇の皇后定子に仕えた清少納言の『枕草子』をはじめ，女房たちによってかな文字による特筆すべき数々の作品が生み出された。

相続 惣領(そうりょう)の統制のもとでの分割相続が一般的であった鎌倉時代前期の武家(ぶけ)社会では、女性への家督相続(かとくそうぞく)や所領の分割が行われており、分割を受けた女性は男性と同様の負担を果たしていた。地頭(じとう)に任命される女性や源頼朝(みなもとのよりとも)の死後尼将軍(あましょうぐん)として幕府の実権を握った北条政子(ほうじょうまさこ)など一族の中心として発言権をもつ女性、合戦(かっせん)で一族の指揮(し)をとる女性もいた。鎌倉後期には所領の細分化を防ぐために、他家に嫁いだ女性への所領分割は一期分(いちごぶん)として死後は生家(せいか)の惣領(そうりょう)に返すようになった。単独相続が定着した室町時代になると、長女のみがごく小規模の土地を化粧料(けしょうりょう)として譲り受けるのみとなり、江戸時代には、家督と家禄の相続は原則として長男に限定され、庶子(しょし)や女性は絶対的な権限を持つ家長に扶養(ふよう)された。

封建道徳 江戸時代、将軍の絶対的な権力を頂点とする幕藩体制(ばくはんたいせい)を維持するために世襲的(せしゅうてき)な身分秩序を合理化し固定化したのが儒教道徳であった。上下(じょうげ)の秩序が絶対化され、君臣(くんしん)・父子・夫婦の別が強調され、忠孝が重視されてあらゆる社会関係を規定した。仏教的な女性観に基づく男尊女卑(だんそんじょひ)の思想が強化され、女性は、父の家では父に、嫁(か)しては夫に、老いては子に従う「女三従(おんなさんじゅう)」の徳を守ることが求められた。離婚は夫の専権とされ、舅姑(きゅうこ)(しゅうと・しゅうとめ)に従わない・子供ができない・嫉妬深い・悪い病気があるなど家の存続に支障のあることは「七去(しちきょ)」として離婚の当然の要因とされた。妻側からの離婚は制度上は縁切寺(えんきりでら)とよばれる東慶寺(とうけいじ)(鎌倉)や満徳寺(まんとくじ)(群馬県)などの尼寺に逃げ込んで足かけ3年の年季を勤める以外になかったが、それには多額の費用を寺に納める必要があった。

働く女性 中世の絵巻物(えまきもの)には農作業や商(あきな)いをするたくさんの女性が描(えが)かれている。江戸時代においても、一家の衣食住の調達や育児に加えて、生産活動や生業(せいぎょう)においても重要な役割を果たしていた庶民(しょみん)の家の女性たちの地位は、家長(かちょう)に与えられる家禄(かろく)に経済的に支(ささ)えられていた武家の女性たちより比較的高いものであった。農村では、共同作業や村祭りを通して男女の人間らしい関係を育てる機会もあった。農作業や機織(はたお)りなどの生産労働や販売などの商業活動などに従事し、家計収入に貢献する女性の家庭内での役割や地位は高く評価された。

時代の風景2　近世日本と中国・朝鮮

鎖国下の日本　「鎖国」の言葉は，18世紀に蘭学者志筑忠雄がケンペル著の『日本誌』の一部を『鎖国論』と訳したのがはじまりで，閉鎖的イメージが強い。しかし実際は，長崎口（対中国・オランダ），対馬口（対朝鮮），薩摩口（対琉球），松前口（対アイヌ）という4つの外交窓口が存在した。長崎口は幕府が直接管轄し，他の3つの窓口は対馬藩，薩摩藩，松前藩それぞれの役目として外交交渉に当たらせ，幕府が対外関係全体を掌握した。

中国　幕府は直轄地の長崎に長崎奉行をおき，中国・オランダとの交易を独占的に行った。中国の清とは正式な国交は存在せず，来航した中国商人との間で交易が行われた。幕府は輸入増加による銀の流出を抑制するためオランダ船，清船からの輸入額と船数を制限し，1688年長崎に唐人屋敷（2千人収容，敷地9千坪）を設け，清国人の居住地をここに限定した。唐人屋敷の面積は出島の2倍以上あり，二重の塀と堀に囲まれて役人・商人以外の立ち入りは厳禁とされ，取引もこの中で行われた。中国との交易では，生糸・反物類・薬材・薬種・書籍が輸入され，銀や銅・俵物が輸出された。やがて貿易額もオランダを上回っていった。

朝鮮　対馬の大名宗氏（対馬藩）が朝鮮との外交を担当した。豊臣秀吉の朝鮮侵略後朝鮮との国交は途絶えていたが，1609年に宗氏と朝鮮国王との間で己酉約条が結ばれ国交が回復した。以後，日本の将軍の代替ごとに朝鮮から朝鮮通信使が祝賀のために来日した。通信使の来日は，1607～1811年の間で12回に及び幕府の応接費用は毎回100万両に上った。この行列は総勢300～500名に及び手厚い待遇をうけ，江戸までの道中，人々から歓迎を受けるとともに，漢文を共通の意思疎通の手段として漢詩文や書画をやりとりするなど，日本の知識人たちとの交遊を深めた。

釜山には朝鮮が日本の使節を接待し，貿易の管理を行う倭館が置かれた。宗氏は朝鮮との外交の仲介役を果たし，幕府から朝鮮貿易の独占権を得て生糸や薬種を輸入した。

時代の風景3　近世日本と琉球・アイヌ

琉球　琉球との窓口が薩摩口で，薩摩藩が担当した。1609年薩摩の島津氏（薩摩藩）が琉球を武力で制圧し，検地・刀狩を実施し兵農分離を進め農村支配を確立した。そして，黒砂糖の上納などを強制的に行わせた。また，中国の明や清との朝貢貿易を行わせて利益を吸い上げた。18世紀に北前船で蝦夷地から大坂に運ばれた昆布は，大坂で薩摩商人が黒砂糖と換え，琉球の朝貢貿易船を利用して中国へ輸出された。

　琉球は大名並みの待遇をうけたが，実質上は島津氏の支配下で苦しんだ。琉球からは将軍の代替わり毎に慶賀使が，琉球王の代替わり毎に謝恩使が江戸へ参府した。その際使者一行は将軍の権威を高めるため，薩摩藩の先導の下に異国風の髪型や服装を強制された。

アイヌ　1万石の大名松前氏（松前藩）が独占的に担当し，蝦夷地とアイヌの支配を認められた。松前藩は和人地（移住してきた日本人の居住地でアイヌとの混住は禁止されていた）以外の蝦夷地を商場，場所と称し，ここに住むアイヌとの交易独占権を与えられた。松前藩は米が収穫できなかったので，場所（商場）を区画して上級家臣に知行地の代わりとして与えた。家臣はここでのアイヌとの交易による利益を得た（商場知行制）。

　江戸後期には，その場所を和人の内地商人（近江商人など）に請け負わせて交易を商人に一任し，運上を取るようになった（場所請負制度）。アイヌの人々は和人（アイヌ語ではシャモと呼んだ）の居住地から厳重に隔離された。アイヌは，松前藩の収奪と和人の侵略に抵抗し，しばしば蜂起した。1669年のシャクシャインの戦い，1789年のクナシリ島の蜂起などが知られる。シャクシャインの戦いでアイヌは全面的に松前藩に服従させられ，交易を強制され，漁場などで労働力として酷使されるようになった。しかも和人の商人たちはアイヌの人々をだましたり不公平な取引を行った。独自の文化をもち，漁撈・狩猟や交易を生業としていたアイヌ社会は貧窮化し，その民族的自主性を保持できなくなった。

時代の風景4　地域産業と全国市場

幕藩体制下の経済　幕藩体制の下では，兵農分離制・石高制・鎖国制を基盤に，封建領主は農民から年貢として米を現物で徴収する自給自足の自然経済を建前とした。

しかし，現実には封建領主は，農民から現物で徴収した年貢を商人に売り，貨幣に換えて生活に必要な物資を購入しなければならなかった。また，家臣たちも，必要な物資を城下に集められた商人から購入しなければならなかった。そして農民も必要な農具や肥料は金を出し購入した。このように幕藩体制下の経済は建前上は自給自足だが，事実上は商品経済・貨幣経済の発達を容認せざるを得なかったのである。

全国市場・大坂　領外の市場や全国的な交通網の発達などにより都市を中心に全国を結ぶ商品流通の全国市場が形成されてきた。地域産業が発達し，特産品や商品，農作物が多く生産されてくると，藩内とその周辺だけでは消費・売却・換金しきれなくなった。そのため諸藩は，年貢米や特産品を貨幣に換えるために全国市場へ運び売却・換金することが必要となった。こうして物資の流通機構面では領内市場（領域市場，領内経済）と全国市場（全国経済）という構造が形成されていった。

17世紀半ば頃から全国市場となったのは大坂・江戸・京都の三都であった。中でも大坂は先進地帯の畿内にあり交通の便も良かったので，経済の中心として発展してきた。大坂は全国からの物資が集散し，堂島周辺には諸藩の蔵屋敷も多数立ち並び大坂は「天下の台所」と称され，全国市場の中心的存在となった。

江戸地廻り経済圏　18世紀後半になると江戸周辺の地場産業の発達により江戸を中心とした江戸地廻り経済圏も形成された。こうして江戸は，一大消費市場としてだけでなく関東や東北地方の物資の集散地，全国市場としても発展していった。

また大坂・江戸以外にも，下関・兵庫・名古屋・酒田などの市場も生まれ，全国市場の中核としての大坂の地位は相対的に低下していった。

IV 近代

IV-I 明治維新

1　開国とその影響

黒船　1853（嘉永6）年6月，アメリカ東インド艦隊司令長官ペリーが率いる4隻の軍艦（黒船）が江戸湾入口の浦賀に来航した。新興資本主義国アメリカは，市場として魅力的なアジア特に中国貿易に熱心で，航海時間を短縮できる太平洋横断航路開設を計画していた。また北太平洋では鯨油をとるために捕鯨船が活発に操業していたが，これらの船舶の寄港地として日本を考えていた。ペリー艦隊の来航は人々に大きなショックを与え，「黒船」は幕末日本の外圧の象徴となった。

　ペリーは砲艦の威力で，外交と通商を求めるフィルモア大統領の国書を受理させ，翌54年1月に7隻の軍艦で再び来航し，江戸湾深く進入した。幕府は，強大なアメリカ海軍の前にやむなく日米和親条約を締結し，下田と箱館を開港したが通商は拒否した。同年，ロシア・イギリス・オランダとも同様の条約を締結した。日露和親条約では千島列島の択捉島・得撫島間を国境とし，択捉島以南は日本領となった（現在日本政府が北方四島の返還をロシア政府に求める根拠となっている）。また樺太は国境を定めず両国民の雑居地とするとした。こうして鎖国を基本とした幕藩体制は大きく転換した。

政治の混乱　黒船来航後，老中阿部正弘は江戸湾に台場（砲台）をつくるなど海防を強化し，水戸藩や薩摩藩など雄藩と協調して，幕臣の勝海舟らを登用するなど幕政改革を進めた。56年下田に着任したアメリカ総領事ハリスは，アロー戦争を引き合いに出して英仏の脅威を強調し，日米修好通商条約調印を強く迫った。老中堀田正睦は，雄藩の多くや幕臣が開国論へと転換していったこともあり，条約調印を決断した。そこで朝廷に条約調印の勅許を求めたが，孝明天皇に拒否され窮地におちいった。

　一方，13代将軍家定の継嗣問題をめぐって，越前藩の松平慶永や薩摩藩の島津斉彬らは雄藩の参加する幕政改革を企図し，一橋慶喜（前水戸藩主徳川斉昭の子）を推していた（一橋派）。これに対して譜代大名勢力は井伊直弼を中心として紀州藩主徳川慶福を擁立し（南紀派），結局慶福が

将軍継嗣と決定した（14代家茂）。大老井伊直弼は、勅許を得ないまま58（安政5）年日米修好通商条約に調印したが、一橋派が違勅調印として攻撃したため、直弼は一橋派の大名・幕臣・藩士・公家を厳しく弾圧した（安政の大獄）。しかし60年これに憤激した水戸藩士らに暗殺された（桜田門外の変）。

貿易の開始　アメリカに続いてオランダ・ロシア・イギリス・フランスとも修好通商条約が結ばれた（安政の五カ国条約）。その内容は箱館・神奈川（横浜）・長崎・新潟・兵庫の開港や江戸・大坂の開市、居留地（外国人居住地）の設置、自由貿易などであったが、領事裁判権（治外法権）の承認、関税自主権の放棄という重大な不平等条項も含まれていた。59年横浜を中心に貿易が開始され、日本は先進資本主義国の世界市場の中に組み込まれていった。生糸の輸出急増によって北関東ではマニュファクチュア生産がより発展したが、国内の消費分が不足し価格が高騰したため、西陣や桐生などの絹織物業は打撃を受けた。また日本に関税自主権がなかったため、安価な綿織物や綿糸などが輸入され、生産地帯を圧迫した。さらに米価や諸物価が急騰し、下級武士や庶民の生活は危機に瀕した。

　一方、金銀の交換比率の違い（日本は1：5、欧米は1：15で、日本は金が安かった）から金貨が大量に流出したため、3分の1に小型化した新小判（万延小判）を同じ1両として発行したことが物価騰貴に追い打ちをかけた。こうした日本経済の混乱は、幕府の開国策への批判を高め、百姓一揆や打ちこわしが激化し、外国人排除の攘夷運動が高まった。

西洋技術の摂取　黒船来航後、幕府は江戸に西洋式兵術の訓練を行う講武所や西洋の軍事・砲術書を翻訳する洋学所、長崎に洋式海軍の訓練を行う海軍伝習所を設けて西洋の軍事技術の導入をはかった。洋学所はのち開成所へと発展し、諸藩の藩士にも門戸を広げて語学教育や自然科学一般の研究を行う日本の洋学の中心となった。また、造船所を兼ねた長崎製鉄所や横須賀製鉄所も建設した。

　日米修好通商条約批准の際、咸臨丸で渡米した福沢諭吉、オランダに留学し兵法や国際法を学んだ榎本武揚、啓蒙思想家西周らは、西洋の進んだ技術や学問を学び、明治の文明開化に影響を与えた。

2　公武合体と尊王攘夷

公武合体　公武合体とは朝廷（公）と幕府（武）が政治的に協調する方策をいい，開国後の尊王攘夷（尊攘）運動の高まりの中で進められ，朝廷の政治的役割が増大し雄藩が台頭するきっかけとなった。

桜田門外の変後老中安藤信正が中心となって幕府は公武合体を進め，1861年10月孝明天皇の妹和宮と将軍家茂の結婚を実現させ，幕府権力の強化をはかった。しかし62年1月安藤信正は尊攘派の水戸藩浪士らに襲撃されて失脚した（坂下門外の変）。一方，薩摩藩主島津忠義の父島津久光は藩兵を率いて藩内の急進的な尊攘派を抑え（寺田屋事件），62年5月勅使とともに江戸に入り，幕政改革を前提とした公武合体策の実行を要求した。幕府は久光の主張にそった幕政改革を行い（文久の改革），薩摩藩と一橋派は幕政への影響力を深めた。

尊王攘夷　尊王論は本来，幕府支配の正当性を天皇による政権委任に求めるものであった。また攘夷論は夷狄（外国）を攘う（排除する），つまり鎖国体制を正当化する思想であった。しかし混迷する幕府に対抗しての尊王の主張と，幕府の開国策を批判する攘夷の主張は，開国に伴う社会の混乱の中でともに反幕府の性格を帯び，結合した。こうして「尊王攘夷」は反幕府のスローガンとなり，下級武士に大きな影響を与えた。

尊攘運動の展開と挫折　尊攘運動は公武合体運動に対抗して京都で活発になり，尊攘派によるテロが多発した。尊攘に藩論を変えた長州藩は尊攘派の公家と結びついて京都で勢力を伸ばし，朝廷に働きかけて幕府に攘夷実行を迫った。63（文久3）年3月将軍家茂が上洛した折，4月幕府は尊攘派に屈服して攘夷実行を同年5月10日と決定した。攘夷期日当日長州藩は下関海峡を通過する外国船を砲撃した。これに対しアメリカ・フランス軍艦は下関を報復攻撃した。

安定した朝幕関係を求め，過激な政治活動を望まない孝明天皇の意向もあって，同年8月18日公武合体派の薩摩藩と会津藩が尊攘派の公家や長州藩を京都から追放した（八月十八日の政変）。朝廷の実権は公武合体派に移った。京都市中では新選組が活躍し，64年6月には池田屋で尊攘派の

志士達を襲撃した。64年7月長州藩は藩兵をひきいて上洛し，御所を守る薩摩・会津藩などの藩兵と戦ったが敗北した（禁門の変）。この結果長州藩は朝敵となり，幕府は全国の大名に動員令を出して征討軍が派遣された。8月イギリスなど四国連合艦隊が下関海峡の砲台を砲撃，下関を占領した。窮地に陥った長州藩は征討軍に降伏し，尊攘運動は挫折した。65年10月，大坂湾に連合艦隊が集結して軍事的威圧を加えたため，天皇・朝廷は条約を勅許した。

討幕運動 攘夷実行が不可能だと悟った尊攘派は次第に武力討幕派へと転換していった。長州藩は尊攘派の高杉晋作らが保守派から藩の実権を奪い，藩論を開国討幕に変えた。薩摩藩は62年8月の生麦事件の賠償要求を拒否したことから，63年7月イギリス艦隊に鹿児島を攻撃された（薩英戦争）。その後薩摩藩はイギリスに接近し，開国して近代的軍備を整える道を選んだ。長州藩は薩摩藩に対する警戒感が強かったが，坂本竜馬が長州藩に薩摩藩を通じて洋式兵器を購入できるように仲介して，両藩を結びつけた。66（慶応2）年1月薩摩の西郷隆盛と長州の木戸孝允との間で幕府と長州藩の開戦に備えた攻守同盟（薩長同盟）が結ばれ，薩長による討幕運動が始まった。討幕の動きを進める長州藩に対し幕府は再征討を決定したが，薩摩藩は出兵を拒否した。66年6月戦闘が始まると幕府軍は長州軍に各地で敗北を重ね，7月将軍家茂が大坂城内で病死したことを口実に幕府軍は撤兵した。事実上の幕府の敗戦は討幕運動に弾みをつけた。

世直し一揆 第2次長州征討が近づき，諸藩による米の備蓄などで大坂への米入荷量の減少や商人の売り惜しみ・買い占めにより米価は急騰した。大坂の米価は66年2月に比べて5月1.7倍，7月には2.5倍になり，貧民は打撃を受けた。5月摂津の西宮から始まった打ちこわしは兵庫・大坂に広がり，5月末には江戸に波及した。6月第2次長州征討の開始と時を同じくして，江戸に隣接する武蔵で10万人の貧農・貧民が世直しをかかげて，米屋・地主・特権商人を打ちこわす世直し一揆がおこった。66年は世直し一揆のピークであった。幕府権力の衰微を見て民衆の社会変革（「世直し」）の期待が高まり，67年のお札降りをきっかけとした「えじゃないか」の民衆の集団乱舞につながっていった。

3　明治維新

幕府滅亡　1866年12月徳川（一橋）慶喜が15代将軍につき，その直後，討幕に反対の孝明天皇が急死した。67年1月数え年16歳の明治天皇が即位し，朝廷内では岩倉具視ら討幕派の勢力が台頭した。慶喜は，フランスの援助を受けて幕政改革を行い，陸海軍の洋式化を進めた。これに対し，イギリスの支援を受けた薩長両藩は武力討幕計画を進めていった。また公武合体派の土佐藩は，坂本竜馬の政治構想（「船中八策」に示される）に基づいた雄藩連合政権（公議政体論）を主張した。

67年8月「ええじゃないか」の乱舞が各地でおこる中，薩摩藩の軍勢は大坂に到着し始めていた。10月14日慶喜は土佐藩の建議をいれ政権を朝廷に返還した（大政奉還）が，引き続き慶喜が公議政体派を中心に政治的主導権を保持していこうとするものであった。同じ10月14日討幕の密勅を受けていた薩長の討幕派は，12月9日にクーデター（王政復古の大号令）を行い，新政権を発足させた。将軍・摂政・関白などを廃止して，天皇のもとに総裁・議定・参与からなる三職を置き，その三職に公家・雄藩の大名および藩士を任命した政権であった。同日夜の三職による小御所会議で，討幕派は土佐藩などの反対を押し切り，慶喜の処分（辞官納地＝内大臣の辞退と旧幕府領の一部の返納を命ずること）を決定した。

戊辰戦争　慶喜は大坂城へ移り諸外国の使者と会見し，新政府でも徳川氏に主導権があることを示した。諸藩の中で絶対少数派であった薩摩藩は旧幕府との軍事衝突をねらって，江戸の治安を混乱させ旧幕府側を挑発した。旧幕府側は薩摩藩邸を焼き打ちし，68年1月大坂城にいた旧幕府軍は薩摩藩打倒のため京都に進軍し，京都南郊で薩長新政府軍と衝突（鳥羽・伏見の戦い），新政府軍（官軍）に敗北した。戊辰戦争の始まりである。緒戦で勝利した新政府は各国に対して条約遵守を通告，中立を約束させた。西日本の大名も新政府に従った。

新政府軍は江戸に進軍を開始し，3月15日を江戸城総攻撃の日と定めたが，西郷隆盛と勝海舟の交渉によって攻撃をとりやめ，4月江戸城の無血開城となった。上野で彰義隊の抵抗にあったが，その後奥羽越列藩

同盟を結んだ東北諸藩との戦いが続いた。しかし9月の会津藩降伏で大勢が決した。さらに69年5月の箱館五稜郭の戦いで榎本武揚軍が降伏，戊辰戦争は新政府軍の勝利で終結した。

新政府の成立 新政府は68年3月14日五箇条の誓文を発表，公議世論の尊重や開国和親などの基本方針を国内外に示した。しかし翌日発表された五榜の掲示では，徒党・強訴やキリスト教の厳禁など旧幕府の民衆統制をそのまま継承していくことを示した。閏4月には政体書を公布して，最高官庁として太政官を設置し，三権分立や官吏公選制をとりいれた。さらに7月には江戸を東京と改め，9月には元号を明治と改め，以後天皇一代に一元号と定めた（一世一元の制）。69年3月には天皇が東京に移り，太政官も移って東京が事実上の首都となった。

廃藩置県 政体書では旧幕府領のうち江戸・大坂（大阪）・京都を府，その他を県として直轄し，諸藩はそのまま残すことにした。薩摩・長州・土佐・肥前の4藩主が69年1月土地（版）と人民（籍）を天皇に返還する願いを提出すると，他藩もこれに従い，6月に版籍奉還が実施された。旧藩主は知藩事に任命され，藩の実権をそのまま握っていたが，財政の行きづまりや一揆・打ちこわしの激化により藩の運営は困難になっていた。新政府は，71年2月薩長土の3藩兵からなる御親兵約1万を東京に集めて，7月その軍事力を背景に藩の廃止と県の設置を断行した（廃藩置県）。全国を3府302県（11月には3府72県に。その後1888年12月に1道3府43県となる）に分け，新たに府知事・県令を派遣して地方行政にあたらせた。旧藩主は東京に移住させられたが，藩の借金は新政府に肩代わりされ家禄（禄米）・華族身分が保証された。藩士の家禄は政府が支給することになった。こうして中央政府が全国の土地と人民を直接支配する中央集権的な国家が樹立された。

廃藩置県直後に中央官制の改革が行われ，太政官の権限が強化された。太政大臣三条実美・右大臣岩倉具視や参議西郷隆盛・木戸孝允・板垣退助・大隈重信が政府の中枢となり，各省の長官や次官も含めて薩長土肥の旧藩出身者が政府の中枢を構成して，専制的傾向を強めた（藩閥政府）。

4 近代化への諸改革

内務省 1871年東京府に邏卒(のちに巡査と改称)がおかれ、72年に司法省に設置された警保寮が全国の警察権を掌握した。翌73年には内務省が設置され、地方行政とともに警察権(司法省から移管)、さらに殖産興業政策をも管轄した。初代内務卿には大久保利通が就任し、74年東京警視庁(川路利良が大警視)が設置され首都の治安維持に当たった。

四民平等 1869年、士農工商の身分制度は廃止され、大名と上級の公家(公卿)は華族、旧藩士・幕臣は士族、農工商は平民の3族籍に再編された。70年には平民の苗字使用が許され、71年には戸籍法を定め国民を身分ではなく居住地別に編成することとした(72年1月永久保存の壬申戸籍を作成)。さらに平民と華・士族との結婚、職業選択の自由が認められた。また、71年の太政官布告で穢多・非人の称を廃止し、身分・職業とも平民と同じとした(解放令)。しかし解放令にもかかわらず、被差別部落民への経済的・社会的差別はその後も根強く存続した。

秩禄処分 廃藩置県後、華・士族に支給されていた秩禄(家禄・賞典禄)は政府に引き継がれたが、国家財政を圧迫していたためその廃止が検討された。政府は73年に秩禄奉還の法を定め、奉還希望者には家禄6年分を現金と秩禄公債で支給することとし、75年までには家禄支給高の23%を削減した。75年には秩禄を米支給から現金(金禄)に改めた。

さらに76年には、華士族への秩禄の支給を廃止するかわりに5〜14年分に相当する金禄公債証書を支給することにした(秩禄処分)。これによって同年に出された廃刀令とともに、士族の旧来からの特権は完全に無くなった。華族や少数の上級士族は公債を元手に国立銀行や企業の設立や田畑を購入して地主となることも可能となった。しかし、大多数の士族は金禄公債証書の利息だけでは生活できず、そのため官吏・教員や巡査などに転職した者もあったが、転職できなかった者の中には慣れない商売に手を出して没落する士族も多かった(士族の商法)。政府は困窮士族に対し授産資金貸付などを行ったり、北海道などへの移住開墾を進めた(士族授産)。

地租改正 新政府の主要な財源は従来通り年貢(地租)であり，租税収入の6割をしめていた。しかし，年貢は地域によって年貢率や収穫量が異なり，またその年の豊凶による差もあって安定した財源ではなかった。そこで新政府は近代的な土地所有制度と課税制度の確立にとりかかった。71年作付制限を撤廃して田畑での耕作の自由を認め，72年には田畑永代売買禁止令を撤廃して土地の売買を認めた。その場合，土地所有者を確定して，土地の所在地・所有者・地目・面積を記した地券を発行して土地所有権を認めるとともに，納税の義務を定めた。そして73年7月には地租改正条例を公布した。その内容は，①課税基準を収穫高から地価にかえ，地価は面積・収穫高・平均米価から算出する，②地価の3%を地租として米(現物)納ではなく金納とする，③地券所有者を納税者とするというものであった。そして地価・地租を記載した新地券を発行した。地券は土地所有の権利証であり，土地の売買は地券の名義変更という形で行われ，新所有者の氏名は地券の裏面に記載された(86年登記法が制定され，89年に地券は廃止された)。

しかし，旧来の年貢収入額を減らさないとの政府の方針で地価は決定されたため，地租の負担は従来と変わらず重かった。地主・小作人の関係はそのまま残り，小作料は現物納のままであり，小作人が長期間耕作できる永小作の権利は保障されなかったため小作人の生活はかえって不安定になった。また，村民共有の入会地の多くがその所有権を証明できずに官有地として没収され，利用できなくなった農民にとっては経済的な打撃となった。76年米価が大幅に下落したこともあり，茨城県・三重県下をはじめ各地で地租改正反対一揆が激化した。これと士族反乱とが結びつくことを恐れた政府は，77年1月税率を地価の3%から2.5%に引き下げた(当時「竹槍でドンと突き出す二分五厘」といわれた)。一方，地主は77年1月勃発の西南戦争を契機とする米価高騰によって利益を増大させ(地租は減額・固定したが，小作米の換金収入の増加分は地主のものになった)，小作地の保有は有利な事業となったので以後耕地保有を増大させていった。そしてその後の寄生地主制の発展・確立へとつながっていった。

5　明治初期の対外問題と条約改正

岩倉遣外使節　幕府が結んだ不平等条約の改正は新政府の重要な外交課題であった。その要点は領事裁判権の撤廃(法権回復)と関税自主権(税権)の回復であった。1871年11月，右大臣岩倉具視を全権大使に，参議大久保利通・木戸孝允・伊藤博文らを副使とする大使節団が欧米に派遣された。使節団は最初の訪問国アメリカで条約改正の予備交渉を始めたが，同意を得られず交渉を断念した。以後使節団は欧米先進諸国の政治・経済・社会・文化の実情を視察することに目的をしぼった。当初は10カ月の予定だったが，実際には1年10カ月の外遊となり，この間の見聞は明治政府の国際認識や施策に大きな影響を与えた。またこの使節団の中には，中江兆民や津田梅子ら約50名の留学生も含まれていた。

国境の画定　新政府は，1871年清との間に対等条約である日清修好条規を結んで正式の国交を開いた。しかし，清とは琉球の帰属をめぐって対立が続いた。71年に台湾東南部で起きた琉球島民殺害事件に対して，清は台湾の原住民を「化外の民」として責任を回避したので，74年台湾出兵を断行した。この間，新政府は琉球を72年琉球藩とし，75年には清への朝貢・慶賀使の派遣を禁じ，79年には軍隊や警察の力で廃藩置県を強行し(琉球処分)，沖縄県をおいた。

　朝鮮にも国交を求めたが拒否されたため，73年には朝鮮への出兵(征韓)論が起き，政府内が分裂した。西郷隆盛・板垣退助・副島種臣・江藤新平らは征韓を主張し，これに対し大久保利通・木戸孝允・大隈重信・伊藤博文らは内治優先を主張した(征韓論争)。敗れた征韓派は一斉に下野した。75年9月，首都の漢城近くで日本軍艦雲揚号と現地の守備兵との軍事衝突が起き(江華島事件)，政府は翌76年2月武力の威嚇の下に日朝修好条規を締結した。これにより釜山(プサン)・仁川(インチョン)・元山(ウォンサン)の3港を開港，日本側には領事裁判権が認められ，漢城に公使館が置かれることが決まった。その後日本は関税免除の特権も得た。こうして日本は，幕末に欧米から押しつけられた不平等条約を，武力の威嚇の下に朝鮮に押しつけたのである。

一方，75年ロシアとの間に樺太をロシア領，千島列島を日本領とする樺太千島交換条約を締結した。また76年小笠原諸島の領有を宣言した。

改正交渉　外務卿寺島宗則は，78年アメリカとの間に税権回復を内容とする新条約を調印したが，英・独の反対にあい失敗した。

　外務卿（85年から外務大臣）井上馨は法権回復と関税率の引き上げを目標に交渉を進めた。井上は生活・習慣・文化の欧風化の必要を主張し（欧化政策），東京日比谷に鹿鳴館を建設し舞踏会を開催したが，国権論者からは卑屈な外交姿勢と批判された。87年合意に達した改正案は，法権回復・輸入関税率の引き上げを列国に認めさせたが，外国人の内地雑居（開放）・外国人判事の任用などを交換条件としていた。しかし，政府の法律顧問ボアソナードが，外国人判事の任命は国家主権を侵害するものと反対した。一方，英国船ノルマントン号が難破し，イギリス人船員は全員脱出したが，日本人乗客全員が溺死する事件がおこった。領事裁判により船長が無罪（その後禁錮刑）となり，国民の憤激を買った。井上の改正案が暴露されると，欧化政策への反発もあり政府内外から批判をあび，井上は87年辞職した。

交渉の進展　大隈重信外相は，列国と国別に秘密交渉し，米・独・露の合意をとりつけた。しかし，89年ロンドンタイムスに改正案が掲載されると，大審院に外国人判事を任用することなどをめぐり政府部内も分裂し，反対論者の爆弾により大隈が負傷して交渉は中止となった。

　次に青木周蔵外相は，まずイギリスと交渉し合意した。青木案は6年後に法権回復と税権回復を行うことと，内地雑居を認めるものであった。しかし，91年に訪日中のロシア皇太子が襲撃される事件（大津事件）がおこり，青木外相はその責任をとって辞職したので交渉は中断した。

条約改正の実現　第2次伊藤内閣の陸奥宗光外相は青木案に依拠し，イギリスとの交渉を再開，日清戦争勃発直前の94年日英通商航海条約を結んだ。これにより法権の回復・税権の一部回復（関税率の引き上げ）・最恵国待遇の相互平等が実現し，内地雑居も認めた。その後列国とも条約改正に成功した。1911年第2次桂太郎内閣の小村寿太郎外相の時，関税自主権が完全に回復され，条約改正は達成された。

6　自由民権運動

民権運動の出発　1873（明治6）年10月征韓論争で敗れた西郷隆盛や板垣退助・江藤新平・後藤象二郎らが参議を辞職し政府を去った（明治6年の政変）あと，政府の実権は大久保利通が握った。板垣・後藤らは74年1月民撰議院設立建白書を政府に提出，有司（政権の座にある官僚）専制を批判して国会の開設を求めた。建白書は新聞に発表されて大きな反響をよび，自由民権運動の出発点となった。板垣や片岡健吉が高知県で設立した立志社をはじめ，各地に民権運動の結社がつくられ，75年2月には全国的組織として愛国社が大阪で結成された。同年1～2月，大久保は大阪で板垣・木戸孝允（台湾出兵反対で参議を辞職）と会談，妥協が成立して2人は参議に復帰した（大阪会議）。この結果，政府は4月漸次立憲政体樹立の詔を発して元老院（立法機関）・大審院（最上級裁判所）・地方官会議（府知事・県令の会議）を設けて国会開設の準備をはかった。一方，讒謗律・新聞紙条例を制定し民権運動を厳しく弾圧した。このため板垣は参議を再び辞職した。

民権運動の発展　74年2月，佐賀県の士族が江藤を首領に征韓や士族の特権維持を要求して反乱をおこした（佐賀の乱）。76年新政府の改革政策に不満をもつ西日本の士族が，熊本・秋月・萩で反乱をおこした。さらに77年2月には西郷が鹿児島県の士族とともに大規模な反乱をおこした（西南戦争）。しかしいずれも政府軍によって鎮圧され，以後士族の反政府行動は言論による民権運動の方向に向かった。

　77年6月，立志社の片岡健吉が国会開設・地租軽減・不平等条約改正を内容とする建白書を政府に提出すると，民権運動は再び高まり，士族・知識人に加えて豪農や豪商も運動に参加した。78年には愛国社が再興され，80年3月の大会で国会期成同盟に発展，10万名の署名を集め国会開設請願書を提出した。10月には憲法草案を81年の大会に持ち寄ることが合議され，多くの憲法草案（私擬憲法）が作成された。植木枝盛の「東洋大日本国国憲按」は当時最も急進的なものであった。これに対し政府は三新法を制定し地方行政を近代化する一方，集会条例を公布して民権運動

を厳しく取り締まった。

明治14年の政変 78年の大久保暗殺後大隈重信や伊藤博文らが中心となり政府を運営していたが，即時国会開設論の大隈と時期尚早論の伊藤が対立した。81年7月開拓使の官有物を黒田清隆長官（薩摩）が破格の安値で払い下げることが報じられると政府批判が高まった。窮地に陥った伊藤らは10月，払い下げ中止と10年後の国会開設を約束する勅諭を出して事態を沈静化させ大隈を政府から追放した（明治14年の政変）。それを受けて同年10月国会期成同盟を中核に板垣を党首とする自由党が結成され，士族や豪農豪商の支持を得た。翌年3月大隈はイギリス流の立憲政治制を目指す立憲改進党を結成し，都市の実業家や知識人の支持を得た。

民権運動の激化 82年11月，政府は自由党の板垣や後藤を外遊に誘って自由党を弱体化させ，また自由党と改進党は互いに攻撃しあっていたため民権運動の勢力は弱まった。しかし松方財政による増税，紙幣整理を伴う厳しい緊縮政策による不況によって生活の基盤をおびやかされた民衆は，自由党員と結びつき民権運動を激化させた。82年11月福島県令三島通庸の土木工事強制に対して農民や河野広中ら自由党員が反対運動を展開したため，三島が自由党員を弾圧した福島事件がおきた。84年には5月の群馬事件，9月の加波山事件と自由党急進派による激化事件がおこり，困惑した自由党指導部は10月解党した。その直後養蚕地帯の埼玉県秩父地方で，困窮した農民が困民党と称し，自由党員の指導の下で借金の年賦返済・地租の軽減などを求めて，高利貸し・警察・郡役所などを襲撃したが，軍隊により鎮圧された（秩父事件）。こうした状況の中で民権運動は衰退していった。

大同団結運動 ノルマントン号事件を契機に87年井上外相の条約改正交渉への反対運動が高まると，10月片岡健吉らの民権家は地租軽減・言論集会の自由・外交失策の挽回（条約改正）の3項目を要求する三大事件建白運動を展開した。ここに憲法制定・国会開設を前に民権勢力の再結集をはかる後藤象二郎や星亨らの大同団結運動は大いに盛り上がった。しかし12月保安条例が制定され片岡・星・中江兆民・尾崎行雄らが東京から追放され，89年に後藤が黒田内閣に入閣して運動は分裂した。

7　内閣制度

太政官制　1868（明治1）年閏4月制定の政体書で太政官を最高官庁と規定した。次いで版籍奉還後の69年7月に新たに神祇官をおく官制改革が行われた。さらに71年7月神祇官を廃し，太政官のもとに正院や左院（立法の諮問機関）・右院（行政上の諮問機関）の三院を置いた。大蔵省・兵部省・司法省・外務省・宮内省・工部省・文部省・神祇省の八省を設置し，正院が統轄した。正院は政府の最高決定機関で，太政大臣・左大臣・右大臣・参議で構成された。

憲法制定の準備　元老院は76年から憲法起草に取りかかり，3次にわたりイギリス流の立憲君主制に基づいた憲法草案を起草した。草案は80年「日本国憲按」として完成したが，岩倉具視らは「日本の国体や人情に注意を払っていない」と批判し，採択しなかった。81年10月明治14年の政変で90年に国会を開設する勅諭が出されると，伊藤博文らは憲法制定・国会開設の準備を急いだ。82〜83年伊藤はヨーロッパで憲法調査を行った。君主権の強いプロシア憲法に注目していた伊藤は，ドイツのグナイストやオーストリアのシュタインら法律学者の講義を受け，「皇室の基礎を固定し，君主大権をおとさない大眼目」を学んだとして帰国した。伊藤は憲法起草機関として制度取調局を宮中におき，その長官となった。

　一方，政府は憲法制定前に皇室の基礎を固めた。皇室財政を安定させるため，政府所有の株式や佐渡・生野鉱山，広大な山林・原野を皇室財産に編入した。84年7月には華族令を公布し，旧来の華族に，国家に功労があった政治家・軍人・官僚の新華族を加えて皇室の藩屛（守り）とする新しい華族制度を創設した。華族は公・侯・伯・子・男の爵位がそれぞれ与えられ，国会開設後は華族は民選議会に対抗する貴族院の主柱となった。

内閣制度　85年12月，太政官制を廃止して内閣制度が採用され，初代総理大臣には伊藤博文が就任した。内閣総理大臣（首相）と国務大臣（各省長官）が内閣を組織して行政の中枢機構を形成し，各大臣は天皇に対し国務の輔弼（補佐）を行い責任を負った。宮中は行政府（府中）と分け

られ宮内省の管轄となり，宮内大臣は内閣に属さなかった。また内大臣がおかれ，側近として天皇を補佐した（初代内大臣は前太政大臣の三条実美）。88年には憲法草案の本格的な審議のため枢密院を設置して，伊藤がその議長に就任した。そして89年2月11日に大日本帝国憲法が発布された。同時に皇室典範も公布され皇男子孫の皇位継承などが定められた。

法典の編纂　憲法制定にあわせて，刑法・刑事訴訟法・民法・民事訴訟法・商法などの法典が整備され，法治国家としての体裁が整えられた。民法は法律顧問ボアソナードの指導で個人の独立と自由を尊重するフランス民法をもとに制定し90年に公布したが，国粋主義の法学者穂積八束は「民法出テヽ忠孝亡フ」と，この民法は日本の家制度や習慣に合わないと反対した。即時施行論の梅謙次郎との論争（民法典論争）が行われたが，結局施行延期となった。98年ドイツ民法をもとに戸主権の強い，妻の法的権利が著しく制限された新しい民法が公布された。

地方行政と沖縄・北海道　地方制度の改革も，ドイツ人モッセの助言をえて山県有朋（長く内務卿・大臣を務めた）を中心に改革が進められた。88年市制（人口2万5千人以上）・町村制（統合された新しい町村）が制定され，90年には府県制（1道3府43県となり現在に至る。1943年7月東京都制実施）・郡制が公布された。府県知事と警視総監・府県警察部長は内務官僚から，市長は市会の推薦する候補者から，内務大臣が任命した。

　一方沖縄では，謝花昇が，地租改正による山林共有地の没収反対や県会設置と国政参加を求める運動を起こした。1909年に県会設置，12年に衆議院議員選挙法が実施された。

　また北海道では82年開拓使を廃止し，札幌・函館・根室の3県をおいたが，86年3県を廃止し北海道庁を設置した。1902年に衆議院議員選挙法が実施された。伝統的な狩猟・採集の生活を送ってきた先住民のアイヌ民族は，開拓の進展とともにその生活圏を脅かされてきた。政府は1899年に北海道旧土人保護法を制定しアイヌに農業を奨励したが，この時すでに農業適地は少なく，貧窮の生活が続いた。学校教育や日本語の強制などを通じて同化政策が進められた（旧土人保護法にかわり，1997年に新たにアイヌ文化振興法が制定された）。

IV-II 日本帝国の成立

8　明治憲法体制の確立

憲法構想　国会期成同盟は憲法案の作成を全国の民権政社に呼びかけた。1879～81年にかけて民間でもさまざまの憲法案（私擬憲法）が作成された。これら私擬憲法の多くは，立憲君主制，国民の参政権，人権保護を規定しており，議会を中心とした政治を目指していた。中には植木枝盛の「東洋大日本国国憲按」のように専制政府に対する人民の抵抗権・革命権を規定したものや，山間農村の青年達が欧米の憲法や政治制度を学習して幅広く人権の保障を定めた「五日市憲法草案」もあった。

　一方，伊藤博文や岩倉具視ら政府首脳は早くから君主主権の立場を取り，明治14年の政変に際して天皇が国民に与える欽定憲法の方針を打ち出していた。82年伊藤博文は自らヨーロッパへ赴き，君主権の強いドイツを中心に憲法を調査した。帰国後伊藤は政治機構や法制度の整備にとりかかり，85年内閣制度を創設して自ら初代の内閣総理大臣に就任した。また，ドイツ人法学者ロエスレルを顧問とし，井上毅，伊東巳代治，金子堅太郎らとともに国民には極秘のうちに憲法草案作成を進めた。草案は枢密院での審議を経て，1889年2月11日，大日本帝国憲法として発布された。

帝国憲法　帝国憲法では，天皇は主権者として統治権を掌握し，その地位は神聖不可侵とされた。天皇は，法律に代わる緊急勅令の制定や，議会の招集・解散，陸海軍の統帥，宣戦・講和・条約締結などの強力な権限を有し，それらは議会の関与を許さないものとされた（天皇大権）。立法・行政・司法の三権分立制がとられたが，内閣・官僚を中心とした行政権が強化された。内閣総理大臣は天皇の重臣である元老の合議で選ばれることが慣行となり，内閣の議会に対する責任も明確ではなかった。帝国議会は，公選された議員からなる衆議院と華族・勅撰議員など一部の特権階級の代表からなる貴族院の二院制で，両院はほぼ対等な権限を与えられていた（衆議院議員選挙法では，選挙権は直接国税15円以上を納める25歳以上の男子に制限され，有権者は総人口の1.1%，45万人にすぎなかった）。

国民は天皇の臣民とされ，法律の範囲内という条件付きではあったが，人身の自由，裁判を受ける権利，信教の自由や言論・集会・結社の自由などが認められた。

明治憲法は，絶対的な天皇の権威のもとで行政権優位の政治体制を確立し，民権勢力や国民大衆の政治参加の要求に応えながらも，それを統制しようとするものであった。このように，国民の求める代議制の中心である衆議院の権能には限界があったが，ともかくも国政参加の道が開かれ，立憲政治が新たにスタートすることとなった。

政府は，日本の国家を支える国民の精神的な拠り所として皇室を位置づけ，忠君愛国・皇室尊崇・儒教的倫理の道徳を育成するために，憲法とは別に1890年に教育勅語を発した。教育勅語の目指す忠孝を中心とした徳目は，学校教育を中心としてさまざまな機会に強調され，その後の日本国民の精神形成に大きな影響を与えることになった。

初期議会　90年に第1回衆議院議員総選挙が実施され，立憲自由党や立憲改進党などの民党が大勝して衆議院の過半数をしめた。第1回帝国議会では，山県有朋内閣の軍備拡張予算案に対し，民党は地主や農民の地租軽減の要求を背景に「民力休養・政費節減」を唱えて政府と激しく対立した。政府は民党の一部を切り崩してようやく予算を成立させた。つづく松方正義内閣や第2次伊藤内閣においても，民党は政府の予算案を大幅に削減した。政府は，議会の停会・解散を行い，92年の第2回総選挙で品川弥二郎内相が警察を動員した激しい選挙干渉を行ったにもかかわらず，民党が勝利し，かえって世論の厳しい批判を受けた。このような政府と民党の対立は，94年の日清戦争勃発まで続いた。

当初政府は，政党や議会の意向にかかわりなく政策を遂行する超然主義の立場をとった。それに対し，政党は衆議院の予算案先議の権限を最大限に行使して政府に激しく抵抗し，しだいに議会（とくに衆議院）が政治の中心的な舞台として位置づけられるようになった。しかしその後政党は，政権への参加・獲得を目指して藩閥官僚政府と妥協し，また政府も，予算や法律を成立させるために政党との提携が必要となり，状況によっては政党幹部の入閣を求めるようにもなった。

9 明治後期の政治と社会

官僚と政党 日清戦争には勝利したものの三国干渉による遼東半島放棄という国際社会の厳しい現実に直面すると，国内では「臥薪嘗胆」を合言葉とするロシアへの反発が生じた。中国分割で緊張の高まる東アジアでの列強との対立に備えるための軍備拡張費や，産業基盤の整備，新たに獲得した植民地支配など，戦後経営に必要な巨額の予算の成立をはかる政府を民党は公然と支持するようになった。第2次伊藤博文内閣は自由党の板垣退助を，第2次松方内閣では進歩党の大隈重信を入閣させた。

しかし，地主層に新たな負担を強いる地租増徴案に対しては，自由党・進歩党ともに強硬に反対した。政府との協調は崩れ，両党は1898年合同して憲政党を組織した。行きづまった第3次伊藤内閣は退陣し，大隈重信を首相とする憲政党内閣がわが国最初の政党内閣として成立した（隈板内閣）。しかし党内両派の対立が続き，わずか4カ月で内閣は瓦解し憲政党は分裂した。

第2次山県有朋内閣は，懸案の地租増徴をふくむ予算案については，憲政党（自由党系）との妥協を進めてようやく成立させた。その一方で山県内閣は現役の大将・中将のみ陸海軍大臣とする軍部大臣現役武官制を定め，文官任用令を改正し，高級官僚の任用資格を定めて官僚・軍部組織から政党勢力を排除しようとした。また，労働組合期成会の活動によって当時盛り上がりつつあった労働運動や小作争議，政治運動を取り締まるために，1900年治安警察法を制定した。

立憲政友会 政府と政党が対立を続けて重要政策が停滞し，党利優先の政党活動の現状を批判していた伊藤博文は，政府を支える国家本位の政党の結成を構想していた。1900年，伊藤を総裁とする立憲政友会が結成され，憲政党も解党してこれに参加した。政友会は西園寺公望，星亨，原敬らを幹部とし，官僚の一部や地主や企業家を主な支持基盤とした。政友会員中心の第4次伊藤内閣は増税予算案について山県系官僚や貴族院と激しく対立して退陣した。この後，山県や伊藤は政治の第一線を退いたが，元老として首相推薦その他の国政の中枢を指導した。

日露戦後経営と桂園時代　日露戦争は予想をこえる悲惨な戦争となった。戦争には勝ったものの，引き続く増税とインフレで都市も農村も疲弊した。賠償金もなく獲得した領土や権益も少なかったので，政府に対する国民の不満は全国に高まっていた。05年東京日比谷の講和反対国民大会は，憤激した数万の民衆の暴動に発展した（日比谷焼き打ち事件）。砲兵工廠や造船所，鉱山などの大事業所で多数の労働者による賃上げや解雇反対などのストライキが激発し，軍隊が出動鎮圧することもあった。

　日露戦争を指導した第1次桂太郎内閣は，多難な戦後経営も含めて衆議院で多数を占める政友会との協調のうえに政策を進め，桂と西園寺との間で交互に政権を授受する約束がなされた。第1次西園寺内閣は増税による軍備拡張，06年の鉄道国有化などを実施した。原敬内務大臣は，藩閥官僚勢力との全面対決は避けながら，内務省や警視庁，府県知事などの機構改革や人事刷新などを大胆に実施して政党勢力の拡大を推し進めた。08年，第2次桂内閣は戊申詔書により，国家への不満や価値観の多様化を抑え，勤勉・節約を勧めて国民意識の引き締めを図った。また，地域社会の活力増強を図るため産業組合の結成や生活改善，町村再編などの地方改良運動を推進した。この政策は政友会の西園寺内閣にも引き継がれた。藩閥官僚勢力と政党は相互に牽制しつつも，欧米に対抗できる強力な国家を構築するための基本政策については協力関係を維持した。この時期を桂園時代という。

大逆事件　この頃社会運動の側では，無政府主義思想の影響を受けた幸徳秋水が労働者の直接行動による社会変革を主張して多くの支持を得ていた。1910年，天皇暗殺を計画した数名の無政府主義者の逮捕をきっかけとして，計画には直接関係のなかった幸徳をはじめ全国で数百名が逮捕された。非公開の裁判で幸徳ら24名に死刑の判決が下った（のちに12名は無期に減刑）。桂内閣は，天皇暗殺計画を利用して社会主義者・無政府主義者の一掃を図ったのである。大逆事件は社会に衝撃を与えた。

　このため社会主義運動は，事実上身動きできなくなった（「冬の時代」）。これを機に東京など各地に思想取り締まりのため特別高等警察（特高）がおかれた。

10　資本主義の確立

殖産興業　先進諸国の国力の基盤は，工場制機械工業に基づく資本主義の高い生産力であったが，維新直後の日本は民間の資本蓄積は弱く，近代的な産業は育っていなかった。米欧視察などで先進諸国の実状を知った新政府首脳は，近代産業の育成に乗り出した。1871（明治4）年に円・銭・厘の十進法の新貨条例を定め，新硬貨を発行した。72年には各地の商人・地主など民間の力で兌換紙幣（銀行券）の発行を目指して国立銀行条例を定めたが，正貨の不足等から兌換制度の確立には至らなかった。

政府はお雇い外国人の指導のもと，自ら官営事業や官営模範工場を経営し，工場制機械工場の範を示した。70年に設置された工部省や73年に設立された内務省が主導したこのような政策を殖産興業という。具体的には，旧幕府や藩の事業を接収して，東京と大阪の砲兵工廠（軍直属の武器製造工場），長崎と横須賀の造船所，佐渡金山・生野銀山・小坂銀山などを経営した。当時輸入の多かった綿・毛織物類には，愛知紡績所や千住製絨所などで機械設備や技術の導入をはかった。輸出の中心である生糸では富岡製糸場（群馬県）を設立し，先進技術の普及と工女育成を目指した。また貿易貨物の輸送を独占していた外国船に対しては，岩崎弥太郎の三菱（郵便汽船三菱会社）に手厚い保護を与え，自国の海運業の育成をはかった。一方，鉄道は72年に東京〜横浜間が開通し，大阪〜神戸間，大阪〜京都間も続いた。東海道線が全通するのは89年のことである。電信は69年に東京〜横浜間に始まり，その後東京〜長崎間，東京〜札幌間も開通した。71年には前島密の建議により，官営の郵便制度が始まった。

松方財政　明治の初め各地の私立の国立銀行（民間設立の銀行）は不換紙幣の発行が許可されていた。77年の西南戦争で不換紙幣がさらに増発され激しいインフレーションが起こり，紙幣価値が下落して政府は財政難に陥った。明治14年の政変後に大蔵卿になった松方正義は，赤字が続き政府の大きな財政負担だった官営事業のうち軍需工場を除いた分野を，低価格・年賦払いで払い下げる方針を打ち出した。三菱は生野銀山・高島炭坑・長崎造船所など，三井は三池炭坑・富岡製糸場，浅野は深川セメント

製造所などを獲得した。彼らはこれを基盤に，金融・鉱山・製造・運輸など，経営を多角化させ，財閥への第一歩を踏み出した。

また松方は全ての国立銀行の銀行券発行を停止して，1882年に唯一の発券銀行として日本銀行を設立した。85年から銀兌換の銀行券を発行し，銀本位の近代的な貨幣制度が確立した。そして97年，日清戦争の賠償金の一部を準備金として金本位制を確立させた。

産業革命　貨幣制度が安定すると紡績（綿糸）・製糸（生糸）業分野への会社設立の意欲が高まった。幕末期からのイギリス綿製品の輸入によって，日本在来の綿花栽培は衰退したが，農村に根付いていた綿織物生産は輸入綿糸を使って続いていた。この綿糸需要に応えて83年に開業した大阪紡績会社の成功が，紡績会社設立への動きを刺激した。一方，当時最大の輸出品であった生糸では手動の座繰製糸が普及していたが，水車や蒸気機関で器械を回転させる器械製糸の工場が登場した。

81年設立の最初の私鉄会社である日本鉄道会社（上野〜高崎・上野〜宇都宮）の経営が成功すると，各地で鉄道会社への出資欲が高まった。そして86〜89年にかけて鉄道と紡績を中心に会社設立ブームがおきた。

94〜95年の日清戦争後，清国から得た賠償金をもとに97年に金本位制が採用されると，為替相場や外国資金輸入が安定し，再び企業勃興が起きた。紡績業では97年に綿糸輸出が輸入量を上回り，生糸でも器械製糸の生産が増大し，1909年には清国をぬいて世界第一位の生糸輸出国となった。こうして日本の資本主義は紡績・製糸の軽工業でまず確立した。この紡績・製糸工業を支えたのは，若い工女たちの深夜労働をふくむ長時間の低賃金労働であった。

重工業と軍事力の基盤である鉄鋼の国産化は，97年に設立された官営八幡製鉄所が1901年に操業を開始してその第一歩が踏み出された。重工業は設備投資が巨額になり，生産には高度な技術力が要求され，しかも当時は市場も限られていた。日露戦争後に政府が軍備拡張政策を展開すると，八幡製鉄所の拡張とともに，日本製鋼所などの民間の鉄鋼業が設立された。工作機械工業でも池貝鉄工所が旋盤の国産化に成功した。また水力発電も始まり，大都市では電灯が普及し始めた。

11 近代的軍隊の創設と日清戦争——近代日本の戦争1——

国民皆兵 幕末の長州藩で高杉晋作は，武士のみで構成される正規軍に対し，身分制をこえた奇兵隊などの諸隊の優秀さを証明した。後を継いだ大村益次郎は，明治政府において身分制に関係のない国民皆兵の軍隊を創設しようとしたが，これに反感を持つ士族に暗殺された。欧米諸国の軍制を視察してきた山県有朋は，1872（明治5）年に徴兵告諭を，翌年には徴兵令を出して，国民皆兵の原則にたつ近代的な軍隊の創設を目指した。すなわち，満20歳に達した男子は徴兵検査を受け，合格者の中から3年間常備兵役（現役兵）をつとめさせるというものであった。

一方，1869年兵部省が設置され，71年には薩長土の3藩から中央政府軍（御親兵）が創設され，廃藩置県の断行を可能にした。72年には兵部省を陸軍省と海軍省とに分離した。73年東京・仙台・名古屋・大阪・広島・熊本に鎮台が設置された。いずれも内戦に備えたものであった。

天皇の軍隊 不平士族の最大の反乱である77年の西南戦争で，勇猛を誇った薩摩士族が近代的な装備をした徴兵による農民兵に敗れたことは，武力による政府への反抗が不可能となったことを示した。しかし，この戦争への論功行賞の不公平と待遇を不満として近衛兵の一部が翌年におこした竹橋事件を機に，政府に忠実な軍隊を作ることが必要となった。

山県有朋は，82年軍人勅諭を発布し，軍人の天皇への絶対忠誠を強調し軍人教育の理念を確立させていった。また78年には，軍隊のコントロール（指揮命令）を担当する参謀本部を，陸軍の軍政一般を担当する陸軍省から独立させ天皇に直属させた（統帥権の独立）。一方，戊辰戦争の犠牲者を祀るために69年に建立された東京招魂社を，79年靖国神社と改称して日本軍の犠牲者の霊を合祀した。

師団の設置 西南戦争までの日本軍は主として内乱に備えた軍隊で，それほど大規模なものではなかったが，朝鮮で起こった82年の壬午軍乱，84年の甲申事変を境に日本軍は対外戦争を目指した軍隊へと大きく変貌していった。陸軍では，基本的部隊である歩兵連隊は78年の15連

隊が，87年には28連隊へとほぼ倍増した。兵制もフランス式からドイツ式に変更された。そして88年には，従来の6鎮台を廃止し新たに6個師団が創設された。鎮台は地域に駐屯しその地域を防御することがその任務であったが，新設された師団は，1個の戦略単位として工兵部隊や輸送部隊，野戦病院などを伴い，移動しつつ戦うことをその目的としていた。こうして日本軍は，機動性を持った外国遠征型の軍隊へと変貌していった。91年には近衛師団が編成され，7個師団となった。一方，海軍は当初沿岸警備を目的として創設されたが，やがて近海制海権の確保を目指した拡張が行われ，94年には28隻・5万7千トンとなった。この陸海軍の戦力で日清戦争が戦われることとなった。

日清戦争 日清戦争は朝鮮の支配をめぐる中国（清）との戦争であったが，同時に近代日本が初めて行った本格的な対外戦争でもあった。1894年，甲午農民戦争の鎮圧のため日清両国が朝鮮に出兵，やがて両軍の衝突となった。戦いは終始日本軍の優勢のうちに進んだ。海軍は黄海海戦で清の北洋艦隊を破り，陸軍は山県有朋の率いる第1軍が清国軍を追って朝鮮半島を北上，鴨緑江を渡り，第2軍も遼東半島に上陸し旅順・大連を占領した。翌年には台湾の占領に向かった。

威海衛の北洋艦隊の全滅後，李鴻章が清国全権に任命され講和会議が始まり，95年4月下関条約が締結された。その内容は，清国は朝鮮の独立を承認する，遼東半島・台湾・澎湖諸島を日本に割譲する，清国は賠償金2億両（約3億円）を支払う等であった。しかしこの直後，ロシア・フランス・ドイツ3国が遼東半島の返還を日本に勧告してきた（三国干渉）。当時の日本の実力ではこれに従わざるをえなかった。政府は国民に対して臥薪嘗胆を強調してロシアへの反感を煽った。以後，朝鮮の支配，南満州への進出をめぐって日露両国の対立が激化し，日本は来るべきロシアとの戦争に備え，新たな軍備増強へと向かった。陸軍は1898年には12個師団に増強され，海軍は1902年までに三笠などロシアとも対抗できる世界的な水準の戦艦6隻（イギリス製）を完成させ，日露開戦時には152隻・約26万5千トンへと大幅に増強された。その結果，軍事費も大幅に膨張していった。

12　日露戦争から軍縮の時代へ──近代日本の戦争2──

日露戦争　日清戦争後，日本とロシアは朝鮮と満州（現中国東北地方）の支配権をめぐって対立し，1904年2月ついに戦争となった。開戦とともに陸軍は大山巌を総司令官とする第1軍から第4軍までの4個軍を満州に送り，ロシア極東軍との決戦を目指した。日本軍は旅順攻撃の第3軍が多大の犠牲を出したが，翌年1月に旅順を陥落させ，3月には全軍をあげてロシア軍主力と奉天で会戦，勝利した。しかし補給が続かず戦力は限界に達した。一方海軍は，ロシアがヨーロッパのバルチック艦隊を極東に回航してくると，05年5月日本海で決戦を行い，勝利を収めた。これを機会にアメリカのルーズベルト大統領が日露の和平斡旋に乗り出し，8月アメリカのポーツマスで講和会議が開かれた。会議は難航したが9月，①韓国における日本の指導監督権，②旅順・大連の租借権と長春以南の鉄道と付属の利権の譲渡，③北緯50度以南の樺太の割譲，などをロシアが認める講和条約（ポーツマス条約）が調印された。しかし，賠償金もとれない講和条約に不満をもった民衆は日比谷焼打ち事件をおこした。

　日露戦争は，国家予算が3億円足らずだった時代に20億円の巨費を費やし，戦死8万人，戦傷14万人という大きな犠牲を出した戦争であった。しかしこの戦争の勝利は，日本をアジアの盟主とする考え，戦勝で得た満州の権益を守れという考えを国民の間に定着させ，その後の日本の政治を左右することとなった。また軍事面でも，陸軍では銃剣突撃至上主義が，海軍では艦隊決戦の大艦巨砲主義が信奉され，それは太平洋戦争まで続き，日本軍の大きな欠陥となった。

　1907年に初めて「帝国国防方針」が決定され，仮想敵国はロシア，次いでアメリカとされた。帝国国防方針は天皇と軍首脳の他は内閣総理大臣のみに閲覧が許される国家最高機密とされた。以後軍事戦略の基本方針を軍部が決定し政府にその実行を迫るという，日本の特異な形態が生まれた。

世界的軍拡の時代と第1次世界大戦　日露戦争は世界の戦争思想に大きな影響を与え，その後の10年間はまれに見る軍拡の時代となった。1906年，イギリスが新型戦艦ドレッドノート（日本では略して弩級戦艦と呼んだ）

を完成させると，従来の戦艦はたちまち旧式艦となり，各国は競って弩級戦艦，あるいは超弩級戦艦の建造に乗り出した。一方，日露戦争の陸戦で機関銃と大型の大砲が有効であることがわかると，各国は重機関銃，重砲の開発と装備に力をいれるようになった。

こうした状況の中で14年に起きた第1次世界大戦は，それまでの戦争の概念を一変させる悲惨な戦争となった。陸戦では重装備に伴う大量殺戮によって，兵員の消耗は桁外れに増大した。また，毒ガス兵器・戦車・飛行機などの新たな兵器が登場し，戦争は軍事力のみならず，国家の政治・経済・科学技術・文化などを総動員して勝敗を決するという総力戦となった。

日本は日英同盟の関係で第1次大戦に参戦したが，大きな犠牲は払わず，逆に大戦による好景気に見舞われた。また，ベルサイユ条約で赤道以北のドイツ領南洋諸島の委任統治権を得，20年発足した国際連盟では常任理事国となった。

ワシントン会議とロンドン会議　悲惨な大戦への反省や建艦競争による財政破綻を回避するため，21年から22年にかけて，アメリカのワシントンで海軍軍縮会議が開かれた。会議の結果，主力艦の建造は10年間禁止する，主力艦の保有量は米・英各5，日本3，仏・伊各1.67の割合とする，などが定められた（ワシントン海軍軍縮条約）。この条約はアメリカによる日本の軍事力制限の戦略という面もあったが，アメリカとの建艦競争を回避でき，国家財政の破綻から救われたのはむしろ日本であった。

しかしこの会議により建艦競争が終わったわけではなかった。戦艦や航空母艦の建造を制限された各国は，競って巡洋艦・駆逐艦・潜水艦などの補助艦艇の建造競争に走った。そこで30年，イギリスのロンドンで補助艦を制限する会議が開かれ，対米・英7割を主張する日本と6割に抑えようとする米・英との間で会議は紛糾したが，最終的には7割に近い線で妥結した（ロンドン海軍軍縮条約）。しかし，これに不満を持つ海軍軍令部は条約の調印は天皇の軍隊指揮権を犯す（統帥権干犯）ものであるとして強硬に反対，11月には浜口雄幸首相が右翼に狙撃されるなど，政治的混乱を生んだ。

13　領土の拡大と植民地支配

台湾領有　下関条約で割譲が決定した後も台湾の人々はそれを認めず「台湾民主国」の独立を宣言した。日本政府は台北に台湾総督府を設置し，軍隊を派遣して激しく抵抗するゲリラ民兵の掃討作戦が数年続けられた。児玉源太郎第4代総督・後藤新平民政長官のもとで，警察組織を全島に配備して治安を確立するとともに，土地調査・税制，鉄道・港湾建設，台湾銀行設立，精糖業の近代化などの本格的な植民地行政が進められた。その後台湾統治は安定を見せたが，1930年山地住民が蜂起して日本人130数名を殺害する霧社事件が起きた。37年日中戦争が始まると，神社参拝や日本語常用の強制，改姓名の奨励などのいわゆる皇民化政策を進めた。太平洋戦争では台湾は南方作戦基地となり，志願兵制（後には徴兵制）を施行して台湾人青年を日本兵として戦線に駆り出した。

南樺太　ポーツマス条約でロシアから割譲された北緯50度以南の南樺太には，大泊のちに豊原に樺太庁が置かれた。日本の製紙企業が進出し，国有林伐採によるパルプ工業が盛んであった。また，北洋漁業ではサケ・マス・ニシン・カニなどの漁獲とその缶詰工業が発達した。

関東州　日本は遼東半島先端の旅順・大連と長春以南の東清鉄道の利権をロシアから継承し，貿易港大連を拠点に南満州の権益確保を進めた。1906年半官半民の南満州鉄道株式会社（満鉄）を設立，満鉄は鉄道事業（大豆と石炭の貨物輸送が主）のみならず，撫順炭鉱や鞍山製鉄所なども経営した。関東州と鉄道沿線警備のため軍隊が駐屯した（19年に関東軍として独立）。

韓国併合　日露戦争後日本は英米露から朝鮮支配の了解を得た。05年伊藤博文は軍隊の力を背景にした強圧的な姿勢で第2次日韓協約（保護条約）を締結して韓国の外交権を奪取し，京城に韓国統監府を設置して自ら初代統監となった。ハーグ密使事件を機に抵抗する国王高宗を退位させ，第3次日韓協約によって内政権を掌握した日本政府は韓国軍隊の解散を強行した。抗日義兵闘争が全土に拡大していった。09年政府は韓国を廃滅し領土とすることを閣議決定した。伊藤博文はハルビンで安重根

に暗殺され，翌10年併合条約が締結された。併合後は天皇大権による統治体制がとられ，京城に朝鮮総督府がおかれ，寺内正毅陸軍大将が初代朝鮮総督となり全権を掌握した。言論・集会・結社は厳しく制限され，村々に憲兵警察が配置されて民衆の日常生活を監視し，反乱に備えて2個師団の軍隊が常駐した。

植民地朝鮮　1910年の会社令で企業経営を許可制として日本企業を優遇したため，大企業は日本人経営が圧倒的に多く，朝鮮人は零細な企業に集中した。税制（地租）と土地所有制の確立を名目として実施された土地調査事業では，所有権の証明ができなかった土地や共有地は官有地として没収され，国策会社である東洋拓殖株式会社を経て日本人らに払い下げられた。多くの農民が土地を失い小作農になるか，職を求めて日本や満州へ移住した。18年の米騒動で表面化した日本の食糧不足を解消するため，20年以降，朝鮮米を増産して日本へ大量に移出する政策をとったが，朝鮮ではかえって食糧不足となり，満州産の雑穀を輸入した。

　第1次大戦後，民族自決の国際世論が高まるなかで，19年3月京城で学生や知識人が朝鮮の独立と人民の自由を宣言した。これを契機に各地で独立運動集会やデモがくり広げられ，独立運動は朝鮮全土に波及した。総督府は軍隊や警察を動員して激しく弾圧し，多数の死者や逮捕者を出した（3・1独立運動）。斎藤実海軍大将が総督に就任して以後，総督府は憲兵警察にかわって警察官を増員して取り締まりを強化する一方，親日派の組織化や同じ帝国臣民としての教育をすすめる同化政策に移行した（文化政治）。

　日本人の朝鮮人への差別意識が関東大震災時に表面化し，「朝鮮人暴動」のデマを信じた結果，東京などで6千人を越える多数の朝鮮人が虐殺された。

南洋諸島　第1次大戦で日本は，ドイツ領のマリアナ・パラオ・カロリン・マーシャル諸島を占領下に置き，ベルサイユ条約でこれらの赤道以北の旧ドイツ領南洋諸島は，国際連盟からの委任統治領となった。日本はコロール島に南洋庁を置いた。海軍基地としての役割も大きく，サイパン・テニヤン島などでは製糖業が盛んとなり，沖縄などからの移住者が多かった。現地住民には，日本語や神社参拝などの同化教育が行われた。

14　文明開化

　新政府は欧米先進国に追いつこうと，欧米の産業技術・学問・文化の摂取に積極的に取り組み，日本の近代化を進めた。それに伴い国民生活の様々な面にも新しい風潮が生まれたが，この風潮は当時文明開化と呼ばれた。

啓蒙思想　国民に欧米の生活や文化・思想を紹介し，新しい時代の生き方の指針を与えたのは，啓蒙思想家といわれる欧米を体験してきた人たちであった。中でも，福沢諭吉は『西洋事情』『学問のすゝめ』『文明論之概略』などを発表し，封建思想から国民を解放する上で大きな影響を与えた。また，フランスに留学した中江兆民は『民約訳解』を著し自由民権運動に影響を与えた。幕末にイギリスに留学した中村正直は英米の自由主義・功利主義の思想を紹介した。さらに福沢や森有礼，中村，西周，加藤弘之らによって1873年に結成された明六社は，『明六雑誌』を発行し，人民各自の自主独立を目指し，政治・経済・科学・教育など多方面にわたる開化の論説を発表し，演説会を開いて国民の啓蒙に努めた。

新聞の発行　一方，新時代の国民の啓蒙に大きな役割をはたしたものに新聞がある。新聞はすでに幕末から幕府や民間によって発行されていたが，新政府が一時禁止していた新聞の発行を認めると，1870年の『横浜毎日新聞』を始めとして，多くの新聞が東京を中心に発行されるようになった。72年には『日新真事誌』，『東京日日新聞』(現『毎日新聞』)，『郵便報知新聞』，74年には『朝野新聞』，『読売新聞』，75年には『東京平仮名絵入新聞』などがあいついで発行された。これらの新聞は自由民権運動の高揚とともに，それぞれの政論を主張するものも多かったが，一方では各種の論説や当時の市井のさまざまなニュースを載せ，「文明開化を知らないものは新聞せんじて飲ませたい」と歌われたほど，開化期の民衆に大きな影響を与えた。

生活の西洋化　文明開化は人々の生活にも大きな変化をもたらした。衣服については，徳川幕府が「異風の身形」をしたものは取り締まるとしたのに対し，新政府は1871年制服を随意・勝手と定めた。これによって洋

服が広まり，特に警官など公務員には洋装が普及していった。諸官庁では洋服を着て靴を履き，高机に椅子で勤務する姿が見られるようになった。また頭髪もちょん髷が姿を消しザンギリ頭が普及していった。

食生活でも洋食が紹介され，食べられるようになった。中でも牛肉を日本風に調理した牛鍋が開化の象徴として広まった。牛乳，アイスクリーム，パン，ビスケット，チョコレート，ビールなども製造・販売された。しかし，洋食が本格的に普及していくのはもっと後になってからである。

住生活では，西洋風の建築が官庁・会社・学校で建てられるようになった。中でも東京の銀座はレンガ造りの建物が並び，ガス灯がともり，人力車・鉄道馬車が走る文明開化を象徴する街となった。

1872年には太陽暦が採用され，12月3日が73年1月1日となった。1年は12カ月となり，公務員の給与も月給制となった。1日は24時間とされ，七曜制がとられ，日曜日は休日，紀元節（神武天皇即位の日，2月11日）と天長節（明治天皇の誕生日，11月3日）が祝日とされた。

また，西洋の科学技術も多く導入された。69年には東京・横浜間に電信が開設された。電信は緊急の連絡方法として，翌年には大阪・神戸間，73年には東京・長崎間，77年には九州から北海道までと急速に発達した。72年9月には開港場横浜と東京新橋の間にイギリス人技師モレルの指導のもと日本初の鉄道が開通した。

お雇い外国人 こうした日本の文明開化に外国人が果たした役割は大きかった。特に政府が招いた多くの技師・教師・顧問などの専門家はお雇い外国人として，日本の科学技術・教育・学問・芸術などの発展に貢献した。74年を例にとると，お雇い外国人の数は教師151人，技術者213人，管理業務者68人，熟練労働者27人，その他65人，計524人にのぼっている。例えば，創立当時の東京大学の教師39人のうち27人が外国人教師というように，その先進的技術や知識ゆえに，彼らは指導的地位を占め，非常な高給をもって迎えられた。しかし政府は，これらお雇い外国人に技術などでの指導・監督は受けたが，決して政策面での関与をさせることがなかった。

15 明治の文化

学問・思想 近代日本の自然科学の研究は外国人教師の指導で始まったが、やがて各分野から世界的な業績をあげる日本人科学者が誕生するようになった。

物理学では、磁気のひずみについての研究からスタートした長岡半太郎が1904年に世界に先駆け原子模型を発表した。米国にタカミネ研究所を設立した醸造学の高峰譲吉は小麦糠麹から消化剤のタカジアスターゼを発明、またアドレナリンの結晶の抽出にも成功した。鈴木梅太郎は1911年、米糠から脚気の治療に有効な成分オリザニン（のちビタミンと命名）の抽出に成功した。ドイツでコッホに師事した北里柴三郎は破傷風菌の培養と破傷風の血清療法に成功し、1894年にはペスト流行の香港に赴きペスト菌を発見した。伝染病研究所の若き研究者だった志賀潔は97年、赤痢菌を発見した。

人文科学では、明治初期に田口卯吉が近代日本で初めて文明史観から見た日本歴史として『日本開化小史』を著し、民間史学のさきがけとなった。また、明治末期には哲学者西田幾多郎が1911年『善の研究』を著し、禅と西洋哲学を融合させた独自の哲学を展開していった。

思想界にも1880年代末から新しい動きが始まった。徳富蘇峰は87年民友社を設立、雑誌『国民之友』を発行し、官僚や士族による欧化主義や政治を批判し、平民（庶民）による政治が重要だとする平民主義を主唱した。一方、三宅雪嶺、志賀重昂らは88年政教社をつくり、雑誌『日本人』を発行して、政府の欧化主義に反対し国粋主義を主張した。

芸術 フェノロサや岡倉天心によって、日本の伝統美術の再興がはかられ、日本画では狩野芳崖や橋本雅邦らの画家が現れた。また、87年には日本美術の再興を目指して東京美術学校が設立され、下村観山、横山大観、菱田春草らの新進画家が輩出した。

洋画も明治初期に高橋由一らが出たが、80年代末になると、ヨーロッパに留学していた画家たちが帰国し始め、新たな進展をみた。中でもフランスから帰った黒田清輝は外光派とよばれたが、明るい色調の洋画を描き

当時の画壇に大きな影響を与えた。96年，黒田らは白馬会を結成，会には藤島武二，和田英作らが参加した。またこの年には東京美術学校に西洋画科が新設され，黒田が教授となり後進の指導にあたった。

彫刻では写生風の作品で日本の伝統木彫に新風を起こした高村光雲が東京美術学校で教鞭をとり日本の木彫彫刻をリードした。西洋彫刻ではフランスでロダンの影響を受けた荻原守衛によって，本格的な近代西洋彫刻の道が開かれた。1907年には，日本画，西洋画，彫刻の部門からなる第1回の文部省主催の美術展覧会（文展）が開かれた。

建築ではお雇い外国人コンドルの指導を受けた辰野金吾が日本銀行本店や東京駅を，片山東熊が旧赤坂離宮（現迎賓館）などを建てた。

軍隊から始まった日本の西洋音楽は伊沢修二によって学校教育にも取り入れられ，学校唱歌としてひろまった。また，東京音楽学校を中心に芸術としての音楽も普及，卒業生の滝廉太郎は歌曲「荒城の月」・「花」や童謡「鳩ぽっぽ」などを作曲した。

伝統演劇である歌舞伎も改良が試みられ，9代目市川団十郎，5代目尾上菊五郎，初代市川左団次らが活躍した。一方，川上音二郎は民権運動や日清戦争を題材に新派劇を始めた。明治末には本格的な近代演劇が坪内逍遥の文芸協会，小山内薫の自由劇場で始まり，松井須磨子らの俳優が出た。

生活の近代化 都会にはレンガ造りの洋風建築も増えたが，庶民の住宅は木造が普通で，屋根も瓦葺は高価なため，トタン葺が普及した。室内の照明には石油ランプが用いられたが，都会ではガス灯が，80年代後半からは電灯が普及した。本格的な上水道も87年の横浜を皮切りに各地へ普及していった。燃料としては，庶民には薪に代わって木炭がひろまったが，会社・官庁などでは石炭が使用され，都市用ガスも1902年から東京で使用されるようになった。

大都市は鉄道馬車に代わって市街電車が走り，自転車が広まり，電話が輸入され，活動写真（無声映画）が始まった。

また，野球・テニス・ボートレースなどの近代スポーツも高等教育機関を中心に広まり，西洋式の遊戯や運動会も徐々に学校にひろまった。

16 近代教育の出発──近代日本の教育 1 ──

学制発布　新政府は 1872 年，学制を発布して近代的な教育制度をスタートさせた。学制は主としてフランスの制度をとりいれて作られ，全国に 8 つの大学校，256 の中学校，5 万 3760 の小学校を置くというものであり，当時の実情からかけ離れた面もあったが，一方では非常に進歩的な面もあった。同時に出された被仰出書の中には，学問は身を立てるもとであること，華族，農民，商人，男女に関係なくすべての国民が学問をすべきであること，などが述べられている。学制では大学についても述べられていたが，主点が置かれたのは小学校教育であった。

こうして従来の寺子屋教育に代わって，欧米流の近代的な学校制度が始まったが，学校の建設・経営から授業料にいたるまで，すべて地域住民や親の負担であったため，学校打壊しの一揆などがあちこちで起こったりした。

学校令　1886 年，文部大臣森有礼のもとで，帝国大学令，師範学校令，中学校令，小学校令（総称して学校令とよぶ）が出され，日本の教育制度の基本的方針が定められた。ここに示された教育の基本方針は，国の役に立つ人間を育てることを目的とする国家主義教育で，特に小学校においてはそれが強調された。国家主義教育はその後敗戦まで日本の教育の基本方針として堅持された。また，小学校令では，尋常小学校 4 年，高等小学校 4 年と定められ，尋常小学校 4 年を義務教育とした。

教育勅語　国家主義教育をさらに強固なものにするため，1890 年には，教育に関する勅語（教育勅語）が発布された。教育勅語では兄弟は仲良くすること，友達はお互い信じあうこと，ひろく人々を愛することなど一般的な道徳を説いている部分もあるが，教育の最終目的は，「一旦緩急アレハ義勇公ニ奉シ以テ天壌無窮ノ皇運ヲ扶翼スベシ」と述べられているように，戦争など国家存亡の危機に際しては，進んで天皇のために命を投げ出すことができる国民を育てることにあるとされた。

教育勅語は翌 91 年，全国の学校にその写しが配布され，その前後から配布された御真影（天皇・皇后の写真）とともに，全国の小学校で，祝祭

日には勅語の奉読と御真影の礼拝が太平洋戦争の敗戦まで行われた。また，御真影と教育勅語は火災などの際に真っ先に持ち出さなければならないものとされ，それらを守るために小学校の宿直・日直制が始まった。

小学校の教科書は始めは検定制であったが，教科書をめぐる教員の収賄事件を契機に1903年には国定教科書制となり，敗戦まで全国どの小学校でも同じ教科書が使われることとなった。また，02年には就学率も90％を超えるようになり，07年義務教育が6年に延長された。

初期の高等教育　新政府は幕府の開成所，医学校，昌平坂学問所などの諸学校を引き継ぎ，統合して1869年大学校をつくったが，幾度かの統廃合ののち77年法学・文学・理学・医学の4学部からなる東京大学を設置した。東京大学は86年の帝国大学令で帝国大学と改称され，国内唯一の総合大学として，高等教育の頂点に立つ学校となった。

その他の官立の高等教育機関としては，72年に師範学校（現筑波大学），74年に女子師範学校（現お茶の水女子大学），73年に東京外国語学校（現東京外国語大学），75年に商法講習所（現一橋大学），76年に札幌農学校（現北海道大学）が，81年に東京職工学校（現東京工業大学），87年に東京美術学校・東京音楽学校（現東京芸術大学），などが専門学校として設立された。

私立の高等教育機関としては，幕末に福沢諭吉が江戸に開いた蘭学塾が68年慶応義塾と改称，日本の私立高等教育機関の先駆けとして実学中心の高等教育を行った。75年には，アメリカの大学で学び宣教師として帰国した新島襄が京都に同志社英学校を設立，キリスト教的精神主義教育を行った。

80年代に入ると東京には多くの専門学校が設立されるようになった。80年の東京法学社（現法政大学）を皮切りに，81年に明治法律学校（現明治大学），82年に大隈重信によって東京専門学校（現早稲田大学），85年に英吉利法律学校（現中央大学），89年に日本法律学校（現日本大学）などが設立され，青雲の志を抱き上京してくる青年の教育にあたった。また，74年の立教学校（現立教大学），83年の東京英和学校（現青山学院大学）などキリスト教主義の学校も誕生した。

IV-III 日本帝国とアジア・太平洋

17　大正デモクラシー

大正政変　1912年，第2次西園寺公望内閣は日露戦後の課題であった行財政整理（財政緊縮）を最重要視して予算編成にあたった。陸軍は，植民地とした朝鮮に配備する2個師団の増設を強硬に主張し，内閣はこれを拒否した。上原勇作陸軍大臣は単独で辞職し，陸軍が後任者の推薦を拒んだため，内閣は12月総辞職に追い込まれた。元老会議は難航したあげく内大臣桂太郎を政界に復帰させて第3次桂内閣を成立させた。これに対し政友会の地方支部，師団増設に反対の実業家や商業会議所，新聞記者団などが「閥族打破，憲政擁護」を掲げて，桂内閣反対の運動を始め，たちまち全国に広がっていった（第1次護憲運動）。政友会の尾崎行雄や立憲国民党の犬養毅がその先頭に立った。13年1月，桂首相は貴族院・官僚を中心に政党をも巻き込んだ新党（立憲同志会）の組織計画を発表し，反対党の切り崩しを図ったが多数には至らなかった。

　政友会と国民党は桂内閣不信任案を議会に提出し，尾崎行雄は桂内閣を激しく弾劾して退陣を要求した。議会を停会した桂首相は，西園寺政友会総裁に対して事実上不信任案撤回を命ずる天皇の勅語を下した。政友会の幹部は動揺したが議員総会では不信任貫徹を満場一致で決議した。勅語を無視したのである。桂首相は衆院解散を覚悟したが，議会を包囲した数万の民衆の圧力の中で遂に総辞職するに至った。世論が政府と政友会との取り引きを許さず，倒閣に追い込んだのである。明治から大正へかわった直後の政変で人々は新しい時代の到来を予感した。政友会の支持を得た山本権兵衛（薩摩出身の海軍大将）内閣は，軍部に対する世論の批判を受けて軍部大臣は現役の大・中将に限るという規定を予備・後備役の大・中将にまで緩めた。しかし14年海軍高官の汚職事件（ジーメンス事件）が発覚して内閣弾劾運動が激化したため，山本内閣は1年余で総辞職した。

天皇制下のデモクラシー　1912年から13年にかけて，憲法の解釈をめぐって論争が展開された。東京帝国大学の美濃部達吉は，「主権は国

家にあり，天皇は国家を代表する最高機関である」とする天皇機関説の立場から，議会は国民を代表する機関であるだけでなく内閣を監督する権限を持つとして，議会や国民の権利を制限し官僚専制を容認する天皇主権説を厳しく批判した。論争のさなかに大正政変が起きて桂内閣が倒れ，美濃部の主張は政党内閣制に理論的根拠を与えることとなった。

政治学者の吉野作造は，活発な言論活動を展開して現実的な政治改革を主張した。吉野は16年に発表した「憲政の本義を説いて其有終の美を済すの途を論ず」などでデモクラシーを「民本主義」と表現し，民意を代表する議会（衆議院）を政治の中心に位置づけよと主張した。「民本主義」は普通選挙運動を支える理論となった。また，吉野は官僚専制を批判し政党政治を擁護する立場から，民衆と結びつきのない貴族院や軍部の改革，枢密院の廃止などの必要性を大胆に主張した。

社会変革を求めて　1918年，吉野作造は経済学者の福田徳三らと黎明会を組織し講演会や出版活動をとおしてデモクラシーの啓蒙につとめた。この影響を受けて社会問題に関心を持つ東京帝国大学の学生を中心として新人会が結成された。新人会は綱領に「人類解放の新機運への協調促進」「現代日本の合理的改造運動」を掲げ，機関誌『デモクラシイ』を発行して社会や意識の変革を呼びかけ，普選運動にも参加した。早稲田大学の建設者同盟など他大学の学生組織との連携も広がった。また，ロシア革命の影響を受けて，次第に社会主義的傾向を強めることにもなった。

女性解放運動では，人間としての自我の目覚めを呼びかけた青鞜社のあとをついで，女性の社会進出を背景に政治活動の自由や差別の撤廃を訴えた新婦人協会が20年に発足した。また，伊藤野枝や山川菊栄らが21年結成した赤瀾会は社会主義の立場から働く女性の権利獲得を主張した。

身分差別と貧困に苦しむ被差別部落の人々は，22年に阪本清一郎や西光万吉を中心に京都で全国水平社を結成し，人間の尊厳と自由平等を宣言した。被差別部落と部落外の融和を図るそれまでの運動を批判して，自らの団結によって差別からの解放を獲得することを目ざしたのである。1年後には24府県約300支部へと組織を拡大し，軍隊内での差別事件や差別裁判などにも取り組んで大衆的な抗議運動を展開した。

18 大正期の社会

大戦景気 第1次大戦が始まると社会経済は大きく変わった。1915年後半になるとアジア諸国やアメリカ、連合国への輸出が急増して国際収支は一転して大幅な黒字となった。大戦景気が到来して工場や企業は設備を拡大し、多くの人々（特に男子）が労働者として農村から大都市や地方の都市に移動した。また戦争に伴う船舶不足のため造船・海運業界をはじめ、大戦景気を機に莫大な利益を得た資本家が「成金」と呼ばれて話題となった。一方、物価が徐々に上昇したため大多数の労働者・国民の実質賃金は低下して生活不安を呼びおこした。賃上げを求めるストライキが頻発し、友愛会などの労働組合も組織を拡大した。

米騒動 都市人口の増大は米の消費量を増加させたが、米の生産・供給体制がそれに伴わなかったため恒常的な米不足に陥った。さらにシベリア出兵による軍用米の需要を予期して商社や米商人が買い占めに走ったことも重なって、1918年の夏米価が急騰した。7月末、富山県下の漁村の主婦たちが米の移出反対・安売りを求めて実力行使に出た事件が「越中の女一揆」として新聞で報道されると、その動きはたちまち全国に波及した。寺内正毅内閣は、新聞報道を禁止し、警官隊や軍隊を出動させて鎮圧した。

農漁民や人夫、車夫、工場・鉱山労働者ら延べ数百万人が参加したこの米騒動は、8月中旬をピークに全国1道3府38県で発生した。ことに大阪、京都、名古屋、神戸等の大都市や宇部、福岡の炭鉱では、米屋や商社、警察署などを襲撃する大規模な民衆暴動に発展し、出動した軍隊と激しく衝突した。約50日間にわたって全国をまきこんだこの米騒動は9月中旬になってやっと収束した。生活防衛のために立ち上がった民衆を警察や軍事力で弾圧した寺内内閣に対する弾劾運動が高まり、内閣は総辞職に追い込まれ、かわって18年9月立憲政友会総裁の原敬を首相とする政党内閣が誕生することとなった。

シベリア出兵 ロシア革命干渉を目的とするシベリアへの出兵をイギリスから要請された日本政府は、1918年8月イギリス・アメリカ・

フランスとの共同出兵に応じた。日本は限定1万2千名出兵という協定の枠を超えて独断で兵力を増加し，最大7万2千名を派遣し，シベリア各地で革命政府軍隊と戦闘を繰り返した。ニコライエフスクでは多数の在留日本人が革命軍に殺害される事件（尼港事件）も起きた。革命政権が安定してくると連合各国は徐々にシベリアから撤兵したが，いつまでも兵を引き揚げない日本に対して内外からの批判が高まった。22年6月加藤友三郎内閣が撤退を声明し，日本軍の撤兵が完了したのは10月であった。4年に及ぶシベリア出兵は，多額の費用と多くの人命を失い，国内外から厳しい批判を受けた出兵であった。

大戦が終結すると日本経済は戦後不況に突入し，大企業を中心として人員整理が断行されたため労働争議が多発し，ロシア革命の影響もあって社会運動が活発化するなど階級対立が深刻となった。

関東大震災 1923年9月1日正午前，相模湾を震源とするマグニチュード7.9の激しい地震が関東南部を襲い，東京や横浜では直後に発生した大火災が被害をさらに拡大した。罹災者340万人，家屋の全壊・焼失は57万戸，死者・行方不明は14万人をこえた。

余震が続くこの混乱の最中，民族的偏見から「朝鮮人暴動」の流言が発生し，軍隊や警察もこのデマを助長して対策を指示したため，不安におびえる人々は自警団を組織して武装し警戒に当たった。その結果6千名以上の朝鮮人や数百名の中国人が殺害された。政府や警察は，この事件が明らかになって内外からの非難が高まるのを恐れて，報道を厳しく禁止した。

また，無政府主義者の大杉栄，伊藤野枝らが甘粕正彦憲兵大尉に虐殺された甘粕事件，労働運動の指導者が亀戸警察署で殺害された亀戸事件が起きた。

発足直後の第2次山本権兵衛内閣は，戒厳令を施行して治安維持にあたるとともに，打撃を受けた経済活動の再建のために30日間の支払い猶予令を公布し，日本銀行からの多額の緊急融資を実施した。関東大震災は日本経済に深刻な打撃を与え（震災恐慌），多額の不良債権を有する銀行の経営を悪化させ，1927年3月の金融恐慌を引き起こす原因となった。

19 社会運動の発展

明治期の社会運動　日本資本主義の急激な発展は、輸出産業である製糸・紡績業をはじめとして劣悪な労働環境を不可欠の条件として達成された。日清戦争後の機械工業の発展を背景に、1897年高野房太郎・片山潜らは、労働者の地位の向上を図って労働組合期成会を結成し、組織的な運動を始めた。この頃足尾銅山の鉱毒被害に苦しんでいた渡良瀬川流域の農民たちが、衆議院議員の田中正造とともに抗議運動に立ち上がり、社会の注目を集めた。1901年、安部磯雄・幸徳秋水らは最初の社会主義政党の社会民主党を結党したが、治安警察法により即日禁止された。03年幸徳は堺利彦らと平民社を組織し、『平民新聞』を発行して迫りくるロシアとの戦争に反対を訴えた。10年、無政府主義者の天皇暗殺計画が発覚して過酷な弾圧を受け（大逆事件）、社会運動は一層厳しい時期を迎えた。

労働運動の組織化　第1次大戦中の産業の発展は労働者数を大幅に増大させたが、物価の上昇や労働強化で生活は苦しく労働争議が多発した。1912年に鈴木文治を中心として結成された友愛会は、労働者の社会的地位の向上を目指した親睦と修養の団体として発足したが、この頃には全国に支部組織を持つ労働組合の連合体に成長した。19年大日本労働総同盟友愛会と改称し「労働組合の承認」「8時間労働」「最低賃金制」「普選実施」などをスローガンに掲げ、20年には他団体と共に初めてのメーデーを実施した。官営八幡製鉄所では争議が長期化し、創業以来初めて溶鉱炉の火が消えた。20年3月には戦後恐慌に突入し、賃金切り下げや解雇が広がり労働側は守勢に立たされた。21年神戸の川崎・三菱両造船所では、待遇改善と団体交渉権の承認を求めた争議が総同盟の指導により40数日のストライキに発展し、「資本家対労働者の一大決戦」と呼ばれたが、結局労働側は敗北した。この頃から大企業の多くは社内に従業員との協議機関を設けて労働組合の組織化を阻んだ。25年4月、総同盟は運動方針の対立から分裂し、左派は日本労働組合評議会を結成して組合運動を展開したが、28年の3・15事件を機に解散を命じられた。一方、政府は労働組合をようやく行政上公認するにいたり、それまで事実上争議

行為を禁止していた治安警察法第17条が26年に撤廃されたが，厳しい取り締まりは続いた。昭和恐慌期，産業合理化を進める資本家側の解雇や賃下げ攻勢にあい，労働側は苦境に立たされた。30年に労働組合法案が議会で審議されたが，資本家団体や貴族院の反対で成立しなかった。

農民運動　日露戦争後，政府は米穀市場の統一を進めるために，府県ごとの米穀（生産米）検査制度を実施した。米の品質改良，二重俵装，容量統一（1俵4斗）など，新たな労力や費用が農民に強制された。増大する経費の地主負担や封建的慣行であった込米（乾燥や輸送中の目減り分を付加して納める）廃止を求めて，明治末から大正初めにかけて各地で小作争議が展開された。新たな農民運動の始まりであった。

　20年代の戦後恐慌の影響で米や繭などの農産物価格が暴落して農民に打撃を与え，小作料引き下げを求める争議が西日本を中心に激増した。そうした中で，22年賀川豊彦，杉山元治郎らによって日本農民組合（日農）が創立され，24年末には約700組合が加盟するまでになった。日農は，農家の収支計算を根拠に小作料の永久3割減の要求を掲げて支持を得，各地の争議を指導して成果をあげた。26年の新潟県木崎村では争議が長期化し，児童の同盟休校・農民学校開設，陳情など多様な戦術で注目された。日農は総同盟とともに社会運動をリードし，無産政党創立運動の中心になったが，これも三派に分裂した。昭和恐慌期には，困窮した中小地主による土地取り上げに反対し，耕作権を守る小規模の争議が多発した。

社会主義運動　ロシア革命や労農運動の高まりを背景に，20年日本社会主義同盟が結成されたが翌年禁止された。22年山川均や堺利彦らによりコミンテルン（国際共産党）の日本支部として日本共産党が非合法下に結成されたが，23年の第1次検挙で解党を余儀なくされ，その後再建された共産党は，28年の3・15事件，29年の4・16事件などで厳しい弾圧を繰り返し受けた。26年合法無産政党として労働農民党，日本労農党，社会民衆党が結成され普選実施によって衆議院に議席を得たが，その後の昭和恐慌や軍国主義の台頭に十分対応できず，次第に国家主義的性格を強めた。

20 政党政治

原敬内閣 米騒動の責任をとって寺内正毅内閣が退陣したため，1918年9月に衆議院第1党の立憲政友会総裁で自らも衆議院議員の原敬を首相とする内閣が成立した。陸海軍及び外務の3閣僚以外は全て政友会党員で占めた本格的な政党内閣の誕生であった。爵位を持たない原首相は，「平民宰相」として歓迎された。原内閣は大戦景気を背景に，高等教育の改善（18年公布の大学令），産業貿易の振興，交通機関の整備，国防の充実などの積極政策を進めた。特に道路や港湾施設の整備，鉄道の建設などの公共事業は地方の実業家や地主に利益をもたらし，政友会の勢力拡大につながった。普通選挙は時期尚早として拒否したが，19年に直接国税3円以上へと選挙権を拡大し，小選挙区制をも導入した20年の総選挙で政友会は圧勝した。また，貴族院の最大会派の研究会とも提携して両院に強固な地盤を築いた。しかし，原内閣の強引な姿勢が党利優先とみなされ，利益誘導型の積極政策が党員の汚職事件を多発させるなど，世論の批判が高まって次第に人気は低下した。21年，原首相は暗殺された。

第2次護憲運動 1924年，枢密院議長の清浦奎吾を首相とする貴族院中心の内閣が成立した。憲政会，立憲政友会，革新倶楽部の3党は，民意を無視した「時代錯誤の特権内閣」の登場に反対し，普通選挙実施，政党内閣樹立を目指して護憲三派を結成し，倒閣運動を展開した。清浦内閣は議会を解散して対抗した。政友会の反主流派が脱党して政友本党を結成し清浦内閣を支持したが，総選挙では護憲三派が圧勝し，清浦内閣は総辞職した。後継首相には第1党の憲政会の総裁加藤高明が就任し，政友会の高橋是清，革新倶楽部の犬養毅も入閣し，護憲三派の連立内閣が誕生した。これ以後，衆議院の2大政党である憲政会（後に立憲民政党）と政友会が交互に政権を担当した。この政党政治の慣行は，32年の5・15事件で犬養毅内閣が倒れるまでの8年間続き，「憲政の常道」とよばれた。こうして，議会に足場を持たない官僚勢力や貴族院は，政党や衆議院に対抗する力を次第に弱めていった。

普通選挙法と治安維持法　護憲三派内閣は，1925年3月選挙資格の財産制限を撤廃し，25歳以上の男子に選挙権を認める普通選挙法を，貴族院や枢密院の反対を抑えて成立させた。これにより，有権者は約4倍の1240万人に増えた。その一方で同3月，政治的自由を束縛する治安維持法も成立させた。これは普選実施により予想される社会運動の高まりや無産政党の進出，日ソ国交樹立（25年1月日ソ基本条約調印）による共産主義の浸透を防ぐための治安立法で，国体（天皇制）を変革し，私有財産制度を否認しようとする一切の結社・活動を禁止するものであった。

　普選法の成立にともなって無産政党が組織された。総同盟や農民組合が中心となって26年に労働農民党が結成されたが，総同盟内部の左右の対立が原因で左派，右派，中間派の3党に分裂した。28年に実施された第1回衆議院普通選挙では，無産政党間の対立や官憲による選挙干渉もあって，無産政党全体で得票数は46万票，8名の当選にとどまった。

民政党と政友会　緊縮財政・協調外交方針をとる若槻礼次郎憲政会内閣は，27年金融恐慌を収拾できずに総辞職に追い込まれた。陸軍出身の田中義一政友会内閣は，蔣介石による北伐の進展から日本の権益を守るため3度の山東出兵を強行した。28年には最初の普選を実施するとともに，日本共産党や社会運動を弾圧（3・15事件など），緊急勅令で治安維持法を強化した（最高刑を死刑に）。しかし，満州の権益確保のため関東軍が引き起こした張作霖爆殺事件を曖昧にしか処理できなかったため，昭和天皇の信任を失って総辞職した。29年成立の浜口雄幸立憲民政党（憲政会と政友本党が合同）内閣は軍部の反対を抑えてロンドン海軍軍縮条約に調印して軍縮を実施し，金解禁・産業合理化を進めて経済再建を図ったが，昭和恐慌の深刻化によって成果をあげることができなかった。第2次若槻内閣は，関東軍による満州事変の拡大を防ぐことができず，閣内対立のため31年12月総辞職した。次の犬養毅政友会内閣は，金輸出を再禁止して緊縮政策から積極財政に転換し，軍部の満州占領政策を支援して大陸侵略を進めることによって行きづまりを打開しようとした。

21 資本主義の発達

日露戦後 日露戦争後の8・8艦隊構想に基づいて，新鋭戦艦を建造して日本の造船技術は世界的水準に到達した。1906年に設立された半官半民の南満州鉄道会社（満鉄）は鉱山も経営し，満州（中国東北部）にも日本資本主義の基盤が拡大された。しかし，綿製品の朝鮮・満州への輸出，生糸のアメリカへの輸出などのように，日本の工業は依然として軽工業中心であった。さらに，農村の貧困と労働者の低賃金などの問題点が改善されないまま放置されていたので，国民の購買力は低かった。

重工業化が進展する中，三井・三菱や住友・安田などが，金融・貿易・運輸・鉱業などの多角経営を進め，持株会社を中心に諸分野の企業を支配するコンツェルン（企業連携）の形態を整えながら財閥を形成していった。

しかし軍需品や重工業資材の輸入増で貿易収支は大幅な赤字が続き，日露戦費調達のために募集した外債などの巨額の利払いもあり，日本の国際収支は危機的な状況に達していた。

大戦景気 この危機的状況を救ったのが，第1次世界大戦（1914～18年）の勃発であった。世界的な船舶不足から日本への造船の注文が殺到したため，造船業の生産力は戦前の10倍にも伸び，また海運業では船賃の高騰により「船成金」が続出した。造船用鋼板需要や交戦諸国の軍需注文に対し，八幡製鉄所の拡張や満鉄の鞍山製鉄所設立などで，製鉄業の生産力は急激に拡大した。電気機械の国産化などから機械工業の生産力も4倍に増大した。

ヨーロッパ列強が後退したアジア市場への綿製品などの輸出や，戦争景気のアメリカへの生糸（主として女性のストッキング用）輸出も激増した。貿易は大幅な輸出超過となり，従来債務国だった日本は，20年には債権国になった。戦争でドイツからの輸入が途絶えたために，薬品・染料・化学肥料などの自給を目指す化学工業が勃興した。15年には猪苗代～東京間の長距離送電が成功したように，水力発電事業もこの時期に大きく発展し，電力が蒸気力にかわる工場の主要な動力源になっていった。この結果1918年には日本の工業生産額は農業生産額を上回るに至った。

1920年代　ヨーロッパ諸国が大戦の戦時荒廃から復興して経済力を回復し、アジア・アフリカ市場に再び登場すると日本は輸出不振に陥った。一方、いまだ基礎の弱い重化学工業の分野では輸入が増大したため、19年にははやくも輸入超過にもどった。株式市場の暴落から翌20年3月には戦後恐慌が起こった。生産力を増大させていた紡績・製糸業は、過剰生産を防ぐために操業短縮を余儀なくされた。

23年9月1日に関東大震災が京浜地帯を直撃した。被災した企業が銀行からの融資を返済できず、銀行は手形の決済ができなくなった。政府は日本銀行からの特別融資で銀行業務を維持させた（震災手形）が、この震災手形は不況の中で決済が進まなかった。27年3月この手形の処理をめぐる片岡直温蔵相の「銀行倒産」失言から、銀行への取りつけ騒ぎが起き、預金の大量引き出しに見舞われ、銀行の休業が続出した（金融恐慌）。政府は、モラトリアム（支払猶予令）と日本銀行からの巨額の救済融資で鎮静させたが、これを契機に各地の中小銀行の整理が進み、三井・三菱・住友・安田・第一の5大銀行の支配的な地位が確立した。

昭和恐慌　大戦中に膨張した日本経済の整理・再編成は進まず、為替相場の動揺も続いた。29年7月成立の民政党浜口雄幸内閣は、徹底した緊縮財政による物価引下げと産業合理化とによって国際競争力を回復させ、金輸出解禁で為替相場を安定させようとした。30年1月、旧平価（1ドル＝約2円）による金解禁が実施された。これは当時の為替相場の実勢より円高となり輸出には不利であった。さらに前年10月のニューヨークの株式大暴落から始まった世界大恐慌の影響を受け、国内では企業の倒産や操業短縮による労働者の解雇などで失業者100万人といわれる深刻な恐慌となった。国内外の恐慌による消費の縮小は米価や繭価を下落させたが、米価は30年の豊作でさらに下がった。翌31年は東北・北海道が大凶作に見舞われ、この結果東北地方を中心に農家は貧窮のどん底に追い込まれ（農業恐慌）、一家心中や娘の身売りが続出した。この深刻な不況を昭和恐慌と呼んでいる。

22　大正・昭和初期の文化

大衆文化　大正から昭和初期にかけては，資本主義の発展による都市を中心にした生活文化の向上と民衆勢力の台頭を背景として大衆社会が形成され，大衆文化が国民的広がりを見せた。衣食住の洋式化が進み，新聞雑誌の購読者が飛躍的に増え，文庫本や文学全集などが登場し，人々はスポーツや文芸・娯楽を生活の中に取り入れるようになった。また，たび重なる戦争の影響で国家主義・軍国主義が強調される一方で，大戦後の民主主義・平和主義やロシア革命の影響を受けた社会主義など多様な思潮が渦巻く時代ともなった。

新しい学問　農政官僚であった柳田国男は，全国各地を調査して貧しい農村の救済を図るとともに，各地に残る伝統的な風俗や慣習に関心を抱いた。1913年雑誌『郷土研究』を発行し，民衆こそ文化創造の担い手であるという視点から，民間伝承・風習などの研究を通じて常民（庶民）の生活史を明らかにしようとし，日本民俗学の基礎を確立した。津田左右吉は『古事記』『日本書紀』の形成過程の研究を通して，神話・伝説と歴史的事実の区別の必要を指摘するとともに，記紀などの文献資料の実証的研究によって古代日本人の考え方の特質を明らかにした。自然科学の研究も進んだ。原内閣の高等教育充実政策として大学の自然科学講座が増設され，17年の理化学研究所をはじめ，東京帝大では18年に航空研究所，25年には地震研究所が創設された。野口英世の梅毒菌・黄熱病の研究のように世界的な業績も生まれた。

文学グループ　1910年発刊の『白樺』同人の武者小路実篤・志賀直哉・有島武郎らは，人道主義・理想主義の立場から「人々のために何ができるか」を追求し，武者小路は戦争反対を主題に『その妹』を発表した。有島は所有する北海道の広大な農地を農民に開放した。昭和になると，社会運動の高まりをうけて，文学活動も階級闘争の一部ととらえて，労働者や農民の虐げられた実態やストライキで戦う姿を描写するプロレタリア文学が大きな流れとなった。小林多喜二の『蟹工船』はその代表作である。

**スポーツ
の発展**　球技などの近代スポーツは，主に学校の課外活動として発展した。中でも野球は大学・高等学校（旧制）を経て，中等学校（現在の高校）にも早くから普及した。新聞社の主催で1915年，大阪府の豊中球場で第1回全国中等学校優勝野球大会が開かれ，全国37校の代表10校が参加した。第4回大会は米騒動のため中止となったが，24年からは新設の甲子園球場を舞台として多くの観客を集めるようになった（春の選抜大会もこの年から始まった）。27年からはラジオ初の実況中継が始まり，一層大衆的なスポーツとなった。プロ野球が始まったのは，来日する米国大リーグチームと対戦するため球団が結成された34年からである。

　大相撲も人気が高く，28年からラジオ放送で実況された。その他各種の球技種目や陸上・水泳，ボート，柔道・剣道など競技人口も増えて，24年には明治神宮競技大会が始まった。オリンピックへの参加は12年のストックホルム大会からであるが，アムステルダム大会（28年），ロサンゼルス大会（32年）の頃には日本選手が優勝するなど，国民のスポーツに対する関心は飛躍的に高まった。

**ラジオ
放送**　アメリカで1920年に始まったラジオ放送は，日本では25年の東京放送局からの放送が最初である。26年に大阪・名古屋を含めて3放送局が逓信省（後の郵政省）の指導で合同し日本放送協会（NHK）が設立され，28年には北海道から九州までの日本列島を縦断する全国放送が可能となった。政府の意図は国民教化にあったので，放送原稿は事前に検閲を受けた。当初はニュース，天気予報や国家的行事の中継などの報道番組や教養番組が中心であったが，スポーツ（野球・相撲）や舞台中継，浪花節・落語，ドラマ，歌謡曲・童謡など娯楽番組の人気が高かった。ラジオ体操は28年から始まった。放送を通じて国民の話題や関心が共通となり，種々の流行現象が生まれるなど，新聞や映画（活動写真）とならんで大衆社会化・情報化に大きな役割を果たした。

　満州事変以後になると，報道統制が強化されたり時局番組が増加するなど，ラジオ放送が国民統合・動員のための戦時体制づくりの効果的な手段となった。

23 中・高等教育の拡充──近代日本の教育 2

高等教育の拡充　高等教育は官立の総合大学である帝国大学を頂点に発展してきた。帝国大学は1897年，2番目の帝国大学として京都帝国大学が設立されると，東京の帝国大学は東京帝国大学と改称された。帝国大学はその後，1907年仙台に東北帝国大学，10年福岡に九州帝国大学，18年札幌に北海道帝国大学，31年大阪に大阪帝国大学，39年名古屋に名古屋帝国大学が設立され7校となった。また，植民地にも24年朝鮮の京城（現ソウル）に京城帝国大学，28年台湾の台北に台北帝国大学と2つの帝国大学が設立された。

一方，私立の高等教育機関は早くから大学レベルの教育を行っており，20世紀に入ると大学を名乗る学校も出てきたが，政府はあくまでも大学は帝国大学のみという方針で，これらの私立学校を大学として認可しなかった。しかし，1918年成立した原敬内閣の高等教育拡充政策によって大学令が改正され，20年慶応義塾大学と早稲田大学の大学昇格が実現，つづいて明治大学，法政大学，中央大学，日本大学，同志社大学，国学院大学などが大学に昇格，ここに初めて私立大学が帝国大学と並ぶ大学として，法的に認められることとなった。

また，官立の専門学校であった東京高等商業専門学校（現一橋大学）の上に東京商科大学が設置され，初の官立単科大学が誕生した。続いて新潟・岡山・千葉などの医学専門学校が医科大学に，東京・広島の高等師範学校にはそれぞれ東京文理科大学・広島文理科大学が，東京高等工業学校には東京工業大学が設置され，徐々に単科大学が生まれた。高等学校も18年の改正令で，今までの第一から第八までの高等学校以外に，地名などを冠した高等学校の設立が認められ，大正末には32校に増えた。また，従来9月学年始まりだった官立大学・高等学校も21年に4月始まりとなり，ここに日本の学校の学年開始月が4月に統一された。

中等教育　戦前の日本の学校制度のもとでは，小学校は男女共学であったが，中等学校以上は別学が堅持された。男子の学校である中学校は初め尋常中学校5年，高等中学校3年とされたが，99年の中学校令の改正で

尋常中学校は中学校とされ，中等教育機関として位置づけられた。戦前の中学校は高等教育進学を目指す一部のエリート男子の学校でもあった。

女子教育　女子教育に関して，1871年の津田梅子ら5人の女子留学生がアメリカに派遣されたことからもわかるように，明治初期には男子と平等に教育の機会を与えるという考えがあった。しかし80年代以降，女子の中・高等教育は日本女性の美風を失わせる，女子は親や夫に従順で貞淑であればよいといった，女子中・高等教育不要論が強くなった。女子の5年制中等教育機関が高等女学校と呼ばれたのもその意味からであった。それでも高等女学校は時代とともに増え，1913年には330校，28年には940校となった。ただ高等女学校の教育は基本的には良妻賢母教育であり，女子の帝国大学への進学は一部を除いて戦後まで開かれなかった。

官立の女子高等教育機関としては，女子師範学校（のち東京女子高等師範学校，現お茶の水女子大学）に続いて1908年に奈良女子高等師範学校（現奈良女子大学）が開かれたが，職業人として自立できる道は非常に狭かった。

しかし20世紀に入る頃から，私立の女子高等教育機関が徐々につくられるようになった。1900年にはアメリカで大学教育を受けた津田梅子によって，女子英学塾（現津田塾大学）が，また吉岡弥生によって東京女医学校（現東京女子医科大学）が，01年には成瀬仁蔵によって日本女子大学校（現日本女子大学）が，18年には新渡戸稲造を学長として東京女子大学がそれぞれ創立され，女子の高等専門教育もようやく根をおろし始めた。

大正自由教育　明治以来続いてきた，国に役立つ人材を育てるという教育に対し，大正期に入る頃から，もっと子どもの個性や自主性を尊重し，子ども本位の教育を行おうとする自由教育の考えが台頭してきた。1917年，沢柳政太郎は成城小学校を設立し，子どもの個性の尊重，自然と親しむ教育，科学的研究を基礎とする教育などを目標にかかげ，自由教育の実践を始めた。また，29年には小原国芳によって玉川学園が創設された。大正デモクラシー運動が高揚する中，自由教育は私立学校や師範学校付属小学校などを中心に展開された。

24　満州事変から日中全面戦争へ──近代日本の戦争3

陸海軍の軍縮　ワシントン会議の結果，1921年には国家歳出の31.6%を占めていた海軍予算は26年には14.4%まで下がった。また陸軍でも22年から25年にかけて，山梨半造，宇垣一成両陸相のもとで3回にわたる軍縮が行われ，4個師団，将兵の定員にして約9万人が削減され，減らされた経費で戦車部隊の新設など装備の近代化が行われた。また，職場を失った現役将校約2千人を中学校以上の学校に配属した。しかしこの状況は長くは続かず，満州事変後は再び軍拡の時代へと移っていく。

満州事変　日露戦争の結果，日本はロシアから関東州の租借権と南満州鉄道（満鉄）の権益を譲り受け，日本による南満州の支配が始まった。その南満州支配で大きな役割を果たしたのは，満鉄警備のためにおかれた軍隊から発展した関東軍であった。第1次大戦後から昭和初めにかけて，満州での抗日運動が激しくなってくると，関東軍や陸軍にはそれを抑え，満州を確保することが最重要課題となってきた。

関東軍参謀石原莞爾らは武力で満州を領有する計画をたて，1931年9月18日奉天（現瀋陽）郊外の柳条湖付近で満鉄の線路を爆破して，満州事変を起こした。第2次若槻礼次郎内閣や陸軍中央は初め不拡大の方針をとったが，関東軍は次々と戦線を拡大，翌32年2月には北満のハルビンを占領した。そして3月には清朝の廃帝溥儀を執政とする満州国を樹立させ，政府も9月日満議定書を結び満州国を承認，同時に秘密協定によって満州国を実質的に日本の支配下においた。32年1月には上海でも軍事行動が起きた（第1次上海事変）。しかし，こうした関東軍・日本の行動は，激しい反満抗日闘争を生み，33年5月の塘沽停戦協定成立後も，満州では不断のゲリラ闘争が展開されるようになった。

日中戦争　1937年7月7日，北京郊外の盧溝橋付近で夜間演習を行っていた支那駐屯軍に向かって数発の銃声が響いた。これが以後8年にわたった日中戦争の始まりであった。現地では11日停戦協定が成立したが，同日第1次近衛文麿内閣は居留民保護を名目に陸軍3個師団の派遣を決定，また関東軍もこの事件を契機に長城を越え，中国本土へ侵攻した。

一方中国側も蔣介石が国民に徹底抗戦を呼びかけたので，7月末には華北全体にわたる大規模な戦闘へと拡大していった。

華中の上海でも，8月海軍と現地中国軍との戦闘が始まった（第2次上海事変）。近衛内閣は2個師団を上海に派遣したが，中国軍精鋭部隊の抵抗で激戦となった。そのため政府は10月，3個師団からなる第10軍を杭州湾に上陸させ，中国軍を包囲する作戦をとったため，中国軍は撤退，上海戦は終了した。これらの戦いで，死者9千，戦傷3万余に達した。

南京事件 　上海を占領した日本軍は中国の首都南京に向かって進撃，蔣介石はいち早く南京を脱出し，首都を奥地の重慶に移した。12月南京を占領した日本軍は，そこで捕虜，民間人の中に紛れ込んだ中国兵，民間人男女を多数虐殺し，また略奪，婦女子への強姦などを行った。中国や諸外国は日本を非難したが，当時日本国内への報道は禁止されていたため，国民がこの事実を知るのは戦後になってからである。しかし南京大虐殺については，虐殺数などを巡って今日も論争が絶えない。

戦線の拡大と泥沼化 　南京陥落前後に試みられた駐華ドイツ大使トラウトマンを介した和平工作が失敗すると，近衛内閣は38年1月，「爾後国民政府を対手とせず」との声明を出し，戦争終結の道を自ら閉ざしてしまった。

以後日中戦争は解決のめどがつかめないまま戦線は拡大し，最大時100万の軍隊が投入されたが，中国政府と人民の抵抗に遭って，日本軍の占領は「点と線」にしか過ぎなくなった。戦争の目的も大義も失った日本軍の軍規は地に落ち，民間人への虐殺・略奪・強姦が多発した。また，毒ガス兵器や満州にあった731部隊によって開発された細菌兵器など，国際法で禁止されていた兵器を各地で使用した。8年にわたる戦争での中国側の犠牲者は1千万人以上と言われている。

一方，戦争の拡大と長期化は大動員をもたらした。開戦時17個師団だった陸軍は38年には34個師団，総兵力115万人，41年には51個師団，210万人へと動員兵力の限界を超えて急激に膨張した。こうした状況は，国民生活にも物資の欠乏など，徐々に大きな影響を与え始めた。

25　軍部・右翼の台頭

桜会の誕生　日本では明治以来，軍部が政治をリードしてきた面が大きかった。そして時代が下るにつれ，統帥権の独立を盾に軍部は政府の方針を無視するようになり，特に昭和に入る頃からその傾向は強まった。また，政治革新を求める動きは下級将校にも見られるようになり，打ち続く不況による農村の疲弊，失業者の増大，左翼思想の台頭に脅威を抱いた彼らは，民間の右翼と結び国家改造を声高に叫ぶようになった。彼らの政治的行動の先駆けともいえるのが1930年の桜会の結成であった。

桜会は橋本欣五郎中佐らを中心に，武力による国家改造を目標に掲げ，31年3月には，軍中枢部や右翼の大川周明らと共謀し，宇垣一成を首班とする内閣を樹立させるクーデターを試みた（3月事件）。また10月には荒木貞夫陸相を首班とする内閣を樹立するクーデターを起こそうとした（10月事件）。2つの事件は未遂に終わったが，橋本ら関係者の処罰は甘く，逆にこの事件を契機に軍部が政治を主導する基が開かれた。

血盟団事件　政治の一新・世直しを唱えたのは民間右翼も同様であった。茨城県の大洗で農村青年たちを指導していた井上日召は，国家革新のために青年が捨石になることを説き，1人の無名の青年が1人の権力者を倒すことによって多くの民衆が救われるという，一人一殺の考えをもって，国家の要人の暗殺を命じた。そして32年2月には小沼正が前蔵相井上準之助を，3月には菱沼五郎が三井合名会社理事長の団琢磨を射殺した。血盟団はその後も井上日召門下の帝大学生らを使って，要人の暗殺を計画していたが，2人を暗殺した時点で血盟団の存在が明らかになり，井上以下が逮捕され，事件は終わった。

5・15事件　10月事件後，国家改造の理念の違いから橋本らと袂をわかった青年将校らは，独自にクーデターを準備した。しかし，陸軍の青年将校は犬養毅内閣に荒木貞夫が陸相として入閣すると，荒木に期待してクーデターには消極的になった。そこで血盟団と海軍将校が実行にかかり，海軍将校らは血盟団事件の後の32年5月15日，首相官邸などを襲撃した（5・15事件）。首相官邸では「話せばわかる」と説得しようと

する犬養首相を「問答無用！」と射殺した。しかし，軍法会議が始まると，被告らは法廷闘争で農村の惨状を強調，民衆からは減刑嘆願が殺到した。その結果，首謀者への死刑の求刑に対し，最高刑でも禁固15年となるなど，陸・海軍軍人には非常に軽い刑となった。それに対し，右翼の橘孝三郎が無期懲役になるなど，民間人には重い刑が科された。

この事件の結果，元老西園寺公望は首相に斎藤実海軍大将を推薦，ここに加藤高明内閣以来続いていた政党内閣は終わり，以後敗戦まで政党内閣が復活することはなかった。

2・26事件 陸軍の革新将校は荒木，真崎甚三郎両大将の下に集まり皇道派を形成したが，やがて永田鉄山・東条英機らの幕僚層がそこから分かれ統制派を形成した。その後両派は政治革新のあり方をめぐって鋭く対立するようになり，35年8月には皇道派の将校が軍務局長の永田を暗殺するという事態にまで発展した。そうした中で，皇道派青年将校が多く所属する第1師団の満州移駐が持ち上がると，青年将校らは決起に踏み切り，36年2月26日，約1400名の兵を率いて首相官邸などを襲撃した。この襲撃によって，斎藤実内大臣，高橋是清蔵相，渡辺錠太郎教育総監が死亡，鈴木貫太郎侍従長が瀕死の重傷を負った。岡田啓介首相は首相と間違えられた別人が殺されて本人は助かった。また神奈川県湯河原にいた牧野伸顕前内大臣も襲撃されたが難を逃れた。

日本軍始まって以来最大のこの反乱に対し，陸軍は当初反乱を肯定する形で収拾しようとしたが，天皇の強い討伐の意志もあり，最後は下士官・兵を原隊へ帰し，反乱将校が投降して4日間にわたった事件は収束した（2・26事件）。

事件後軍法会議が一審制，非公開で行われ，反乱将校は全員銃殺刑に処されたが，真崎は結局無罪となった。また，青年将校らに大きな思想的影響を与えていた右翼の北一輝・西田税はこの事件に直接の関係はなかったが，軍への批判を避けたい陸軍は，軍法会議で北を首謀者として2人を死刑にした。そして事件後，陸軍は反省するどころか，第二の2・26事件をほのめかして政治の主導権を握り，軍部独裁への道を開いていった。

26　国家総動員への道

国民精神総動員運動　日中戦争の開始によって、日本は本格的な戦争体制に突入した。満州事変以後も日中の軍事的な紛争は続いていたが、大規模な動員や国民に大きな負担を与えるような事態はなく、また、一時的な好景気の時期もあり、国民の間には戦争中という認識はそれほどなかった。しかし盧溝橋事件以来大量動員が始まり、戦線が中国全土に拡大するにつれ、国民は戦時体制を身近に感じざるをえなくなった。

37年8月、近衛文麿内閣は国民精神総動員実施要綱を決定し、9月以降挙国一致・尽忠報国・堅忍持久などのスローガンをかかげ、国民を戦争に協力させる体制づくりを行った。神社・天皇陵への参拝・軍人遺家族への慰問・出征兵士の歓送迎・清掃奉仕・貯蓄報国運動・一戸一品献納運動など、国民の精神的・経済的協力を求める運動が展開された。

国家総動員法　38年4月には国家総動員法が公布された。これは戦争・事変の際に国が全力をあげて戦えるように、人的・物的資源を政府が自由に運用できるようにするもので、必要な措置は全て勅令によるとした。この法が成立すれば議会の立法権がおかされるため、議会は反対したが、近衛首相は同法は「今次事変には適用しない」と言明して、結局成立した。しかしわずか4カ月後には早速日中戦争に適用された。

この法の成立で政府は、国民を徴用して総動員業務につかせる、工場や船舶などを管理・収用できる、総動員物資の生産・配給等を命令できる、出版物の記事の制限・禁止ができる、など広範な権限を議会に諮らずに発揮できることになり、39年に賃金統制令、国民徴用令、価格等統制令、地代家賃統制令、41年に重要産業団体令など、次々と勅令が成立した。こうして国民があらゆる面で戦争に協力させられる体制がつくられていった。

経済統制の矛盾と国民徴用令　総動員法の成立で経済統制が軍需優先で急激に進んだ。しかしその結果民需が制限され、重要な輸出品だった繊維製品の生産が落ち込むと輸出が減少した。貿易収支が悪化すれば、石油、鉄など、当時その多くを外国に頼っていた重工業資材の輸入が減少し、戦

争の遂行が困難になるという矛盾が生じてきた。また，経済統制と並んで兵員確保のために大動員が行われると，工場や農村の働き手が不足してきた。そこで政府は39年には国民徴用令を公布し，16歳以上45歳未満の男子，16歳以上25歳未満の女子を軍や政府の指定工場等に徴用できると定めた。その結果，無職者・平和産業からの転職者が動員され，さらに農村・朝鮮からも労働力が動員された。

太平洋戦争が始まると，労働力の不足はさらに決定的となり，中小商工業の整理を強行したりして労働力の確保をはかった。また，徴用の範囲も43年には男子は12歳以上60歳未満，女子は12歳以上40歳未満に拡大された。また，38年から始まった生徒・学生への学徒勤労動員も39年からは恒常的になり，太平洋戦争期に拡大していった。しかし，こうした勤労動員によってある程度の労働力は確保できても，その質的低下を止めることはできなかった。

各種の統制と動員　満州事変・日中戦争以来，政府・軍部は言論・思想の統制と戦争の宣伝に力をいれた。日中戦争が始まると政府・軍部は多くの作家や画家を戦線に送り出し，戦場のルポや絵画を発表させた。その他，落語家・漫才師・歌手など芸能人による戦地の部隊への慰問が盛んに行われた。また新聞は盛んに戦争を報道したが，一方では厳しい報道統制を受けた。また40年からは新聞用紙の割り当て統制も本格化し，41年には，1県1紙を原則とする新聞の統合が決定された結果，翌年，日刊紙は全国で55紙になった。

女子の徴用は日本の家制度に反するとの理由で，なかなか実現しなかったが，43年には女子勤労動員促進が閣議で決定され，44年には女子挺身隊が結成された。同年の女子挺身勤労令により，20歳から40歳までの独身女性が多くの職場に動員された。しかし女子挺身隊の結成率は低調で，終戦時の隊員数は40数万人といわれている。

女子もまた戦場に赴いた。日中戦争開始とともに日本赤十字社の看護婦は従軍看護婦として戦場や後方の病院で勤務，終戦までに中国や南方地域も含め延べ3万5千人が動員され，そのうち1千人以上が殉職した。

27　大東亜共栄圏

満州国　1932年3月1日成立した満州国は，表面上は「五族協和・王道楽土」をうたう共和国であったが，実際には関東軍の指導下にある傀儡国家であった。トップの執政には清朝最後の皇帝だった溥儀がつき，地方軍閥が主要ポストについたが，実権は日本人官吏が握っており，中枢部職員のうち半数を日本人官吏が占めた。さらにその上には駐満大使と関東長官を兼ねる関東軍司令官がおり，実質的に満州国を支配したのは関東軍であった。日本政府は32年9月には日満議定書を交わして満州国を承認し，国際連盟が満州国を否認するリットン報告書を採択すると，33年3月国際連盟から脱退し，国際的孤立への時代に入っていった。一方，満州国は34年3月には満州帝国となった。

　もともと満州国をつくった目的は，日本の将来の戦争に備えて，その豊富な天然資源・農産資源を手に入れることにあった。そこで建国後は満鉄や満州重工業株式会社などを通して経済開発に乗り出し，また，大豆などの農産物の日本への供給を図った。さらに37年からは広大な農地を中国人から強制的に買収し，多数の日本人農業移民を送り込んだ。これに対し在満中国人の抵抗も激しく行われたが，関東軍はこれを徹底的に討伐した。

　太平洋戦争が始まった41年以降，満州国は全面的に日本の戦争に協力することとなり，鉄・石炭・農産物が日本へ移送された。しかし，こうした収奪の強化は逆に満州国の経済を崩壊させ，また，戦局の悪化は関東軍の南方抽出による戦力低下をもたらした。45年8月8日のソ連参戦で満州国は崩壊し，日本の無条件降伏受諾後の8月17日，満州国の解体が宣言された。

汪兆銘政権　日中戦争解決の見込みが立たなくなった日本は，重慶の蔣介石政権の中で，日本との和平を主張する中国国民党副総裁の汪兆銘を利用し，日本に協力する政権を樹立させようと画策した。38年12月，汪は重慶を脱出しハノイに入り，翌年5月には上海に移り，同月来日して日本との和平交渉に臨んだ。双方の主張は大きく食い違い，交渉は難航したが，汪側の大幅な譲歩により，40年3月南京に国民政府が樹立され

た。同年11月には日華基本条約が調印されたが，それは汪政権を日本の準軍政下におくものであった。43年には日本と協議して米・英に宣戦を布告，さらに同盟条約を結んだ。しかし，中国国内では汪らを「漢奸」（裏切り者）としてその政権を認めなかったし，日本もその後，蔣介石との直接和平工作に動いたため，汪政権は苦境に陥った。44年汪は入院中の名古屋帝国大学病院で亡くなり，後を陳公博が継いだが，日本の敗戦で南京政府は崩壊した。戦後，陳らは国民党政府によって処刑された。

大東亜共栄圏と大東亜会議 　大東亜共栄圏という言葉が初めて用いられたのは1940年8月近衛内閣の松岡洋右外相によってである。松岡は数日前に閣議決定された「基本国策要綱」をもとに，「大東亜」とは日本・中国・満州を中心に，さらに仏印（現ベトナム・ラオス・カンボジア）・蘭印（現インドネシア）など東南アジアを含み，その地域の繁栄を図ることが，今後の日本の外交方針であると述べた。すなわち，日・満・支を工業の中心とし，東南アジアを石油をはじめとする資源の供給地および市場とし，アジアのヨーロッパ植民地を解体して，新しいアジアの秩序を建設しようとするものであった。

　太平洋戦争が始まると，南方経済対策要綱が発表され，東南アジアの資源を獲得して，戦争を完遂する大東亜共栄圏自給自足体制の建設が図られた。戦争初期の段階で南方地域が占領されると，その後は各地に軍政が行われたが，はじめは日本軍を歓迎した地域も，軍政の目的・実態が明らかになってくると，人心は日本軍から離れていった。

　そして戦局が悪化する中，43年11月には，東京で大東亜共栄圏の指導者を集めて大東亜会議が開かれた。出席者は日本の東条英機首相，南京政府の汪兆銘行政院長，タイのワンワイタヤコン首相代理，満州国の張景恵国務総理，フィリピンのラウレル大統領，ビルマのバー・モ首相で，オブザーバーとして自由インド仮政府のチャンドラ・ボース主席が参加した。会議は大東亜の共存・共栄など5項目の宣言を採択したが，その後の各国の足並みはそろわず，敗戦とともに大東亜共栄圏は崩壊した。

28　政府と軍部，陸軍と海軍

日独伊防共協定　1933年3月国際連盟から脱退した日本は，国際的孤立の道を歩み始めた。軍部はワシントン・ロンドンの両海軍軍縮条約の期限が切れる1935，36年を「1935，36年の危機」と宣伝し，盛んに「国防国家」の建設を唱えた。そうした背景のもと，軍部の強硬論に押された政府は，34年10月の第2次ロンドン予備会談で米・英と対等の軍備を主張しアメリカと衝突した。12月にはワシントン海軍軍縮条約からの脱退を通告，36年1月にはロンドン海軍軍縮条約からも脱退し，ますます孤立を深めた。

　一方，ヨーロッパではナチス・ドイツが再軍備を行い，ムッソリーニのイタリアはエチオピアに侵攻，これに対して国際的反ファシズム運動が起きた。そうした状況の中，36年11月，日本はドイツと日独防共協定を結んだ。この協定は表向きは共産主義インターナショナルの活動を抑えることを目的としていたが，付属の秘密協定でソ連を仮想敵国とし，いずれかの1国がソ連と戦争になった場合は，もう一方の国はソ連の負担を軽くするような措置はとらない，などを約束していた。翌年，イタリアが付属秘密協定を除いた部分でこれに加わり，日独伊防共協定となった。こうして日本はファシズムの陣営と提携する道を歩み始めた。

日独伊三国同盟　38年になると，防共協定を強化して3国の軍事同盟に発展させようという提案がドイツからなされた。日独伊の枢軸強化によって，泥沼化した日中戦争を打開したいと願う陸軍がこれに応じた。8月，近衛文麿内閣は五相会議（首相・陸相・海相・外相・蔵相）を開いて正式に交渉を開始することにしたが，対象国をソ連以外にイギリス・フランスに広げたいドイツとそれに同調する陸相，ソ連だけに限定したい海相・外相・蔵相が対立，閣内不統一を理由に39年1月近衛内閣は総辞職した。代わった平沼騏一郎内閣の下でも，この交渉をめぐって70数回の五相会議が開かれた。海相と海軍首脳は対象国の拡大が日本を対米・英戦争に引き込む恐れがあるとして，一貫してドイツ側提案とそれに同調する陸軍に反対した。会議は紛糾し，ドイツ・イタリアとの交渉も進展しな

かった。この間ヨーロッパ情勢は急変し、ドイツは8月、ソ連との間に独ソ不可侵条約を結んだ。寝耳に水の平沼内閣は、「欧州の天地は複雑怪奇なる新情勢」が生じたと言って総辞職し、三国同盟の交渉は中断、9月ドイツがポーランドに侵攻し第2次世界大戦が始まった。

　三国同盟案はしばらく棚上げとなっていたが、40年第2次近衛文麿内閣が成立すると、同盟案は再び浮上し、ついに9月日独伊三国同盟が成立した。三国同盟の内容は、日・独・伊による世界の三分割とアメリカの対独・対日参戦を牽制しようとするものであった。

日米交渉　三国同盟による枢軸強化、北部仏印(現ベトナム北部)への南進をもくろむ日本に対し、アメリカの対日態度はますます厳しくなってきた。しかし、悪化する日米関係の改善を図ろうとするアメリカ国内の一部の人々によって、40年末から民間レベルでの日米の接触が始まった。やがてこれに両国政府関係者が加わり、翌41年4月半ばには「日米両国諒解案」ができ、これをもとに野村吉三郎駐米大使とハル米国務長官との間で、政府レベルの日米交渉が始まった。

　しかし、ベルリン訪問の帰途、モスクワでスターリンとの間に41年4月日ソ中立条約を結ぶことに成功したため松岡洋右外相は、自分の関知しないところで近衛首相主導で進められた日米交渉には非常に冷淡であった。このため、日米交渉は松岡の修正案などを巡って停滞した。6月には独ソ戦争が始まった。アメリカは松岡を忌避したので、近衛は松岡外相を更迭するため7月内閣総辞職を行い、豊田貞次郎を外相として第3次内閣を組閣、日米交渉を続けようとした。

　しかし7月の日本の南部仏印進駐で、アメリカは8月対日石油禁輸などに出たため、近衛は日米首脳会談を開くことで打開を図ろうとしたが実現せず、10月総辞職した。代わった東条英機内閣は日米交渉を続行するが、11月26日国務長官ハルは三国同盟の形骸化、日本の中国からの完全撤兵などを盛り込んだ強硬案(ハル・ノート)を提示してきた。日本側はこれをアメリカ側の最後通牒と判断、交渉を断念し、12月1日対米・英開戦を決定した。

29　戦時経済への道

高橋財政　1931年12月，政友会犬養毅内閣が成立すると即日金輸出再禁止を決定した。高橋是清蔵相は円の金兌換も停止して管理通貨制度に移行した。また満州事変の軍事費や，昭和恐慌で打撃をうけた農村救済の公共事業費にあてる政府支出を大幅に増大させ，赤字国債を大量に発行して，それを日銀（日本銀行）に引き受けさせた。円相場は1ドル約2円が約4円へと下落した。大幅な円安のもとで輸出が急激に伸びていき，特に綿製品の輸出額はイギリスをぬいて世界第1位になった。

　また軍事費や公共投資の拡大は，鉄鋼・セメント・造船・機械などの重工業に需要をもたらし，設備投資が活発となった。こうした高橋財政のインフレーション政策によって，日本は他の資本主義諸国に先がけ33年には不況を抜け出し好況となった。特に重化学工業の発展が顕著で，38年には鉱工業生産額全体の半分以上を占めるようになった。この重化学工業化の進展の中で，石油・屑鉄・機械ではアメリカへの輸入依存度を高めた。綿製品の原料である綿花もアメリカからの輸入に依存していた。

　また戦時経済の進展の中で小作料統制や食糧管理制が行われ，小作料収入が減少し，地主制の限界も見え始めてきた。

新興財閥　大河内正敏は21年に科学研究の成果を企業化する目的で理化学研究所を設立し，マグネシウム・感光紙・合成ゴムの企業化などに成功して理研コンツェルンに成長させた。森矗昶は28年に昭和肥料会社を設立し，34年にはアルミニウムの工業化に成功してコンツェルンに発展させた。野口遵は08年熊本県の水俣に日本窒素肥料会社を設立し，さらに朝鮮北部に大規模な水力発電所と興南（フンナム）に化学工場を建設した。海軍の飛行機導入に深く関わっていた中島知久平は17年に中島飛行機を設立し，陸海軍の飛行機生産で大きく成長した。日産コンツェルンの鮎川義介は関東軍との結びつきを強め，37年に満州の重工業化を目指す満州重工業株式会社（満業）を設立し，本拠を満州の新京（長春）に移した。これらは新興財閥とよばれ，高度国防国家建設を目指す軍部と関係を深めながら発展していった。

37年7月に盧溝橋事件が勃発し，日中の全面的な戦争に発展すると，戦争の遂行のために経済活動への統制が強化されていった。同年9月には軍需産業に賃金や資材を集中させるために，臨時資金調整法（戦時の金融統制の基本法）と輸出入品等臨時措置法（戦時の貿易・物資統制の基本法）が制定された。10月には内閣直属の企画院が創設され，物資の需給見通しと配分計画に基づいて物資動員計画を策定した。新興財閥はこの物資動員にそって生産を伸ばし，既成財閥も軍需生産に本格的に乗り出し莫大な利益をあげた。日本の兵器生産はこれ以降急激に拡大していった。

　翌38年4月に国家総動員法が制定され，政府が戦争遂行に必要な物的・人的資源を自由に動員できる体制が整った。また同4月には，電力管理法・日本発送電株式会社法が公布され，それまでの各民間電力会社が1つの国策会社に統合され，電力の国家管理が実現した。9月には商工省に物資統制強化に伴う中小商工業者の転業対策機構として，転業対策部を設置する旨の勅令が公布された。こうして，戦時体制のもとに私企業が次々と国家の管理下に置かれていった。

統制経済と国民の生活　39年7月には国民徴用令が公布・施行され，一般国民が軍需産業等に徴用されるようになった。戦時体制の進展とともに政府は労働者の統制強化にも乗りだし，39年には労働組合の解散を強制し，40年にはそれまでの産業報国連盟を改組し大日本産業報国会を結成した。同会の組織数は41年に事業所16万，会員数547万となり，42年には大政翼賛会のなかに編入された。労働力不足を補うため，学生・生徒や女子挺身隊などの勤労動員が行われた。また70万以上の朝鮮人や約4万の中国人が強制連行され，炭鉱などの鉱山や土木建設現場で働かされた。

　統制経済により民需品の生産が制限されたため，生活必需品が次第に不足していった。39年には価格等統制令が出され，公定価格等が定められた。さらに40年には奢侈品（ぜいたく品）等製造販売規則，各種食料品の切符制，41年には米穀配給通帳制，42年食糧管理法など，矢継ぎ早にさまざまな統制法令などが出された。

30 アジア太平洋戦争——近代日本の戦争4——

開戦 海軍は対米英戦開戦の初頭で、ハワイの米太平洋艦隊基地を空襲することを決定した。1941年12月1日の御前会議で8日の開戦が決定されたが、それに先立ってエトロフ島のヒトカップ湾を出撃していた空母6隻からなる機動部隊は、日本時間8日早朝350機の航空機をもって、オアフ島真珠湾に停泊中の米太平洋艦隊を攻撃した。攻撃は奇襲となり、米戦艦や多数の航空機を破壊したが、逆にアメリカの世論は一気に対日開戦へ向かった。

一方、陸軍はマレー半島に奇襲上陸、シンガポールに向けて進撃を開始した。さらに、陸・海軍各部隊は、フィリピン、インドネシア、ビルマ、さらに、ニューブリテン島のラバウルに進攻、米・英・蘭（オランダ）・豪（オーストラリア）軍と戦い、数カ月でそれらの地域を占領した。しかし、こうした予想以上の戦果は当初の予定を越えた戦線の拡大となり、その後の連合国の反撃に対応できる戦力を失わせることにもなった。

ミッドウェー海戦 42年4月、空母を利用したドウリットル部隊による東京などの空襲もあり、米機動部隊を撃滅することを目指して、海軍は6月ミッドウェー島の攻略戦を実行した。しかし、日本海軍の暗号を解読した米軍は、逆に日本の機動部隊を待ち伏せし、米機動部隊の奇襲により、日本側は出撃した4隻の空母すべてを失い、ベテランパイロットも多数戦死するという大敗を喫した。開戦以来、空母戦力は米軍より優勢であったが、ミッドウェー海戦の敗北により、日米の攻守は逆転、以後、日本海軍は積極的な攻勢をとれなくなった。

ガダルカナルとニューギニア 陸戦においても8月7日、米海兵第1師団がソロモン諸島のガダルカナル島に上陸した。米軍の本格的反攻の開始であった。日本軍は7月に同島に上陸し、飛行場を建設し終えたところで、防衛の部隊は無く、たちまち占領された。しかし、大本営は米軍上陸を小規模なものと判断し、ミッドウェーに上陸するはずだった約1千名の部隊を送ったが、たちまち全滅してしまった。当時日本側は、米軍の本格的反攻は43年以降と判断していたため、兵力を小出しに送り、優勢

な米軍の前に攻撃はことごとく失敗した。また，制空権を奪われたため補給が続かず，以後半年にわたるガダルカナル島の戦闘で，日本軍約3万人のうち2万人を失うが，その半数は餓死とマラリアなどによる病死という悲惨な結果となり，43年2月同島を撤退した。連合軍との戦闘で戦死した日本兵は，敵の弾でではなく飢えと病気で死ぬほうが多いという状態が，その後各地の戦場で敗戦まで繰り返された。

ほぼ同時にニューギニアでも米・豪軍の反撃が始まった。日本側は約18万の部隊を送ったが，補給も救援もないまま敗戦まで戦い，8割以上の将兵を失った。やはり，多くが栄養失調などによる戦病死であった。

サイパン陥落から敗戦へ　反攻を開始した米軍を主体とする連合軍は，ニミッツの率いる海軍部隊がラバウルからトラック諸島，マリアナ諸島へと太平洋を北上，一方マッカーサーの率いる陸軍がニューギニアから，フィリピンへと北上，日本本土を目指した。

44年7月にはサイパン島が陥落した。サイパンを失うことは本土空襲の始まりを意味し，東条英機内閣は戦争指導の責任をとって総辞職した。同年10月，米軍はフィリピンのレイテ島に上陸，6月のマリアナ沖海戦で空母部隊を失い組織的な抵抗ができなくなっていた海軍は，ついに爆弾を抱えた航空機を敵艦に体当たりさせるという，神風特攻を開始した。

45年に入ると戦況は絶望的となり，4月からの沖縄戦では10万以上の住民が犠牲になった。本土の主要都市は空襲で廃墟と化しつつあった。しかし軍は一億玉砕を叫び，降伏を拒絶し続けた。8月には広島と長崎に人類史上初の原子爆弾が投下されたが，依然として徹底抗戦が叫ばれた。9日ソ連参戦が伝わると，ようやくポツダム宣言受諾へ動き始め，8月15日ついに降伏，ここに3年8カ月にわたったアジア太平洋戦争は終結した。

日中戦争の行きづまりから，逆に日本よりはるかに大きな軍事力と経済力を持つアメリカ・イギリスとの戦争を開始するという無謀な戦争に突入し，300万以上に及ぶ軍民の犠牲者を出した。満州事変から数えると実に14年に及んだ長い戦争であった。

31 戦時下の国民生活——近代日本の戦争 5——

戦争体制と物資の統制　満州事変から太平洋戦争の敗戦までを一連の戦争の時代ととらえて，15年戦争とも呼ぶが，国民が実感として戦争を身近にかつ切実に感じるようになるのは日中戦争からである。1937年7月7日の盧溝橋事件から始まったこの戦争は，政府が北支事変とか支那事変と呼んだのとは異なり，本格的・全面的な中国との戦争であった。政府や陸軍首脳は，戦争は数カ月で終結すると予測したが，中国の抗戦意識は高く，戦争は長期化・泥沼化した。このためいわゆる銃後の国民の生活もさまざまな面で戦争体制へと組み込まれていくことになった。

　戦争による大量動員の結果，全国各地で，町内挙げての出征兵士を送る風景が見られるようになった。また，街頭では兵士の武運長久を祈る千人針が縫われ，戦地の兵には慰問袋が盛んに送られた。しかし，一方では遺骨となって白木の箱で帰還する将兵も増加した。

　戦争の長期化は，軍需優先による日用品や食糧など，さまざまな物資の不足と統制をもたらし，国民の生活も年を追って不自由になった。38年5月には早くもガソリンが切符制となり，やがて，木炭ガスを燃料とするバス・乗用車が製造されるようになった。また，鉄の節約のため陶製の鍋や竹製のスプーンが，革製品では牛皮や馬皮に代わって鮫皮の靴や鮭皮のバッグなどの代用品が造られるようになった。また，綿製品の不足から，当時スフと呼ばれた木綿に代わる人造短繊維（ステープルファイバー）による衣料品が作られるようになった。その後衣料の不足はますます深刻になり，42年2月には点数切符制が導入された。都会では1人100点が与えられ，背広50点，ワイシャツ12点などと決められた。

　39年以降になると，国民の生活はますます厳しいものとなっていった。39年9月からは毎月1日を興亜奉公日とし，戦場の労苦を偲んで自粛自省をする日が設けられた。当日，全国民は神社の参拝や勤労奉仕をし，食事は一汁一菜，日の丸弁当の粗食をとり，禁酒禁煙をした。興亜奉公日は太平洋戦争が始まると，42年1月8日以降は大詔奉戴日となり，同様のことが敗戦まで行われた。

食料の欠乏・耐乏生活　物資の不足は食糧でも深刻になってきた。主食の米は39年頃から不足が甚だしくなり、4月には米穀配給統制法が出され、米屋が許可制になるなど統制が進んだ。さらに40年4月には、米・味噌・醬油・塩・砂糖・マッチなど10品目の切符制が決定され、東京では食堂や料理店などで米飯提供が禁止された。41年4月には6大都市で米の配給通帳制が始まり、年齢や労働量によってそれぞれ配給量が決められた。そしてそれにつけ込み、米を特配すると称して代金や通帳などを詐取する「お米詐欺」が頻発したりした。42年2月には食糧管理法が公布され、生産者は米の供出を強制され、消費者は通帳なしには一切の主食は購入できなくなった。また、生産者価格・販売価格などは公定価格とされた。44年2月には東京に雑炊食堂が登場して人気を集めたが、菜っ葉や大根の切れ端の汁の中に米粒がわずかに浮いているという程度のものだった。こうして食糧不足はますます深刻となり、食糧増産が叫ばれ、都会の空き地、家庭の庭は次々と畑になり、かぼちゃなどが盛んに栽培された。

　また、生活に関する規制も強まった。40年には修学旅行も制限され、41年には駅の伝言板も木材とペンキの不足から廃止され、運動競技の全国大会も中止された。43年にはジャズなど米・英音楽のレコード演奏が禁止され、六大学野球も解散、上野動物園の猛獣も空襲に備えて殺された。44年には高級劇場の閉鎖令が出され、歌舞伎座や帝劇が閉鎖された。40年の「贅沢は敵だ」・42年の「欲しがりません勝つまでは」などの標語や流行語が戦争に協力する国民の気持ちをよく伝えている。

女性の職場進出　隣組・防空演習　不足した労働力を補うために多くの女性が職場へ出た。39年に女子の郵便集配人を採用したのを始め、都電や鉄道の車掌や運転士、理髪師、炭鉱の採炭婦など、その進出は多方面にわたった。また39年以降からは都市の防空演習も本格化し、41年10月には10日間の全国一斉防空訓練が行われた。こうした訓練には、日中戦争以来、国の末端組織として隣組や町内会が大きな役割を果たしてきたが、44年秋からB29による本格的な本土爆撃が始まると、バケツリレーなどはほとんど役に立たないこともわかった。

32　教育と戦時体制──近代日本の教育3──

教育の軍国主義化　第1次大戦後から昭和の初めにかけて，国際的には社会主義運動が広がり，国内的には相次ぐ恐慌によって社会的・経済的矛盾が明らかになってきた。高等教育機関の学生などの間には，社会主義へ傾倒する者が増え始めた。こうした状況に政府・軍部は危機感を持ち，教育の改革に乗り出した。その結果，大正期の自由主義教育は影をひそめていくようになった。文部省内には学生の思想取り締まりのため学生課が設置された。学生課は37年には教学局となり，教育・学問に日本主義を徹底させていった。また軍部は，軍備の近代化とともに国民への軍事思想の徹底に乗り出した。こうして，満州事変，日中戦争と戦争の時代へ入るとともに，軍国主義教育，国体（天皇中心の日本独特の国家体制）を賛美する皇国史観に基づく教育が，初等教育から高等教育までを呑み込んでいくようになった。

軍事教練　学校における軍事教練は，明治以来兵式体操として行われてきた。1917年の臨時教育会議で「兵式体操振興に関する建議」が出され，25年「陸軍現役将校学校配属令」が公布・施行され，全国の中学校，実業学校，師範学校，専門学校，高等学校の1千校以上に現役陸軍将校が配属され，軍事教練が正課として課せられるようになった。この背景には，軍部が第1次大戦の経験から兵士の資質を向上させるため，教育現場に軍事知識と軍事思想を注入する授業を設ける必要を考えたこと，また，宇垣一成陸相の下での軍縮の結果，多くの将校が失業するのを救済するという目的もあった。軍事教練は一部知識人などの反対もあったが，加藤高明内閣や議会には強い反対も起こらず実施された。

大学や私立学校の場合軍事教練は申請制であったが，軍事教練を受ければ兵役での在営期間が一般の半分以下の10カ月に短縮されるという特典があったため，私立大学等も多くは軍事教練の実施を申請した。そして39年には大学の軍事教練も必須化され，軍事教練は学校教育に重要な地位を占めるようになり，教育の軍国主義化に大きな役割を果たした。

学問・思想への弾圧　社会主義思想への弾圧に続いて，1930年代以降は学問への弾圧が始まった。33年の京都帝国大学の滝川事件では，法学部教授滝川幸辰の辞任をめぐり法学部の教授ら10数名が辞職した。35年には貴族院で天皇機関説が問題化し，美濃部達吉貴族院議員の著書は発禁とされ，政府は国体明徴声明を出し天皇機関説を排除した。この事件により，明治憲法をできるだけ民主的に解釈しようとする天皇機関説を唱えることは全面的に禁止された。37年には矢内原忠雄東京帝大教授の日本の大陸政策を批判した論文が右翼の攻撃を受け，矢内原は辞職に追い込まれた。38年にはファシズムを批判した自由主義経済学者河合栄治郎東京帝大教授の著書が発禁処分され，休職処分となった。さらに40年には，津田左右吉早稲田大学教授の『古事記』・『日本書紀』を科学的に見ようとする一連の古代史研究の著書が発禁処分を受けた。

学徒勤労動員・学徒出陣と学童疎開　日中戦争で大量動員が行われると，農村や工場の労働力が不足し始めた。そこで政府は中学校以上の学生・生徒を強制的に労働につかせることにした。初めは中学校・専門学校で年間数日，大学では臨時とされ，作業内容も土木作業など簡易なものであったが，戦局の拡大につれて日数がふえ，44年には通年となった。さらに45年4月からは国民学校初等科を除き，すべての学校の授業は停止され，生徒・学生は工場などで働くこととなった。動員生徒・学生数も45年には340万人に膨れあがった。一方，43年10月にはついに大学・専門学校などの在学生の徴兵猶予も廃止され，医学・理工科などの学生を除き，満20歳の在学生は入営し，やがて戦場へ投入された（学徒出陣）。

また，44年からは，戦局の悪化，本土決戦にそなえ，東京など大都市の国民学校（小学校）の初等科児童を田舎に集団で疎開させる，学童集団疎開が行われ，子供たちは親元を離れ苦しい疎開生活を強いられた。

一方，日中戦争以後総力戦に対応するため，教育においては義務教育8年や女子高等学校・女子帝国大学の設置なども計画されたが，戦局の悪化で中学校・高等学校の年限短縮などが行われて逆の方向に動くという矛盾を呈し，教育は崩壊に向った。

33 アジアの犠牲

朝鮮・台湾の皇民化教育 　満州事変以後，朝鮮は日本の戦争遂行のための後方基地として，今までにまして物心両面からの収奪が激しくなった。従来からの農産物の日本への供給，さらに現地の石炭・鉄・銅などの豊富な資源と安い労働力を使って，日本の新興財閥などが，朝鮮北部の重化学工業化を進めた。

植民地化以来，朝鮮に対しては「内鮮一体」（日本と朝鮮は平等）などのスローガンのもと同化政策がとられてきたが，それは真の平等を目指したものではなく，朝鮮の限りない日本化であった。38年からは国語は日本語が，歴史は日本歴史が教えられ，また，39年からは日本式に戸籍を編成し姓を日本式姓に改める創氏改名が強要された。創氏改名は同姓の親族のつながりを重んじる朝鮮の慣習を無視し，日本式の戸籍制度を押しつけたものであった。

一方，戦争の長期化による兵力の消耗から，それまで日本人のみだった軍隊に朝鮮の若者を入れる政策もとられ，38年には陸軍特別志願兵制が，そして44年には内地と同じ徴兵制が導入された。

さらに内地の労働力の不足を補うために，39年から労働者の集団的募集，44年から強制連行が行われ，日本各地の鉱山，建設現場などで，厳しい差別のもと多くの朝鮮人が危険な労働に従事させられた。

朝鮮の若い女性たちも，挺身隊として動員され，多くが日本の戦争の犠牲になった。また日中戦争の開始とともに，中国各地に開設された軍慰安所の慰安婦とされた女性たちもあった。彼女たちの多くは周旋業者らによって戦地に送られた。さらに太平洋戦争が始まると，朝鮮人慰安婦は東南アジアなどへも送られた。

同じく植民地であった台湾も，日中戦争以後は朝鮮と同様，改姓名・神社参拝・日本語の強制などの皇民化政策が強力に推し進められ，1945年1月には徴兵制も実施された。

中国の犠牲 　14年にわたって戦場となった中国では，軍民ともに多大の犠牲が出た。特に日中戦争開始以後はその犠牲は格段に大きくなった。

中国人戦争犠牲者の数は正確にはわからないが，1千万人以上と言われており，また，将兵の戦死だけでなく，民間人の犠牲の多いことにその特徴がある。長期の戦争により日本軍の軍規は乱れ，南京虐殺に象徴されるように，民間人への虐殺・暴行・略奪は日常化した。また最近では，中国戦線で国際法に違反した毒ガス兵器や細菌兵器が使用され，多くの中国人が犠牲になったことも明らかになってきた。

占領地の軍政と独立　太平洋戦争の開戦に先立ち，1941年11月20日大本営政府連絡会議は南方占領地行政実施要領を決定し，南方占領地に軍政を実施することとした。同月26日には，軍政に関する陸海軍の協定が成立し，フィリピン・スマトラ・ジャワ・ビルマ・マレー・英領ボルネオ・香港は陸軍，蘭領ボルネオ・セレベス・モルッカ諸島・小スンダ列島・ニューギニア・グアム島などは海軍の担当となった。

　軍政実施の目的は治安の回復，重要資源の獲得，現地での軍の自活確保の3点にあり，基本は日本の戦争遂行に協力させることにあった。各地につくられた学校では日本語や日本的規律が教えられ，日本に反抗する勢力は徹底的に押さえ込まれた。また，日本軍の現地人に対する横暴な振る舞いや軍票（軍用手票）による物資の不当な買い上げなども行われた。ビルマやジャワのように日本軍を解放軍として初めは歓迎し協力した地域もあったが，その実態が明らかになるにつれ民心は日本や日本軍から離れていった。ベトナム北部では100万人以上の餓死者も出た。

　日本が西欧植民地からのアジアの解放を唱えれば，当然その先に占領地の独立の問題が出てくる。42年初めに東条首相はフィリピンやビルマの独立を示唆していたが，フィリピンはすでにアメリカが独立を約束していたし，ビルマでもバー・モらによる独立運動が盛んだった。

　日本は43年5月ビルマ・フィリピンを独立させる方針を決め，それを受けて8月にビルマが，10月にはフィリピンが独立した。蘭印については独立は認めなかったが，現地ではスカルノらによって独立運動が進められ，日本も44年に独立させる用意があると声明した。結局インドネシアが独立を宣言したのは日本の敗戦直後の45年8月17日だった。

34 敗戦と日本の戦争をめぐる戦後の課題

東京裁判 太平洋戦争に勝利し，日本を占領した連合軍はポツダム宣言に従って，早速，戦争犯罪者の裁判を開始した。裁判は日本をはじめアジア各地で開かれたが，そのうちA級戦犯と呼ばれた重要な戦争犯罪者を裁くために開かれた裁判が，極東国際軍事裁判（東京裁判）であった。東京裁判は太平洋戦争開戦時の首相であった東条英機ら28名を被告として，1946年5月開廷された。

しかし東京裁判にはいくつかの問題点があった。第1に，裁判官がアメリカ，イギリス，オランダ，中国，ソ連など連合国側から選ばれ，中立国からは1人も選ばれなかったこと，原爆投下など連合国側の行為は問われなかったことなど，いわゆる勝者の裁判であったこと。第2にアメリカの政策に支障のない範囲でという枠がかけられ，そのため天皇の戦争責任や細菌戦を行ったとされる731部隊の行為などが免責されたこと。第3に被告たちは「平和に対する罪」・「人道に対する罪」などで裁かれたが，これは戦後公布された極東国際軍事裁判所条例という事後法を適用したものであり，罪刑法定主義の原則に反することなどであった。

このように東京裁判は多くの問題点をはらみ，今日に至るまでその評価が分かれる裁判であったが，48年11月判決が出され，東条英機，広田弘毅ら7名が死刑，木戸幸一ら18名が終身または有期禁固とされた。また，判決文は多数派意見によって書かれたが，すべての被告は無罪であるとするインドのパル判事のような少数意見もあった。

BC級戦犯 一方，通常の戦争犯罪に対する戦犯裁判は，BC級戦犯裁判と呼ばれ，国内，中国，東南アジア諸国などで開かれた。BC級裁判で多かったのは国内外の捕虜収容所でおきた連合軍捕虜への虐待，日本軍憲兵による占領地での住民虐殺などに対する裁判で，被告は5千人以上におよび，約1千人が死刑の判決をうけた。

BC級戦犯裁判も，人数が多く弁護が不十分だったこと，別人を裁判にかけたりしたこと，責任を命令者に取らせたり実行者にとらせたりと裁判の原則が一定しなかったことなど，多くの問題点を持っていた。

国交回復と賠償問題　一方，連合国に対する賠償問題も敗戦直後から始まり，はじめはかなり厳しいものであったが，東西冷戦の影響でアメリカの対日政策が変更されると，賠償も緩やかなものに向かった。そして最終的には1951年のサンフランシスコ講和会議で，賠償方法が決められた。アメリカ，イギリス，中華民国は取り立てを放棄し，ソ連は56年，中国（中華人民共和国）は72年，それぞれ国交が回復するとともに，賠償請求を放棄した。賠償を要求していた東南アジア諸国に対しては，講和後から交渉が始められ，54年にビルマ，56年にフィリピン，58年にインドネシア，59年に南ベトナムとの間にそれぞれ賠償協定が成立し，国家間の賠償問題は一応の決着をみた。

戦後補償裁判　しかし，70年代に入ると，個人の損害賠償を日本政府に求める訴訟が起こされるようになり，特に90年代からは政府や企業に補償を求める多数の訴訟が起き，戦後補償の問題として社会的にも注目されるようになった。

　中でも，91年12月に1人の韓国人女性が元日本軍慰安婦であったと名乗り出て，日本政府に対して賠償を求める訴訟を起こしたことは，日韓両国のみならず，広く世界の注目をあつめた。これをきっかけに韓国・フィリピン・中国などの元慰安婦による訴訟が起こされ，戦時中の日本軍の慰安婦の実態が明らかになった。そして元日本軍慰安婦だった女性を救済する目的で，95年7月にはいわゆるアジア女性基金が設置され，元慰安婦への見舞金が支払われ始めたが，慰安婦問題は今も大きな社会問題となっている。

　また，中国の人々からもさまざまな訴訟が起こされている。日本軍が行なった細菌戦による被害の賠償請求，中国東北地方（満州）に日本軍が捨ててきた毒ガス砲弾による被害の賠償請求，南京事件被害者による賠償請求，強制連行された人々による企業への賠償請求など多岐に渡っている。

　これらの訴訟は，「国家賠償で賠償は済んでいる」として日本の裁判所では多くは棄却されているが，個人の戦争被害の補償問題は，今後の日本の大きな課題でもある。

35　近代の女性の歩み

明治と女性　1872（明治5）年，フランスの技術を導入した官営模範工場として富岡製糸場が操業を開始した。女性の繊細で器用な指先が繭から生糸（絹糸）を取り出し，この女工たちの労働が近代日本の外貨獲得産業の花形としての製糸業の発展を支えた。また80年代以降綿花から綿糸を生産する紡績業の発展を支えたのも，多くの若い女工たちであった。しかしその労働環境は劣悪をきわめ（1日12時間2交代の過酷な労働や低賃金，結核等の病気で健康を害する女工も多かった。その実態は自らの紡績労働者の体験と資料収集をもとに書かれた細井和喜蔵の『女工哀史』（1925年刊）に詳しい。こうした待遇に耐えかねた女工たちのストライキも起きている（94年大阪天満紡績等）。

90年フランス流の民法が公布されたが，穂積八束らの「民法出でて忠孝亡ぶ」との反対論が出て施行延期となった。そのため98年には家制度や戸主（一家の家長で家族を統括する）の権限を強調した改正民法が施行された。この民法では，妻には財産の相続権がなく，また夫から一方的に離縁を通告されたらそれに従うしかなかった。「良妻賢母」が女性のあるべき姿とされ，女性は「家」制度のなかに閉じこめられてしまった。

女性の自覚の高まり　78年の府県会規則に関連して，高知県の女性戸主楠瀬喜多が「男性の戸主と同じように納税しているのにどうして女性戸主には選挙権がないのか。権利と義務は両立するものではないか」という伺書を内務省に出したが，無視されている。

自由民権期には女権の拡張を訴える岸田俊子や景山英子（福田英子）らの先進的な女性も登場した。しかし，1900年に治安警察法が制定され，その第5条で政治結社への「女子」の加入が禁止され，女性の政治参加への道は開かれなかった。

青鞜社　平塚らいてうは1911年に青鞜社を結成して，文学という世界の中で女性の自立を表現しようと試みた。寄稿者には与謝野晶子もいる。後に伊藤野枝も編集に参加し，「家」に縛られない自由結婚・自由恋愛を唱えたが，世間からは「新しい女」というレッテルを貼られた。

平塚らは，女性の自立つまり男女の機会均等を実現するには女性の政治参加が必要であることを痛感して，市川房枝らの参加を得て20年新婦人協会を設立し，女性の政治集会への参加を禁止する治安警察法第5条撤廃などの請願運動を展開した。そして普通選挙の機運が高まった24年に，市川房枝・久布白落実らが婦人参政権獲得団体の大同団結を目指して婦人参政権獲得期成同盟会を発足させた。翌25年に普通選挙法が女性の選挙権には触れず成立すると，婦選獲得同盟と改称したが，その宣言では，国民が国家の政治に参加するのは当然で，その国民の半分は女性だと訴えている。

　この時期にはタイピスト・電話交換手などの職業婦人も登場し，女性の社会的活動分野も拡大した。またモガと呼ばれた洋風ファッションの女性も登場した。

　しかし，戦時下においては，女性は町内会や隣組の実働部隊として，大日本婦人会など戦争遂行に協力する組織にしだいに組み込まれていった。

廃娼運動　近代日本では人身売買は禁止されていたが，現実には公娼制度があった。また娼妓には廃業の自由があったが，実際には空文化していた。例えば，若い女性が遊郭に身売りをし，そこで売春を強制され，年期が明けてもなかなか抜け出せない仕組みになっているなど，人権を無視した遊郭の営業が公認されていた。この公娼制度に反対して行動を起こしたのが，キリスト教団体の婦人矯風会（会長矢島楫子）などであった。

現代と女性　敗戦後の改革で45年12月に女性にも参政権が与えられ，46年の総選挙では39名の女性衆議院議員が誕生した。47年には男女平等をうたう民法に改正され，57年には売春防止法が施行された。

　高度経済成長下の労働力不足を機に女性の社会的進出が顕著となり，現在では就労者2千万人を越えている。また就職や職場内等での女性差別が問題となっていたが，79年には国連で婦人差別撤廃条約（女子差別撤廃条約）が採択された。日本ではそれを批准するに当たり，85年に男女雇用機会均等法が制定された。さらに名実共に男女平等の実現を目指して99年，男女共同参画社会基本法が制定された。

36 近代の宗教事情

維新と宗教 王政復古を宣言して天皇の権威の確立を図る新政府は、1868年に神祇官を再興して神道国教化を企図し、神仏分離令によって全国の神社からの仏教的要素の一掃を命じた。その結果70〜71年に廃仏毀釈運動が全国に吹き荒れて多くの仏像が破却されたり寺院が廃されるなど仏教勢力に打撃を与えた。70年には大教宣布の詔を出して天皇中心の神道を布教し、71年には伊勢神宮を中心とする神社制度が定められた。一方、68年3月五榜の掲示を出して幕府のキリスト教禁教政策を受けついだ新政府は、開港後公然と信仰を表明した長崎のキリスト教徒3千数百名を迫害弾圧して棄教を迫ったが（浦上崩れ）、欧米諸国の強い抗議を受けたため、73年にキリスト教を黙認することにした。

国家神道 政府は神道国教化方針を改めて、国家を支える国民の精神的な拠り所として皇室を位置づけ、天皇への尊崇を高めるための国民教化政策をとった。また、幕末維新期に成立した天理教や金光教などは教派神道として宗教活動を公認し政府の統制下に置いた。

政府は全国の17万余の神社を調査し、官社（官幣社と国幣社あわせて97社）、府県社、郷社、村社、無格社の5段階の社格を定めて中央集権的に再編成し、その頂点に古くから民衆の崇敬が厚く皇室神道と結びつきの強い伊勢神宮を位置づけた。また、天皇に忠義を尽くした人物を祭神とする神社（例：楠木正成を祭神とする神戸の湊川神社など）の新たな創建を許可した。

さらに、戊辰戦争以来の官軍側戦死者の霊を祀った東京招魂社を79年に靖国神社と改称し、別格官幣社として特に重要視した。靖国神社は陸海軍省の管轄となり、西南戦争やその後の対外戦争での戦没者を国家に殉じた英霊として讃え、大日本帝国の守護神として合祀した。地方の招魂社や忠霊塔・忠魂碑は靖国神社の分社としての性格を持った（招魂社は1939年に各府県の護国神社に統一された）。

こうして、伊勢神宮と靖国神社をそれぞれ頂点として序列化された神社体系が確立した。民衆の素朴な神々への信仰や慰霊の心情と、国家や皇室

の祭祀を中心に統一した信仰とを編成替えし，天皇・大日本帝国への忠誠を育成しようとした（国家神道）。神社は，台湾，樺太，朝鮮，南洋諸島などの植民地や占領地にも創建され，日本精神の鏡とされた。朝鮮には，アマテラスオオミカミと明治天皇を祭神とする官幣大社朝鮮神宮（1919年・京城）をはじめ60余社が建てられた。

信教ノ自由 仏教では浄土真宗の島地黙雷が江戸期のような権力の保護を受けない一宗教としての改革を進めた。89年に制定された明治憲法では「安寧秩序ヲ妨ケス」「臣民タルノ義務ニ背カサル限」という条件付きで「信教ノ自由」を認めていた。政府は，神社神道は祭祀であって宗教ではないとの解釈から，神道・仏教・キリスト教の上に国家神道を位置づけ，祭祀への国民の参加を奨励さらには強制した。また，学校教育を通して忠君愛国・皇室尊崇の道徳を育成するため，90年に教育勅語を下した。

このような政策に同調できない者や宗教は弾圧排除された。91年，第一高等学校講師であったキリスト教徒の内村鑑三は教育勅語の奉読にあたって礼拝を拒否して職を追われた。民衆救済を教義に掲げて国家社会の改革を主張した大本教は不敬罪と治安維持法違反で1921年，35年の2度の弾圧を受け，教団は壊滅状態となった。

戦時下の宗教 37年日中戦争が始まると総動員体制がとられ，各宗教団体の幹部は，皇道仏教，皇道キリスト教を唱えて聖戦完遂を門信徒に呼びかけて国策に協力した。また，政府当局は教義内容にまで介入し，天皇中心の日本の国体に合わないとして，浄土真宗の聖典である親鸞の『教行信証』の語句を改訂・削除させた。

出征する兵士は神社で必勝祈願の後，家族や地域の人々の万歳の声に送られて戦地へ向かった。戦没者の慰霊は地域の忠魂碑や護国神社で行われ，それを合祀する靖国神社の臨時大祭の様子はラジオを通して全国に実況放送された。学生や児童生徒の神社参拝は忠君愛国精神を育む教育上の行為であり，宗教上の理由で拒否できないものとされ，全国民にも及ぼされた。これに異議を唱えるものは「非国民」として排除された。

敗戦後の45年12月，GHQの指令によって国家神道は廃止された。

時代の風景 1　　　　　　　脱 亜 論

　慶応義塾を開いた福沢諭吉は，幕末から明治にかけて，近代日本のオピニオン・リーダーとして活躍し，人々に大きな影響を与えた。
　彼の説くところは，欧米諸国の政治・社会・文化・思想などの紹介から始まって，日本の封建的身分制度への批判，自由民権運動への理解，日本の外交政策への提言，その他皇室論，軍隊論，女性論など，非常に広範囲にわたっている。それは新しい時代の到来の中で，戸惑う多くの人々に指針を与えるものであり，その影響するところは政府の要人から庶民にいたるまで非常に広範囲に及んだ。
　その福沢が日本の対アジア政策について展開した1つの論が，脱亜入欧の主張であった。
　維新以来の日本の最大の課題は，欧米列強による日本や東アジアへの侵略を食い止め，いかにして日本の独立を守るかであった。福沢は，はじめそのためには中国や朝鮮と連帯して欧米の圧力に抗すべきだと説いていたが，やがて日本が努力して欧米諸国のような文明国の域に達したと判断する頃から，いまだ儒教主義の考えから抜け出せない中国や朝鮮を蔑視するようになった。特に朝鮮に対しては，朝鮮の近代化を進めようとする独立党の金玉均らを積極的に支援したものの，金らのクーデターが失敗すると（1884年・甲申事変），彼は朝鮮に絶望し，その後進性を罵るようになった。そしてその翌年の1885年，福沢は自分の発行する新聞『時事新報』紙上に脱亜論を展開するにいたった。
　彼の脱亜論の概要は，隣国である中国と朝鮮がいまだ古い習慣から抜け出せず，文明国の仲間入りをしようとしない現状にあっては，日本はこの2国と手を切り（脱亜），欧米の先進文明諸国と手を組んで（入欧），西洋人がするのと同じような態度をもって中国・朝鮮に対していくしかない，というものであった。
　福沢の脱亜論は，政府や国民に大きな影響を与え，その後の日本人の朝鮮・中国に対する蔑視や大陸侵略の道につながっていくのである。

時代の風景2　明治の文学——近代文学の出発——

　明治初期に国民の啓蒙に成果をあげたのは西洋事情の紹介や翻訳物であった。欧米の偉人挿話集ともいえる中村正直訳『西国立志編』(1871) や，福沢諭吉『学問のすゝめ』(72) は身分制度のない平等な社会での生き方を示唆した。自由民権運動期には政治小説が藩閥政府を批判した。

新しい表現　外山正一らは『新体詩抄』(82) で漢詩に代わる自由な表現方法を論じて近代詩を提唱した。坪内逍遙は，文学の目的は勧善懲悪ではなく人間の内面の追求にあることを主張して『小説神髄』(85) を著した。その実験的作品が二葉亭四迷の『浮雲』(87) で，口語体で書かれており「話すように書く」言文一致運動の先駆でもあった。

近代文学の自立　洋行・留学者を通して欧米文学の潮流が日本に影響を与えた。森鷗外は軍医としてドイツに留学し (1884～88)，帰国後文芸評論活動を始め，ロマン主義的な『舞姫』(90) を発表した。1907年に軍医総監にまで昇進するかたわら文学活動を続け，大逆事件を機に『沈黙の塔』(10) を，乃木希典の殉死に際しては『興津弥五右衛門の遺書』(12) を発表した。以後史伝に中心を移し，『大塩平八郎』(14)・『山椒大夫』(15)・『渋江抽斎』(16) などを発表していった。夏目漱石は，松山と熊本で教壇に立った後，英語研究のためイギリスに留学した (00～02)。帰国後東大講師の頃に『吾が輩は猫である』(05)・『坊っちゃん』(06) を発表し人気を得た。朝日新聞入社 (07) 後作家活動に専念し，近代人の自我の不安をテーマに『三四郎』(08)・『それから』(09)・『門』(10) を発表し，次いで『彼岸過迄』(12)・『こころ』(14) などではエゴイズムをテーマとした。漱石は，日本の開化は外発的皮相的で上滑りで危ういと批判し，自立した個人主義を主張した。一方，島崎藤村は北村透谷らと『文学界』を創刊 (1893) したが，のち詩作から小説へ移り，被差別部落問題をテーマに『破戒』(06) を発表して社会の現実問題に取り組む自然主義の旗頭となった。自己の生活体験を素材として『家』(08)・『新生』(18) を発表し，晩年には，生家のある馬籠を舞台に幕末維新の激動を描いた長編『夜明け前』(29～35) を発表した。

Ⅳ 近代

時代の風景3　寄生地主制

自作農の没落　地租改正が始まった1873年の全国の田畑合計の小作地率は27%であった。その後の松方デフレ政策によって農産物価格が大きく変動し，中小規模の農民は収入が激減して地租や借金の重負担に耐えきれず破産に追い込まれる者も多かった。自作農の没落が進み，1890年頃には小作地率は40%に，さらに1910年頃には46%へと増大した。以後1945年の農地改革まで小作地率は45〜47%台を推移しており，地主制は1890〜1900年代に成立したともいえる。1902年段階では小作農家28%，自小作農家38%をあわせると実に日本の農家の3分の2が借地農であった。小作料は現物で納められたから，米価（物価）の上昇は地租負担の軽減と相まって地主に販売益の大幅な増収をもたらした。

寄生地主　地主農民の多くは1〜5町歩（ha）の田畑を所有していた。大地主には自らも耕作し町村指導者となる者が多かったが，中には農業から離れて都市に住み，銀行や企業に投資したり貸金業や醸造業などを営業する者もいた。彼らのことを不在地主または寄生地主という。稲作単作地帯で農業生産力の低い東北地方は小作地化の進行は緩やかであったが，1900〜10年代に地主への土地集中が進み，北陸と並んで大地主が多数出現し，山形県には1700町歩所有の日本最大の地主も現れた。

地主制の衰退　1912年の農商務省の小作慣行調査によると，小作料は全国平均で収穫の55%にも及び，小作農は人格的にも地主に隷属を強いられていた。しかし大正デモクラシーの波は農村にも及び，22年に日本農民組合が結成されて，小作料永久3割減や人権承認などを求めた激しい小作争議が全国で展開された。地主側は，裁判所に訴えて所有権を主張して小作地を取り上げるなど，法的に対抗した。昭和恐慌期は，農産物価格の暴落，農村の荒廃，耕作者の減少により地主経営も困難となった。戦時下では，政府による物価統制や食糧確保のための供出制，自作農育成策などもあって地主的経営は行きづまりを見せた。戦後の農地改革で，不在地主の全貸付地及び在村地主の1町歩を越える貸付地は，政府が買い上げたうえ農民に払い下げられたため，寄生地主は姿を消した。

時代の風景4　近代天皇制の歴史

明治期　王政復古という古い形式をとりながら新たな近代国家建設を目指す維新政府は、天皇が唯一正統な日本の君主であることを宣言した。明治天皇も政治や国家的行事に関与し、洋風の生活洋式を取り入れて文明開化の先頭に立つことを示した。士族の反乱や民権運動などの情勢を判断しながら天皇の数十日に及ぶ国内巡幸がくりかえされ、天皇の仁慈を強調して人々の国家体制への順応を促した。

明治憲法では天皇の統治権や陸海軍の統帥権をはじめとした諸大権を規定し、さらにその神聖不可侵性を付与した。大規模な対外戦争である日清・日露戦争に勝利して国際社会に大きく進出したことは、帝国日本の君主としての存在を内外に強くアピールした。

大正デモクラシー期　官僚勢力や軍部が批判を受けて勢力を弱め、政党政治が本格的に展開され始めた第1次大戦前後から昭和初期にかけては、明治憲法下で議会政治が進展した時期であった。事実上議会（衆議院）中心のこのシステムを美濃部達吉は「主権は国家にあり、天皇は国家を代表する最高機関」と表現したが、この説は時の政府だけでなく天皇も含めた政界上層部の考え方とも一致していた。

戦争期　満州事変以後「統帥権の独立」を濫用し、大陸侵略によって局面を打開しようとする軍部の行動を、政府も天皇も結局は追認していった。戦争は日中戦争からアジア太平洋戦争へと拡大した。現人神である天皇を君主に戴く大日本帝国が、イギリス・フランス・オランダにかわってアジアを植民地化しようとする戦争を聖戦＝「大東亜戦争」として正当化した。多くの将兵が陸海軍大元帥である天皇の命令で海外に送られ、おびただしい犠牲者を出して、大日本帝国は崩壊した。

戦後　敗戦後日本軍隊は武装解除され廃止された。日本国憲法では「天皇は国民統合の象徴」とされた。この象徴天皇制は国民主権の下での民主主義の進展の中で定着してきたが、今後の皇室の在り方については諸外国の王室の在り方と比較しつつ、多様な考え方が表れてきている。

時代の風景5　立憲政友会

伊藤博文　日清戦争前後，自由・改進両党が対立し，政府とも激しく衝突して政局が紛糾した。政治の安定を求めた伊藤博文は，民党に対抗し政府＝国家を支える勢力が議会内に必要と考えて，官僚や大地主・実業家に結集を呼びかけ，さらに憲政党（旧自由党）も合流して1900年立憲政友会を創立した。初代総裁伊藤が強いリーダーシップを握り，党幹部には西園寺公望や原敬らが就任した。第4次伊藤内閣が官僚や貴族院と対立して総辞職した後，伊藤は枢密院議長となって党務から離れた。

政党内閣　2代総裁西園寺のもとで党務を執行した幹事長の原敬は，山県有朋・桂太郎らの藩閥官僚勢力と対抗し，官僚や地方地主・名望家層の党員化を進めるなど党勢拡大に努めた。桂太郎と西園寺公望の政権交代も実現した。大正政変や米騒動に際しては藩閥批判の世論を背景に政権を掌握し，18年3代総裁原敬が本格的政党内閣を成立させた。普通選挙には消極的だったが，鉄道・港湾建設や高等教育拡充などによって党への支持を拡大していった。24年貴族院中心の清浦奎吾内閣が成立すると政友会（4代高橋是清総裁）は普選実施に踏み切り，憲政会・革新倶楽部とともに護憲3派を結成し倒閣運動に加わった。清浦内閣を支持する党員が政友本党を結成したため政友会は分裂した。政友会は，第1次加藤高明内閣の政権与党となった。27年成立した田中義一（5代総裁）内閣は最初の普選を実施したが，共産党検挙など社会運動を抑圧し，山東出兵をくり返すなど強硬政策を進めた。昭和恐慌期には，犬養毅6代総裁のもとに金解禁・大陸政策・社会政策などをめぐり民政党と政策論争を展開した。31年の5・15事件で犬養首相が暗殺され，政党内閣は断絶した。

政党解散　満州事変以後，軍部の政治的圧力が次第に高まって挙国一致内閣が続いた。党員閣僚も大幅に減少し，7代総裁鈴木喜三郎が36年落選し，以後政友会は求心力を失い党内派閥対立が激化した。36年政友会は中島知久平派と久原房之助派に分裂したが，近衛内閣の新体制運動が叫ばれる中，40年に両派とも相次いで解散した。戦後の45年11月旧政友会党員を中心に日本自由党が結成され，後の自由民主党の核となった。

時代の風景6　関東軍

関東州　ポーツマス条約によってロシアから租借権を継承した遼東半島南端を，山海関の東方の意味で関東州と命名した。1906年関東都督府が軍政を開始し，国策会社として南満州鉄道（満鉄）も設立された。旅順・大連をはじめとする租借地と鉄道付属地警備のため，常駐の独立守備隊をおいた。19年の官制改革により都督府にかわって関東庁が置かれ，軍部は関東軍（司令部旅順）として独立した。6個大隊と内地から2年交代で派遣される1個師団の計1万4千余名が任務に就き，満鉄と連携して南満州の植民地化が進められた。

満州国　関東軍の役割は，満州の既得権益の擁護に留まらず，将来予想される社会主義ソ連との戦争に備えて満州を支配下に置くことであり，日本の大陸政策の最前線の軍隊であった。関東軍は陸軍中央や政府の指揮下にありながら，外地に駐屯する立場を利してその統制下から逸脱して強行政策を進めた。それが28年の関東軍参謀将校による満州軍閥張作霖の爆殺であり，31年の柳条湖事件に始まる満州事変である。32年3月の満州国建国も関東軍の主導で進められた。軍司令部は奉天から新京（長春）に移り，32年軍司令官は関東長官，駐満特命全権大使をも兼任し，事実上満州国軍も指揮下に置いて全満州を掌握するに至った。兵力も日中戦争開始時の37年には5個師団，41年には13個師団に増強された。しかし，38年の張鼓峰事件，39年のノモンハン事件では，機械化されたソ連軍の反撃を受けて壊滅的な敗北を喫した。

　41年の独ソ開戦を対ソ戦争開始の好機と判断した陸軍参謀本部は，戦争準備に入った。関東軍特種演習（関特演）と称して，関東軍を24個師団に増強し，兵120万人などを集中動員するもので御前会議の決定も経た。しかし，ヨーロッパ戦線の膠着や南進政策による南部仏印進駐でアメリカとの対立が激化したため，関特演は中止となった。

崩壊　太平洋戦争で日本軍の戦況が悪化すると，関東軍の主力部隊は南方戦線に次々と引き抜かれ，在満男子の「根こそぎ動員」も行ったが，45年8月のソ連侵攻で関東軍は崩壊した。

IV　近代

時代の風景7　　　　　洋食の歴史

　江戸時代にも，長崎などごく一部の地域では西洋料理（洋食）が食べられていたが，明治時代に入ると，洋食は文明開化の掛け声とともに上流階級を中心に広まっていった。
　東京をはじめ大都市には西洋料理店や西洋食品を売る店が現れ，また，洋食の調理法やテーブルマナーを説いた本や雑誌が盛んに出版されるようになった。そして，さまざまな西洋料理をはじめ，牛肉・パン・アイスクリームなどの西洋食品が，西洋文化への憧れを象徴するものとして，日本人のあいだに受け入れられていく。
　しかし，洋食を見てそれを食べ始めた日本人は，そのまま受け入れるだけでなく，やがて独自の工夫を加えて，日本独特の洋食を作り出していった。その代表格は何と言ってもすき焼きであろう。牛肉を醬油と砂糖を使って焼き，ねぎを添えるという独特の調理法の発明であった。すき焼きは文明開化の象徴として日本に広まり，100余年をへた今，逆に日本を代表する料理として世界に知られるにいたった。そのほか饅頭の感覚から生まれたアンパン，カレールーに小麦粉やジャガイモを入れてつくり，ご飯にかけたカレーライスなど，みな日本人の創意工夫から生まれた日本の洋食である。
　大正期に入ると本来は高級料理であったカツレツやコロッケも，豚肉をパン粉で包んで揚げたトンカツ，具にジャガイモとひき肉をいれたコロッケへと変身した。そしてトンカツとコロッケは洋食をもっとも身近に感じられる安価な食べ物として庶民の間に広がっていく。
　こうして洋食は日本人の間に広まっていくが，日本の洋食が真に大衆のものとなっていくのは，大正半ば以後から昭和のはじめにかけてである。
　そして，戦後になると，ハンバーガーなどのアメリカ生まれのファースト・フードが流行り，またフランス料理以外にもイタリア料理など西欧各国の料理も広まってきた。こうして現在，洋食は国民の間にしっかり根づいたものなっている。

時代の風景8　徴兵制度・徴兵検査

徴兵制の歴史　近代日本の徴兵制度は国民皆兵をうたい1873年に出された徴兵令により始まった。ここでは陸軍について徴兵制の変遷を見ていこう。徴兵令により，満20歳以上のすべての男子に徴兵検査を行う制度が始まったが，実際には戸主・長男，官立学校生徒は免除など，多くの兵役免除規定があり，国民皆兵にはほど遠い面があった。徴兵令では兵役を常備軍など4つに区分し，検査に合格した者をくじ引きで3年間の常備軍に入れた。その後，何回かの改正の後，1889年の徴兵令公布で，制度上の大きな問題だった戸主や長男，官公吏や中学校卒業者以上の兵役免除が廃止され，国民皆兵がほぼ実現した。そして1927年には兵役法が制定され，現役は2年間に短縮され，中学校卒業生以上を対象にした1年志願兵制も幹部候補生制度に改めた。日中戦争から太平洋戦争の大量動員時代に入ると，兵役法は次々に改正され，43年には文系大学生が戦場に向い（学徒出陣），44年には徴兵年齢が19歳に引き下げられた。

徴兵検査の実際　それでは兵役につく適格者を決める徴兵検査はどのように行われたのだろうか。昭和の時代を例にとって見てみよう。

　満20歳に達した男子は日本のどこに住んでいても郷里の市町村から徴兵検査のための通達書が届くと，指定された場所と時刻に出頭し徴兵検査を受けた。検査場所はふつう郷里の小学校の講堂などで，受検者は受付を済ますと全裸になり，役所の書記と陸軍の衛生下士官による身長・体重・胸囲・視力・聴覚などの測定や検査を受けた。次に軍医官による検査となり，四つん這いにされ肛門にガラス棒を突っ込まれたり，性病検査のため男性器をしごかれる検査をされた。これらの検査が終了すると，検査結果をもとに徴兵医官によって受検者は甲種，乙種，丙種，丁種，戊種の5種類に分けられたが，この中で実際に入営するのは甲種合格者であった。

　兵隊作家の棟田博は，徴兵検査後に久しぶりに開かれるクラス会で「飲めや歌えではしゃぎ回るのは」乙種や丙種の者で，甲種合格者は「ユーウツをきわめ，いかにも酒がにがそうだ」と回想している。甲種合格は表向きは祝福されたが，建前と本音は大きく違ったのである。

時代の風景9　　空襲

日本への空襲　　一般的には空襲・空爆とは航空機による攻撃をいうが、日本で空襲というと太平洋戦争末期、アメリカ軍の大型爆撃機B29によって行われた日本の諸都市への無差別爆撃をさす場合が多い。

　太平洋戦争開始後のアメリカ軍による日本空襲は1942年4月18日が最初であったが、44年7〜8月、日本の南約2000kmにあるマリアナ諸島のサイパン、テニアンなどが陥落すると、アメリカ軍はこれらの島にB29の基地を建設、11月から本格的かつ大規模な日本空襲を開始した（B29の初空襲は44年6月、中国基地を発進した数十機による北九州空襲）。

空襲の特徴　　1944年11月24日、アメリカ軍は初めてマリアナ基地から東京への空襲を行った。この空襲は従来、中島飛行機武蔵製作所を目標にした精密爆撃だとされてきたが、実際には軍事施設以外に荏原区、中野区などの住宅街が無差別空襲を受け、その後も東京への同様の空襲は続いた。実は住宅街への空襲はアメリカ軍の当初からの方針で、焼夷弾という油脂爆弾（ナパーム弾）を用いて木造建築がほとんどの日本の住宅街を焼き払う作戦が日本空襲の中心となっていった。そして45年の3月9日深夜から10日未明には台東区、江東区などの東京下町一体にB29、279機が夜間、低空で来襲、焼夷弾1665トンを投下（東京大空襲）、死者推定10万、罹災者100万という大被害をもたらした。その後も東京は4月から5月にかけて3月を上回る大規模空襲を受け、市街地の半分以上が焼け野原となった（東京への空襲は終戦まで100回以上）。東京がほぼ焦土と化すとアメリカ軍は他の大都市へ同様の空襲を行った。以前から大阪、名古屋、神戸、横浜などの大都市は数十回の空襲を受けていたが、約500機のB29による5月29日の横浜大空襲を始め、大都市は大規模な焼夷弾攻撃で焼き払われ、さらに6月からは攻撃目標が中小の都市に移り、終戦当日まで続いた空襲で日本の多くの都市も焦土と化した。

　B29による日本本土空襲は約300回あり、延べ3万3千機が出撃したと言われる。被害は死者19万〜50万、被災者830万〜900万と調査により違いがあり、その全貌は70年以上経っても明らかになっていない。

V

現代

1 占領と改革——戦後政治史 1 ——

降伏と占領 1945年8月14日のポツダム宣言受諾以降、中国・東南アジア・太平洋地域で続いていた戦闘は、満州などの一部を除いて、急速に終った。海外にいた約350万人の軍隊は武装を解かれ、約300万人の民間人とともに帰国してきた。8月28日、日本本土に連合軍が上陸したが、日本側には目だった抵抗はなく、短期間で全土を占領した。日本の領土は本州などの4島と周辺の島々に限定された。

占領機関として、マッカーサーを最高司令官とする連合国軍最高司令官総司令部（GHQ）が東京におかれた。GHQ は実質的に米国政府の下にあった。日本政府や議会の存続は許され、占領支配は間接統治の形となった。

占領政策 当初の占領政策の基本は、日本の軍事的脅威を除くためにその軍事力を削ぎ、国家の仕組みを民主的に改造することにおかれた。降伏直後の45年8月17日に成立した東久邇宮稔彦内閣に対して、政治犯の釈放、治安維持法・特別高等警察（特高）の廃止などの人権指令が出された。しかし、内閣はこれに対応できず、10月総辞職した。代わった親英米派の幣原喜重郎内閣に GHQ は11月、婦人の解放、労働組合の育成、教育の民主化、圧制的諸制度の撤廃、経済の民主化という五大改革指令を発し、実施を促した。12月選挙法が改正され20歳以上の男女（女性には初めて）に選挙資格が与えられた。結成を奨励された労働組合が急速に全国に生まれていった。間もなく労働者保護のための労働三法（45年労働組合法、46年労働関係調整法、47年労働基準法）が制定された。

経済制度を民主化する目的で、農地改革と財閥解体が指令された。農地改革は2次にわたって実施され、特に第2次の自作農創設特別措置法（46年10月制定）で農地の9割が耕作者のものとなって、寄生地主制はほぼ完全に消滅した。財閥解体の目的で46年に持株会社整理委員会が生まれ、三井・三菱・住友・安田・古河など15財閥の解体が着手された。47年には独占禁止法が制定され、実施機関としての公正取引委員会が設置された。過度経済力集中排除法により日本製鉄など巨大企業の分割も行われた。

憲法改正　憲法の改正がマッカーサーから指示された。幣原内閣は松本烝治を委員長とする「憲法問題調査委員会」を発足させ，改正案を検討させた。その結果，明治憲法の基本は変えず，部分修正にとどめる案がまとめられた。日本自由党などの旧勢力も同様の案を示した。一方憲法研究会がGHQも注目する民主的内容の案を示したほか，天皇制を廃止し，大統領制を採用するなどの大胆な変革案（共産党や高野岩三郎案）も出され始めた。この状況を見てGHQは自ら憲法草案を起草する方針を固め，作成した草案を46年2月に日本国政府へ示した。その内容は政府の意図を大きく越えて民主的・理想主義的だったが，政府はこれに検討と若干の修正を加えて政府案とし，議会にはかって可決した上で日本国憲法として46年11月3日に公布した（47年5月3日施行）。

新憲法は天皇の権能をなくして国民統合の象徴とし，国民主権，戦争を放棄する平和主義，基本的人権の尊重を柱とする画期的なものとなった。

このような成立の経過と内容に対し改正を望む声もあったが，新憲法は多くの国民に受け入れられ，支持されて，やがて定着していった。

戦後の社会　敗戦，占領に伴う混乱，破壊，インフレと物不足，わけても食料の不足に国民は悩まされた。のしかかっていた国家主義的価値観の崩壊も人々を戸惑わせた。しかしこの中で，民主主義が新しい価値観として認識され始めた。民主主義についての理解や方法には混乱もあったが，その考え方は広く人々に浸透していった。女性の活動家は45年8月には早くも婦人参政権を要求する運動を開始した。新聞業界では戦中の経営者や幹部の責任を追及する運動が従業員の中から起きた。46年5月1日には，復活したメーデー集会で労働者が皇居前の広場を埋めた。

政党も復活した。45年10月日本共産党が初めて合法政党として再建された。11月には，旧無産政党を統合して日本社会党，旧政友会系の日本自由党，旧民政党系の日本進歩党などが結成された。初めて女性も参加して46年4月に行われた戦後最初の総選挙では，84人の女性が立候補し，39人の女性代議士が生まれた。自由党が第一党となったが，党首の鳩山一郎が公職追放にあったため，代わって第1次吉田茂内閣が成立した。

2　東西の冷戦——戦後政治史 2 ——

連立内閣　戦後の混乱が続くなかで，1947年4月に社会党委員長片山哲を首班として社会党・民主党・国民協同党による連立内閣が成立した。片山内閣はインフレの克服を課題として，吉田内閣が着手した傾斜生産方式を継承した。しかしインフレは収まらず，炭鉱国有化などの社会主義的な政策も実施できないまま，党内対立のため48年3月に総辞職した。次いで同じ3党連立で民主党の芦田均を首班とする内閣が成立し中道政治を進めたが，昭和電工をめぐる疑獄事件により48年10月には倒れた。この後，民主自由党単独の第2次吉田茂内閣が成立すると，49年1月の総選挙で民主自由党が絶対多数の議席を獲得し，長期政権の体制を固めた。

冷戦と東アジア　大戦末期に生じた米ソの対立は，戦後次第に抜き差しならない状況となった。ソ連は大戦中の占領地を社会主義化して自国の勢力下（東側）に入れようとしたが，米国などの資本主義諸国（西側）はこれを押さえ込み，孤立させようとした。正面からの戦争は避けたものの，東西の対立は緊張を生み世界の各地で紛争を発生させた。

緊張は東アジアにも及んだ。中国では，蔣介石が率いる国民党と毛沢東が率いる共産党との大戦中からの対立がすぐに表面化し，45年11月に内戦が始まった。当初は米国の強力な支援を受けていた国民党が圧倒的に有利であったが，やがて農民や民族資本家の支持を受けた共産党が反撃して，49年には国民党軍を破り，49年10月北京に中華人民共和国を成立させた。新政府は50年2月にソ連と中ソ友好同盟相互援助条約を結んで，社会主義陣営の一員として歩み始めた。国民党は台湾に逃れ，中華民国政府を維持した。中国を自陣営に取り込もうとした米国の意図は失敗し，東西対立の接点は太平洋岸まで押し下げられることとなった。

南北に分割占領された朝鮮では，48年，米国に支持された大韓民国（韓国）が樹立されると，続いてソ連を後ろ盾にして朝鮮民主主義人民共和国（北朝鮮）が成立し，同一民族が厳しく対立する状況となった。こうした中，50年6月北朝鮮軍が韓国へ侵攻して，両国間で朝鮮戦争が始まった。北朝鮮軍が南下すると，やがてアメリカ軍を中心とする国際連合軍が介入

して韓国軍とともに反撃し，これに対して中国も義勇軍を送って北朝鮮を支援するなど東西勢力の本格的な衝突となった。激しい戦争が，53年7月板門店(パンムンジョム)で停戦協定が成立するまで続いた。

占領政策の転換 冷戦の進行でアメリカは対日占領政策を転換させ，民主化の推進よりも速やかな経済復興を優先し，日本を安定した資本主義国に育てようとした。折から日本国内では経済の混乱，インフレが続き，労働者の争議が頻発していた。48年，GHQは財閥解体の実行を中途でやめ，同年11月政令201号によって公務員の争議権を奪うなどした。

さらに12月には吉田内閣に対して経済安定9原則を示し，その実施を迫った。49年になると特別公使としてジョセフ・ドッジが来日し，9原則に基づいた経済政策を具体化して，赤字を許さない超均衡縮小予算を作成させた（ドッジライン）。直接税を中心とする税制改革（シャウプ勧告）も行われた。それらは国家財政の収支の均衡や補助金の廃止などで通貨量を縮小し，一気にインフレを押さえ込んで日本産業の輸出競争力を回復，強化しようとするものだった。また為替レートも1ドル＝360円に固定して貿易の拡大を導こうとした。

混乱と再軍備 この結果，深刻な不況が起きて企業の倒産が続出し，失業者が急増した。労働争議が激化し，学生運動なども加わって騒然とした社会状況となった。日本国有鉄道の大幅な人員整理に反対する争議が争われる中，49年下山事件・三鷹事件・松川事件などその後も真相不明の事件が起き，労働運動の幹部が弾圧された。共産主義者を職場から追放する「レッド・パージ」も行われて，労働運動は打撃を受けた。

朝鮮戦争は，こうした時期の日本に大きな影響を与えた。米軍は日本の基地からも出撃し，米軍の需要を満たすため，戦後封鎖されていた軍需工場で兵器生産が再開された。不況にあえいでいた日本経済はアメリカからの特需により息を吹き返した。公職追放が解除され，旧勢力が復帰してきた。米軍のいなくなった穴を埋めるためとして50年7月警察予備隊が新設され，旧軍の職業軍人も採用されて日本再軍備の足がかりとなった。

3 講和と再軍備——戦後政治史3——

講和問題　冷戦の深刻化，1950年6月の朝鮮戦争勃発などで，アメリカはソ連など社会主義陣営を除外して早期に日本と講和を結び，占領体制から独立させて，西側諸国の一員に組み込もうと考えるようになった。一方，吉田茂内閣は独立後の日本について，アメリカへ基地を提供することで当面の安全保障を図り，軍事負担を軽くして経済復興に全力を注ごうとした。こうした講和構想は，ソ連などの社会主義諸国や大国日本の復活をおそれるアジア諸国の反対を招いた。賠償を放棄させる方針にも中国・ビルマなどが反対だった。国内でも「全面講和・中立維持・外国基地反対」を唱える東大総長南原繁らの「平和問題懇談会」や社会党（この問題をめぐって後に分裂）など，諸方面に強い反対の声があった。

平和条約　1951年9月，サンフランシスコで対日講和会議が開かれた。日本からは吉田茂首相を主席とする全権団が出席した。その結果，9月8日サンフランシスコ平和条約が連合国48カ国との間で調印された。会議に招請された国のうちビルマ・インドなどは不参加，ソ連など3カ国は出席したが調印しなかった。2つの中国は会議に招請されなかった。朝鮮は戦争当事国ではないとして招請されず，条約の中で独立が認められた。また，沖縄・奄美群島や小笠原諸島などは実質的にアメリカの統治が認められ，日本国から切り離されて軍政が継続されることになった。

平和条約調印の夕刻，日米間で日米安全保障条約が調印された。条約は日本や極東の安全に寄与するという名目で，講和条約発効後も米軍が日本に駐留することを認め，日本の再軍備も促していた。条約の期限は規定されなかった。52年に日米行政協定が結ばれ，米軍への基地提供，米軍軍人・軍属の裁判権を米側に認める等を取り決めた。2つの条約は翌52年4月28日に発効し，日本は6年8カ月間の占領から解放されて，独立を回復した。

再軍備　日本経済は朝鮮戦争の特需によって好況が続いた。労働運動は占領軍の圧力から解放されて盛りあがり，共産党は急進的になった。独立直後の52年5月1日のメーデーでデモ隊が皇居前の広場に突入

し，警官隊と衝突して死者2名を出す血のメーデー事件も起きた。これに対し，吉田内閣は，「暴力主義的破壊活動を行った団体」を規制するための破壊活動防止法を成立させ，7月公布した。

52年の平和条約発効後，警察予備隊は保安隊となり，新たに海上警備隊が設けられた。54年には日米相互防衛援助（MSA）協定が結ばれ，アメリカから経済・軍事援助を得る代わりに防衛力を増強する義務が約束された。54年7月には防衛庁が設置され，保安隊・海上警備隊は15万人の兵力を擁する陸上・海上・航空の自衛隊に改組された。

55年体制　講和条約締結前後に公職追放を解除され，政界に復帰してきた政治家には，民主化政策や対米従属に反発する者も多かった。彼らは鳩山一郎を中心に，同じ自由党内で吉田茂内閣との対立を深めた。吉田は52，53年と2度の解散・総選挙を試みたが自由党は分裂し，かえって社会党の左右両派が議席を増やした。48年10月成立の第2次吉田内閣以来長期にわたって政権を担当してきた吉田内閣は，造船疑獄をきっかけに総辞職した。新たに日本民主党を結成していた鳩山一郎が54年12月，首班に指名され組閣した。鳩山内閣は再軍備と憲法改正を公然と掲げ，吉田の路線の修正を図った。しかしこうした動向に国民の反対も強まり，55年の総選挙では社会党が躍進して，憲法改正の見通しは立たなくなった。

55年10月，左右両派に分裂していた社会党が憲法改正反対の旗印の下に統一すると，11月保守勢力の自由・民主両党も合同して自由民主党となった（保守合同）。保守勢力は憲法改正と対米依存を深め，革新勢力は憲法擁護・非武装中立を主張して対立し，議会では自民・社会の両党がほぼ2対1の割合で議席を分け合う状況が以後長く続いた（55年体制）。

鳩山内閣は，外交面では朝鮮戦争の休戦協定の成立（53年）や冷戦の雪解けを背景にソ連との国交回復をはかり，自ら訪ソして56年10月に日ソ共同宣言を出しこれを実現した。平和条約の締結は継続交渉とされた。ソ連の反対がなくなったため，56年12月日本は国際連合に加盟が認められ，国際社会へ復帰することができた。鳩山内閣はこれを機に退陣し，同月石橋湛山内閣が生まれた。

4　60年安保と60年代の政治——戦後政治史4——

安保闘争　1955年頃には，日本の社会は戦後の混乱期を抜け出て新しい段階に入った。55年体制の安定した政治状況が生まれ，日本国憲法は定着しつつあった。経済の高度成長が始まっていた。

　56年12月成立の石橋湛山内閣は短命に終わり，57年2月岸信介（東条内閣の閣僚）内閣が成立した。岸内閣は日本の国際的地位を高めるためとして，従属的な日米安保条約の改定をはかり，60年1月に日米相互協力及び安全保障条約（新安保条約）に調印した。

　新安保条約では，国連の重視，アメリカの日本防衛の義務など，旧安保条約に比べて対等性が増した。条約の期限は10年とされた。一方で日本の軍事協力や条約の対象地域の拡大など，アジアに及ぶ日米軍事同盟としての性格を強めていた。このため，将来アメリカの戦争に日本が巻き込まれるのではないかという危機感も国民の中に生じた。条約批准のための審議が始まると，政府・与党が強行採決を繰り返したこともあり，議会内外に激しい反対運動が起きた。「民主主義擁護・安保反対・岸内閣打倒」をスローガンにした運動は全国に及び，最盛時には650万人がゼネストに参加，市民・労働者・学生のデモ隊が国会を取り巻いた（60年安保闘争）。条約批准の採決は衆議院で強行・可決され，参議院での審議なしで6月に自然成立した。この直後岸内閣は混乱の責任を負って総辞職した。

高度成長と社会の変容　60年7月，池田勇人内閣が成立した。池田内閣は，安保問題による国内の分裂を修復するため「寛容と忍耐」を唱えて革新勢力との対立を避け，政策の中心を経済成長に据えた。国民の所得を10年間で2倍にするという「所得倍増計画」をスローガンに，公共事業などの経済刺激策を積極的に実施した。既に高度成長の途上にあった産業界は活気づいた。64年10月にはオリンピック東京大会が開催され，そのための需要はこうした傾向をさらに刺激した。国民の所得は増大し，人々の関心も経済に引き寄せられていった。

　70年代初頭まで続いた高度経済成長の下で，日本の社会は大きく変容

していった。国民の生活水準が向上し，耐久消費財の普及と共に生活様式も変った。64年10月に東海道新幹線，65年には名神高速道路が全通するなど高速交通網の整備が進んだ。自動車交通が発展し，自動車の所有者も増大していった（モータリゼーション）。工業化により人手不足となった都市へ農村の人口が移動した。大都市周辺には巨大な住宅団地が生まれた。農業は米を除いて生産性が伸び悩み，農家の兼業化が進んだ。エネルギー源は石油への転換が進み，衰退した石炭産業で炭坑労働者の大量失業も起きた。

佐藤内閣 池田内閣に代わり64年11月に成立した佐藤栄作内閣は，好調な経済発展を背景にして7年余りの長期政権となった。懸案だった韓国との国交正常化交渉が，アメリカの強い後押しもあって65年に朴正熙（パクチョンヒ）政権との間で妥結した（日韓基本条約）。52年の独立回復後もアメリカの軍政下に置かれていた沖縄では，60年代にベトナム戦争の基地となったこともあり，県民による祖国復帰運動が盛り上がった。佐藤内閣はその解決を課題にすえ，米国政府と交渉を進めて71年に沖縄返還協定が調印され，その翌72年5月沖縄は本土へ復帰して沖縄県となった。小笠原諸島は68年4月の返還協定により，同6月に米国から返還された。

67年の総選挙で自民党は安定多数を獲得したが議席は伸び悩んだ。野党側でも，社会党は伸びず，これ以後停滞した。一方，初めて衆議院に進出した公明党（64年創価学会を基盤に結成）が25議席を得，その後も第3党の地位を占めた。共産党も議席を伸ばし，60年に社会党から民主社会党が分立した。こうした野党側の傾向を多党化現象と呼んだ。国民の生活が向上する中で，価値観が多様化していくことの反映であった。60年代の後半になると各地で公害問題が表面化した。過密化した都市の大気汚染や産業からの排出物による環境汚染が広がった。被害者からの訴訟も起こった。これに対し佐藤内閣は67年に公害対策基本法を制定し，71年に環境庁を発足させた。高度経済成長のひずみを助長した自民党政治を批判して，新しい地方政治を目指す「革新首長」が67年の東京を初めとして70年代初めに大阪・神奈川などに生まれた。これらの自治体では公害規制の強化や，福祉政策を充実させるなどの政策が実施された。

5　日韓基本条約と沖縄の本土復帰——戦後政治史5——

日本と韓国　日本が1910年以来植民地として支配した朝鮮には、戦後の48年、半島を南北に分断する形で大韓民国（韓国）と朝鮮民主主義人民共和国（北朝鮮）が成立した。しかし日朝間の植民地支配の処理、及び国交樹立の課題は、51年のサンフランシスコ平和条約でも果たされなかった。両国のうち、日本が国交を樹立しようとしたのはもっぱら韓国であった。日韓の国交樹立交渉は51年に予備会談、52年2月から正式会談が始まったが、日本側は植民地支配を正当化する意識が強く、韓国側には日本に対して被支配の経験に根ざす強い不信感があって、交渉はきわめて難航した。交渉が進展したのは61年、韓国に朴正煕（パクチョンヒ）政権が成立してからだった。朴政権は日本からの経済援助を必要とし、日本は50年代後半からの高度成長で経済が発展して、韓国市場への進出をねらっていた。また両国共通の後ろ盾であるアメリカは、ベトナム戦争が拡大する中、アジアでの社会主義の拡大を嫌って、両国の提携を強く望んでいた。

日韓基本条約　交渉は65年に妥結し、佐藤栄作内閣と朴政権との間で6月日韓基本条約が締結された。条約は、韓国を朝鮮半島で唯一の合法国家として国交を樹立する「基本関係に関する条約」と、賠償に代わる無償3億・有償2億ドルの経済援助や民間借款3億ドル（1ドル＝360円）、韓国籍に登録した在日の人々に日本の永住資格を与えることなどの4つの協定からなっていた。しかし植民地支配への謝罪はなく、韓国民衆の不満も大きかった。また、国家としての北朝鮮は否定され、交流は遮断された。59年からの帰国事業で北朝鮮に帰国していた9万3千人の元在日朝鮮人との交流も滞った。在日の朝鮮籍の人々は、韓国籍の人々と比べても不利益な法的扱いを受けることになった。

　日韓の国交が開かれると日本の商品や資本が韓国に流れ込んだ。安価な労働力を目指して日本企業の進出も盛んになった。しかし韓国経済はこうした資金や経済的な刺激を糧とし、1970〜80年代において、「漢江（ハンガン）の奇跡」といわれるめざましい経済発展を実現していった。

軍政下の沖縄 大戦末期, 本土防衛の盾となって悲惨な地上戦が行われた沖縄は, 戦後米軍の占領下で琉球と名称を変えられ, 軍事基地化が進められた。さらに51年9月のサンフランシスコ平和条約で日本政府は, 沖縄を本土と切り離し, アメリカが統治することを認めた。アメリカは中国やソ連を押さえ込む前進基地として, 沖縄を「極東の要石」ととらえていた。現役の軍人を最高権力者とする米国民政府が沖縄を統治し, その下に任命制の主席を長とする琉球政府が置かれた。

本土から沖縄に渡るためには, パスポートとビザが必要とされ, ドルが公定通貨であった。基地は住民の土地を接収して拡大され, ベトナム戦争では65年以来, 米軍の北爆の出撃基地となった。基地に係わるアメリカ兵の犯罪や事故も絶えなかった。沖縄の人々はこうした状況を批判して, 50年代から60年代を通して, 日本政府への不信感を抱きながらも, 本土復帰を目指す運動 (祖国復帰運動) を強めていった。60年に沖縄県祖国復帰協議会 (復帰協) が結成され, 60年代後半には運動は大きな盛り上がりを見せるようになった。

沖縄返還 高まる復帰運動に対し, はじめはこれを弾圧していたアメリカも, 基地の安全使用のためしだいに譲歩を余儀なくされた。日本政府も沖縄返還を重要課題ととらえ, 65年に佐藤栄作首相が返還実現を公約, 67年から日米間で返還交渉が開始された。68年, 初めて琉球政府主席選挙が行われ, 復帰運動のリーダーであった屋良朝苗が当選した。69年7月の佐藤首相・ニクソン大統領会談で72年の沖縄返還が合意され, 71年6月に沖縄返還協定が調印された。返還交渉で最大の問題となったのは, 沖縄に配備された核兵器と基地の扱いだった。世論は「核抜き」と, 基地を「本土並み」に減らすことを要求した。結局, 核兵器については曖昧さを残す「核抜き」と, 広大な軍事基地を残す形での「本土並み」で交渉が決着した。屋良主席は協定への批判を込めて調印式に欠席した。

72年5月, 沖縄は日本へ復帰し, 沖縄県となった。復帰に当たって約束されたはずの米軍基地の縮小はその後も実質的には実現されず, 現在も日本にある米軍基地の75%は沖縄が抱えている。

6 経済大国 70〜80年代の政治 ――戦後政治史6――

石油危機 60年代後半のアメリカは，軍事介入していたベトナム戦争の戦費負担や，復興した先進国からの輸入拡大による貿易赤字が深刻な問題になっていた。この打開策としてニクソン大統領は71年8月，ドルと金の交換を停止し（ニクソン・ショック），また12月貿易赤字解消のため日本や西ドイツに為替の交換レートの引き上げ（1ドル＝308円）を要求して政財界に衝撃を与えた。外交面でも，これまで敵視していた中国との国交回復を日本の頭越しに図り，72年に中国を訪問した。

こうした中，佐藤内閣は沖縄の本土復帰を期に退陣し，72年7月田中角栄内閣が生まれた。田中内閣は直ちに中国との国交回復に乗り出し，田中自身が72年9月に訪中して，日中共同声明調印でこれを実現した。内政面では，大都市に集中した産業を地方に拡大・分散させる「列島改造計画」と名付けた大規模な国土開発を実施しようとした。これに刺激されて経済が過熱し，物価の上昇が始まった73年10月，第4次中東戦争の戦術としてOAPEC（アラブ石油輸出国機構）が原油価格を4倍に引き上げる石油ショック（第1次）が起きた。中東産石油に依存していた日本経済は大きな影響を受け，狂乱物価といわれるインフレとなった。これに対して政府が強力な金融引き締めを行うと，インフレは収まらないまま74年から深刻な不況が襲った。こうして高度経済成長は終わりを告げた。田中首相はこの経済混乱と，自らの政治資金の疑惑（金脈問題）により退陣した。

次いで74年12月に成立した三木武夫内閣は「クリーンな政治」をスローガンに掲げ，世論の支持を求めた。しかし，76年，アメリカのロッキード社の航空機売り込みにかかわる収賄容疑で田中前首相が逮捕されると自民党内は抗争が激しくなり，総選挙でも議席を減らして，小派閥の三木首相は退陣を余儀なくされた。この後，76年福田赳夫内閣，78年大平正芳内閣，80年鈴木善幸内閣と続いたがいずれも短命に終わった。78年8月福田内閣によって，日中共同声明の趣旨に基づいた日中平和友好条約が締結され，日中の交流をより拡大させることになった。

経済大国　オイル・ショック後の不況は世界を覆っていた。低迷する世界経済の打開のため先進資本主義国（米・日・独・英・仏・伊6カ国，翌年からカナダが加わる）の首脳が経済政策を調整する先進国首脳会議（サミット）が75年から始まり，以後毎年開催されるようになった。こうした中，日本経済はエネルギーの省力化，人員削減，エレクトロニクス技術による工場・オフィスの自動化，また大企業労働組合の賃上げ自粛などで比較的順調に不況を乗り切り，安定成長を軌道に乗せて，世界経済に有力な地位を占めるようになった。80年には日本のGNPが世界の1割を占めた。発展途上国に対するODA（政府開発援助）の供与は89年に世界1位となった。こうして日本は「経済大国」となった。

80年代　低成長の時代に入り，国民の中には現状の生活水準を守ろうとする保守的傾向が強まった。地方自治体の財政悪化も表面化し，78，79年にかけて京都・東京・大阪の知事選で革新系候補が敗退した。米国ではレーガン大統領が「新保守主義」を掲げ，福祉政策の見直しや規制緩和による自由競争の促進，軍備拡大など，強い国家を目指す政策を進めていた。こうした中，82年に成立した中曽根康弘内閣は「戦後政治の総決算」を掲げ，アメリカのレーガン大統領との親密な関係を演出して日米韓の協力を強化し，軍事費を増大させた。歴代の首相が控えていた靖国神社の参拝も行った（中国の抗議で以後中止）。増大した財政赤字を解消する目的で行財政改革を進め，老人医療や年金などの社会保障費を削り，85年に電電公社（現NTT）・専売公社（現JT）・87年に国鉄（現JR）の民営化を行った。しかし，財政赤字解消のための大型間接税導入に失敗し，87年に退陣した。大型間接税は，次の竹下登内閣のもとで消費税として導入され，89年4月から実施された。当初の税率は3％だった。

　85年9月のプラザ合意後円高が進み不況が始まると，政府は金利を引き下げ，豊富な資金が市場に出回った。余った資金は土地と株式に向かい，地価と株価が高騰して87年頃から異常な好況が始まった（バブル経済）。

　昭和天皇裕仁が89年1月に亡くなり，皇太子明仁親王が新しい天皇に即位して，元号は平成と改められた。

7 冷戦後の世界と日本　90年代の政治
―― 戦後政治史7 ――

冷戦の終結　ヨーロッパでは80年代末から90年代の初め，社会主義諸国に大きな変動が起きた。80年代に経済危機が進んだソ連では85年からゴルバチョフによる国内体制の民主化や対米関係の改善が進められ，89年には米ソが協同で冷戦の終結を宣言した。同89年，東西のドイツを分けていた「ベルリンの壁」が取り除かれて自由な交通が可能になると，やがて東ドイツは崩壊し，90年に西ドイツに吸収された。91年にはソ連でも共産党政権が崩壊し，間もなくソ連邦自体が消滅した。東欧諸国はソ連から離反し，次々に社会主義を放棄した。東アジアにおいても90年ソ連と韓国，92年中国と韓国が国交を樹立した。こうして第2次大戦後の冷戦体制が終わり，アメリカは唯一の超大国となった。

55年体制の崩壊　竹下内閣は不正献金事件の疑惑が周辺におよび（リクルート事件），89年6月辞任した。次いで成立した宇野宗佑内閣は，同年7月に行われた参議院議員選挙で自民党が大敗したため，8月には海部俊樹内閣に代わった。91年8月，クウェートに侵攻したイラクに，翌92年1月アメリカを中心とする多国籍軍が武力制裁を加えた湾岸戦争が起きた。海部内閣は戦争への対応に動揺したが，アメリカの要求に答え多国籍軍に120億ドルを支援した。

　91年11月，宮沢喜一内閣が成立した。宮沢内閣は92年に国連平和維持活動（PKO）協力法を成立させて自衛隊の海外での活動を可能とし，この年カンボジア，93年にはモザンビークへ自衛隊が派遣された。

　この間，92年佐川急便事件，翌93年には大手建設会社がからむゼネコン疑惑などが明るみに出て，金権・腐敗政治への国民の批判が強まった。自民党内でも派閥が分裂し，93年離党者が新党（新生党・新党さきがけ）を作るなど，政界は流動化した。こうした中，93年7月の総選挙でついに自民党は過半数を割り，宮沢内閣は退陣して，共産党を除く非自民の8党派が日本新党の細川護熙を首相として連立内閣を成立させた。冷戦のもとで40年近く続いた自民党単独政権が崩壊し，55年体制は終わった。

細川内閣は「政治改革」をとなえ，94年衆議院に小選挙区比例代表並立制を導入した。連立政権は同94年4月羽田孜内閣に引き継がれたが，社会党は参加せず短命に終わった。94年6月，社会党・自民党・新党さきがけが村山富市社会党委員長を首相とする連立内閣を成立させた。社会党は日米安保条約を支持し，自衛隊を合憲とする方針転換を行った。野党側はこの年，新生党・公明党・民社党・日本新党などが新進党を結成した。

自民党政権の復活　95年，1月に阪神・淡路大震災，3月オウム真理教による地下鉄サリン事件が起きた。人々の社会生活の安心感・安全への信頼感は揺らぎ，政府の危機管理のありかたも問われた。村山内閣は退陣し，96年1月連立政権は橋本龍太郎自民党総裁に引き継がれたが，同96年10月の総選挙で自民党が復調し，11月には自民党単独の橋本内閣が成立した。橋本内閣はアメリカの強い要請のもと，冷戦終了後の安保体制を見直し，アジア地域の安全保障に日本がより積極的にかかわる内容の新しい日米協力のための指針（新ガイドライン）を97年に決定した。また98年，行政改革を進めるため「中央省庁等改革基本法」を成立させ，省庁の再編に取り組んだ。98年7月小渕恵三内閣が成立した。小渕内閣は自由党・公明党と連立して与党勢力を安定させ，99年5月には野党に反対の強かった，新ガイドラインにもとづく周辺事態法を成立させた。

　2000年4月に小渕首相が病気で倒れると，自民が公明・保守（自由党から分裂）と連立して森喜朗内閣が生まれ，さらに01年4月小泉純一郎内閣へと引き継がれた。01年9月にアメリカで同時多発テロが発生すると，ブッシュ政権は11月アフガニスタンを攻撃，さらに03年3月イラク戦争を始めた。こうした状況下，03年6月には有事法制関連3法が成立した。7月にはイラク復興支援特別措置法が成立，「人道支援」の名の下にイラクに自衛隊が派遣された。一方，02年9月小泉首相は北朝鮮を訪問し，金正日国防委員長と会談して日朝平壌宣言を発表し，国交正常化交渉を再開した。野党側は新進党が分裂するなど混迷していたが，98年4月にこの中の中道各派が民主党を結成し，国会第2の勢力となった。民主党は03年11月の総選挙では177議席を獲得し，二大政党化への傾向を強めた。

8 現代日本の政治 ── 戦後政治史8 ──

平成合併 小泉純一郎内閣は「小さな政府」を目指し，「民間でできることは民間で」「地方ですべきことは地方で」と唱えて政府の財政負担の軽減をはかった。郵政民営化などを強力に推し進めるとともに，2000年4月（小渕恵三内閣）に施行された地方分権一括法に基づき，04年11月地方財政の「三位一体改革」（①国庫補助金縮減②地方への税源委譲③地方交付税見直し）と称して全国市町村の合併を促進した。これは，少子高齢化の進展や交通通信手段の発展に対応し，広域的かつ効率的な行財政運営を確立して地方分権を推進することを目的としていた。05年度末までに合併を実現すれば税制・財政上の優遇措置が得られるため，財政の悪化に苦しむ市町村は合併協議会を設けて検討を進めた。その結果，合併前の1999年に3232（670市1994町568村）あった市町村は2006年には1817（779市842町196村）へと激減し，12県では村が消滅した。また，歴史的に由緒ある多くの地名が使われなくなった。

　合併により広域的な行政が可能となったが，税源の委譲が不十分で市町村の行財政基盤の強化にはつながらなかった。さらに交付金や補助金の削減により，人口・企業が多く税収の比較的安定した都市部と，中山間地域を含み税源に恵まれない農村部との財政安定度の格差が一層広がることとなった。引き続くデフレ不況もあって財政の好転が見込めない市町村は，基金の取り崩しや職員削減，行政サービスの民間委託を進めるなど，合併しなかった市町村も含めて厳しい財政状況が続いている。

政権交代 衆議院と参議院で与野党勢力が逆転するいわゆる「ねじれ国会」のため政権運営が難しいこともあって，06年安倍晋三，07年福田康夫，08年麻生太郎内閣と自民・公明連立の短命内閣が続いた。

　09年8月の解散総選挙では，マニフェストで「国民の生活が第一」を掲げた民主党への期待が高まって308議席を獲得して政権交代が実現し，民主・社会民主・国民新3党連立の鳩山由紀夫内閣が誕生した。鳩山内閣は，「事業仕分け」と称して前内閣作成の予算案を公開公聴会で査定して注目された。また，こども手当法や高校無償化法を成立施行させた。

しかし、沖縄普天間基地の県外移設提案は沖縄はじめ各地に混乱をもたらし、10年6月鳩山首相は辞任して菅直人内閣が成立した。しかし菅首相は参院選直前に消費税増税を示唆したため民主党は議席を減らして与党過半数割れとなり、再び「ねじれ国会」となって議会運営が難しくなった。翌11年3月11日、マグニチュード9.0の巨大地震が東日本を襲った。巨大な津波が東北関東沿岸を襲い死者行方不明は1万8千余名に達した。東京電力福島第1原子力発電所では全電源を失って運転中の1号機〜3号機が炉心溶融した上、水素爆発をおこし大量の放射性物質が拡散した。菅内閣の危機管理対応への批判や党内の不一致から菅首相が辞任し、11年9月野田佳彦内閣が発足した。野田内閣は、12年8月民自公共同で消費税増税を成立させたが、民主党の分裂をも招いた。12月の総選挙で民主党は大敗、自公が大勝し、第2次安倍晋三内閣が成立した。

北方領土・竹島・尖閣 1951年のサンフランシスコ講和後、ソ連、韓国、台湾、中国との領土問題は国交回復後の2国間交渉に委ねられた。日露和親条約（日露通好条約、1854年）の取り決めを根拠に国後・択捉・歯舞・色丹4島の返還を日本政府は求めたが、56年の日ソ共同宣言では「平和条約締結時に領土問題解決」との共通理解を得た。しかし、第2次大戦末期から占領を続けているソ連（ロシア）政府との返還交渉は進捗していない。日本海の竹島（韓国名独島）は1895年、東シナ海の尖閣諸島（中国名釣魚島）は1905年に、それぞれ日本政府が無主の地と確認して自国領に編入した上で統治を続けた。52年に韓国の李承晩大統領が竹島の東の公海上に設けた海域線（李ライン）は、65年の日韓基本条約で廃止されたが、竹島には韓国の警備隊が引き続き常駐している。2005年島根県議会が「竹島の日」、慶尚北道議会が「独島の月」を宣言するなど、両国民の間にも対抗意識が高まっている。71年の沖縄返還協定締結の前後に、台湾と中国が尖閣諸島の領有権を主張したが、78年の日中平和友好条約では将来の課題とされた。東シナ海ガス田の日中共同開発をめぐる対立など中国の海洋進出が強まる中、日本人地主からの東京都の購入計画を機に2012年日本政府（野田内閣）が尖閣諸島の国有化を宣言したため、中国政府は態度を硬化させ、その後示威行動を繰り返している。

9　経済の復興——戦後経済史 1 ——

失業・飢え・インフレ　空襲の被害で敗戦後の鉱工業の生産水準は戦前の約3分の1にまで落ち込んだ。軍需工場は閉鎖され，海外から復員した将兵や引き揚げ家族も加わり，1945年秋には失業者は1400万人ともいわれた。そのうえ極端な凶作に見舞われて深刻な食糧不足となった。米はもちろんサツマイモやカボチャなどの代用食の配給も不十分で，都市の人々は農村への買い出しや闇市で食料を確保して飢えをしのいだが，餓死者も出た。

物不足による物価上昇と預金引き出しや戦後処理のための通貨の増発で激しいインフレとなった。幣原内閣は，46年2月新円に切り換え，預金を封鎖して通貨量を減らそうとした（金融緊急措置令）が，効果は一時的なものでしかなかった。第1次吉田茂内閣は46年8月経済安定本部を設置して，石炭と鉄鋼部門に資材と資金を集中する傾斜生産方式を採用し，復興金融金庫を47年1月に創設して電力・造船・肥料などを含む基幹産業への資金供給を開始した。これが企業への補助金や多額の融資となり，生産は拡大しはじめたが，インフレをさらに高進させる要因ともなった。また，不正な融資が発覚し，大企業の経営者や大臣が逮捕される贈収賄事件に発展して，48年10月芦田均内閣は総辞職した（昭電疑獄事件）。

新たな経済機構　GHQは，戦争を支えた財閥と農村の貧困の原因である地主制度の解体を進めた。財閥による産業支配が日本経済の民主化を妨げているとして，まず45年11月財閥の解体を命じた。46年持株会社整理委員会を発足させて，三井・三菱・住友などの旧財閥所有の株券を処分させ，株式の分散化・民主化が進んだ。47年には独占禁止法が制定され，持株会社やカルテル・トラストなどが禁止された。また，47年の過度経済力集中排除法によって三菱重工や日本製鉄などの巨大独占企業の分割が行われた。

寄生地主制に対しては，政府の計画した第1次農地改革が不徹底であるとしてその徹底を求めた。このため46年11月自作農創設特別措置法が制定されて，第2次農地改革が進められ50年にはほぼ完了した。不在

地主は消滅し，在村地主の保有制限を超過した農地は政府が強制的に買い上げて小作農に優先的に安価で売却した。こうして小作地は全体の1割程度にまで減少し，自作農中心の農村が形成された。農民の勤労意欲が高まり農業生産は徐々に回復した。47年には農家の自主的な参加による農業経営支援組織として農業協同組合（農協）も発足した。

ドッジラインとシャウプ税制　中国で国民党と共産党の内戦が激化し，朝鮮半島では南北に分断国家が樹立されるという，東アジアの新たな冷戦激化の局面を迎えて，アメリカは日本経済の復興・自立化を急いだ。

　GHQは第2次吉田内閣に対し，48年12月経費節約や予算の均衡・徴税強化・賃金の安定や物価の統制などの厳しいデフレ政策を求める経済安定9原則の実行を命じた。翌年来日した銀行家ドッジは，補助金やアメリカの援助に依存する日本経済の体質を改めるため，赤字を絶対に出さない超均衡予算を実施させた。このためそれまで官営であった国鉄や電信電話事業は独立採算化されて公社となり，人員整理が進められた。また，1ドル＝360円の単一為替レートが設定されて，日本経済はアメリカを中心とした国際経済に連結された。続いて財政学者シャウプを中心とする使節団は，法人税の軽減による企業の資本蓄積促進と所得税・地方税の増税を柱とする直接税中心主義や累進所得課税などの税制改革を実施させた。

　これらの政策の結果，インフレはようやく収まり政府は赤字財政から脱け出したが，深刻な不況に陥って失業者や中小企業の倒産が続出した。首切り反対を主張する労働組合と政府・使用者側の対立が先鋭化する中，49年7〜8月にかけて下山事件・三鷹事件・松川事件など国鉄をめぐる原因不明の奇怪な事件が続いて，労働運動は大きな打撃を受けた。

朝鮮戦争と景気回復　1950年6月朝鮮戦争が勃発した。アメリカ軍が参戦し，日本が発進基地となって膨大な量の軍需物資が調達された。兵器・建設・荷役倉庫・機械や自動車の修理・電信電話・麻袋などに及ぶ軍需が殺到した（特需景気）。繊維や金属・機械を中心とするこれらの受注生産は年間輸出額の2〜3割に達し，これによって日本経済はドッジラインによる不況を脱した。鉱工業生産は51年には戦前の水準に回復した。52年には国際通貨基金（IMF）・世界銀行（IBRD）に加盟した。

10 高度経済成長——戦後経済史2——

技術革新と設備投資　朝鮮特需を契機にして立ち直った日本経済は、その後も好景気・不景気を繰り返しながらもその経済規模を拡大し続け、1950年代中頃から70年代初めにかけて、世界の中でも驚異的な経済成長を遂げていった。

　三井・三菱・住友などの旧財閥系企業グループに加えて、富士・第一・三和銀行系などの新たな企業グループが結成され、相互の激しい競争が展開された。大企業の経営者で組織される経済団体連合会（経団連）などは、産業界の求める経済政策を政府に強く要望し、政府もこれに応じた。各企業はアメリカからの技術導入を積極的に進めた。アメリカはアジアにおける同盟国日本の経済的役割を重視し、オートメーションや電気技術などの先進的な技術の移転を容認した。鉄鋼・造船・機械・電機・石油化学などの産業は活発に設備投資を進めていった。その結果、〈製鉄・鉄鋼―機械・電機・交通運輸〉、〈鉄鋼―金属―建築―不動産〉、〈石油―化学―電力〉といった産業連関が形成されて相互の産業は緊密に結びついた。そして、1つの産業の技術革新が他の産業の技術革新・設備投資を促し、投資が投資を呼びこんで産業全体の生産力は飛躍的に拡大していった。

　鉄鉱石や石油をはじめ輸入に頼る工業原料やエネルギー資源も長期にわたって安価で確保された。石炭から石油へのエネルギー転換が進み、超大型タンカーが中東と日本の石油基地を結びつけた。また、世界的に好況が続いたため日本の輸出も増大し、マツシタ、トヨタ、ホンダ、ソニーなどの非財閥系大企業の躍進は国際的にも注目されるようになった。

所得倍増から列島改造へ　池田勇人内閣は60年「所得倍増政策」を掲げ、社会資本の充実・産業構造の高度化・貿易と国際経済協力の促進を目標として経済規模の拡大を大胆に進めた。公共事業として工場用地の造成、道路建設、鉄道輸送の増強、港湾整備などの産業基盤の整備が進められた。名神・東名高速道路や東海道新幹線などの高速度交通網の建設も国家的プロジェクトとして遂行された。また、東京湾から東海、近畿、瀬戸内、北九州に至る臨海工業地帯には巨大な高炉をもつ製鉄所や石油コン

ビナート・火力発電所が相次いで建設された。62年には後進地域の要請に応えて、全国総合開発計画や新産業都市建設構想に基づく地方拠点都市の工業開発も始まり、産業開発は全国に拡大された。こうした経済政策は佐藤栄作内閣を経て、72年の田中角栄内閣の日本列島改造計画にまで引き継がれた。政府は税制上の優遇措置や財政投融資資金の重化学工業への優先的投入、低金利政策によって、設備投資に必要な資金供給を促進した。

　60年に池田内閣は貿易・為替の自由化を打ちだした。米を除く農産物や工業製品の輸入制限の緩和・撤廃を進め、60年代半ばには自由化率は90%に達した。67年には資本の自由化に踏み切り、開放経済体制への移行が進んだ。政府は独占禁止法を緩めて大企業の合併を促し、資本や技術力の強化を図った。三菱重工業、新日本製鉄、第一勧業銀行などが発足した。

　設備拡大に必要な労働力は地方の中学校や高校卒の若い労働力によって補われた。中でも工業化を支える人材確保が強く要請されたため、理工系大学や学部が増設され、62年からは5年制の工業高等専門学校が各地に新設された。こうして、農村から都市へ大量の若年労働力が流出した。

　55年以降73年までの実質経済成長率は、好況期には12～14%、不況期でも6～7%（平均10%）に達し、その経済規模は5.8倍に急拡大した。GNP（国民総生産）は68年にはヨーロッパ諸国を抜いて資本主義世界第2位となった。64年の東京オリンピックと70年の大阪万国博覧会の開催は先進国へと躍進していく日本の姿を象徴していた。

公害列島日本　一方、高度経済成長の進展とともにその弊害も噴出した。工場からの煤煙・廃液、自動車の排ガスや振動騒音その他生産活動に伴う産業公害が、住民の健康をはじめ生活や自然環境に甚大な汚染・破壊をもたらした。加害責任を回避しようとする企業や行政の怠慢が患者の救済を遅らせ、被害を深刻化し拡大させた。四大公害とよばれる水俣病（熊本）・イタイイタイ病（富山）・四日市喘息（三重）、新潟水俣病は、67年から始まった裁判でその悲惨な実態が次々と明らかにされた。67年には公害対策基本法が施行され、71年には環境庁が新設された。

11 石油危機から80年代の日本経済——戦後経済史3——

ドル・ショックと石油危機　国際収支の悪化に苦しむアメリカのニクソン大統領は，1971年8月ドル防衛策として金とドルの交換停止を宣言し，各国通貨の切り上げを要請した（ドル・ショック）。世界の基軸通貨としてのドルの役割は弱まり，アメリカの威信は大きく後退した。円は1ドル＝308円に切り上げられ，73年2月からは変動相場制へ移行した。さらにアメリカは日本からの繊維製品に輸入課徴金を課すなど保護貿易主義的性格を強めた。一方，72年7月発足した田中角栄内閣は日本列島改造計画を打ちだし，工業の再配置によって都市・農村の過疎・過密を解決し，新幹線や高速道路を延長して国内経済一体化を目指すとして積極政策を進めた。これに刺激を受けて土地や諸資材の買い占めが広がり，地価は前年比30％上昇するなどインフレが進行した。

　こうした時期の73年10月，第4次中東戦争勃発直後，アラブ石油輸出国機構は先進諸国のイスラエル支援を牽制する石油戦略を発動し，原油の大幅値上げと生産制限を一方的に宣言して世界に衝撃を与えた（第1次石油危機）。大量の中東原油輸入に深く依存してきた日本経済は根底から震撼した。石油関連商品の欠乏を予期してガソリンスタンドは販売を制限し，スーパーではトイレットペーパーや洗剤など日用品の確保に客が殺到するなど，値上がりはあらゆる商品に及んで生活を直撃した（狂乱物価）。この時石油業界は組織的な便乗値上げを秘かに行い，後に公正取引委員会に摘発されることになった。政府は中東や東南アジアの産油国に要請して石油の確保を図るとともに，国民生活安定緊急措置法によって消費物資の供給を維持しようとした。

高度成長の終焉　著しい物価上昇は国民生活を圧迫した。労働組合は大幅賃上げを要求して，74春闘で一律30％のベースアップを獲得したが，この膨張する人件費は生産コストを押し上げて企業の収益は大きく落ち込み，74年日本経済は初めてのマイナス成長を記録した。20年近く続いた高度経済成長は終わりを告げ，インフレと不況が同時進行するスタグフレーション（停滞下の物価上昇）の状態がしばらく続くこととなった。

こうして，それまでの石油多消費型の経済構造は転換を迫られた。通産省は省エネ・省資源を呼びかけ，ガソリンスタンドの日曜休業，深夜テレビ番組の自粛，繁華街のネオン消灯などがしばらく続けられた。
　不況で税収が伸び悩んだため，74年田中内閣は財政特例法による赤字国債の発行に踏み切り，それを財源に公共投資を拡大して景気回復を図った。その後も赤字国債の発行は続き，79年度の一般会計歳出に対する公債依存度は34％にまで達した。また，エネルギー政策を転換し，石油に代わる代替エネルギーとして原子力発電や天然ガスの活用が促がされた。

経済大国　企業は「減量経営」を進め，省エネや新規採用停止・配置転換・一時帰休などの雇用調整を実施して乗り切りを図った。労働組合も賃上げ要求の自粛や企業の経営改善に協力するなど，労使協調的方針を取った。

　積極的な省エネ技術開発の結果，日本はエネルギー消費減少率2.7％，石油消費減少率は4.9％に達し（85年現在73年比），他国を大きく引き離した。また，いち早くコンピュータや産業ロボットなどME（マイクロ・エレクトロニクス）技術やそれによる多品種少量生産システムを導入するなど，工場やオフィスの自動化が進んだ。系列下の中小の下請け企業の高い技術力や低コストへの経営努力がそれを支えた。

　欧米では高い失業率が続いたが，日本は低成長とはいえ着実に生産拡大に向かった。半導体やIC・コンピュータなどのハイテク分野が生産を伸ばし，自動車や電気機械に加えて家庭用VTR・ラジカセ等が欧米に「集中豪雨」的に輸出された。輸出高は558億ドル（75年）から1760億ドル（85年）へと飛躍的に増加した。

　日本の激しい輸出攻勢は貿易摩擦として外交問題となり，鉄鋼や半導体の輸出自主規制や自動車・カラーテレビの現地生産への転換が行われた。また世界のGNPに占める割合も，70年の6％から80年の10％と拡大し，日本は「経済大国」と称されるようになった。発展途上国に対する政府開発費援助（ODA）額も80年代には世界最大になった。この間国内では，中国・東北・関越自動車道や山陽・東北・上越新幹線，青函トンネルや瀬戸大橋の建設が進められた。

12　バブル経済とその崩壊──戦後経済史 4 ──

戦後政治総決算　赤字国債に依存する国家財政を再建しようとして，大平正芳内閣は 1979 年一般消費税の導入を図ったが，国民の強い反対を受けた。戦後政治の総決算を唱える中曽根康弘内閣が 82 年登場した。臨時行政調査会の「増税なき財政再建」勧告を受けて行財政改革を実行し，専売・電電・国鉄三公社の民営化を決定した。85 年に日本たばこ産業（現 JT）と NTT，87 年に JR が発足した。

円高　85 年 9 月，貿易収支の悪化に苦しむアメリカの要請を受け，先進 5 カ国の協調介入によってドル安を促進する決定がなされた（プラザ合意）。円は 1 ドル＝ 240 円から 86 年 1 月には 200 円にまで上がった。この円高で輸出産業は打撃を受け，一時的な円高不況に陥った。企業は東南アジアや韓国，台湾に直接投資をして現地生産を促進した。

バブル経済　政府は不況対策として金融緩和・内需拡大策を進め，公定歩合は 85 年の 5% から 87 年の 2.5% まで 5 回にわたって引き下げられた。さらに，87 年政府は内外の金融自由化に踏み切り，政府・日銀の規制の緩いノンバンク（消費者金融やクレジット会社など）が設立され，金利も自由となって企業は容易に多額の資金が確保できるようになった。一方，都心にある旧国鉄所有地（品川や汐留など）の活用や不足するオフィスビル，マンションの建設など首都圏の再開発整備が進められ，不動産業者による建設用地の強引な確保（地上げ）も行われた。また，週休 2 日制の普及による国民の余暇拡大を期待して全国的にリゾート地の開発が行われ，大規模なレジャー・観光施設や保養施設が建設された。東京などの大都市や開発地の地価が上昇し，不動産業者だけでなく大企業や金融機関も土地や株式の投機的売買に乗り出した。資金は銀行が低金利で提供し，銀行の子会社として住宅金融専門会社（住専）も設立された。

　こうして企業も個人も，土地や不動産・株式などの運用によって本業以外に利益を求める財テクブームが起こった。売り出された NTT 株やゴルフ場会員権，高級マンションなどが高値で取引されて話題となり，高級ブランド品や高級車が飛ぶように売れ，海外旅行ブームがおきた。円高と国

際金融の自由化で，日本企業は余剰資金でハワイのホテルやニューヨークのビル・企業の買収に向かった。消費が拡大して好景気が続き，85〜90年の経済成長率は4.5%を維持した。人手不足で賃金が上昇し，中小企業や工場の労働力は東南アジアやブラジルからの外国人労働者に頼らざるを得なくなった。

バブルの崩壊 87年10月アメリカで株価が暴落し世界に波及したが，日本政府は景気過熱を抑制することなく低金利政策を続けた。地価も株価も高騰し続けた。日銀はようやく89年5月金融引き締めに踏み切り，その後公定歩合は90年8月の6%まで順次引き上げられた。89年12月には東京証券取引所の平均株価は3万8915円の最高値を示したが，翌90年1月から急落し始めた（92年12月は1万7千円台）。

90年3月大蔵省は銀行に対し不動産融資総量規制を通達し，土地の売買を規制するようになった。その結果地価も下がりはじめ，土地を担保に融資を受けていた不動産業者や企業の多くが債務返済が不可能となり，銀行や金融機関は多額の不良債権を抱え込むことになった（93年度末推計60兆円）。こうして，土地や株の投機でわき返ったバブル経済は崩壊した。

平成不況 長期に及ぶ平成不況が始まった。経営危機に瀕した銀行や住専その他の金融機関に「公的資金」と称して巨額の国税が支出され続けた。97年11月，リゾート開発などに過剰融資していた北海道拓殖銀行が倒産し，経営悪化を隠した不正経理が表面化して山一証券は自主廃業に追い込まれた。銀行や企業は経営の再編・合理化（リストラ）を強行し，永年勤続者に退職を迫り，新規採用を控えて人件費を抑制した。中高年の失業増大と青年・女子の就職難で失業率は5.4%（2002年）に達する一方，サービス残業・賃金不払いや過労死・自殺が増加した。

工場の海外移転によって国内産業の空洞化が進み，安価な商品や農産物がアジア各地から流入して企業の経営を圧迫した。国民の消費は減退し，IT（情報）機器や自動車など一部の産業を除いて収益は落ち込んだ。政府は公共事業を中心に通算130兆円を超える景気対策を小きざみに実施していったが，その効果は十分には上がらなかった。

13　現代日本の経済——戦後経済史 5 ——

グロー バル化　1989年の冷戦終結，91年のソ連崩壊を経てアメリカが唯一の超大国になるとともに，世界は一気に市場経済化が進み，国と国との境界が低くなって資本や商品・労働力・情報などの往来がより活発となった（グローバリゼーション）。従来のGATTに代わって，より広い領域の通商問題を協議して貿易の自由化を進める国連機関として95年に世界貿易機関（WTO）が発足した。

不況下の日本経済　アメリカの景気回復や中国経済の高度成長による輸出の増大は円高を進行させ，95年4月には一時1ドル＝79円台にまで突入した。バブル崩壊後の不況と同時に進行する円高に対応するため，自動車産業のように現地生産・販売を拡大したり，家電産業のようにコスト削減を進めるため工場を人件費の安い中国や台湾，さらにベトナムやタイ・マレーシアなどの東南アジアに進出する企業が増えた。その際，これまで日本の輸出基盤を支えてきた中小下請企業までもが生産拠点を海外に進出させた結果，国内産業の空洞化が進んだ。中国や東南アジアから安価な工業製品や日用品，野菜などの食料品が輸入され，国内の企業や農家の経営を圧迫した。95年頃からは失業や賃金水準の低下，97年の消費税5％への引き上げが加わって消費者の買い控えが浸透し，国内需要は大きく落ち込んでデフレが進行した。

一方，バブル期以降潜在化していた大手銀行の不良債権の残高は，2002年26兆7800億円と過去最高にのぼった。リーマン・ショック後，09年平均株価は7054円とバブル崩壊後最安値を更新し，輸出は前年比33％減と過去最大に落ち込んだ。10年にはGDP（国内総生産額）は，経済成長が続く中国に抜かれて世界第3位になった。

構造改革　97年に独占禁止法が改正されて持株会社が公認され，企業の統合が容易になった。銀行や保険会社は経営再建や金融自由化に備えて合併を繰り返し（02みずほ，03三井住友，06三菱東京UFJ銀行の誕生），欧米資本との提携も進めた。一方，農産物輸入の完全自由化を視野に，食料の安全・農業の多面的機能維持・農村の振興をうたった「食料・農業・農村

基本法」(新農業基本法)が99年に成立した。02年には経団連と日経連が統合されて日本経団連が発足した。01年に成立した小泉純一郎内閣は大胆な「構造改革」を主張し，市場での自由競争によって経済を効率化・活性化させるとして，教育・労働・福祉・環境を含む広い領域に規制緩和の方針を打ち出した。04年に道路公団が民営化され，06年には郵政民営化法が成立して郵便・郵便貯金・簡易保険の3社に分割された。

格差社会 86年から施行された労働者派遣法は，04年に人件費の抑制を図る企業側の要請により対象業務が製造業にまで拡大されたため，賃金や労働条件の不十分な非正規社員の割合は17%（85年）から35%（08年）にまで増加した。また企業の倒産や工場閉鎖などによって失業率は4%台を推移し，雇用状況は改善されていない。そのため国民の間の経済格差も広がり，生活保護受給世帯は05年度100万世帯が12年度150万世帯に急増し，日本の貧困率（所得が国民の平均の半分に満たない人の割合）は09年に15.7%と先進国（OECD加盟国）中で最大となった。

激動する日本経済 日本の自動車産業は，アメリカの景気回復やアジア特に中国の高度経済成長に支えられて輸出が好調で空前の利益をあげた。一方，液晶テレビや携帯電話分野では韓国や台湾などの企業に世界市場を奪われて採算が悪化し，日本の電機・IT関連産業は経営の苦しい状況に追い込まれている。さらに，06年のアメリカ版住宅バブルともいえるサブプライム・ショック，07年のリーマン・ブラザーズ証券の経営破綻による金融危機，及びEU加盟国のギリシャ・スペインなどの財政破綻に伴う世界的信用不安の高まりを反映して為替相場は円高で推移し，日本の輸出は不利となって国際収支は悪化した。

　長引く不況は税の減収となり，不足財源は赤字国債で補っているが，膨張する債務残高は12年には国と地方あわせては900兆円（13年には1000兆円に）に達し，対GDP比で220%（欧米諸国は90〜100%）と突出している。急速に進む少子高齢化社会の問題とも関連して将来の社会保障制度のあり方も課題となっている。さらに11年の東日本大震災からの復興も緊急を要している。12年8月消費税増税法案が成立した。その結果14年4月から8%に税率が引き上げられた。

14　戦後の新しい文化──社会と文化 1──

価値観の崩壊　敗戦によって，それまで人々を支配してきた国家主義的な価値観や権威は崩壊した。「一億火の玉」「八紘一宇」などのスローガン，「神国日本」の観念は無意味となり，不可侵の権威であった天皇についても，1945年10月GHQが自由な議論を許し，翌年1月には天皇自ら「人間宣言」をした。「鬼畜」と宣伝された米・英は，占領軍として日本国民の主人となり，民主主義のモデルになった。一方，不足する食糧や物資を手に入れるための闇市は，弱肉強食の世界だった。こうした状況下で生き抜くため，エゴイズムをむき出しにする人々も多かったが，虚無感（ニヒリズム）や退廃的な気分も国民の間に広まった。

しかし他方で，恐怖や抑圧からの開放感や，未来への期待感が確実にあった。抑圧されてきた言論の自由を取り戻し，人々は発言を始めた。出版界では，敗戦時に300社だった出版社が48年には4600社に増加し，紙不足にもかかわらず様々な分野にわたる書物が出版されだした。

新しい文学　戦中，軍国主義に抑圧されていた作家が活動を再開した。永井荷風・谷崎潤一郎・川端康成・大佛次郎らの大家が作品を発表し，再び名声を獲得した。社会や人間を誠実に見つめようとする作品も好まれ，明治期の近代化の中で苦悩した先人として夏目漱石がベストセラーになった。ジードやサルトルなど，外国の作品も盛んに翻訳され，読まれた。戦争や日本の侵略行為を正面から考えようとする一群の作家が現れた。堀田善衛は『時間』で戦争や中国侵略の問題を，野間宏は『真空地帯』で日本の軍隊のあり方を，大岡昇平は『俘虜記』などで戦場の兵士の人間性を扱う作品を発表し，戦後文学派と呼ばれた。原子爆弾の被爆という，稀有で悲惨な体験を描いた原民喜・永井隆らの作品も広く読まれた。戦前のプロレタリア文学系作家を中心にした人々は，日本の民主化と社会変革に貢献する文学を目指して，45年12月新日本文学会を結成した。坂口安吾・太宰治・田村泰次郎らが，当時の混乱や退廃した世相を映した作品を発表して共感を呼んだ。

学問・思想 　戦争への反省にたって，広く日本の社会を考察しようとする動きも起こった。46年に復刊された『改造』や，同年創刊された月刊誌『世界』はそうした人々の集まる代表的な雑誌となった。社会科学の分野では西洋経済史学の大塚久雄，法社会学の川島武宜，政治学の丸山真男らが優れた研究を発表して，各分野における戦後の出発点となった。自然科学でも国家の政策に奉仕させられてきたことへの反省から，真理追究のための民主的な学問のあり方が追求されるようになった。48年民主的な研究者の団体として，全国から公選で選ばれた委員による日本学術会議が生まれた。49年には湯川秀樹が中間子理論の研究で日本人として初めてノーベル物理学賞を受賞し，人々に明るい希望をもたらした。

　戦中には厳しく弾圧されていたマルクス主義が経済学や歴史学に強い影響力を持つようになった。また，戦争の反省に立つ平和的な科学を目指す，各分野での活動が活発になった。

教育・文化 　教育の民主化も大きな課題だった。文部省は46年，「新教育方針」で「民主的で平和的な文化国家の建設に寄与する」目標を示した。新憲法制定後の47年3月，教育の目的は，個人の尊厳を重んじ，真理と平和を希求する人間の育成にある，とし，教育の機会均等・男女共学を定めた教育基本法が制定された。同年の学校教育法により，義務教育9年の6・3・3・4制の新しい学校制度が定められた。教育の民主化・地方分権化をはかるために各地方公共団体に教育委員会が設置された。軍国主義を鼓吹した教師への批判が各地で起きたが，教師たちの多くは新しい理念を受け入れ，やがて積極的な活動を始めた。多くの民間教育団体が生まれた。無着成恭らが始めた生活綴り方運動は全国に広まった。

　ラジオ放送では日本放送協会（NHK）が再出発し，ドラマやスポーツ中継が歓迎された。46年，「カムカム英会話」という英会話番組が始まった。映画の主題歌だった「リンゴの歌」がラジオを通じて全国に流行し，美空ひばりらの歌う歌謡曲も流行した。51年には民間放送も始まった。外国映画が輸入され観客を集めたが，日本映画でも黒澤明の「羅生門」，溝口健二の「西鶴一代女」などの作品が国際的に高い評価を得た。

15 戦後の教育と科学技術 ── 社会と文化 2 ──

GHQ による教育改革　日本を占領した連合国軍最高司令官総司令部（GHQ）は、日本の教育に関しても積極的にその改革にのりだした。1945年10月には軍国主義的・超国家主義的教育の禁止、自由主義的・平和主義的教育の奨励（しょうれい）を指令し、軍国主義者・超国家主義者の教職追放を命じた。さらに12月には、修身（しゅうしん）・日本歴史・地理の授業停止を指令するなど、戦前の軍国主義教育の一掃（いっそう）を図（はか）った。また国内からも、教師や有識者による民主主義的教育への活発な動きが見られた。

こうした中で、政府は新たな教育制度づくりを始め、47年3月には教育基本法と学校教育法が公布された。教育基本法では、真理と正義を愛する人間の育成を教育の目的に掲（かか）げ、教育の機会均等、男女共学などが定められた。学校教育法では6・3・3・4制の単線型学校制度、小学校・中学校あわせて9年間の義務教育、教科書の検定（けんてい）制などがうたわれた。48年には教育委員会法が公布され、都道府県・市町村に住民選挙による教育委員が置かれることになった。また、47年には新制中学校が発足（ほっそく）、48年には旧制中学校や高等女学校の多くが新制高等学校として、49年には旧帝国大学などの大学、旧制高等学校や専門学校、師範学校などが新制大学としてスタートし、ここに民主主義教育をうたった戦後教育が始まった。

教育政策の転換　しかし日本が独立を回復する前後から、アメリカの対日政策の転換を背景に、政党や財界による戦後教育への批判が強まってきた。批判は、戦後の民主主義教育に向けられ、愛国心や道徳心、国民としての義務をもっと教えるべきであると強調された。こうした動きに対し、47年に結成された日本教職員組合（日教組（にっきょうそ））など民間の教育団体などが強く反発、以後教育のありかたをめぐって文部省（もんぶしょう）と日教組は激しく対立するようになった。しかし近年、教育政策は大きく変わりつつある。

教育への国民の関心は高まり、それは高校・大学への進学率の上昇（じょうしょう）になって現れてきた。1950年には42.5%だった高校進学率は70年に82.1%、80年に94.2%、99年に96.9%に上昇した。4年制大学・短大への進学も55年には10.1%であったのが、70年に23.6%、80年に37.4%、99年に

49.1％となった。その結果，受験競争が過熱し，中・高校生の塾・予備校通いが当たり前となり，近年は小・中学校への受験競争も激しくなっている。また，大学教育も少子化や04年4月以降からの国立大学の法人化で大きく変わろうとしている。

2012年現在，全国に幼稚園1万3170, 小学校2万1460, 中学校1万699, 高等学校5022, 中等教育学校49, 特別支援学校1059, 高等専門学校57, 短期大学372, 4年制大学783, 専修学校3249, 各種学校1392がある。

科学と科学技術 敗戦の結果，それまで軍事中心の日本の科学・科学技術は平和産業の面で発展するようになった。科学研究の成果としてノーベル賞の自然科学部門受賞者を見ると，1949年の湯川秀樹の物理学賞受賞に始まり，65年の朝永振一郎の物理学賞，73年の江崎玲於奈の物理学賞と，物理学における優れた業績が世界に認められた。その後も81年の福井謙一の化学賞，87年の利根川進の医学・生理学賞と続いたが，2000年以降は受賞者が急激に増加した。

00年は白川秀樹が化学賞，01年は野依良治が化学賞，02年は小柴昌俊が物理学賞，田中耕一が化学賞，08年は南部陽一郎，小林誠，益川敏英の3人が物理学賞，下村脩が化学賞，10年には鈴木章と根岸英一が化学賞，12年は山中伸弥が医学・生理学賞，14年は赤崎勇，天野浩，中村修二の3人が物理学賞，15年は梶田隆章が物理学賞，大村智が医学・生理学賞を受賞している。どの賞も科学の最先端の成果への受賞だが，中でも山中伸弥のiPS細胞の開発は難病の治療に光をもたらし，赤崎勇ら3人のLEDの発明は照明の世界を画期的に変え，大村智のアフリカの風土病の特効薬の開発などは，人間の日常生活と密接に関係した発明・発見として人々の注目を集めた。

その他，造船は戦前からの最新技術を活かした巨大タンカー製造に始まり，鉄道では64年の新幹線の開業につづき，最近ではリニア新幹線の実用化が進んでいる。自動車産業ではハイブリット車の発明や全自動運転車の開発など世界の自動車業界をリードし，さらに，リチウムイオン電池の発明，各種ロボット開発などでも世界の先端を走っている。

16　戦後の社会運動の歩み──社会と文化 3 ──

占領下の労働運動　GHQ による労働組合育成の方針もあり，労働組合は戦後急速に発展した。組合参加者数は 1946 年には 368 万人，47 年には 569 万人へと増加した。社会の混乱，インフレや食糧不足で人々の生活は困窮していたから労働者の要求も切実だった。46 年 5 月 1 日，戦後初のメーデーで皇居前広場を 50 万人の参加者が埋めた。

　労働組合の全国組織として 46 年日本労働総同盟（社会党系）と全日本産業別労働組合（共産党系）が生まれた。組合は次第に政治的要求を強め，保守的な政府を倒そうとして 47 年 2 月 1 日にはゼネストが計画された（2・1 ゼネスト）。しかし決行直前に GHQ がストライキの中止を命令し，以後は労働運動の政治化を抑圧するようになった。48 年には公務員のスト権が奪われた。49 年には「レッド・パージ」が盛んになって，労働組合の共産党系活動家が職場から追われた。

春闘　日本労働組合総評議会（総評）が 50 年に結成され，以後の労働運動をリードした。当初労資協調主義的だった総評は，次第にストライキを構え強力に闘争するようになった。55 年から，同一時期に多くの組合が一斉に賃上げ闘争を行う「春闘」が始まり，争議数も増えた。

　産業構造の変化で縮小される産業では，60 年 1〜11 月の三井三池炭坑争議のように労使が激しく衝突する深刻な争議が起きた。60 年の安保闘争など，民主主義や平和を擁護する運動に労働組合も積極的に参加した。

　60 年代からの日本では「企業社会」と呼ばれるように，企業が社会的な影響力を強めていた。そうした中，終身雇用制や年功序列賃金制の下で，労働者の要求は個々の企業内での賃上げを中心とする経済要求だけに絞られていく傾向が強まっていった。

　一方，国鉄や公務員の組合が労働運動に大きな位置を占めて，66 年 4 月の国鉄や私鉄大手の一斉ストは戦後最大の交通ストとなった。しかし 75 年 11 月に行われた公務員の争議権を回復するための「スト権スト」は失敗に終わり，また 80 年代には国鉄や電電公社などの民営化が進められ，労働組合の力は減退した。組合に参加する労働者の数は，75 年 1247 万人

とピークに達したが,以後は減少傾向となった。総評の指導を離れて,全日本労働総同盟（同盟）など労資協調的な組織へ参加する組合も次第に増えた。しかし1987年には,総評や同盟などを統合した全国組織,日本労働組合総連合会（連合）が生まれた。

市民運動・住民運動 　組合組織や政党の指導に頼らない,市民の自主的な運動も拡大した。60年代末期のベトナム戦争に反対する「ベ平連」の運動は,市民が個人の意志と責任で参加する新しい運動方式を生み出した。女性や障害者などへの差別反対運動,消費者運動,公害反対運動などの多様な運動が生まれ,これらは市民運動と呼ばれた。

　また,60年代後半に四日市や川崎などの公害に苦しむ住民らが企業や政治に対して起こした公害訴訟のように,産業公害,交通公害,大規模開発,発電所建設,下水場やゴミ処理施設の建設など,特定の地域の問題に関わる地域住民の運動（住民運動）も盛んになった。こうした運動は政府を動かして公害規制を強めさせ,67年には公害対策基本法が制定され,71年には環境庁が設置された。さらに,こうした様々な分野の運動を相互に結びつけた市民・住民運動のネットワークが生まれるようになった。

原水爆禁止運動 　52年の独立回復後,占領下ではGHQの報道管制で広く国民に知らされなかった広島・長崎の原子爆弾被爆の実態が次第に明らかになった。そうした中の54年3月,アメリカが中部太平洋（旧南洋諸島）のビキニ環礁で行った水爆実験で,漁船の第5福竜丸が死の灰を浴び,被爆した乗組員1人が死亡する事件が起きた。また,太平洋で捕られたマグロから放射能が検出される事件も起こった。これを機に東京都杉並区の女性を中心に原水爆禁止の署名運動が始められ,大きな反響を呼んで3300万人もの署名を集めた。55年には広島で第1回原水爆禁止世界大会が開かれ,以後毎年開催されるようになり,原水爆禁止運動は国民的運動となった。しかし運動への考え方の違いから65年に原水爆禁止日本協議会が分裂し,世界大会も2つに分裂した。一方,佐藤栄作内閣は67年,核兵器を「持たず・作らず・持ち込ませず」の非核3原則を政府方針として打ち出し,これ以降の政府もこれを保持している。

17 消費革命（大衆消費社会）の中の生活
——社会と文化 4——

　急速な高度経済成長は，大量生産・大量消費の時代をもたらし，国民の生活や意識，社会の在り方を大きく変貌させた。

生産性向上と企業社会　絶えざる技術革新は労働の在り方も変革した。先進技術とともに効率的な経営管理や製品の品質管理法がアメリカから導入され，各企業は労使協力の体制で生産性向上運動を展開した。日本製品は急速に高品質水準に達し，内外の市場を獲得した。企業の収益は増大し，それはさらなる設備投資に向けられると同時に，労働組合との定期的な賃銀交渉を経て労働者にも還元された（春闘によるベースアップ交渉）。こうして企業別労働組合を背景に，年功序列賃金と終身雇用制が定着し，家族をも含めてサラリーマンの生涯が企業に強く依存する，会社中心の日本社会が形成された。

消費革命　所得の向上は消費の増大をもたらした。中でも新しい家電製品のめざましい普及は生活環境を大きく変容させた。それまでラジオとアイロンぐらいしかなかった一般家庭に，50年代中頃から炊飯器（電気釜）をはじめ，三種の神器とよばれたテレビ・冷蔵庫・洗濯機や掃除機が次々と普及し，主婦の家事労働を軽減させた。53年から放送が始まったテレビは広く国民の娯楽や世論形成に大きな役割を果たしただけでなく，CMはさらに国民の購買意欲をあおって消費を増大させた。農村から都市へ出て就職した多くの人々は，狭い民間木造アパートや社宅で生活し，ステンレス流し台を備えたキッチンや水洗トイレつきの公団住宅や分譲住宅での生活が憧れであった。悪化する住宅環境を改善するため都心から離れた郊外に大規模なニュータウンが建設され，通勤距離は次第に遠くなった。ナイロンやプラスチックなどの新素材が普及し，多様な商品が次々と登場した。安さと便利さを売り物に58年にスーパーマーケットが，74年にはコンビニエンスストアが登場し，その集客力の強さに太刀打ちできない在来の商店街は徐々に寂れていった。58年の即席ラーメンをはじめ，レトルトや冷凍食品などが開発，商品化されて食卓に上った。71年にはハ

ンバーガーショップが東京銀座に初めて開店し，喫茶店やレストランなど外食産業が急増した。67年にはミニスカートが大流行し，ファッション雑誌が相次いで発刊された。

「サラリーマンの年収で買える自家用車を」という声に応えて自動車各社の競争が始まり，小型の大衆車が人気を呼んだ。高速道路網も整備が進み，70年頃にはカラーテレビ，クーラーとならんで，マイカーが新三種の神器（3C）の1つとして家庭に入るようになった。人々は旅行やレジャー・スポーツを楽しみ，厳しい労働の日常からの解放を求めた。消費者物価は徐々に上昇して社会問題ともなったが，70年頃にはエンゲル係数（収入に占める食費の割合）は35％に低下した。生活は確実に豊かになり，国民の9割が自らを中流階級に属すると感じるようになった。

一方，首都圏・近畿圏をはじめとした大都市に人口が集中し，東京都は62年に人口1千万人を突破した。急激に膨張・過密化した大都市では大気汚染・騒音・ゴミなどの都市公害が生じた。また，通勤ラッシュや交通渋滞・事故が多発し，住宅・病院・学校の不足も深刻となった。

農業と農村の変容 化学肥料・農薬の投入と小型農業機械の普及によって農業生産力が上昇し，55年頃には食糧不足は解消された。高度成長期には若年労働力を中心に農村から都市へ人口が流出し，農業就業人口は大幅に減少した。過疎化によって地域の機能が崩壊する農山村も続出した。61年政府は農業基本法を制定し，農業近代化による生産性向上を図った。零細農家から専業農家に経営を移し，農業機械の普及によって規模を拡大し，米以外の畜産・野菜・果樹など適地適産を奨励して農業の多角化を進めようとした。しかし，高額な機械や肥料などの経費や生活費の増加は農家経済を圧迫し，農業外に収入を求める兼業農家の割合が増大した。東北・北陸の米の単作地帯では冬季出稼ぎを余儀なくされた。農家所得を保障するという政治的判断で毎年生産者米価が引き上げられたが，アメリカから小麦などの農産物輸入が進み，国民の米離れによって米は生産過剰となった。ついに70年政府は米の生産調整（減反）に踏み切り，農業経営は食糧自給率低下が進行する中で極めて不安定化していった。

18 現代の社会と文化　都市と農村・環境問題
──社会と文化 5──

占領下の文化　マッカーサーの五大改革指令に代表されるように，戦時下の国家による思想・学問・言論・出版などへの厳しい統制から解放されて，戦後の諸文化活動の再出発が始まった。例えば皇国史観から解放された考古学は，登呂遺跡（静岡市）や岩宿遺跡（群馬県）の発掘を行い，国民に神武以来の神話的天皇統治などなかったことを明らかにした。また占領統治の主体であるアメリカの生活スタイルが，従来の伝統的な「家」よりも個人の価値を重んじる傾向を強めながら広がっていった。戦争の重圧から解き放たれた国民は，歌謡曲が流れスポーツ中継が行われるラジオ放送を楽しみ，映画館にも足を運んだ。

高度成長と農村・都市　1955 年から 73 年の間，年間成長率が平均 10% を超す高度経済成長が続いた。この間，農林業の機械化が進み，兼業農家が増えて専業農家は激減した。兼業農家での農業の主たる担い手から，三ちゃん農業（かあちゃん・じいちゃん・ばあちゃんのこと，とうちゃんは出稼ぎ等で不在）という言葉も生まれたように，労働力人口が大量に大都市圏へ移動し，農村は過疎化が進行した。過疎化の進行は，共同体としての機能を後退させ，伝統的な文化活動（祭りや伝統的行事）を停滞・衰微させた。一方で近年ようやく村おこし・町おこしと連動して，見直しの機運も高まっている。

　一方，製造業やサービス業などが膨張して，それに従事する人々は都市部に集中した。そこで住宅不足を解消するために大規模な高層住宅団地や道路・学校など，都市の生活基盤の向上が求められるようになった。これらの要求は地方自治体のあり方に変革を迫った。

　高度経済成長に伴い国民の所得が上昇し，テレビ・洗濯機・冷蔵庫（三種の神器と呼ばれた）のような耐久消費財が各家庭に普及し（60年代），さらに自家用車・カラーテレビ・クーラーの3C 等が普及して（70年代），大衆消費社会の到来と呼ばれるようになった。生活様式の大きな変化の中で，テレビ放送の浸透と 70 年代後半から顕著になったマイカー所有の一

般化が, 国民の思考・行動様式に大きな影響を与えるようになった。例えば, テレビのアニメ番組やマンガ雑誌ブームは, 青少年の活字離れの一因となったが, 一方ではこの脱活字化に伴う新しい文化も生まれてきている。

公害と環境問題　高度工業化社会の到来により, 国民の生活水準は先進国並みになったが, それは大量生産・大量消費・大量廃棄を伴い, 一方で深刻な公害を引き起こした。60年代に入ると熊本県の日本窒素の水俣病, 四日市石油コンビナートのぜんそく, 富山県のイタイイタイ病, 新潟水俣病の四大公害訴訟が次々と起こされた。被害の実態と反対運動を伝えるマスコミの報道などを通じて, 公害の克服が国民的な課題であるとの意識が定着していった。政府は67年に公害対策基本法を制定し, 71年には環境庁を発足させた。

大都市圏では, 過密化に伴い交通渋滞・窒素酸化物等による大気汚染, 騒音問題や廃棄物（ゴミ）処理問題等の都市公害が深刻化した。廃棄物の焼却処理ではダイオキシンのような自然界に存在しない毒性物質を生みだした。水質汚染や海洋汚染の問題も生じている。

一方でこのような問題を解決するための「環境にやさしい」生産活動や, ゴミの分別や資源のリサイクル等といった新しい発想が人々の間に生まれ定着しつつある。

IT革命の行方　80年代に入るとコンピュータや産業用ロボットの開発が企業の生産性を飛躍的に向上させた。コンピュータのデータ保存用半導体や集積回路の小型化が急速に進んで, 90年代には, パーソナル・コンピュータ（パソコン）が国民の間に急速に普及し, それに伴ってインターネットの利用も急速に拡大した。

またコンピュータ技術の超小型化は携帯電話を誕生させた。インターネットや携帯電話は, いつでもどこでも通信を可能にし, 大量の情報を双方向で送受信することを可能にした。情報収集に費やされていた時間と労働力が飛躍的に軽減されて企業の生産性が一段と向上し, 新しい情報産業が誕生していった。この情報（I=information）技術（T=technology）革命は現在, 社会・経済のあり方を急激に変容させている。

19　戦後の日米関係史

占領から講和へ　1945年8月15日，天皇がラジオで国民に「終戦」（敗戦）を伝えた日本は，以後アメリカ軍を主体とする連合国軍の占領下に入った。連合国軍最高司令官総司令部（GHQ）は，対日占領方針が日本の非軍事化と民主化であると公表した。さらに最高司令官のマッカーサーは五大改革指令を出し，その具体的な改革目標を示した。改革はGHQの指令・勧告を日本政府が実行していく間接統治の形で進められた。財閥解体・農地改革等が実施され，新教育制度も確立された。またアメリカは自国予算の一部をさいて，窮迫していた日本に食糧・医薬品等の物資を援助したり，海運・石炭等の基幹産業の復興資金を提供した。

　当初，アメリカは日本が2度と自国のライバルになれないような懲罰的な講和を検討していた。しかし，ヨーロッパの復興や朝鮮半島における米ソの対立等で冷戦が激化すると，アメリカは寛大な講和条件で日本を自由陣営に取り込もうとする方針に転じた。

　50年6月25日朝鮮戦争が勃発すると，在日米軍基地の自由使用がアメリカの世界戦略上必要だという認識が定着し，講和後も在日米軍基地を存続させたい意向が米国では強くなった。一方日本側（第3次吉田茂内閣）は，一日も早く占領から脱して講和＝独立を達成させたいが，独立国に外国軍隊が無条約状態で駐留し続けるのも不自然であると見た。そこで51年9月4日のサンフランシスコ平和条約調印直後の同日に，日米安全保障条約が調印された。そして52年2月，アメリカ軍駐留に関する具体的な条件を定めた日米行政協定が締結された。

日米安全保障条約　日米安保条約で「極東の平和と安全」のためという名目で，日本の独立後も米軍が日本に駐留し続けることになった。日本政府は，対米外交を基軸にして国際社会へ復帰する道を選択したことになる。しかしこの条約にはアメリカの日本防衛義務が明記されていず，またアメリカ以外の外国軍隊駐留を認めず，内乱発生時には在日米軍が出動することなど，日本の主権に関わる条規があって，二国間の対等な条約とはいえなかった。また在日米軍基地をめぐる紛争（石川県内灘・東京都砂川・

群馬県相馬が原のジラード事件等）も相次ぎ，より対等な条約への改定が課題となった。

　57年2月に成立した岸信介内閣は「日米新時代」を唱えて，米軍基地の使用継続・「極東」における在日米軍の軍事行動についての事前協議制・アメリカの日本防衛義務等，を定めた日米相互協力及び安全保障条約（新安保条約）を締結した。しかし，これによってアメリカの戦争に日本が巻き込まれてしまうという国民の危惧や，米軍の駐留そのものへの疑問は解消されなかった。さらに岸内閣・与党自民党が条約批准のため衆議院で強行採決する等強引な国会運営を行ったことに対して，激しい反対運動（60年安保闘争）が繰り広げられた。

沖縄返還　この間，米軍基地の本土から沖縄への移転が進行した。しかもベトナム戦争の激化で，沖縄はその前線基地化し，アメリカは沖縄の軍事基地の長期保有の方針を固めていた。一方，沖縄では祖国復帰運動が高揚しており，本土の世論も復帰を求めていた。65年8月，佐藤栄作首相は戦後初めて沖縄を訪問して，「沖縄が復帰しなければ『戦後』は終わらない」と声明し，返還交渉に臨んだ。交渉のポイントは，日本の非核3原則と，事前協議制を沖縄にも適用する「核（核兵器）抜き」「本土並み」という条件を，日本側が確保できるかどうかということにあり，沖縄の米軍基地の存続はその前提とされていた。71年6月沖縄返還協定が調印され，翌72年5月15日沖縄は返還されたが，広大な米軍基地はそのまま存続することとなった。

貿易摩擦　日米安保体制の下で日本経済は順調に回復・発展し，60年代後半から対米貿易黒字が続くようになると，アメリカとの貿易摩擦が始まった。日本側は輸出自主規制（72年・繊維製品，80年代・鉄鋼・自動車）に応じ，日本の市場開放（86年・半導体）へと発展した。88年には牛肉・オレンジの輸入自由化を受け入れ，国内農業の在り方そのものにも影響を与えた。90年代には，アメリカは単なる分野別協議では解決できない日本国内の構造的・制度的「障壁」への包括的改革要求にまで発展させていった。

20　近現代の日中関係史

維新から敗戦まで　列強から不平等条約を押しつけられていた日本は，清（中国）との間で，1871年に初めて両国対等の日清修好条規を結んだ。明治政府は，江戸時代薩摩藩の支配下にありながら清の保護国でもあった琉球を，72年に日本の一部として琉球藩とした。その琉球島民が台湾東南部に漂着して原住民に殺害されるという事件が起こり，この事件の処理をめぐって両国は対立したが，結局日本は74年台湾出兵を断行した。近代日本の初の海外出兵で，琉球は日本領だと清が認めることになった。

75年江華島事件が起き，翌年明治政府は武力の威嚇の下に朝鮮に日朝修好条規を調印させた。このために朝鮮を自らの保護国とする清との間に，朝鮮をめぐる主導権争いが激化してゆき，94～95年の日清戦争へと発展した。日本が勝利した結果，台湾を近代日本初の植民地とした。

その後，朝鮮・満州（現中国東北地方）の主導権をめぐりロシアと日本との対立が激化し，1904～05年の日露戦争となり，日本は勝利した。ロシアからは旅順・大連の租借権と長春以南の東清鉄道南満州支線を獲得した。朝鮮の支配権をも認めさせて，10年には韓国併合を断行した。

第1次大戦の最中の15年，北京の袁世凱政権に対し21カ条要求を突きつけて，中国に対し大幅な権益を強硬に要求し，中国世論の反発を招いた（5・4運動）。

蒋介石の国民政府により国土統一を目指す北伐が進展すると，田中義一政友会内閣は，居留民の保護を口実に3回にわたって山東半島へ出兵し（27～28年），28年には奉天で張作霖の爆殺事件も起きた。31年9月関東軍が柳条湖事件を起こし，たちまち満州を軍事占領して32年3月満州国を成立させ，日本の支配下においた。

その後，日本軍は華北分離工作を展開し華北への侵略をはかったが，こうした中で37年7月盧溝橋事件が勃発し，一挙に日中全面戦争へと拡大していった。日本は，重慶へ移った蒋介石国民政府を支援するアメリカ・イギリスとの対立をも深め，結局41年12月8日の対米英開戦へとエスカレートしていった。その結果，45年8月15日の敗戦を迎えること

となった。

中国敵視政策　第2次大戦終結後，中国では国民党と共産党の内戦が激化した。勝利した共産党の毛沢東が，1949年10月北京で中華人民共和国の成立を宣言し，中華民国政府は台湾に移った。しかし占領下にある日本の対中外交は，中国共産党を敵視するアメリカの外交方針に追随せざるを得なかった。51年9月開催のサンフランシスコ講和会議に，中華人民共和国・中華民国ともに招かれなかった。52年4月中華民国とは日華平和条約で講和が成立したが，大陸の中華人民共和国とは「戦争状態」が続いていた。一方民間では大陸との交流を求める動きがあり，52年民間貿易協定が結ばれた。以後これが「政経分離」の下に第2次・第3次と積み上げられていった。しかし57年2月，岸信介首相が台湾を訪問したことでこの民間貿易は中断してしまった。池田勇人内閣時の62年，自民党の高碕達之助と中国政府の廖承志との間で日中総合貿易に関する覚書が調印され，LT貿易（両者のイニシャルから）が始まった。

国交回復　71年10月国連で中国招請・台湾追放案が可決されたため，台湾は国連を脱退した。72年2月ニクソン米大統領の訪中が実現した。72年7月田中角栄内閣が誕生し，9月田中首相は自ら大平正芳外相らと訪中して，中華人民共和国を中国唯一の合法政府とする日中共同声明に調印し，ようやく国交正常化が実現した。当時中国は文化大革命の混迷下にあり，ソ連を想定した覇権条項をめぐって日中のその後の条約交渉は難航したが，78年8月日中平和友好条約が締結された。

過去の清算と交流　中国政府が82年7月，日本の中国侵略の事実を曖昧にしているとして日本の教科書検定の在り方に抗議してきた。9月鈴木善幸内閣は「政府の責任で是正する」と発表した。一方，92年10月には天皇の初の中国訪問が実現した。その後，鄧小平の指導下で中国では「社会主義市場経済」の名のもとに経済の改革・解放が進められ，中国経済は着実に拡大・発展を続けた。日本企業の中国進出も始まり，日中間の経済的関係は深まった。とりわけ1990年代後半からの日本企業の中国への進出と，中国製品の日本流入にはめざましいものがあった。

21　近現代の日韓（日朝）関係史

日本の朝鮮支配　明治維新によって近代国家への道を歩み始めた日本は，間もなく朝鮮への関心を強めていった。1873年の征韓論はその最初の現れであった。75年の江華島事件を機に，日本は翌年日朝修好条規を結び，朝鮮を開国させた。その後，朝鮮国内の革新の動きと政争は激化し，82年の壬午軍乱，84年の甲申事変などの争乱が起きたが，この間，日清両国はさらに朝鮮介入を強めた。94～95年の日清戦争は，朝鮮をめぐる主導権争いから起きた。これに勝利し，さらに韓国（97年国号改定）・満州をめぐるロシアとの抗争に1904～05年の日露戦争で勝利すると，日本の韓国支配は本格化した。日露戦争中の第1次日韓協約以来，3次にわたる協約で韓国の主権は徐々に奪われていった。韓国民衆の抵抗が高まる中，09年安重根（アンジュングン）によって前韓国統監伊藤博文が暗殺されると，日本は翌10年韓国併合条約を強要して，韓国（朝鮮）を植民地とした。

　京城（現ソウル）に朝鮮総督府が置かれ，初代寺内正毅以下，現役の陸海軍大将が総督に就任して支配にあたった。日本の軍隊が駐留し，憲兵が警察を兼ねた。地税賦課の基礎として日本の地租改正にあたる土地調査事業が行われ，18年に完了した。こうした植民地支配に対し，第1次大戦後の19年3月には大規模な独立運動が起きた（3・1独立運動）。30年代に入り日本の大陸侵略が本格化すると朝鮮はその兵站基地とされ，日本語の使用・神社参拝の強制や創氏改名など皇民化政策と呼ばれる同化政策や，朝鮮人を日本国内で強制的に労働させる強制連行などが行われた。

解放と分断　45年8月15日，日本の敗戦によって35年にわたる植民地支配（韓国では日帝36年とよぶ）が終わると，ただちに朝鮮民族自身による独立国家樹立の準備が始められた。しかし米ソはこれを無視し，北緯38度線を境に南北を分割占領した。冷戦の対立が深まる48年，米国の支援によって8月南に大韓民国（韓国）が，北には9月ソ連を後ろ盾に朝鮮民主主義人民共和国（北朝鮮）が樹立された。50年6月両国間に朝鮮戦争が勃発し，その死者は200～300万人に達したといわれる。53年7月の板門店（パンムンジョム）での停戦協定成立後も両国は厳しく対立し，南北の分断は決定的と

なった。この間日本は51年9月のサンフランシスコ平和条約によって独立を回復し,朝鮮に対する植民地支配の処理と国交樹立の課題は残された。

日韓基本条約　その後日本は,米国の意向のもと,国交交渉の相手をもっぱら韓国にもとめ,65年6月に日韓基本条約が調印されて国交が樹立された。この条約では韓国を朝鮮半島で唯一の合法的政府とし,北朝鮮の国家としての存在を否定した。日朝間の交流も遮断された。同時に韓国に対する巨額の経済援助・民間借款等も決められた。

70～80年代にかけ,韓国は平均で9％に迫る高度経済成長を実現した。この時期,低賃金や公害規制の緩さを利用して日本の企業が盛んに韓国に進出した。こうした企業進出は,韓国民衆との間で摩擦を起こし,しばしば反日運動が起きた。韓国内では朴正煕(パクチョンヒ)政権の独裁政治に対して激しい民主化闘争が続いていたが,79年の朴政権終了後も,80年から全斗煥(チョンドファン)の軍事政権が継続した。82年に首相に就任した中曽根康弘は,同年韓国を訪問して「日韓新時代」を唱え,40億ドルの経済援助を約束して日韓関係を深めた。北朝鮮は社会主義陣営にあって自立的発展を目指していたが,次第に経済の行きづまりを見せ始めた。南北間の対立関係の改善は進まなかった。日朝関係もほとんど進展しないままであった。

冷戦終結と南北　東西の冷戦が終結した状況下,90年に自民党と社会党の代表団が北朝鮮を訪問し,朝鮮労働党との間で「日朝三党共同宣言」を発表,91年から日朝国交正常化交渉が始まった。韓国と北朝鮮との対話も進み,91年には両国の国連同時加盟が実現した。韓国の民主化は進展し,93年には1962年以来初めての公選による文民大統領として金泳三(キムヨンサン)が就任した。2000年には金大中(キムデジュン)大統領が平壌(ピョンヤン)を訪問した。日韓関係は教科書問題や「従軍慰安婦」問題など様々な課題を残しながらも進展し,02年にはサッカー・ワールド杯(カップ)が日韓共催で行われた。北朝鮮は90年代に入り経済困難に直面した。日朝交渉は挫折していたが,95年に発足した朝鮮半島エネルギー開発機構（KEDO）に日本も参加した。02年9月には小泉純一郎首相が訪朝し,金正日(キムジョンイル)総書記との首脳会談で「日朝平壌(ピョンヤン)宣言」が出されて,国交正常化への話し合いが再開された。

時代の風景 1　　小選挙区制と中選挙区制

初期の選挙　1890年の帝国議会開設に先立って，初の衆議院選挙が行われた。小選挙区中心で214の1人区と43の2人区（2名連記）の定員300名。有権者は25歳以上男子で直接国税15円以上の納税者約45万人。政党の組織はまだ弱体で候補者個人の選挙戦となった。投票の際は投票用紙に住所氏名を記入捺印した。第1回の選挙は自由党・立憲改進党の民党が171の過半数を占め，議会では予算に関し激しく政府を追及した。92年の第2回選挙は品川弥二郎内相による激しい選挙干渉が行われた。

大選挙区単記制　山県有朋内閣は，1900年超然主義の立場から政党（民党）勢力の分断を図って，多党化をもたらす府県単位の大選挙区制（定数3～12）に改正した。しかし，官僚や軍部に対する国民の非難を背景に，政党は次第に支持を広げ与党として政権に参加するようになった。政友会は地方的利益を実現しつつ，全国に党組織を拡大していった。

小選挙区制　議会＝政党政治を推進する原敬内閣は，19年選挙権拡大（納税資格10円から3円）と小選挙区制（295の1人区，68の2人区，11の3人区）を実現し，政友会は翌年の選挙で圧勝し，ライバルの憲政会，さらには官僚勢力を牽制することに成功した。

護憲3派の中選挙区制　普選実施を掲げて政権を握った護憲3派加藤高明内閣は25年中選挙区制（1区3～5名）に改正したが，3党の候補者の共倒れを防ぐねらいでもあった。また，それまでの選挙では被選挙権有権者であれば誰にでも投票できたが，普選実施にあたっては立候補制を導入して，供託金納入・選挙運動の規制など選挙の公営化が始まった。その後，28年から37年までの5回の選挙で政友会と民政党が交互に第1党となり事実上の2大政党制が成立した。この中選挙区制は戦後も基本的に継続し，55年体制といわれる自民党長期政権をもたらした。

小選挙区比例代表　自民党の金権体質に対する党内の批判が高まって新党結成が進み，93年の選挙で自民党は初めて過半数を割った。細川護熙非自民内閣は政権交代可能な2大政党制を目指すとして94年小選挙区比例代表並立制の導入に踏み切り，新制度による選挙が96年に実施された。

時代の風景2　　戦後の女性の歩み

民主化　1945年12月，衆議院議員選挙法が改正され20歳以上の男女に選挙権，25歳以上の男女に被選挙権が付与された。翌年4月，総選挙が実施され39人の女性議員が誕生した。5月，第90回帝国議会が召集され，10月に日本国憲法が成立，11月3日公布された。新憲法には，性別により「政治的，経済的又は社会的関係において，差別されないこと」(第14条)，「家庭生活における個人の尊厳と両性の平等」(第24条) が規定された。

　この精神に基づく法整備がすすめられ，47年公布された教育基本法には教育の機会均等や男女共学が，労働基準法には男女同一労働同一賃金の原則や母性保護規定が盛り込まれた。民法の戸主権は廃止され，夫婦の財産権・相続・離婚など男女平等に基づく法改正が行われた。

高度経済成長期　55年にはじまる高度経済成長期，工業部門の急速な発展にともない単純労働力の需要が増大した。未婚の女性たちが大量に労働市場に進出する一方，家電の購入費や進学率の上昇による教育費の負担が増大する中で，家庭の主婦たちがパート・タイマーとよばれる低賃金で不安定な短時間労働に組み込まれていった。女性の社会進出の進行にともない，男性同様に働き続けたいと望む女性も増えていったが，女性に対して差別的な扱いをする企業が一般的で，雇用の不平等の解消を求める女性たちの声に応える政策は実施されなかった。

男女共同参画社会　60年代後半にアメリカで始まったウーマン・リブは日本でも70年代に広まった。75年に始まる国際婦人年を契機とする国連の取り組みは日本の男女平等政策を飛躍的に前進させた。80年女子差別撤廃条約に署名。85年に男女雇用機会均等法が公布されて労働基準法が改正されるなど男女平等を徹底させる法整備が進められた。99年には男女が対等な社会の構成員として能力を発揮し支え合う社会を目指して男女共同参画社会基本法が公布された。現在，日本の男女共同参画社会達成度は国際的に低位にある。少子高齢化が進行し労働力人口の減少が深刻化する中，この理念の実現のための意識改革と法整備が課題となっている。

時代の風景3　　戦後の家族の変遷

家族形態の変化　1950年代末からの高度経済成長期に入ると，3世代同居の大家族が減り，夫婦と未婚の子供だけで構成される核家族が増加，75年には核家族率は64%のピークに達し，現在も核家族は日本の家族の大部分を占めている。

家族意識の変化　家族形態の変化とともに家族観も変化してきた。NHKが行っている「日本人の意識構造」の調査によれば，家族内の役割について，「父親は仕事，母は家庭を守る」という性的役割分担を理想とする割合が73年の39%から2008年には16%に減り，逆に「父親は家庭の事にも気をつかい，母親も温かい家庭づくりに専念する」という家庭内協力型を理想とする割合は73年の21%から08年には48%となっている。

一方，家族形成の前提となる結婚観も大きく変わってきた。93年から08年までの結婚観の推移を同調査で見ると，「結婚するのは当然」とする人が徐々に減り，逆に「必ずしも結婚する必要はない」と考える人が増え，その考えは女性と若年層に多く，08年の調査では20代女性でほぼ90%に達している。未婚率は男性のほうが女性より高いが，女性の未婚率は高学歴者に多いという特徴がある。ただ，別の調査では「結婚してもいい人が見つかれば結婚する」，「ある年齢になったら結婚したい」と考える人は合わせて70%以上あり，結婚を考えている人が少ないわけではない。

現代の家族の諸問題　現代の日本の家族は少子高齢化に伴い多くの問題を抱えている。出生者数は2回のベビーブームの時を除き減り続けており，合計特殊出生率（1人の女性が生涯何人子供を生むかの指数）も05年には1.26と最低を記録した。少子化の原因には諸説あるが，結婚しても子供を持たなくてもよいとする人の増加，非婚，晩婚の増加などもその一端であろう。高齢化に伴う家族の問題では，高齢者夫婦のみの家庭の増加，独居老人の増加，老人の孤独死の増加が多く見られるようになった。また，認知症や寝たきりなどの高齢者が増えたことによる介護の問題で，家族に精神上・経済上の負担が掛かってくるという問題も増えている。一方，親の離婚による1人親家庭の増加とその高い貧困率も問題となっている。

| 時代の風景4 | 阪神・淡路大震災と東日本大震災 |

阪神・淡路大震災 1995（平成7）年1月17日午前5時46分，兵庫県南部を震源とする巨大地震（M7.3）が発生し，神戸市を中心とする近畿地方に大きな被害をもたらした。活断層による都市直下型地震であった。中心部では震度7を記録し，阪神高速道路や山陽新幹線の橋脚も崩落するなど交通網は寸断され，神戸港の港湾施設も破壊された。ビルも倒壊し，全半壊家屋は約25万棟に及び（死者6434名），各所から火災が発生した。近県からも消防車・救急車等が駆けつけたが道路の損壊・交通渋滞で消火活動も救援活動も困難を極めた。全国からボランティアの人々や団体が多数協力して災害救援・復興支援にあたった。

東日本大震災 2011（平成23）年3月11日午後2時46分，宮城県仙台市東方70kmの海底を震源とするM9.0（最大震度7）の巨大地震が発生した。震源域は岩手県沖から茨城県沖に至る南北500kmに及んだ。発生の約30分〜60分後，波高10数mの巨大な津波が沿岸各地を襲った。リアス式地形の三陸海岸は過去に幾度も津波の被害を受けており，対策として建設されていた強固な防波堤も破壊された。岩手県の宮古市や大船渡市，宮城県の気仙沼市や石巻市など漁業主体の市街地を繰り返し津波が襲い，建物や自動車，家財が押し流されて膨大な瓦礫と化した。平野部の広がる宮城県南部の多賀城市，名取市や福島県の相馬市，いわき市などでは津波が海岸から数kmの地点まで侵入し，農地や市街地を押し流した。死者1万5883名（行方不明2667名）の多くは津波に巻き込まれての水死であった。多くの被災者が長期にわたる避難所生活を強いられている。

東京電力福島第一原子力発電所では，津波のために全電源を喪失して制御不能となり，炉心は溶融し，建屋が破壊されて放射性物質が大量に放出された。「原発安全神話」は崩壊した。危機対応を巡り政府（菅直人内閣）と東電本社の間の不一致が問題となった。周辺住民は地震・津波に加え，放射線の強い地域は立入禁止となって二重の被害を受けることとなった。

災害に強い地域社会づくりと，再生可能エネルギー・化石燃料・原子力等をエネルギー政策としてどう位置づけるかが大きな課題となっている。

時代の風景 5　　衣食住の変遷

戦後の状況　空襲による工場の壊滅などで戦後も工業生産は減少し、働き手を失った農村も疲弊が激しかった。人々を養う物資は衣食住すべてにわたって不足して、国民生活は戦中にもまして窮迫した。

　この危機的状況下、食料は戦中からの食糧管理制度が継続され、配給制が続いた。しかし人々の必要は到底満たせず、不足分は闇市で買うか、農村に出かけて農家から買い出しするほかなかった。これに対しアメリカは1947年から51年までガリオア資金による小麦や粉ミルクを、またユニセフ等も資金を援助した。人々はこれらによってようやく生き延びた。

　この状況は社会の落ち着きや経済復興と共に徐々に改善に向かった。食料配給制は52年に米を除いて廃止され、米不足は続いたものの55年には大豊作にも恵まれて、基本的に食糧危機から脱することができた。

　衣料不足も深刻で、配給制は衣料品にも及び、47年に衣料切符制が始まった。人々は粗悪な人造繊維（スフ）や、古着の仕立て直しを身にまとうしかなかった。衣料切符制は50年まで続いた。

　住宅は空襲による破壊や海外からの引揚者等で不足した。48年には、住宅不足は400万戸または560万戸といわれた。家のない人々はバラックや親戚・知人宅に同居する等でこの状況をしのいだ。政府は50年住宅金融公庫を設立、住宅建設のために低利の資金の貸し出しを始めた。

高度経済成長期　55年頃から始まった高度経済成長は、国民生活を大きく変えた。50年代以来増産が続いた米は66年に自給を達成し、69年自主流通米が認められて配給制度は形骸化した。水道が整備され、燃料は薪・炭からガスに転換し、電気炊飯器、冷蔵庫が普及して、食をめぐる環境も変わった。様々な食材が供給され、新しい調理法が取り入れられた。米を主とし野菜・魚貝類を副える伝統的食事から、肉類・卵・乳製品を多用する欧米風の食事が普及した。米消費量は69年の年間1人当たり178kgをピークに以後急速に減少、穀類と畜産物の摂取比率（カロリー）は75年には逆転して畜産物が優位になった。食の洋風化と十分な栄養摂取は、やがて日本人の体位を画期的に向上させていった。58年の即席ラー

メンに始まるインスタント食品の普及やハンバーガーなどファストフードの普及もめざましかった。ファミリーレストランの展開で外食の機会も広がった。

人口が集中した都市部では住宅不足と住環境の劣悪化が深刻となった。これに対し55年，日本住宅公団が設立され，都市郊外に集合住宅を大量に建設した。各地にニュータウンも作られた。公団住宅はダイニングキッチンや流し台・洋式水洗トイレ・サッシ窓・ヴェランダなどを取り入れ，各戸に風呂を設けた（当時都市部では銭湯の利用者が多かった）。こうして畳に座る伝統的生活様式に洋風を加えることになった。大手企業も住宅産業に参入し，各地で分譲住宅や分譲マンションを大量に供給するようになった。73年以降，全ての都道府県で住宅数が世帯数を上回った。

衣料品は51年以後，生産・流通とも自由化された。紡績産業は活況を迎え，ナイロンをはじめとする合成繊維の生産も増大して，衣料は質量共に豊富となっていった。その機能性により戦中から洋装化が進んでいたが，60年代には家庭内においても洋装が和装を越えたとされる。アパレルメーカーによる既製服の大量生産が始まり，70年代にはそれまで注文生産が普通だった男性の背広や女性のスーツなども既製服が上回るようになった。人々の服装は自由・多様となりファッション産業は全盛となった。

現代の問題　60年代に入るとBHC（有機塩素剤）等の残留農薬，食品添加物，核実験による放射能汚染など，食の安全が人々の関心を呼んだ。60年消費者保護法が制定され，70年消費生活センターが生まれた。「経済大国」日本には世界中から豊富に食材が輸入され，いわゆる「飽食の時代」を迎えたが，日本の食糧自給率は年々低下して05年以降40％を下回るようになった。その一方で食品の約3割，年間に900万トンの食料が廃棄されている。食の洋風化に伴う健康問題も生じている。

住宅においては80年代に入り大都市部の高層・高額のマンション建設が話題になる中，公団住宅やニュータウンでは設備の老朽化や住民の高齢化による地域コミュニティーの衰退などの問題が生まれてきた。こうした中で，安全で暮らしやすい住宅と地域のあり方が新たに問われるようになっている。

日本史年表

年代	日本	世界
B.C.	○旧石器時代 ○縄文文化（新石器文化） 弥生文化（水稲耕作・金属器の使用） 前1世紀頃, 倭, 小国分立	前221 秦, 中国統一 前202 漢（前漢） 前108 漢, 朝鮮に楽浪等4郡設置 前4 イエス誕生？
57 100 107 147 200 239 300 391 400 421 462 471 478 500 503? 527	倭の奴国王, 後漢に入貢し印綬を受ける ○方形周溝墓出現 倭の国王帥升ら, 後漢に入貢し生口を献上 ○弥生後期に登呂遺跡 この頃より倭国大いに乱れる 卑弥呼, 魏に遣使, 親魏倭王の称号を受ける ○前方後円墳出現 この頃ヤマト政権, 統一進む 倭軍, 百済・新羅を破る ○技術者集団の渡来（渡来人） 倭王讃, 宋に遣使 ○巨大古墳の築造 江田船山古墳出土鉄刀？ 済の世子興, 安東将軍の称号を受ける 稲荷山古墳出土鉄剣（一説531） 倭王武上表文, 安東大将軍の称号を受ける 隅田八幡神社人物画像鏡（一説443） 筑紫国造磐井の反乱おこる	25 光武帝, 後漢（～220）興す ○中国で紙を発明 05 朝鮮に帯方郡設置 20 中国, 三国時代（～280） 13 楽浪郡滅亡 75 ゲルマン民族移動開始 14 高句麗, 広開土王碑建立 39 中国, 南北朝時代（～589） 86 フランク王国

年　代	日　　本	世　界
538	仏教公伝（戊午説）（一説 552）	
562	新羅，加耶（加羅）を滅ぼす	70? ムハンマド生誕
587	蘇我馬子，物部守屋を滅ぼす	89 隋，中国統一
593	厩戸王，摂政となる	
600	第1回遣隋使	
603	冠位十二階制定	
604	憲法十七条制定	
607	小野妹子を隋に派遣　法隆寺建立？	
608	隋使裴世清来日。妹子，留学生と再度入隋	
630	第1回遣唐使派遣（大使は犬上御田鍬）	18 隋滅亡，唐興る
645（大化 1）	乙巳の変（蘇我入鹿暗殺）　難波宮に遷都	
646（　　2）	改新の詔	
658（斉明 4）	阿倍比羅夫，蝦夷を討つ	60 百済滅亡
663（天智 2）	白村江の戦（倭軍，唐・新羅軍に敗北）	
667（　　6）	近江大津宮へ遷都	68 高句麗滅亡
670（　　9）	庚午年籍作成（初めての全国的な戸籍）	
672（天武 1）	壬申の乱（大海人勝利）飛鳥浄御原宮に遷都	
684（　　13）	八色の姓制定	76 新羅，半島統一
689（持統 3）	飛鳥浄御原令施行	
694（　　8）	藤原京へ遷都　　○高松塚古墳	98 渤海（～ 926）
700		
701（大宝 1）	大宝律令完成	
708（和銅 1）	和同開珎鋳造	
710（　　3）	平城京に遷都	
712（　　5）	出羽国を建てる　『古事記』	12 唐の玄宗即位（開元の治）
713（　　6）	大隅国を建てる　『風土記』撰進を命ず	
718（養老 2）	藤原不比等ら，養老律令を撰定	
720（　　4）	『日本書紀』	
722（　　6）	百万町歩開墾計画	
723（　　7）	三世一身法施行	
724（神亀 1）	陸奥国に多賀城を設置	
727（　　4）	渤海使，初めて来日（～ 929）	
729（天平 1）	長屋王の変　光明子，皇后となる	
740（　　12）	藤原広嗣の乱　恭仁京に遷都	
741（　　13）	国分寺建立の詔	
743（　　15）	墾田永年私財法　大仏造立の詔	
751（天平勝宝 3）	『懐風藻』	
757（天平宝字 1）	養老律令を施行　橘奈良麻呂の変	55 唐，安禄山・史思明の乱（～ 763）
759（　　3）	唐招提寺建立	
764（　　8）	恵美押勝（藤原仲麻呂）の乱	
765（天平神護 1）	道鏡，太政大臣禅師（翌年法王）となる	
770（宝亀 1）	道鏡を下野薬師寺別当に追放	

年代	日本	世界
784（延暦 3）	長岡京に遷都　○『万葉集』	
792（　　11）	諸国の軍団の兵士を廃し，健児をおく	
794（　　13）	平安京に遷都	
800		800 フランク王国カール大帝，西ローマ皇帝に
805（　　24）	最澄，天台宗を開く	
806（大同 1）	空海，真言宗を開く	
810（弘仁 1）	藤原冬嗣，蔵人頭となる	
828（天長 5）	空海，綜芸種智院設立	
842（承和 9）	承和の変（伴健岑・橘逸勢らを処罰）	
858（天安 2）	藤原良房，摂政となる（人臣摂政の初め）	
866（貞観 8）	応天門の変（伴善男流罪）	
879（元慶 3）	畿内に官田をおく	
884（　　 8）	藤原基経，関白となる（関白の初め）	
894（寛平 6）	遣唐使派遣中止	
900		
901（延喜 1）	菅原道真を大宰権帥に左遷　延喜の治　『日本三代実録』（六国史の最後）	
902（　　 2）	延喜の荘園整理令（班田記録の最後）	
905（　　 5）	『古今和歌集』	07 唐滅亡
914（　　14）	三善清行，意見封事十二カ条を進上	18 高麗の建国
935（承平 5）	承平・天慶の乱（～ 41）	26 渤海滅亡
947（天暦 1）	天暦の治　　○空也，念仏を勧める	36 高麗，朝鮮統一
969（安和 2）	安和の変（源高明を左遷）	60 宋（～ 1127）
		62 神聖ローマ帝国
985（寛和 1）	『往生要集』	
988（永延 2）	尾張国郡司百姓等，国司の非法を訴える	
1000		
1001（長保 3）	この頃『枕草子』	○中国で火薬発明
1010（寛弘 7）	この頃『源氏物語』	
1017（寛仁 1）	藤原道長，太政大臣　頼通，摂政に就任	
1028（長元 1）	平忠常の乱（～ 31）	
1045（寛徳 2）	寛徳の荘園整理令（前任国司後の荘園停止）	38 セルジューク朝トルコ
1051（永承 6）	前 9 年合戦（～ 62）	
1052（　　 7）	末法第 1 年	
1053（天喜 1）	平等院鳳凰堂造営	
1069（延久 1）	延久の荘園整理令　記録荘園券契所設置	66 ノルマン＝コンクエスト
1083（永保 3）	後 3 年合戦（～ 87）	
1086（応徳 3）	白河上皇，院政開始	96 第 1 回十字軍
1100		
1124（天治 1）	中尊寺金色堂建立	15 金（～ 1234）
1156（保元 1）	保元の乱	27 宋滅亡，南宋
1159（平治 1）	平治の乱	
1164（長寛 2）	この頃平家納経作成？	
1167（仁安 2）	平清盛，太政大臣に　平氏全盛	

年代	日本	世界
1175（安元1）	法然，専修念仏を唱える（浄土宗開宗）	
1177（治承1）	鹿ケ谷の陰謀	
1179（　3）	清盛，後白河法皇を幽閉	
1180（　4）	源頼政・以仁王挙兵　福原京遷都	
	源頼朝・源義仲挙兵　頼朝，侍所設置	
1183（寿永2）	頼朝の東国支配権確立	
1184（元暦1）	頼朝，公文所・問注所を設置	
1185（文治1）	壇の浦の戦　頼朝，守護地頭の任命権獲得	
1189（　6）	頼朝，藤原泰衡を討ち奥州平定	
1191（建久2）	栄西帰国，臨済宗開宗	
1192（　3）	頼朝，征夷大将軍に	
1199（正治1）	頼朝死去　頼家，家督相続　13人合議制	
1200		
1203（建仁3）	頼家将軍を廃され，実朝将軍に	
1204（元久1）	頼家，修禅寺で暗殺される	
1213（建保1）	和田合戦　義時，侍所別当兼任	06 チンギス＝ハーンモンゴル統一
1219（承久1）	将軍実朝暗殺（源氏将軍断絶）	15 マグナ＝カルタ
1221（　3）	承久の乱（3上皇配流）六波羅探題設置	19 チンギス＝ハーン西アジア遠征（〜24）
1223（貞応2）	新補率法制定	
1224（元仁1）	北条泰時，執権に	
1225（嘉禄1）	連署設置　評定衆設置	
1226（　2）	藤原頼経，将軍に（藤原将軍の初め）	
1232（貞永1）	貞永式目（御成敗式目）	36 バトゥ（モンゴル）の東欧遠征
1247（宝治1）	宝治合戦（三浦泰村の乱）	
1249（建長1）	引付設置	
1252（　4）	宗尊親王，将軍に（皇族将軍の初め）	
1268（文永5）	モンゴルから国書	70 第7回十字軍（最終）
1274（　11）	文永の役（元軍九州来襲）	71 フビライ，元と改称
1275（建治1）	異国警護番役　阿弖河荘民の訴え	
1276（　2）	博多湾岸に石塁	79 南宋滅ぶ
1281（弘安4）	弘安の役（元軍再度来襲）	
1285（　8）	霜月騒動（安達泰盛一族滅亡）	
1297（永仁5）	永仁の徳政令	
1300		02 仏，三部会招集
1317（文保1）	文保の和議（両統迭立決定）	18 ダンテ：「神曲」
1321（元亨1）	後醍醐天皇親政	○ルネサンスのはじまり
1324（正中1）	正中の変	
1331（元弘1）	元弘の変	
1332（　2）	後醍醐天皇隠岐に配流	
1333（　3）	鎌倉幕府滅亡　後醍醐天皇京都還幸	
1334（建武1）	建武の新政	
1335（　2）	中先代の乱　足利尊氏挙兵	
1336（建武3/延元1）	建武式目　後醍醐天皇吉野へ	39 英仏百年戦争（〜1453）
1338（暦応1/延元3）	足利尊氏征夷大将軍に	

年代	日本	世界
1342 (康永1/興国3)	尊氏,天竜寺船派遣	
1350 (観応1/正平5)	観応の擾乱(～52) ○この頃倭寇活動活発化(前期倭寇) ○琉球三山(北山・中山・南山)分立	48 この頃ヨーロッパにペスト(黒死病)流行
1352 (文和1/正平7)	半済令	68 元滅亡,明興る
1371 (応安4/建徳2)	今川了俊九州探題に	70 ティムール朝(～1500)
1378 (永和4/天授4)	足利義満,室町に花の御所	78 ローマ教会大分裂
1391 (明徳2/元中8)	明徳の乱(山名氏清討伐)	
1392 (明徳3)	南北朝合一	92 高麗滅亡,朝鮮興る
1394 (応永1)	足利義満,太政大臣に	
1399 (6)	応永の乱(大内義弘討伐)	
1400		
1401 (8)	義満,第1回遣明船派遣	02 明,永楽帝即位
1404 (11)	勘合貿易開始	
1411 (応永18)	明との国交一時断絶(～32)	
1419 (26)	応永の外寇(朝鮮,対馬侵攻)	
1428 (正長1)	正長の徳政一揆	
1429 (永享1)	播磨の土一揆　尚巴氏琉球統一	
1432 (4)	足利義教明に遣使,国交再開	
1438 (10)	永享の乱(鎌倉公方足利持氏討伐)	
1441 (嘉吉1)	嘉吉の乱(義教暗殺)　嘉吉の土一揆	
1455 (康正1)	足利成氏下総へ(古河公方)	53 ビザンツ帝国滅ぶ
1457 (長禄1)	足利義政,政知を伊豆堀越派遣(堀越公方) コシャマインの戦	55 英,バラ戦争(～85)
1467 (応仁1)	応仁の乱(～77)	
1485 (17)	山城の国一揆(～93)	79 スペイン王国
1488 (長享2)	加賀の一向一揆,一国支配(～1580)	80 モスクワ大公国
1493 (明応2)	北条早雲,堀越公方討つ	92 コロンブス,アメリカ到達
1500		
1510 (永正7)	三浦の乱(朝鮮在留日本人の反乱)	10 ポルトガル人,ゴア占領
1512 (9)	壬申約条(宗氏,朝鮮と貿易協定)	
1523 (大永3)	寧波の乱(細川・大内両氏の争い)	17 ルターの宗教改革
1532 (天文1)	京都で法華一揆(～36)	
1536 (5)	天文法華の乱	19 マゼランの世界周航(～22) 34 イエズス会 41 カルヴァンの宗教改革
1543 (天文12)	ポルトガル人,種子島に漂着(鉄砲伝来)	
1549 (18)	フランシスコ・ザビエル,鹿児島に来る(キリスト教伝来)	
1551 (20)	大内氏滅びる　勘合貿易断絶	

年　代	日　本	世　界
1560（永禄 3）	桶狭間の戦い	
1567（　　10）	織田信長，美濃加納に楽市令を出す	
1568（　　11）	信長，足利義昭を奉じて上洛	
1570（元亀 1）	姉川の戦い　石山合戦（～80）	
1571（　　 2）	信長，比叡山延暦寺を焼き討ち	71 スペイン，マニラ建設
1572（　　 3）	三方ヶ原の戦い	
1573（天正 1）	信長，足利義昭を京都から追放（室町幕府滅亡）	
1575（　　 3）	長篠合戦	
1576（　　 4）	信長，安土城築城	
1580（　　 8）	信長，本願寺と和睦	81 オランダ，独立宣言
1582（　　10）	大友宗麟・大村純忠・有馬晴信の3大名がローマ教皇に使節を派遣（天正遣欧使節）天目山の戦　本能寺の変　山崎の合戦　太閤検地開始	
1583（　　11）	賤ヶ岳の戦い　大坂城築城（～88）	
1584（　　12）	小牧・長久手の戦い　スペイン人，平戸来航	
1585（　　13）	秀吉，四国平定　秀吉，関白就任	
1586（　　14）	秀吉，太政大臣　豊臣の姓を賜わる	
1587（　　15）	秀吉，九州平定　バテレン追放令	
1588（　　16）	刀狩令　海賊取締令　天正大判鋳造	88 英，スペイン無敵艦隊を破る
1590（　　18）	秀吉，小田原平定，北条氏滅亡　家康，関東に移封　奥州平定（秀吉全国統一完成）	
1591（　　19）	身分統制令	
1592（文禄 1）	全国の戸口調査を実施（人掃令）　文禄の役（～93）	
1596（慶長 1）	サンフェリッペ号事件　26聖人殉教	
1597（　　 2）	慶長の役（～98）	
1598（　　 3）	豊臣秀吉死去	
1600（　　 5）	オランダ船リーフデ号漂着　関ヶ原の戦	00 英，東インド会社設立
1603（　　 8）	徳川家康，征夷大将軍に	02 蘭，東インド会社設立
1604（　　 9）	糸割符制度	
1607（　　12）	朝鮮使節来日	
1609（　　14）	島津氏琉球出兵　オランダ，平戸商館開設　己酉約条	
1612（　　17）	幕府直轄領にキリスト教禁止令	
1613（　　18）	慶長遣欧使節　全国に禁教令	
1614（　　19）	方広寺鐘銘事件　大坂冬の陣	
1615（元和 1）	大坂夏の陣（豊臣氏滅亡）　一国一城令　武家諸法度（元和令）・禁中並公家諸法度	
1616（　　 2）	徳川家康死去　欧州船寄港地を平戸・長崎に制限	16 ヌルハチ，後金建国
1623（　　 9）	イギリス日本撤退	23 アンボイナ事件
1624（寛永 1）	スペイン船来航禁止	28 英，権利請願
1629（　　 6）	紫衣事件　この頃長崎で絵踏	
1631（　　 8）	奉書船制度	

年　表　295

年　代	日　本	世　界
1633 (　　10)	奉書船以外の渡航禁止	
1635 (　　12)	日本人の海外渡航・帰国全面禁止　武家諸法度（寛永令）	36 後金, 清と改称
1637 (　　14)	島原の乱（〜38）	
1639 (　　16)	ポルトガル人来航禁止	42 英, ピューリタン革命（〜49）
1641 (　　18)	オランダ商館出島に（鎖国体制完成）	
1643 (　　20)	田畑永代売買の禁令	43 仏, ルイ14世即位（〜1715）
1649 (慶安 2)	慶安の触書が発布されたとされる	
1651 (　　 4)	慶安の変（由井正雪の乱）　末期養子の禁緩和	44 明, 滅亡
1657 (明暦 3)	明暦の大火	
1663 (寛文 3)	殉死の禁	
1669 (　　 9)	シャクシャインの戦い	
1671 (　　11)	河村瑞賢, 東回り海運整備	82 露, ピョートル1世即位（〜1725）
1673 (延宝 1)	分地制限令	
1685 (貞享 2)	生類憐みの令（〜1709）	88 英, 名誉革命
1695 (元禄 8)	荻原重秀, 貨幣改鋳	89 ネルチンスク条約
1700		
1702 (　　15)	赤穂事件	01 スペイン継承戦争（〜13）
1709 (宝永 6)	家宣, 新井白石登用（正徳の治）	
1710 (　　 7)	閑院宮家創設	
1714 (正徳 4)	正徳金銀発行	
1715 (　　 5)	海舶互市新例（長崎新令・正徳新令）	
1716 (享保 1)	徳川吉宗, 将軍に　享保の改革（〜45）	
1719 (　　 4)	相対済し令	
1721 (　　 6)	目安箱	
1722 (　　 7)	上げ米令発布（〜30　参勤交代制緩和）　小石川養生所	
1723 (　　 8)	足高の制	
1732 (　　17)	享保の飢饉（〜33）	33 英, ジョン＝ケイ飛び杼発明
1742 (寛保 2)	公事方御定書	40 オーストリア継承戦争（〜48）
1758 (宝暦 8)	宝暦事件	
1767 (明和 4)	田沼意次, 側用人に　明和事件	57 プラッシーの戦
1772 (安永 1)	意次, 老中に（〜86）	75 アメリカ独立戦争（〜83）
1778 (　　 7)	ロシア船, 蝦夷地厚岸来航	
1782 (天明 2)	天明の飢饉（〜87）	76 アメリカ独立宣言
1783 (　　 3)	浅間山噴火	
1787 (　　 7)	松平定信, 老中に（寛政の改革　〜93）	89 フランス革命
1789 (寛政 1)	棄捐令	
1790 (　　 2)	江戸石川島に人足寄場　寛政異学の禁	96 清, 白蓮教徒の乱（〜1804）
1792 (　　 4)	ロシア使節ラクスマン, 根室来航	
1798 (　　10)	近藤重蔵, 択捉島に「大日本恵土呂府」の標柱	
1800 (　　12)	伊能忠敬, 蝦夷地を測量	
1804 (文化 1)	ロシア使節レザノフ, 長崎来航	04 ナポレオン, 皇帝に
1806 (　　 3)	文化の薪水給与令（撫恤令）	

年　代	日　本	世　界
1808（　　5）	間宮林蔵，樺太探検　フェートン号事件	14 ウィーン会議
1821（文政4）	「大日本沿海輿地全図」完成	（～15）
1825（　　8）	異国船打払令（無二念打払令）	23 米，モンロー宣
1828（　　11）	シーボルト事件	言
1833（天保4）	天保の飢饉（～39）	
1834（　　5）	水野忠邦，老中に	
1837（　　8）	大塩平八郎の乱　生田万の乱　モリソン号事件	
1839（　　10）	蛮社の獄	
1841（　　12）	天保の改革（～43）　株仲間解散令	40 アヘン戦争（～42）
1842（　　13）	天保の薪水給与令	42 南京条約
1843（　　14）	人返しの法　上知令	
1846（弘化3）	アメリカ使節ビッドル，浦賀来航	（以下の数字は月）
1853（嘉永6）	6 アメリカ使節ペリー浦賀来航　7 ロシア使節プチャーチン長崎来航	1 清，太平天国の乱（～64）
1854（安政1）	1 ペリー再来航　3 神奈川にて日米和親条約締結　8 日英和親条約　12 日露和親条約締結	
1855（　　2）	1 江戸に洋学所　7 長崎に海軍伝習所　10 安政大地震　堀田正睦，老中首座に　12 日蘭和親条約締結	
1856（　　3）	7 米総領事ハリス着任	10 清，アロー戦争
1858（　　5）	4 井伊直弼大老就任　6 日米修好通商条約調印　徳川慶福を将軍継嗣に決定　コレラ流行　9 安政の大獄（～59）　10 福沢諭吉，築地に蘭学塾（→慶応義塾）	5 インド大反乱
1859（　　6）	6 横浜・長崎・箱館開港　10 橋本左内・吉田松陰ら処刑	
1860（　　7）	3 桜田門外の変　閏3 五品江戸廻送令　10 和宮降嫁勅許	
1861（文久1）	2 ロシア軍艦対馬占拠（～8）	3 露，農奴解放令
1862（　　2）	1 坂下門外の変　2 徳川家茂和宮婚儀　7 文久の改革　8 生麦事件	4 米，南北戦争（～65）
1863（　　3）	3 家茂上洛　5 長州藩，下関で外国船砲撃　7 薩英戦争　8 天誅組の変　8月18日の政変　10 生野の変	
1864（元治1）	3 仏公使ロッシュ着任　6 池田屋事件　7 禁門の変　第1次長州征討　8 四国艦隊下関砲撃	
1865（慶応1）	閏5 英公使パークス着任　9 横須賀製鉄所建設　10 通商条約勅許	
1866（　　2）	1 薩長同盟　5 江戸・大坂で打ちこわし　6 第2次長州征討　12 徳川慶喜，征夷大将軍・内大臣に　福沢諭吉『西洋事情』　孝明天皇没	

年代	日本	世界
1867（　　3）	8 三河で「ええじゃないか」　10 大政奉還　薩長に討幕の密勅　11 坂本龍馬暗殺　12 王政復古・小御所会議	
1868（　　4 　　明治1）	1 鳥羽伏見の戦い（戊辰戦争）　3 五箇条の誓文・五榜の掲示　神仏分離令　4 江戸開城　閏4 政体書　5 奥羽越列藩同盟　上野戦争　7 江戸を東京と改称　9 明治改元　会津藩降伏	
1869（明治2）	5 箱館五稜郭の戦い（戊辰戦争終了）　6 版籍奉還　東京招魂社建立　8 蝦夷地を北海道と改称	5 米，大陸横断鉄道開通　11 スエズ運河開通
1870（　　3）	1 大教宣布の詔　12「横浜毎日新聞」創刊	7 普仏戦争
1871（　　4）	1 郵便制度　5 新貨条例　7 廃藩置県（11 1 使3 府43県に）日清修好条規　8 身分解放令　10 東京府に邏卒　11 岩倉遣外使節団横浜出航	1 ドイツ帝国成立　3 仏，パリコミューン
1872（　　5）	2 田畑永代売買の解禁　壬申戸籍　福沢諭吉『学問のすゝめ』　8 学制発布　9 鉄道開通（新橋〜横浜）　10 官営富岡製糸場開業　11 国立銀行条例　徴兵告諭　12 太陽暦採用	
1873（　　6）	1 徴兵令　7 地租改正条例　10 明治6年政変　11 内務省設置	
1874（　　7）	1 東京警視庁設置　民撰議院設立建白　2 佐賀の乱　4 立志社結成　5 台湾出兵　10 屯田兵制度	
1875（　　8）	2 大阪会議　4 漸次立憲政体樹立の詔　5 千島樺太交換条約　6 第1回地方官会議　讒謗律・新聞紙条例　9 江華島事件	
1876（　　9）	2 日朝修好条規　3 廃刀令　8 秩禄処分　10 小笠原諸島領有宣言　○地租改正反対一揆激化	
1877（　　10）	2 西南戦争（〜9）　4 東京大学設立	1 インド帝国成立
1878（　　11）	5 大久保利通暗殺　7 三新法　8 竹橋事件　12 参謀本部設置	
1879（　　12）	4 琉球処分　6 東京招魂社を靖国神社と改称　9 教育令	
1880（　　13）	3 国会期成同盟結成　4 集会条例　11 工場払い下げ概則	
1881（　　14）	7 開拓使官有物払い下げ事件　10 明治14年の政変　国会開設の勅諭　自由党結成　松方財政（紙幣整理）	
1882（　　15）	1 軍人勅諭　3 伊藤博文渡欧（憲法調査）　4 立憲改進党結成　板垣退助遭難　5 大阪紡績会社　6 日本銀行開業　7 壬午事変　10 中江兆民『民約訳解』　11 福島事件	5 独墺伊3国同盟
1883（　　16）	11 東京日比谷に鹿鳴館完成	
1884（　　17）	7 華族令　松方財政デフレ不況　10 自由党解	6 清仏戦争

年　代	日　　本	世　界
1885 (　18)	散　秩父事件　12甲申事変 4天津条約　9坪内逍遙『小説神髄』　11大阪事件　12内閣制度創設	
1886 (　19)	1北海道庁設置　4学校令　5第1回条約改正会議　10大同団結運動	
1887 (　20)	2『国民之友』創刊　10三大事件建白書　12保安条例	
1888 (　21)	4市制・町村制　枢密院設置　5鎮台を師団に改編　121道3府43県に	
1889 (　22)	2大日本帝国憲法・衆議院議員選挙法公布　黒田清隆首相，超然主義演説　5民法典論争　7東海道線全線開通	
1890 (　23)	1森鷗外『舞姫』　5府県制・郡制　7第1回衆院総選挙　10教育勅語　11第1回帝国議会 ○綿糸生産量が輸入量をこえる　日本最初の恐慌	
1891 (　24)	1内村鑑三不敬事件　5大津事件　10濃尾大地震　12田中正造，議会で足尾鉱毒問題追及	5シベリア鉄道起工　露仏同盟
1892 (　25)	2第2回総選挙（品川内相の選挙干渉）	
1893 (　26)	1北村透谷ら「文学界」創刊　10文官任用令	
1894 (　27)	3朝鮮で甲午農民戦争　7日英通商航海条約（治外法権撤廃）　8日清戦争開戦	
1895 (　28)	4下関条約　三国干渉　5遼東半島返還　8台湾総督府　10閔妃暗殺	
1896 (　29)	3造船奨励法　6三陸大津波	4第1回オリンピック
1897 (　30)	3金本位制確立　7労働組合期成会結成	
1898 (　31)	6憲政党結成，大隈重信（隈板）内閣成立（初の政党内閣）	4米西戦争　○中国分割
1899 (　32)	3北海道旧土人保護法　国籍法　文官任用令改正	9米，中国の門戸開放宣言
1900 (　33)	3治安警察法　5軍部大臣現役武官制　6北清事変　9立憲政友会結成	2義和団事件拡大
1901 (　34)	2八幡製鉄所操業開始　5社会民主党結党　8与謝野晶子『みだれ髪』　12足尾銅山鉱毒事件	
1902 (　35)	1日英同盟	
1903 (　36)	4国定教科書制度　8対露同志会結成　11平民社結成	
1904 (　37)	2日露戦争開戦　3平民新聞「与露国社会党書」　8第1次日韓協約　9与謝野晶子「君死にたまふこと勿れ」	
1905 (　38)	1旅順開城　夏目漱石『吾が輩は猫である』　5日本海海戦　9ポーツマス条約　日比谷焼打ち事件　11第2次日韓協約（外交権掌握）	1露，血の日曜日事件　8孫文，中国革命同盟会
1906 (　39)	1日本社会党結成　2韓国統監府開庁　3鉄道	

年代	日本	世界
1907（　　40）	国有法　島崎藤村『破戒』　4 漱石『坊ちゃん』　11 南満州鉄道設立　7 ハーグ密使事件　第 3 次日韓協約（内政権掌握）　8 韓国軍隊解散（→義兵運動）	6 ハーグで万国平和会議　8 英仏露 3 国協商
1908（　　41）	4 第 1 回ブラジル移民　10 戊申書　12 東洋拓殖会社設立	
1909（　　42）	7 閣議で韓国併合の方針決定　10 伊藤博文ハルビンで暗殺　○生糸の輸出世界 1 位に	
1910（　　43）	4 『白樺』創刊　5 大逆事件　8 韓国併合　9 土地調査事業開始　10 朝鮮総督府設置　11 帝国在郷軍人会	
1911（　　44）	2 日米新通商航海条約（関税自主権回復）　3 工場法　6 青鞜社結成　8 警視庁，特別高等警察（特高）設置　11 職業紹介所設置	10 辛亥革命
1912（明治45 大正1）	7 明治天皇没，皇太子嘉仁親王践祚　8 友愛会結成　12 2 個師団増設問題で西園寺公望内閣総辞職，桂太郎内閣成立→第 1 次護憲運動	2 清朝滅亡
1913（大正2）	2 桂内閣総辞職	
1914（　　3）	1 ジーメンス事件　8 ドイツに宣戦布告	7 第 1 次世界大戦開戦
1915（　　4）	1 中国に 21 カ条要求　8 第 1 回全国中等学校優勝野球大会開催	
1916（　　5）	7 第 4 次日露協約調印　10 憲政会結成	
1917（　　6）	9 金輸出禁止　11 石井・ランシング協定	11 ソビエト政権樹立（ロシア 10 月革命）
1918（　　7）	8 シベリア出兵宣言　米騒動激化　9 原敬内閣成立	11 第 1 次世界大戦終結
1919（　　8）	3 朝鮮で 3.1 独立運動（万歳事件）　5 衆院議員選挙法改正（納税資格 3 円）公布　6 ベルサイユ講和条約調印	1 パリ講和会議開始　5 中国で 5・4 運動
1920（　　9）	2 慶応・早稲田を私立大学として認可　3 戦後恐慌　新婦人協会発足　5 初のメーデー　7 東京帝大，学年開始を 4 月に変更（21.4 より全官立大学・高等学校で実施）	1 国際連盟発足
1921（　　10）	10 大日本労働総同盟友愛会，日本労働総同盟と改称　11 原首相暗殺　12 ワシントン会議で 4 カ国条約調印	11 ワシントン会議開催
1922（　　11）	2 ワシントン海軍軍縮条約・9 カ国条約調印　3 全国水平社創立　4 日本農民組合結成　7 日本共産党結成（非合法）	10 イタリアにファシスト政権誕生　11 オスマン帝国滅亡
1923（　　12）	9 関東大震災　12 摂政裕仁親王狙撃される（虎の門事件）	
1924（　　13）	1 清浦奎吾内閣成立→第 2 次護憲運動　6 加藤高明内閣成立（護憲 3 派内閣）	1 第 1 次国共合作　5 米上下院，排日

年代	日本	世界
1925（　　14）	1 日ソ基本条約調印　3 ラジオ仮放送開始　4 陸軍現役将校学校配属令公布　治安維持法公布　5 陸軍4個師団廃止　衆院議員選挙法改正（普通選挙）公布	移民法可決
1926（大正15 昭和1）	3 労働農民党結成　8 日本放送協会（NHK）設立　12 日本労農党結成　大正天皇没, 裕仁親王践祚	7 蔣介石, 北伐開始
1927（昭和2）	3 金融恐慌　4 兵役法公布（徴兵令廃止）　若槻礼次郎内閣総辞職　田中義一内閣成立, モラトリアム（支払猶予令）実施　5 第1次山東出兵　6 立憲民政党結成（2大政党時代へ）　東方会議　12 初の地下鉄開業（上野～浅草間）	8 中国共産党軍, 南昌で武装蜂起
1928（　　3）	2 初の普通選挙実施　3 共産党員一斉検挙（3・15事件）　4 第2次山東出兵　5 済南事件　全国農民組合結成　6 張作霖爆殺事件　7 無産大衆党結成　12 日本大衆党結成	8 パリ不戦条約調印　10 ソ連, 第1次5カ年計画開始
1929（　　4）	3 山本宣治代議士刺殺　4 共産党員一斉検挙（4・16事件）　7 田中義一内閣総辞職, 浜口雄幸内閣成立（第2次幣原外交）	10 ニューヨーク株式市場大暴落（→世界大恐慌）
1930（　　5）	1 金輸出解禁実施　4 ロンドン海軍軍縮条約調印（→統帥権干犯問題）　11 浜口首相狙撃され重傷　この年世界大恐慌日本に波及（～32昭和恐慌）	1 ロンドン海軍軍縮会議開催
1931（　　6）	3 3月事件　9 柳条湖事件（満州事変）　10 10月事件　12 犬養毅内閣成立　金輸出再禁止	4 スペイン第2共和国成立
1932（　　7）	1 上海事変　2 血盟団事件　3 満州国建国宣言　5 犬養首相暗殺（5・15事件）　7 社会大衆党結成　9 日満議定書調印　10 リットン調査団報告書発表	2 ジュネーブ軍縮会議開催
1933（　　8）	3 国際連盟脱退　4 京大滝川事件　5 塘沽停戦協定調印	1 ヒットラー, 独首相就任　3 ルーズベルト, 米大統領就任（ニューディール政策）10 ドイツ, 国際連盟脱退
1934（　　9）	3 満州国, 帝政移行（溥儀皇帝就任）　9 室戸台風　12 ワシントン条約廃棄決定　丹那トンネル開通・営業運転	
1935（　　10）	2 天皇機関説問題起こる　6 梅津・何応欽協定　8 国体明徴声明　永田鉄山刺殺事件（相沢事件）	8 中国共産党, 8・1宣言　10 イタリア, エチオピア侵攻

年　代	日　本	世　界
1936 (　　11)	1 ロンドン海軍軍縮会議脱退を通告　2 2・26事件　5 軍部大臣現役武官制復活　8 5相会議，国策の基準決定（大陸・南方への進出）11 日独防共協定調印	7 スペイン内乱（〜39）　12 西安事件
1937 (　　12)	6 第1次近衛文麿内閣成立　7 盧溝橋事件（日中戦争開始）8 第2次上海事変　9 国民精神総動員運動開始　11 駐華独大使トラウトマンによる和平交渉開始　12 南京占領（→南京事件）	9 第2次国共合作
1938 (　　13)	1 第1次近衛声明　4 国家総動員法公布　7 張鼓峰事件　産業報国連盟創立　10 武漢3鎮占領　11 第2次近衛声明　12 第3次近衛声明	3 ドイツ，オーストリア併合　9 ミュンヘン協定調印
1939 (　　14)	5 ノモンハン事件（〜9）　7 国民徴用令公布　米，日米通商航海条約廃棄通告	8 独ソ不可侵条約調印　9 ドイツ，ポーランド侵攻（第2次世界大戦）米，欧州戦争に中立宣言
1940 (　　15)	7 第2次近衛内閣成立　9 北部仏印進駐　日独伊三国同盟調印　10 大政翼賛会発会式	4 独軍，ノルウェー・デンマーク侵攻　5 独軍，オランダ・ベルギー侵攻　6 イタリア，英仏に宣戦布告
1941 (　　16)	4 日ソ中立条約調印　日米交渉開始　7 南部仏印進駐開始　10 東条英機内閣成立　12 陸軍マレー半島上陸，海軍ハワイ真珠湾攻撃（太平洋戦争）	6 独ソ戦開始　8 ルーズベルト大統領・チャーチル首相，米英共同宣言（大西洋憲章）
1942 (　　17)	1 マニラ占領　3 ニューギニアのラエ・サラモア上陸　4 翼賛選挙　6 ミッドウェー海戦　8 米軍，ガダルカナル島上陸	11 ソ連，スターリングラードで反撃開始
1943 (　　18)	2 ガダルカナル島撤退　6 東京都制公布　8 バー・モー・ビルマ政府独立宣言・対米英宣戦布告　10 学生・生徒の徴兵猶予停止（学徒出陣）フィリピン共和国独立宣言　自由インド仮政府成立　11 大東亜会議開催	9 イタリア，連合国と秘密休戦協定調印　11 カイロ会談　テヘラン会談
1944 (　　19)	3 インパール作戦開始　6 米軍，サイパン上陸　マリアナ沖海戦　7 東条英機内閣総辞職　8 学童集団疎開開始　10 レイテ沖海戦　神風特攻開始　11 マリアナ基地からのB29東京初空襲	1 ソ連，レニングラードで攻勢開始　6 連合軍，ノルマンディー上陸
1945 (　　20)	2 米軍，硫黄島上陸　3 東京大空襲　4 米軍，沖縄本島上陸　8 広島に原爆投下　ソ連対日宣戦　長崎に原爆投下　ポツダム宣言受諾　日本降伏（天皇の終戦詔書）東久邇宮稔彦内閣　9	2 ヤルタ会談　5 ドイツ降伏　7 対日ポツダム宣言　10 国際連合発足

年代		日本	世界
1946 (	21)	降伏文書調印　10 幣原喜重郎内閣　GHQ，5大改革指令　11 財閥解体指令　12 新選挙法（婦人参政権・20歳以上の男女に）　労働組合法公布　第1次農地改革　1 天皇の人間宣言　「中央公論」「改造」復刊・「世界」創刊　公職追放指令　2 金融緊急措置令　4 新選挙法による総選挙　5 食糧メーデー　吉田茂内閣　極東国際軍事裁判開廷　8 持株会社整理委員会　10 第2次農地改革（自作農創設特別措置法）　11 日本国憲法公布　○漫画「サザエさん」連載開始	11 ニュルンベルク国際軍事裁判開廷　3 英首相チャーチル「鉄のカーテン」演説
1947 (	22)	1 2・1ゼネスト中止指令　3 教育基本法・学校教育法　4 労働基準法　独占禁止法　地方自治法　5 日本国憲法施行　6 片山哲内閣　12 過度経済力集中排除法	
1948 (	23)	3 芦田均内閣　7 教育委員会法　10 吉田茂内閣　12 経済安定9原則	8 大韓民国　9 朝鮮民主主義人民共和国成立
1949 (	24)	1 法隆寺金堂壁画焼損　3 ドッジライン発表　4 単一為替レート（1ドル＝360円）　7 下山事件　三鷹事件　8 松川事件　9 シャウプ勧告　11 湯川秀樹ノーベル物理学賞受賞　○映画「青い山脈」	10 中華人民共和国成立
1950 (	25)	4 公職選挙法　5 文化財保護法　7 日本労働組合総評議会（総評）　公務員のレッドパージ開始　8 警察予備隊設置　○朝鮮戦争特需景気	6 朝鮮戦争（～53）
1951 (	26)	4 マッカーサー解任　9 サンフランシスコ平和条約，日米安保条約調印　10 日本社会党左右分裂　○黒澤明「羅生門」ヴェネツィア映画祭グランプリ受賞	
1952 (	27)	2 日米行政協定　4 NHK「君の名は」放送開始　日華平和条約　5 血のメーデー事件　7 破壊活動防止法　10 警察予備隊を保安隊に改組　○漫画「鉄腕アトム」連載	
1953 (	28)	2 NHKテレビ本放送開始　12 奄美諸島復帰	
1954 (	29)	2 力道山のプロレス試合テレビ中継　3 第5福竜丸ビキニで被爆　MSA協定　7 防衛庁，陸海空自衛隊発足　12 鳩山一郎内閣	4 周・ネール平和5原則
1955 (	30)	8 第1回原水爆禁止世界大会（広島）10 日本社会党統一　11 自由民主党結成（55年体制）○神武景気　電気炊飯器，トランジスタラジオ発売　○三種の神器（電気洗濯機，冷蔵庫，白黒テレビ）	4 アジアアフリカ会議
1956 (	31)	7 経済白書「もはや戦後ではない」10 日ソ国	10 第2次中東戦

年表　303

年　代		日　本	世　界
		交回復共同宣言調印　11 東海道本線全線電化　12 日本の国連加盟　石炭山内閣　〇水俣病問題化	争
1957	(32)	2 岸信介内閣　9「主婦の店ダイエー」開店（大阪）　10 国連安保理非常任理事国に選出	3 ヨーロッパ経済共同体(EEC)　10 ソ連, 人工衛星スプートニク打ち上げ
1958	(33)	4 売春防止法施行　8 初の即席ラーメン（チキンラーメン・日清）発売　12 1万円札発行　東京タワー完成	
1959	(34)	1 メートル法施行　NHK教育テレビ発足　3「少年サンデー」「少年マガジン」創刊　4 国民年金法　皇太子の成婚　9 伊勢湾台風	1 キューバ革命
1960	(35)	1 三池炭鉱大争議　日米新安保条約調印→安保反対闘争　4 沖縄県祖国復帰協議会　5 衆院新安保条約強行採決　チリ地震津波, 三陸海岸に被害　6 新安保条約自然承認　7 岸内閣総辞職　池田勇人内閣　9 カラーテレビ本放送開始　12 国民所得倍増計画	この年アフリカ諸国多数独立
1961	(36)	4 ライシャワー米大使着任　6 農業基本法　8 松川事件全員無罪判決	4 ソ連, 有人宇宙船打ち上げ地球1周
1962	(37)	5 新産業都市建設促進法	10 キューバ危機
1963	(38)	1「鉄腕アトム」テレビ放映　2 GATT 11条国に移行　11 日米テレビ宇宙中継実験	8 部分的核実験停止条約
1964	(39)	4 IMF 8条国に移行・OECD加盟（先進国メンバーに）海外渡航自由化　10 東海道新幹線開業　東京オリンピック開催　11 佐藤栄作内閣	10 中国核実験
1965	(40)	1 日本航空「JALパック」発売　6 日韓基本条約　7 名神高速道路全通　〇新三種の神器（カー・クーラー・カラーテレビ）流行語に	2 ベトナム戦争（〜73)
1966	(41)	4 戦後初の赤字国債発行　6 ザ・ビートルズ来日　〇漫画「巨人の星」連載開始　卓上式電子計算機発売	5 中国, 文化大革命（〜76)
1967	(42)	4 東京都知事に革新候補美濃部亮吉当選　8 公害対策基本法　12 政府, 非核3原則表明　〇秋頃ミニスカート流行	6 第3次中東戦争
1968	(43)	5 消費者保護基本法　6 文化庁発足　小笠原諸島復帰　大学紛争拡大（〜69)　10 明治百年記念式典	7 核兵器拡散防止条約　8 ソ連東欧軍, チェコ侵入
1969	(44)	5 東名高速道路全通　8 映画「男はつらいよ」（第1作）　11 佐藤・ニクソン会談（沖縄返還合意）	7 アポロ11号月面着陸
1970	(45)	2 核拡散防止条約調印決定　初の国産衛星「おおすみ」打ち上げ成功　3 大阪万国博覧会　新日鉄発足（八幡・富士製鉄合併）　6 日米安保条約自動延長　〇総人口1億人突破　漫画	

年　代	日　本	世　界
1971 （　46）	「ドラえもん」人気に 6 沖縄返還協定　7 環境庁発足　8 ドル・ショック　9 新潟水俣病第1次訴訟原告勝訴　12 スミソニアン協定（1 ドル＝308 円）	8 金ドル一時交換停止　10 国連, 中国招請
1972 （　47）	2 冬季オリンピック札幌大会　浅間山荘事件　3 高松塚古墳壁画発見　5 沖縄本土復帰　7 田中角栄内閣　四日市喘息原告勝訴　8 イタイイタイ病原告勝訴確定　9 日中共同声明, 国交正常化　10 上野動物園にジャイアントパンダ	2 米中共同声明
1973 （　48）	2 円為替, 変動相場制移行　3 水俣病原告勝訴　10 第1次石油危機　11 狂乱物価・異常インフレ	1 ベトナム和平協定　10 第4次中東戦争
1974 （　49）	11 田中首相金脈問題で辞任　12 三木武夫内閣　○ GNP 戦後初のマイナス　初のコンビニエンスストア開店（セブン-イレブン）	
1975 （　50）	3 山陽新幹線全通　7 沖縄国際海洋博覧会　11 第1回先進6カ国首脳会議（仏ランブイエ）　公労協などスト権スト	
1976 （　51）	7 田中前首相, ロッキード事件で逮捕　12 福田赳夫内閣	周恩来, 朱徳, 毛沢東没
1977 （　52）	5 領海法（12 海里）公布　日ソ漁業暫定協定　9 王貞治国民栄誉賞受賞	
1978 （　53）	5 新東京国際空港（成田空港）開港　8 日中平和友好条約締結　10 靖国神社, A 級戦犯合祀　12 大平正芳内閣	
1979 （　54）	1 国公立大学で共通1次試験実施　4 第2次石油危機　6 東京で先進国首脳会議開催	10 WHO 天然痘根絶宣言　12 ソ連軍, アフガニスタン侵攻
1980 （　55）	7 鈴木善幸内閣　女子差別撤廃条約に署名　○自動車生産 1000 万台突破, 世界一に	9 イラン・イラク戦争
1981 （　56）	2 北方領土の日　3 中国残留孤児初正式来日　臨時行政調査会　神戸ポートアイランド博覧会	
1982 （　57）	6 東北新幹線（大宮～盛岡）開通　11 上越新幹線（大宮～新潟）開通　中曽根康弘内閣	
1983 （　58）	4 東京ディズニーランド開園　6 参院選挙, 初の比例代表制　10 田中元首相実刑判決　○連続テレビ小説「おしん」（83 年 4 月～84 年 3 月）	9 大韓航空機撃墜事件
1984 （　59）	1 中曽根首相「戦後政治の総決算」　7 島根県荒神谷遺跡から大量の銅剣出土　8 臨時教育審議会法　11 新紙幣発行　12 電々公社民営化 3 法	
1985 （　60）	3 つくば科学万博開幕　4 NTT・JT 発足　8 日	3 ソ連, ゴルバチ

年代	日本	世界
	航ジャンボ機墜落事故　中曽根内閣全閣僚国神社公式参拝　9先進国蔵相会議プラザ合意→内需拡大のため金融緩和	ヨフ改革始動
1986（　61）	4男女雇用機会均等法施行　60歳定年法　5東京サミット	4チェルノブイリ原発事故
1987（　62）	3米国、対日経済制裁発表　4国鉄分割民営化、JR7社開業　11竹下登内閣　全日本民間労組連合会（連合）発足　〇バブル経済	
1988（　63）	3青函トンネル開業　4瀬戸大橋開通　7リクルート事件　12消費税法成立	
1989（昭和64平成1）	1昭和天皇没、明仁親王即位、平成改元　2吉野ヶ里遺跡環濠集落発見　4消費税実施（3％）　6宇野宗佑内閣　8海部俊樹内閣　12バブル経済過熱、平均株価3万8915円と史上最高値に	6中国天安門事件　8東欧民主化の波　11ベルリンの壁撤去　12米ソ首脳冷戦終結宣言
1990（平成2）	1大学入試センター試験第1回実施　9自民・社会両党代表北朝鮮訪問、共同声明で植民地支配謝罪	10東西ドイツ統一
1991（　3）	1日本政府、湾岸戦争で計130億ドル拠出　4牛肉・オレンジ輸入自由化　海上自衛隊ペルシャ湾へ掃海艇派遣　11宮沢喜一内閣　〇バブル経済崩壊→平成不況	1ペルシャ湾岸戦争　12ソ連邦消滅→CISに移行(92.1)
1992（　4）	6PKO協力法　9学校の週休2日制（第2土曜のみ）開始　自衛隊PKO部隊カンボジア派遣　10天皇・皇后、初の訪中	
1993（　5）	6自民党分裂　7東京サミット　8細川護熙（非自民）連立内閣成立（55年体制崩壊）　9コメ大凶作、緊急輸入決定　11環境基本法	11EU発足
1994（　6）	1衆議院小選挙区比例代表並立制　4羽田孜内閣　6村山富市（自社さ）連立内閣　1ドル=100円突破	
1995（　7）	1阪神・淡路大震災　3地下鉄サリン事件　4 1ドル=79円台　6日米自動車交渉合意　9沖縄で米兵暴行抗議の県民総決起集会　11食糧管理法廃止（米の生産・流通・販売の自由化）	1WTO発足
1996（　8）	1橋本龍太郎内閣　4らい予防法廃止　日米、沖縄普天間基地の返還に合意　6住専処理・金融関連法	
1997（　9）	4消費税5％に　5アイヌ文化振興法　6日銀法改正　10北陸新幹線の高崎～長野間開業　11拓銀・山一証券経営破綻　12地球温暖化防止京都議定書採択（2005年発効）　〇トヨタ自動車、ハイブリッド車プリウス発表	7香港、中国に返還　この年アジア通貨危機に
1998（　10）	2冬季オリンピック長野大会　4明石大橋開通	5インド、パキス

年　代		日　　本	世　界
1999 （ 11）		新民主党結成　6 中央省庁等改革基本法　金融監督庁発足　7 小渕恵三内閣　10 金融再生関連法　5 情報公開法（2001 年 4 月施行）　ガイドライン関連法　防衛指針法　6 山一証券破産　男女共同参画社会基本法　7 新農業基本法　8 国旗・国歌法	タン核実験
2000 （ 12）		4 介護保険制度開始　森喜朗内閣　7 九州・沖縄サミット　10 みずほ金融グループ発足	
2001 （ 13）		1 省庁再編で 1 府 12 省庁に　4 三井住友銀行発足　小泉純一郎内閣	9 米同時多発テロ　10 米・英アフガニスタン侵攻
2002 （ 14）		4 公立学校週 5 日制完全実施　5 サッカーワールドカップ　日韓共同開催　8 住民基本台帳ネットワークシステム始動　9 小泉首相訪朝, 日朝平壌宣言	1 単一通貨ユーロ流通開始　7 アフリカ連合（AU）発足
2003 （ 15）		4 日本郵政公社発足　ヒトゲノム解読完了宣言　5 個人情報保護法　6 有事法制関連法	3 米英軍, イラク攻撃
2004 （ 16）		1 山口県で鳥インフルエンザ発生　6 年金改革関連法	12 スマトラ沖地震・津波
2005 （ 17）		9 衆院選自民党圧勝　10 郵政民営化法	
2006 （ 18）		1 三菱東京 UFJ 銀行発足　9 安倍晋三内閣　12 改正教育基本法成立	10 北朝鮮, 核実験
2007 （ 19）		1 防衛省発足　2 社会保険庁の年金記録不備発覚　5 国民投票法（憲法改正手続き）成立　9 福田康夫内閣	6 米のサブプライムショックで世界同時株安
2008 （ 20）		2 トヨタ自動車, 生産台数世界一に　9 麻生太郎内閣　10 松下電器, パナソニックに社名変更	9 米, リーマンショックで世界金融不安
2009 （ 21）		1 株電子化完了　3 デフレ進行し株価最安値 7054 円に　5 裁判員制度開始　8 衆院選で民主党大勝し政権交代　9 鳩山由紀夫内閣　10 日本の貧困率先進国中で最大（15.7%）に　11 行政刷新会議, 新年度予算審議で事業仕分け	1 米大統領にオバマ
2010 （ 22）		3 平成大合併終結, 市町村数半減　4 こども手当法・高校無償化法　6 鳩山首相普天間問題で辞任　菅直人内閣　12 東北新幹線全通	4 ギリシャ財政危機　中国, GDP で世界 2 位に
2011 （ 23）		3 東日本大震災, M9 の地震・津波で東北関東で大被害　東電福島第 1 原発炉心溶融で爆発　九州新幹線全通　7 なでしこジャパン, サッカー・ワールドカップ優勝　9 野田佳彦内閣	1 チュニジア・2 エジプトで民主化運動
2012 （ 24）		8 消費税関連法　9 尖閣諸島国有財産化　10 iPS 細胞で山中伸弥にノーベル賞　12 衆院選で自民党圧勝　第 2 次安倍晋三内閣	

年　代	日　　本	世　界
2013（　　25）	4ネット選挙運動を解禁　6富士山が世界文化遺産に　12和食, ユネスコ無形世界遺産に　特定秘密保護法成立　安倍首相靖国神社参拝	7エジプト軍, クーデター
2014（　　26）	7安倍晋三内閣, 集団的自衛権の容認を閣議決定	
2015（　　27）	9安全保障関連法成立（16年3月施行）	

索引

あ

相川金山 …………………… 100
愛国社 ……………………… 170
相対済令 …………………… 132
アイヌ
　………… 2, 48, 87, 113, 157, 173
アイヌ文化振興法 ………… 173
青木周蔵 …………………… 169
赤松満祐 ……………………… 68
悪党 …………………………… 61
悪人正機説 …………………… 78
明智光秀 ………………… 99, 100
上知令 ……………………… 137
上げ米 ……………………… 132
浅井長政 ……………………… 98
朝倉孝景条々 ………………… 77
朝倉義景 ……………………… 98
アジア太平洋戦争
　……………………… 218, 235
足尾銅山 ……………… 122, 196
足利学校 ……………………… 83
足利成氏 ……………………… 68
足利尊氏 ……………… 58, 64, 66
足利直義 ………………… 65, 80
足利持氏 ………………… 68, 76
足利義昭 ……………………… 98
足利義教 ……………………… 84
足利義政 ……………………… 68
足利義満 …………… 65, 84, 90
足利義持 ……………………… 68
芦田均 ………………… 244, 258
飛鳥浄御原宮 ………………… 16
飛鳥浄御原令 ………………… 16
飛鳥寺 …………………… 40, 46
飛鳥文化 ……………………… 40
東歌 …………………………… 42
吾妻鏡 ………………………… 81
直 ……………………………… 13
安達泰盛 ……………………… 61
安土城 ………………………… 98
阿弖流為 ………………… 23, 24
安部磯雄 …………………… 196
阿倍比羅夫 …………………… 22
阿部正弘 …………………… 160
アヘン戦争 ………………… 139
甘粕事件 …………………… 195
天草四郎時貞 ……………… 114
新井白石 ………… 119, 144, 150

荒木貞夫 …………………… 208
有島武郎 …………………… 202
有馬晴信 ……………… 97, 114
アロー戦争 ………………… 160
安重根 ………………… 184, 282
安政の五か国条約 ………… 161
安政の大獄 ………………… 161
安藤昌益 …………………… 153
安藤信正 …………………… 162
安徳天皇 ……………… 53, 56, 88
安和の変 ………………… 27, 29
安保闘争 …………… 248, 272, 279

い

井伊直弼 …………………… 161
イエズス会 …………… 97, 102
家子 …………………………… 27
生田万 ……………………… 137
生野銀山 ……………… 100, 178
池田勇人 ………… 248, 260, 281
池田光政 ……………… 117, 144
池大雅 ……………………… 148
池坊専慶 ……………………… 83
異国警固番役 ………………… 60
異国船打払令 ………… 136, 139
胆沢城 …………………… 22, 23, 24
石田梅岩 …………………… 151
石田三成 ……………… 103, 106
石橋湛山 ……………… 247, 248
石原莞爾 …………………… 206
石包丁 ………………………… 7
石山本願寺 ………… 93, 98, 100
出雲阿国 …………………… 105
伊勢神宮 ………… 72, 151, 230
伊勢神道 ……………………… 81
伊勢物語 ………………… 44, 89
石上宅嗣 ……………………… 42
イタイイタイ病 ……… 261, 277
板垣退助
　……………… 165, 168, 170, 176
市川団十郎 ………………… 149
市川房枝 …………………… 229
一木造 …………………… 41, 45
一味神水 ……………………… 74
五日市憲法草案 …………… 174
一向一揆
　………………… 69, 93, 98, 101, 104
一向宗 ……………… 93, 98, 107
一国一城令 ………………… 106
一寸法師 ……………………… 82
一世一元制 ………………… 165
一地一作人の原則 ………… 101
一遍 ……………………… 78, 80

一遍上人絵伝 …………… 79, 89
伊藤仁斎 ……………… 145, 151
伊藤野枝 ………… 193, 195, 228
伊藤博文 …………… 168, 171, 172,
　　　174, 176, 184, 236, 282
伊東マンショ ……………… 97
糸割符仲間 ………………… 112
稲荷山古墳 …………… 11, 13, 50
犬追物 ………………………… 59
犬養毅 …………… 192, 198, 216, 236
犬筑波集 ……………………… 82
井上馨 ……………………… 169
井上毅 ……………………… 174
井上準之助 ………………… 208
井上日召 …………………… 208
稲生若水 …………………… 150
伊能忠敬 …………………… 139
井原西鶴 …………………… 142
今川義元 …………… 76, 98, 106
今様 …………………………… 44
壱与 …………………………… 9
入浜式塩田 …………… 70, 122
岩倉遣外使節団 …………… 168
岩倉具視
　……………… 164, 168, 172, 174
岩崎弥太郎 ………………… 178
岩宿遺跡 …………………… 2, 276
磐舟柵 ………………………… 22
院政 ………… 31, 32, 52, 56, 64, 88
院の近臣 ………………… 33, 52
院庁 ………………………… 32

う

ヴァリニャーニ …………… 105
ウイリアム＝アダムズ
　…………………………… 112
植木枝盛 ……………… 170, 174
上杉謙信 ……………………… 76
上杉憲実 ………………… 68, 83
上杉治憲 …………… 135, 140
宇垣一成 ………… 206, 208, 222
浮世絵 ……………………… 148
浮世草子 …………………… 142
氏の長者 ……………………… 29
歌川（安藤）広重 ………… 148
宇多天皇 ……………………… 28
内管領 …………………… 61, 64
打ちこわし …… 130, 133, 134,
　　　136, 161, 163, 165
内臣 …………………………… 15
内村鑑三 …………………… 231
厩戸皇子（聖徳太子）
　…………………………… 14, 37

浦島太郎 ………………… 82
運慶 ……………………… 80
運上 ………… 110, 124, 129,
　　　133, 134, 157

え

栄華物語 ……………… 44, 50
永享の乱 ……………… 68, 76
栄西 …………………… 79, 94
叡尊 ……………………… 79
永仁の徳政令 ………… 61, 74
永平寺 …………………… 79
永楽通宝 …………… 67, 71, 84
ええじゃないか …… 163, 164
A級戦犯 ……………… 226
会合衆 …………………… 72
衛士 …………………… 17, 18
蝦夷地 …… 113, 115, 122, 127,
　　　134, 138, 157
江田船山古墳 ………… 11, 13
江藤新平 …………… 168, 170
江戸幕府 …………… 106, 108
榎本武揚 …………… 161, 165
絵踏 ……………………… 115
絵巻物 ……… 45, 80, 89, 155
蝦夷 ………… 22, 24, 26, 35, 87
恵美押勝 ………………… 21
恵美押勝の乱 …………… 21
MSA協定 ……………… 247
撰銭令 …………………… 71
円覚寺舎利殿 …………… 80
延喜・天暦の治 ………… 65
延喜の荘園整理令 …… 25, 28
延久の荘園整理令 ……… 32
縁切寺 …………………… 155
袁世凱 …………………… 280
円珍 ……………………… 38
円仁 ……………………… 38
円墳 ……………………… 11
延暦寺 ……… 33, 37, 38, 47,
　　　68, 72, 78, 98, 104

お

奥羽越列藩同盟 ………… 164
応永の外寇 ………… 35, 85, 92
応永の乱 ………………… 67
欧化政策 ……………… 169
奥州総奉行 ……………… 55
奥州藤原氏 ……… 49, 55, 87
往生要集 ………………… 45
王政復古の大号令 ……… 164
汪兆銘 …………………… 212
応天門の変 ……………… 28

応仁の乱
　………… 68, 75, 76, 82, 84, 94, 98
淡海三船 ………………… 42
近江令 …………………… 16
押領使 …………………… 26
大海人皇子 ……………… 16
大内義隆 ………………… 76
大内義弘 ………………… 67
大江匡房 ………………… 32
大岡昇平 ……………… 268
大岡忠相 ……………… 133
大臣 ……………………… 13
大鏡 …………………… 44, 50
大王 …………… 11, 13, 19, 39
大久保利通 …… 166, 168, 170
大隈重信
　………… 165, 168, 171, 176, 191
大蔵永常 …………… 150, 152
大御所 ……………… 106, 136
大阪会議 ……………… 170
大坂城 ………… 100, 163, 164
大坂の役 …………… 106, 117
大阪紡績会社 ………… 179
大塩平八郎
　……………… 131, 137, 145, 233
大杉栄 ………………… 195
大田文 …………………… 57
大槻玄沢 ……………… 147
大津事件 ……………… 169
大津宮 ………………… 16, 35
大友皇子 …………… 16, 117
大伴旅人 ……………… 23, 42
大伴家持 ………………… 42
大友義鎮 ………………… 97
太安万侶 ……………… 43, 50
大原幽学 ……………… 152
大番役 …………………… 55
大平正芳 …………… 252, 264
大連 …………………… 13, 14
大村純忠 …………… 97, 102
大村益次郎 ………… 152, 180
大目付 ………………… 108
大森銀山 ……………… 100
大山巌 ………………… 182
大輪田泊 ………………… 53
岡倉天心 ……………… 188
岡田啓介 ……………… 209
尾形乾山 ……………… 149
尾形光琳 ……………… 148
沖縄県祖国復帰協議会 … 251
沖縄戦 ………………… 219
沖縄返還協定 … 249, 257, 279
荻生徂徠 ……… 145, 146, 152
荻原重秀 ……………… 119

荻原守衛 ……………… 189
奥六郡 …………………… 49
桶狭間の戦い ……… 98, 106
刑部親王 ………………… 16
尾崎行雄 …………… 171, 192
小山内薫 ……………… 189
織田信長
　………… 93, 98, 100, 104, 106
御手伝普請 ………… 109, 128
御伽草子 ……………… 82, 89
小野妹子 ……………… 14, 34
小野道風 ………………… 45
男衾三郎絵巻 ……… 80, 89
小渕恵三 …………… 255, 256
御雇外国人 …………… 187
オランダ風説書 ……… 115
蔭位の制 ………………… 17
恩賞方 …………………… 65

か

改易 ………… 107, 109, 110, 116
海軍省 ………………… 180
改新の詔 ………………… 15
海賊取締令 …………… 85, 102
解体新書 ……………… 147
開拓使官有物払い下げ事件
　……………………………… 171
海舶互市新例 ………… 119
開発領主 ……………… 27, 30
貝原益軒 ……………… 150
懐風藻 …………………… 42
海北友松 ……………… 104
海保青陵 ……………… 152
解放令 ………………… 166
加賀の一向一揆 ………… 93
嘉吉の土一揆 ………… 75
嘉吉の乱 ………………… 68
柿本人麻呂 ……………… 42
部曲 ……………………… 13
学童疎開 ……………… 223
学制 …………………… 190
学徒勤労動員 …… 211, 217, 223
学徒出陣 …………… 223, 239
学問のすゝめ ……… 186, 233
掛屋 …………………… 124
景山英子 ……………… 228
勘解由使 ………………… 24
笠懸 ……………………… 59
借上 …………………… 61, 63
化政文化 ……………… 136
華族 … 165, 166, 172, 174, 190
華族令 ………………… 172
片仮名 …………………… 44

刀狩令 …… 101	韓国統監府 …… 184	64, 75, 87, 100, 158
荷田春満 …… 146	韓国併合 …… 185, 282	紀貫之 …… 44
片山潜 …… 196	漢字 …… 12, 42, 44	吉備真備 …… 20, 35
片山哲 …… 244	乾漆像 …… 41	黄表紙 …… 135, 143
学校令 …… 190	寛正の飢饉 …… 68	奇兵隊 …… 180
葛飾北斎 …… 148	勘定奉行 …… 108, 119	義兵闘争 …… 184
桂太郎 …… 169, 177, 192, 236	『漢書』地理志 …… 8, 34, 50	金正日 …… 255, 283
花伝書 …… 83	鑑真 …… 35, 37, 41	格 …… 25
加藤清正 …… 102	寛政異学の禁 …… 135, 144	旧辞 …… 13, 42, 50
加藤高明	関税自主権 …… 161, 168	己酉約条 …… 113, 156
…… 198, 209, 222, 236, 284	寛政の改革	旧石器時代 …… 2, 5
門田 …… 59	…… 129, 134, 137, 143	教育委員会 …… 269, 270
仮名草子 …… 142	関東軍 …… 184, 199, 206, 212,	教育基本法 …… 269, 270, 285
金沢文庫 …… 81	216, 237, 280	教育勅語 …… 175, 190, 231
狩野永徳 …… 104, 148	関東軍特種演習 …… 237	教王護国寺 …… 38, 41, 46, 47
狩野山楽 …… 104	関東御分国 …… 55	狂歌 …… 143
狩野探幽 …… 148	関東御領 …… 55	行基 …… 21, 37
狩野正信 …… 83	関東大震災 …… 185, 195, 201	享徳の乱 …… 68
狩野元信 …… 83	関東庁 …… 237	京都守護 …… 54, 57
加波山事件 …… 171	関東都督府 …… 237	京都所司代 …… 107, 108, 126
歌舞伎 …… 90, 105, 149, 189	関東取締出役 …… 136	教派神道 …… 230
株仲間 …… 124, 133, 134, 137	観応の擾乱 …… 66	享保の改革 …… 129, 132, 147
鎌倉公方 …… 66, 68, 74	関白 …… 28, 32, 52, 82, 100,	清浦奎吾 …… 198, 236
鎌倉将軍府 …… 65	103, 164	極東国際軍事裁判 …… 226
鎌倉幕府 …… 31, 32, 54, 57,	姜沆 …… 103	キリシタン大名 …… 97, 114
58, 64, 79, 88, 91	桓武天皇 …… 23, 24, 26, 38, 41	記録所 …… 65
鎌倉府 …… 66, 68	桓武平氏 …… 26, 30	金印 …… 9, 34, 84
亀戸事件 …… 195	管領 …… 66, 68, 76	金解禁 …… 199, 201, 236
甕棺 …… 7		金塊和歌集 …… 81
加茂一揆 …… 130	**き**	禁教令 …… 114
鴨長明 …… 81	棄捐令 …… 135, 137	金玉均 …… 232
賀茂真淵 …… 146	祇園祭 …… 72	金座 …… 125
伽耶 …… 12, 14, 34	紀元節 …… 187	銀座 …… 125, 187
加羅 …… 12, 34	岸田俊子 …… 228	禁中並公家諸法度 …… 107
韓鍛冶部 …… 12	岸信介 …… 248, 279, 281	欽定憲法 …… 174
樺太千島交換条約 …… 169	議定 …… 164	金肥 …… 120
刈敷 …… 62, 70, 120	魏志倭人伝 …… 9, 34, 50	金本位制 …… 179
カルテル …… 258	寄進地系荘園 …… 30	禁門の変 …… 163
家老 …… 109, 116	寄生地主制	金融恐慌 …… 195, 199, 201
河合栄治郎 …… 223	…… 167, 234, 242, 258	金融緊急措置令 …… 258
為替 …… 63, 125, 127	義倉 …… 17, 135	勤労動員 …… 211, 217
河竹黙阿弥 …… 149	貴族院 …… 172, 174, 176,	金禄公債証書 …… 166
川端康成 …… 268	192, 198, 223, 236	
河村瑞賢 …… 127	北一輝 …… 209	**く**
漢 …… 8	喜多川歌麿 …… 148	空海 …… 38, 41, 43, 47
観阿弥 …… 83	北前船 …… 127, 157	空襲 …… 219, 240
冠位十二階 …… 14	北村季吟 …… 118	空也 …… 39, 45
官位相当の制 …… 17	北村透谷 …… 233	盟神探湯 …… 13
閑院宮家 …… 119	北山文化 …… 82	愚管抄 …… 52, 81
寛永文化 …… 142	義堂周信 …… 83	公暁 …… 56
環境庁 …… 249, 261, 273, 277	木戸幸一 …… 226	公事方御定書 …… 133
閑吟集 …… 82	木戸孝允 …… 163, 165, 168, 170	九条頼経 …… 56
環濠集落 …… 7, 8	畿内 …… 17, 23, 53, 57, 61,	グスク …… 48
勘合貿易 …… 69, 71, 84		

索　引　311

薬子の変	24, 28
楠木正成	64, 230
百済	12, 14, 16, 36, 40, 42
屈葬	5
グナイスト	172
国博士	15
国造	13
国造磐井	14
口分田	17, 18
熊沢蕃山	117, 144, 152
組頭	110
公文所	54
鞍作部	40
蔵元	124
蔵物	124
蔵屋敷	124, 126, 158
蔵人所	24
蔵人頭	24, 28
黒澤明	269
黒田清隆	171
黒田清輝	188
軍記物	44, 50, 89
郡司	17, 20, 23, 24, 31, 42
軍事教練	222
群集墳	11
軍人勅諭	180
郡代	108
軍団	17, 24
軍閥	212, 237
軍票	225
軍部大臣現役武官制	176
群馬事件	171
群雄割拠	76

け

桂庵玄樹	83
慶安の変	116
桂園時代	177
慶賀使	113, 115, 157, 168
経国集	25, 43, 44
経済安定9原則	245, 259
経済協力開発機構（OECD）	267
警察予備隊	245, 247
傾斜生産方式	258
契沖	146
計帳	15, 17
慶長の役	103
下剋上	76, 82
華厳宗	79
下司	30, 62
血盟団事件	208
検非違使	24, 67

検見法	132
元	35, 58, 60, 81, 84, 87
源氏物語	44, 154
源氏物語絵巻	45, 89
源信	39, 45
遣隋使	14, 19, 34
原水爆禁止世界大会	273
憲政会	198, 236
憲政党	176
憲政の常道	198
検地	77, 100, 117, 157
検地帳	101, 110
遣唐使	19, 34, 38, 40, 42, 44, 47
原爆	226
玄昉	20, 35
減封	107, 116
憲法十七条	14
建武式目	65
建武の新政	65
元老	174, 176, 192
元老院	170, 172

こ

小石川養生所	133
小泉純一郎	255, 267, 283
5・15事件	208
郷	17, 30
弘安の役	60
庚寅年籍	16
公害対策基本法	249, 261, 273, 277
江華島事件	168, 280, 282
合巻	137, 143
後期倭寇	85, 86
高句麗	12, 14, 16, 34, 40, 42, 46, 50
孝謙天皇	21, 37
郷学	150
庚午年籍	16
甲午農民戦争	181
郷司	30, 91
皇室典範	173
工場制手工業	121, 123
公職追放	243
甲申事変	180, 232, 282
更新世	2, 4
強訴	33, 73, 74, 165
高宗	184
豪族	11, 14, 16, 20, 25, 36
皇族将軍	59
好太王の碑文	12, 50
公地公民	15, 25, 28

公的資金	265
高等学校	204
皇道派	209
幸徳秋水	177, 196
孝徳天皇	15
弘仁格式	25
光仁天皇	21, 23, 24
河野広中	171
高師直	65
公武合体	162, 164
興福寺	18, 33, 37, 40, 53, 78
光武帝	9, 34
高弁	79
光明天皇	65
皇民化政策	184, 224, 282
孝明天皇	160, 162, 164
公明党	249
高野山	33, 38, 47
高麗	60, 84, 92
広隆寺	40
五街道	127
古学派	145
古河公方	68, 76
五箇条の誓文	165
『後漢書』東夷伝	9, 34, 50
五経博士	12, 42
古今和歌集	44
国学	43, 146, 153
国衙領	30, 33, 54
国際通貨基金	259
国際連合	247
国際連盟	183, 185, 212, 214
国司	17, 23, 24, 26, 28, 31, 33, 49, 55, 58, 65
国人	65, 69, 74, 76, 91
国人一揆	74
国粋主義	173, 188
国訴	130
国体明徴声明	223
石高	101, 106, 108, 132
国定教科書	191
国分寺建立の詔	20, 37, 46
国民学校	223
国民精神総動員運動	210
国民徴用令	210, 217
石盛	101
黒曜石	3, 5
国立銀行条例	178
御家人	55, 58, 61, 66, 109, 132
護憲三派	198
小御所会議	164
小坂銀山	178

小作争議 ………… 176, 197, 234	健児制 ……………………… 24, 26	三管領 …………………… 66, 69
後三条天皇 ………………… 31, 32	墾田永年私財法 ………………… 19	産業革命 …………………… 179
後三年合戦 ………… 27, 49, 80	近藤重蔵 ……………………… 138	三経義疏 …………………… 37
五山文学 …………………… 83	コンドル ……………………… 189	参勤交代 … 107, 109, 126, 128
5・4運動 …………………… 280	困民党 ……………………… 171	三国干渉 …………… 176, 181
古事記 ……………… 13, 43, 50		三国志 ……………………… 9
古事記伝 …………………… 146	**さ**	三斎市 ……………………… 62
五色の賤 …………………… 17		三種の神器 ………… 274, 276
古史通 ……………………… 150	座 ……………… 63, 71, 77, 99	山水長巻 …………………… 83
越荷方 ……………………… 141	西園寺公望	三世一身法 ………………… 18
55年体制 ………… 247, 254	……………… 176, 192, 209, 236	三蹟 ………………………… 45
後白河天皇 ………………… 33, 52	最恵国待遇 ………………… 169	三代格式 …………………… 25
後白河法皇	在郷商人 …………… 130, 137, 141	三大事件建白運動 ……… 171
……………… 44, 53, 54, 56, 88	西郷隆盛 ……… 145, 163, 168, 170	三ちゃん農業 ……………… 276
子代 ………………………… 13	細石器 ……………………… 3	三都 …………… 124, 126, 141, 142
御真影 ……………………… 190	最澄 ………………… 37, 38, 47	山東出兵 …………… 199, 236
御親兵 ……………… 165, 180	在庁官人 …………… 25, 30, 54	三内丸山遺跡 ………………… 4
御成敗式目 ………………… 58	斎藤実 ……………… 185, 209	三筆 ………………… 41, 47
戸籍 ………… 15, 16, 18, 224	斎藤道三 …………………… 98	サンフランシスコ講和会議
御前会議 …………… 218, 237	財閥 …………………… 179, 200	…………… 227, 246, 257, 281
五大改革指令 … 242, 276, 278	財閥解体 …………… 242, 245, 278	サンフランシスコ平和条約
後醍醐天皇 ………… 64, 81, 90	サイパン …………………… 219	…………… 246, 250, 278, 283
五大老 …………… 103, 106	左・右京職 ………………… 17	参謀本部 …………………… 180
国会開設の勅諭 ………… 171	酒井田柿右衛門 ………… 149	讒謗律 ……………………… 170
国会期成同盟 ……… 170, 174	堺利彦 ……………………… 196	三方領知替 ……………… 137
国家神道 …………… 39, 230	坂下門外の変 …………… 162	参与 ………………………… 164
国家総動員法 ……… 210, 217	坂田藤十郎 ………………… 149	
国記 …………………………… 14	嵯峨天皇	**し**
児玉源太郎 ………………… 184	……… 23, 24, 38, 41, 43, 47, 59	
後藤新平 …………………… 184	坂上田村麻呂 ………………… 23	寺院法度 …………………… 107
滑稽本 ……………………… 143	佐賀の乱 …………………… 170	自衛隊 ……………… 247, 254
後鳥羽上皇 ………… 44, 56, 81	坂本竜馬 …………… 163, 164	慈円 ………………………… 52, 81
小西行長 ………… 97, 102, 115	酒屋役 ……………………… 67	志賀直哉 …………………… 202
五人組 ……………………… 109	防人 ………………… 16, 35, 42	式 …………………………… 25
近衛文麿 ………… 206, 210, 214	冊封体制 …………………… 84	私擬憲法 …………… 170, 174
琥珀 ………………………… 3	桜会 ………………………… 208	信貴山縁起絵巻 ………… 45, 89
小林一茶 …………………… 143	桜田門外の変 ……… 161, 162	地下請 ……………………… 73, 91
小林多喜二 ………………… 202	鎖国 … 114, 125, 139, 156, 160	自作農創設特別措置法
五奉行 ……………………… 103	佐々木導誉 ………………… 82	…………………… 242, 258
古文辞学派 ………… 145, 146	指出 …………………… 77, 99	鹿ヶ谷の陰謀 ……………… 53, 88
古墳時代 ………… 10, 34, 39	左大臣 ……………… 15, 20, 25, 28	四職 ………………………… 66
五榜の掲示 ………… 165, 230	佐竹義和 …………… 135, 140	寺社奉行 …………………… 108
小牧・長久手の戦い ……… 106	薩英戦争 …………………… 163	時宗 ………………………… 78, 83
小村寿太郎 ………………… 169	雑訴決断所 ………………… 65	治承・寿永の内乱 ………… 27
米騒動	薩長同盟 …………………… 163	氏姓制度 ………… 11, 13, 14
…… 185, 194, 198, 203, 236	佐藤栄作	士族
小物成 ……………………… 110	……… 249, 250, 261, 273, 279	……… 166, 170, 180, 188, 235
御用金 ……………… 129, 140	佐藤首相・ニクソン大統領会談	下地中分 …………………… 91
五稜郭 ……………………… 165	…………………………… 251	七道 ………………………… 17
御料所 ……………………… 67	佐藤信淵 …………………… 152	七分金積立 ………………… 135
後冷泉天皇 ………………… 29	侍所 …………………… 56, 66	志筑忠雄 ………… 115, 147, 156
コレジオ …………………… 97	猿楽能 ……………… 68, 83, 105	執権 …………… 56, 58, 61, 65
金光教 ……………………… 230	3・15事件 ………………… 196	十返舎一九 ………………… 143
コンツェルン ……… 200, 216	3・1独立運動 ……… 185, 282	幣原喜重郎 ………………… 242

索引 313

四天王寺 …………… 37, 45	朱子学 …… 64, 81, 83, 117, 118, 135, 144	如拙 ………………………… 82
地頭請 ………………………… 91	シュタイン ………………… 172	白樺派 ……………………… 202
四等官 ………………………… 16	首長 ………… 7, 10, 13, 34, 48	白河上皇 ………………… 32, 52
地頭 ……… 54, 56, 59, 62, 74, 88, 91	春闘 ………………………… 272	白河天皇 …………………… 32
持統天皇 …………………… 16	書院造 …………………… 82, 94	新羅 ………… 12, 14, 16, 34, 44
寺内町 ………………………… 72	貞永式目 ………………… 58, 83	新恩給与 …………………… 55
品部 …………………………… 12	荘園 …… 19, 25, 30, 33, 54, 62, 71, 91	新ガイドライン関連法 …… 255
士農工商 ……………… 110, 166	荘園公領制 ……… 30, 31, 64	新貨条例 ………………… 178
司馬江漢 ………………… 149	蔣介石 ……… 199, 207, 212, 244, 280	辰韓 …………………………… 12
柴田勝家 …………………… 100	城下町 … 73, 99, 101, 104, 110	神祇官 ……… 16, 172, 230
渋川春海 ……………… 118, 150	荘官 ……………… 30, 62, 74, 91	人権指令 ………………… 242
シベリア出兵 ……………… 194	承久の乱 ………………… 56, 57	新興財閥 ………………… 216
シーボルト ……………… 139, 147	貞享暦 ……………… 118, 150	新古今和歌集 …… 44, 56, 81
島崎藤村 ………………… 233	貞慶 ………………………… 79	壬午軍乱 ……………… 180, 282
島津斉彬 ………………… 140	上皇 ………………………… 32	真言宗 ……………… 38, 41, 46
島津久光 ………………… 162	成功 ………………………… 25	壬申の乱 …………… 16, 21, 117
島原の乱 ……………… 109, 114	招魂社 ……………… 180, 230	壬辰倭乱 ………………… 103
持明院統 …………………… 64	正作 ………………………… 59	新石器時代 ………………… 4
四民平等 ………………… 166	正倉院 ……………………… 41	新選組 ……………………… 162
ジーメンス事件 …………… 192	城代 ………………………… 108	新体制運動 ……………… 236
下肥 …………………… 70, 120	正長の土一揆 …………… 71, 75	新田開発 …… 117, 120, 132, 134
霜月騒動 ……………………… 61	浄土教 …………………… 38, 45	寝殿造 ……………… 45, 82, 94
下関条約 ……………… 181, 184	貞享金銀 ………………… 119	神皇正統記 ………………… 82
下村観山 ………………… 188	称徳天皇 ……………… 21, 107	親藩 ……………………… 107
下山事件 ……………… 245, 259	正徳の治 ……………… 119, 144	新婦人協会 ……………… 193, 229
シャウプ税制 ……………… 259	浄土宗 …………………… 78, 99	神仏習合 ……………………… 39
謝恩使 ………… 113, 115, 157	浄土真宗 …… 72, 78, 93, 231	神仏分離令 ……………… 230
社会民主党 ………………… 196	尚巴志 ……………………… 86	新聞紙条例 ……………… 170
釈迦三尊像 ………………… 40	消費税 …………… 253, 257, 267	親鸞 …………… 78, 93, 231
シャクシャイン …………… 157	正風（蕉風） ……………… 142	
車借 ………………………… 71	昌平坂学問所 …… 135, 144, 191	**す**
社倉 ……………… 117, 131, 135	承平・天慶の乱 ……… 26, 28	
洒落本 ……………… 135, 143	障壁画 ……………………… 104	隋 ……………………… 14, 34
上海事変 ………………… 206	聖武天皇 ……… 20, 37, 41, 46	垂加神道 ………………… 144
朱印船貿易 ……………… 112, 114	定免法 …………………… 132	出挙 ………………………… 17
集会条例 ………………… 170	将門記 ……………… 44, 50	推古天皇 ……… 14, 36, 43
衆議院議員選挙法	縄文土器 ………………………… 4	水稲耕作 ……………………… 8
…………… 173, 174, 285	条約改正 ………………… 169	水墨画 …………………… 83, 94
従軍慰安婦 ……………… 224, 283	生類憐みの令 …………… 118	枢密院 ……… 173, 174, 193, 199
15年戦争 ………………… 220	浄瑠璃節 ………………… 105	須恵器 ……………… 11, 12, 86
自由党 ……………………… 171	昭和恐慌 ……………… 199, 201	陶作部 ……………………… 12
十二単 ……………………… 45	昭和天皇 ……………… 199, 253	菅原道真 ………………… 28, 35
自由民権運動 … 170, 186, 232	承和の変 …………………… 28	杉田玄白 ………………… 147
自由民主党 ……………… 236, 247	初期荘園 ………………… 19	杉山元治郎 ……………… 197
儒教 ……… 12, 14, 42, 119, 153	職業婦人 ………………… 229	助郷役 ……………… 110, 127
宿駅 ………………………… 126	殖産興業 ……………… 117, 178	崇峻天皇 ………………… 14
宿場町 ……………………… 126	食糧管理法 …………… 217, 221	調所広郷 ………………… 140
綜芸種智院 ……………… 43, 47	女工 ……………………… 228	鈴木貫太郎 ……………… 209
守護 …… 54, 61, 65, 66, 74, 88	女子差別撤廃条約 …… 229, 285	鈴木春信 ………………… 148
守護請 …………………… 66, 91	女子挺身隊 ……………… 211	鈴木文治 ………………… 196
守護大名	女真族 …………………… 29, 35	崇徳上皇 ………………… 52
…………… 66, 68, 72, 76, 84, 91		住友 …… 200, 242, 258, 260
守護領国制 ………………… 66		角倉了以 ……………… 100, 127
		受領 ……………………… 25, 33

せ

世阿弥 …………………………… 83
征夷大将軍
　　………… 23, 55, 65, 88, 106
征韓論 ………… 168, 170, 282
清少納言 …………… 44, 154
政体書 ………………… 165, 172
青銅器 ………………………… 6
青鞜社 ………………… 193, 228
政党内閣 …… 194, 209, 236
西南戦争
　　……… 167, 170, 178, 180, 230
聖明王 …………………… 12, 36
清和源氏 ………………… 26, 33
世界大恐慌 ……………… 201
関ヶ原の戦い ……………… 106
関所 ……… 67, 71, 77, 99, 127
石刃 ……………………………… 3
関銭 …………… 63, 67, 74, 99
関孝和 ………………………… 150
石棒 ……………………………… 5
石油ショック …… 252, 262
絶海中津 ……………………… 83
摂関家
　　………… 29, 30, 32, 45, 52, 56
摂関政治 …… 28, 29, 38, 44
摂家将軍 ……………………… 56
雪舟 …………………………… 82
摂津職 ………………………… 17
節用集 ………………………… 83
銭座 …………………………… 125
セミナリオ ……………… 97, 99
前九年合戦
　　…………… 27, 29, 44, 49, 89
戦後恐慌 ………… 196, 201
全国水平社 ……………… 193
戦国大名 …… 58, 71, 73, 75, 76,
　　91, 93, 94, 96, 98
漸次立憲政体樹立の詔 … 170
禅宗 ……… 79, 80, 82, 107, 144
尖頭器 …………………………… 3
先土器文化 ……………………… 2
千利休 …………… 83, 100, 105
前方後円墳 ………………… 10
賤民 ………………… 17, 83, 111
扇面古写経 ………………… 45
川柳 …………………………… 143

そ

租 ………………… 15, 17, 25, 30
宋 ……………… 12, 34, 44, 79, 80
惣掟 …………………………… 73

宗祇 …………………………… 82
総裁 …………………………… 164
宗氏 ………… 85, 113, 115, 156
創氏改名 …………… 224, 282
宋書 ……………… 12, 34, 50
宋銭 …………………… 35, 63
惣村 …………………… 65, 73
曹洞宗 …………………… 78
惣百姓一揆 ……………… 130
総評 …………………………… 272
惣無事令 ……………………… 100
僧兵 …………………… 33, 57
雑徭 ……………… 17, 18, 24
惣領 ………………… 59, 155
惣領制 ………………………… 59
蘇我入鹿 ……………………… 15
蘇我馬子 ………… 14, 36, 46
蘇我蝦夷 ……………………… 15
塑像 …………………………… 41
側用人 ……………… 118, 134
ソ連崩壊 ……………………… 266
尊王攘夷論
　　……… 141, 146, 153, 162

た

第1次・第2次護憲運動
　　………………… 192, 198
第1次世界大戦 … 183, 185,
　　196, 200, 206, 222, 235, 280,
　　282
第1次・第2次長州戦争
　　…………………………… 163
第2次世界大戦
　　………… 215, 254, 257, 281
大学 …………………………… 43
大覚寺統 ………………… 64, 68
大学頭 ……………… 118, 144
大学別曹 ……………………… 43
大学令 …………… 190, 198, 204
大化の改新 ……………… 15
代官 ………………… 108, 110
大韓民国 …… 244, 250, 282
大逆事件 …… 177, 196, 233
大教宣布の詔 ……………… 230
大元帥 ………………………… 235
太閤検地 …………… 91, 100
醍醐天皇 ………… 25, 28, 44
太政官 …………………… 16, 29
太政大臣
　　………… 21, 29, 52, 67, 100
大正デモクラシー
　　………………… 192, 234, 235
大審院 ………………… 169, 170

大正政変 ………… 192, 236
大政奉還 ……………………… 164
大政翼賛会 ……………… 217
大仙古墳 ……………………… 10
大東亜会議 ……………… 213
大東亜共栄圏 …… 212, 213
大東亜戦争 ……………… 235
大日本沿海輿地全図 …… 139
大日本産業報国会 ……… 217
大日本史 ………… 117, 150, 153
大日本帝国憲法 … 173, 174
大日本婦人会 …………… 229
大仏造立の詔 …… 20, 37
太平記 ………………… 82, 90
帯方郡 ……………………………… 9
大宝律令 …… 16, 19, 20, 37, 43
大宝令 ………………………… 154
大本営 ………………… 218, 225
大犯三カ条 ……………… 54, 66
大名田堵 ……………………… 30
太陽暦 ………………………… 187
平清盛 ………………… 33, 52, 88
平貞盛 ………………………… 26
平忠常の乱 ……………… 27, 29
平忠盛 ………………………… 27
平徳子 ………………………… 53
平将門 ………………… 26, 28, 44
平将門の乱 …… 26, 28, 44
平正盛 ………………… 27, 33, 52
平頼綱 ………………………… 61
大老 ………………… 108, 118
台湾銀行 ……………………… 184
台湾出兵 …… 168, 170, 280
台湾総督府 ……………… 184
高掛物 ………………………… 110
高倉天皇 ……………………… 53
高島炭鉱 ……………………… 178
多賀城 …………… 22, 24, 49
高杉晋作 ………… 163, 180
高野岩三郎 ……………… 243
高野長英 …… 136, 139, 147, 152
高野房太郎 ……………… 196
高橋是清 …… 198, 209, 216, 236
高松塚古墳壁画 ……… 40
高向玄理 ………………… 15, 35
高村光雲 ……………………… 189
高床倉庫 ……………………………… 7
滝川事件 ……………………… 223
滝川幸辰 ……………………… 223
滝廉太郎 ……………………… 189
田口卯吉 ……………………… 188
武田勝頼 ………… 98, 106
武田信玄 ……………………… 98
竹取物語 ……………………… 44

索　引　315

竹内式部 …………… 153	茶の湯 …… 94, 103, 105, 149	帝国大学 ………… 191, 204
武野紹鷗 ……………… 83	中華思想 ………… 22, 34	丁酉倭乱 ……………… 103
竹本義太夫 ………… 142	中華人民共和国 227, 244, 281	出島 ……………… 114, 156
多国籍軍 …………… 254	中華民国 ……… 227, 244, 281	手島堵庵 …………… 151
太宰治 ……………… 268	中華民国政府 …… 244, 281	鉄器 …………… 6, 12, 86
大宰府	中宮寺 ………………… 40	寺請制度 ………… 107, 114
…… 16, 20, 25, 26, 28, 35, 60	中国共産党 ………… 281	寺内正毅 … 185, 194, 198, 282
足高の制 …………… 132	中国国民党 ………… 212	寺子屋 …………… 151, 190
太政官制［近代］	忠魂碑 ……………… 230	天下の台所 ……… 126, 158
…………… 111, 165, 172	中尊寺 ………………… 49	天下布武 ……………… 98
太政大臣［近代］ … 165, 172	忠霊塔 ……………… 230	天智天皇 ………… 16, 20
橘奈良麻呂 …………… 21	調 ………… 15, 17, 18, 21, 25	天正大判 …………… 100
橘逸勢 …………… 28, 41	長講堂領 ………… 33, 64	天正遣欧使節 ……… 97
橘諸兄 …………… 21, 35	張鼓峰事件 ………… 237	天台宗 …………… 38, 47
脱亜論 ……………… 232	張作霖 ……… 199, 237, 280	天長節 ……………… 187
竪穴式石室 …………… 10	逃散 ………… 73, 77, 130	天皇 ………………… 19
竪穴住居 ……… 3, 4, 7, 48	町衆 …………………… 72	天皇記 ………………… 14
伊達政宗 ………… 100, 112	鳥獣戯画 ………… 45, 89	天皇機関説 ……… 193, 223
田堵 …………… 25, 28, 30	長州征討 …………… 163	天皇大権 …………… 174
田荘 …………………… 13	朝鮮王朝 ………… 35, 85	田畑永代売買禁止令
田中角栄 … 252, 261, 262, 281	超然主義 ……… 175, 284	………………… 128, 167
田中義一 …… 199, 236, 280	朝鮮戦争	天平文化 …… 35, 40, 42
田中正造 …………… 196	…… 244, 246, 259, 278, 282	転封 ……………… 107, 137
谷崎潤一郎 ………… 268	朝鮮総督府 …… 185, 282	天保の改革 …… 129, 137
谷文晁 ……………… 148	朝鮮通信使	天武天皇 …… 16, 19, 43
田沼意次 …… 125, 129, 134	…………… 113, 115, 119, 156	天明の飢饉 …… 131, 134
濃絵 ………………… 104	朝鮮民主主義人民共和国	天理教 ……………… 230
樽廻船 ……………… 127	…………… 244, 250, 282	天竜寺船 ……………… 35
俵物 ………… 122, 134, 156	重任 …………………… 25	
俵屋宗達 …………… 148	町人請負新田 ……… 120	**と**
男女共同参画社会基本法	徴兵令 ………… 180, 239	
………………………… 285	鎮西奉行 ……………… 54	刀伊の入寇 ……… 29, 35
男女雇用機会均等法 … 285	頂相 …………………… 80	問丸 ……………… 63, 71
段銭 ………………………… 66		問屋 …………… 71, 123, 124
団琢磨 ……………… 208	**つ**	問屋制家内工業 121, 123, 133
壇の浦 …… 53, 56, 88, 90		問屋場 ……………… 127
	追捕使 ………………… 26	唐 ……………… 15, 16, 18
ち	筑紫君磐井 …………… 14	銅戈 …………………… 8
	佃 …………………… 59	東海道 ……………… 127
治安維持法 …… 199, 242	菟玖波集 ……………… 82	東海道新幹線 ……… 260
治安警察法 … 176, 197, 229	造山古墳 ……………… 11	東海道中膝栗毛 …… 143
治外法権 ……… 161, 168	津田梅子 ……… 168, 205	東海道四谷怪談 …… 149
地下鉄サリン事件 …… 255	津田左右吉 …… 202, 223	銅鏡 …………… 7, 9, 10
近松門左衛門 ……… 142	土一揆 ………… 71, 73, 74	道鏡 …………… 21, 37
知行国主 ……… 31, 33, 88	恒貞親王 ……………… 28	東京オリンピック …… 261
地券 ………………… 167	坪内逍遙 ……… 189, 233	東京音楽学校 …… 189, 191
地租 ………………… 167, 185	鶴屋南北 …………… 149	東京大学 ………… 187, 191
地租改正条例 ……… 167	徒然草 ………………… 81	東京大空襲 ………… 240
地租改正反対一揆 … 167		東京美術学校 …… 188, 191
秩父事件 …………… 171	**て**	東求堂 ……………… 82
秩禄処分 …………… 166		銅剣 …………………… 7, 8
治天の君 ……………… 32	帝紀 ………… 13, 42, 50	道元 ………………… 79
地方改良運動 ……… 177	庭訓往来 ………… 58, 83	東洲斎写楽 ………… 148
地方官会議 ………… 170	帝国国防方針 ……… 182	唐招提寺 ……………… 41

316

東条英機
　　　　209, 213, 215, 219, 226
同仁斎 ……………………………… 82
東清鉄道 ………………… 184, 280
統帥権 …………… 180, 208, 235
統帥権干犯 ………………… 183
統制派 ……………………………… 209
東大寺 ……… 18, 20, 37, 46, 80
銅鐸 ………………………………… 6, 8
闘茶 ………………………………… 94
倒幕の密勅 ………………… 164
同朋衆 ……………………………… 83
銅矛 ………………………………… 7, 8
東洋大日本国国憲按
　　　　　　　　　　　　170, 174
東洋拓殖株式会社 ……… 185
棟梁 ………………………………… 27
富樫政親 …………………… 69, 93
土偶 ……………………………… 5, 154
徳川家定 ………………………… 160
徳川家継 ………………… 119, 144
徳川家綱 ………………………… 116
徳川家斉 ………………………… 136
徳川家宣 ………………… 119, 144
徳川家治 ………………………… 134
徳川家光 … 107, 108, 114, 116
徳川家茂 ………………… 161, 162
徳川家康 ………… 98, 103, 106
徳川綱吉 ………… 118, 128, 132
徳川斉昭 ………………… 141, 160
徳川秀忠 ………………… 106, 114
徳川光圀 ………………… 117, 150
徳川慶福 ………………………… 160
徳川慶喜 ………………………… 164
徳川吉宗 ………………………… 132
特需 ……………………… 245, 246
徳政一揆 ……………… 71, 73, 75
徳政令 ………………… 61, 74, 75
独占禁止法 …………… 242, 258
得宗専制 ……………… 59, 61, 65
独ソ不可侵条約 ………… 215
徳富蘇峰 ………………………… 188
特別高等警察 ………… 177, 242
土佐日記 ………………………… 44
外様大名 ………………… 107, 108
土倉 ………………………… 67, 71
土地調査事業 ……………… 185
ドッジライン ………… 245, 259
隣組 ………………………………… 221
舎人親王 ……………………… 43, 50
鳥羽・伏見の戦い ……… 164
富岡製糸場 …………… 178, 228
富永仲基 ……………………… 153
伴 ………………………………… 13

朝永振一郎 ……………………… 271
伴健岑 ……………………………… 28
伴造 ………………………………… 13
豊臣秀吉 …… 85, 91, 97, 100,
　　　　　102, 104, 106, 114, 156
豊臣秀頼 ………………………… 106
トラスト ………………………… 258
鳥毛立女屏風 ………………… 41
登呂遺跡 …………………… 7, 276
曇徴 ………………………………… 42

な

内閣制度 ………………… 172, 174
内閣総理大臣 …… 172, 174, 182
ナイフ形石器 …………………… 3
内務省 …………………… 166, 178
ナウマンゾウ …………………… 2
永井荷風 ………………………… 268
中江兆民 ………… 168, 171, 186
中江藤樹 ………………………… 144
長岡京 ……………………………… 24
長崎造船所 …………………… 178
長崎高資 ………………………… 64
長篠の戦い ……………… 96, 98
中先代の乱 ……………………… 65
中山道 …………………………… 127
中曽根康弘 …… 253, 264, 283
永田鉄山 ………………………… 209
中継貿易 ………………… 86, 113
中臣鎌足 …………………… 15, 20
中大兄皇子 ……………… 15, 16
長屋王 ……………………………… 20
名子 ……………………………… 110
奴国 ………………………………… 9, 34
名代 ………………………………… 13
ナチス・ドイツ ………… 214
夏目漱石 ………………… 233, 268
731部隊 ………………… 207, 226
難波 …………………… 15, 17, 20, 36
名主 ……………………… 110, 143
生麦事件 ………………………… 163
納屋物 …………………………… 124
南京大虐殺 …………………… 207
南進政策 ………………………… 237
南朝 ……………………… 65, 74, 90
南都・北嶺 ……………………… 33
南都六宗 ………………………… 37
南洋諸島 ……… 183, 185, 231, 273
南蛮貿易 ………………… 96, 99

に

二官八省 ………………………… 16

ニクソン ………… 252, 262, 281
錦織部 ……………………………… 12
西田税 …………………………… 209
西廻り航路 …………………… 127
西山宗因 ………………………… 142
21カ条要求 …………………… 280
二条良基 ………………………… 82
似絵 ………………………………… 80
日英通商航海条約 ……… 169
日英同盟 ………………………… 183
日独伊三国同盟 ………… 214
日独防共協定 ……………… 214
日米安全保障条約 … 246, 278
日米修好通商条約 ……… 160
日米相互協力及び安全保障条
　約 ……………………… 248, 279
日米和親条約 ……………… 160
日満議定書 …………… 206, 212
日明貿易 ……………… 67, 72, 84
日蓮 ………………………………… 79
日露戦争 ………… 177, 181, 182,
　　　　　　　　　　200, 206, 280
日露和親条約 ………… 160, 257
日韓基本条約 …… 249, 250, 283
日韓協約 ………………… 184, 282
日産 ……………………………… 216
日清修好条規 ………… 168, 280
日清戦争 …… 179, 181, 182, 236
日宋貿易 ……………… 49, 53, 88
日ソ共同宣言 ………… 247, 257
日ソ中立条約 ……………… 215
新田義貞 ………………………… 65
日中共同声明 ………… 252, 281
日中戦争 ……… 206, 210, 212,
　　　　　　　　214, 219, 222
日中平和友好条約 … 252, 281
日朝修好条規 …… 168, 280, 282
2・26事件 ……………………… 209
二宮尊徳 ………………………… 152
日本 ……………………………… 19
日本共産党 …………… 197, 243
日本銀行 ………………………… 179
日本国憲法
　　　　　　　235, 243, 248, 285
日本書紀 …… 13, 15, 36, 43, 50
日本人 ……………………………… 2
日本窒素 ………………………… 216
日本農民組合 ………… 197, 234
日本放送協会 ……………… 203
日本民主党 …………………… 247
日本労働組合総評議会 … 272
日本労働組合総連合会 … 273
日本労働総同盟 …………… 272
二毛作 …………………… 62, 70

人形浄瑠璃 …… 105, 142, 149
忍性 …………………………… 79
人情本 ……………………… 143
人足寄場 …………………… 135

ぬ

額田王 ………………………… 42
淳足柵 ………………………… 22

ね

年貢 …………………… 101, 110
年貢・公事・夫役 ………… 31

の

農協 ………………………… 259
農業基本法 ………………… 275
農業全書 …………… 120, 150
農書 ………………… 120, 150
農地改革 …… 234, 242, 258, 278
野口英世 …………………… 202
野々村仁清 ………………… 149
野間宏 ……………………… 268
ノモンハン事件 …………… 237
ノルマントン号 …… 169, 171

は

配給制 ……………… 221, 288
廃娼運動 …………………… 229
梅松論 ………………………… 82
裴世清 ………………… 14, 34
廃刀令 ……………………… 166
廃藩置県 …… 165, 168, 180
灰吹法 ………………… 85, 122
廃仏毀釈 …………………… 230
白村江の戦い ………… 16, 35
ハーグ密使事件 …………… 184
白馬会 ……………………… 189
幕藩体制
  …… 108, 128, 132, 144, 160
白鳳文化 ……… 37, 40, 42
婆娑羅 ………………………… 82
土師器 ………………… 11, 48
箸墓古墳 ……………………… 10
羽柴秀吉 …………………… 99
橋本龍太郎 ………………… 255
馬借 ……………………… 70, 74
長谷川等伯 ………………… 104
支倉常長 …………………… 112
旗本
  …… 108, 124, 126, 135, 137

八月十八日の政変 ………… 162
八条院領 ……………… 33, 64
抜歯 …………………………… 5
バテレン追放令 …… 97, 102
鳩山一郎 …………… 243, 247
花の御所 …………………… 67
塙保己一 …………………… 146
埴輪 ………………………… 10
バブル経済 ………… 253, 264
浜北人 ………………………… 2
浜口雄幸 …… 183, 199, 201
林信篤 ……………… 118, 144
林羅山 ………………… 83, 144
原敬 …… 176, 194, 198, 204, 236
ハリス ……………………… 160
バルチック艦隊 …………… 182
ハル・ノート …………… 215
藩 ………………… 108, 109
藩校 …… 117, 140, 144, 150
蛮社の獄
  …… 136, 139, 147, 152
蛮書和解御用 ……… 139, 147
阪神・淡路大震災 … 255, 287
半済令 ………………………… 66
版籍奉還 …………… 165, 172
伴大納言絵詞 ………… 45, 89
班田収授の法 … 15, 17, 24

ひ

稗田阿礼 …………………… 43
菱垣廻船 …………………… 127
東久邇宮稔彦 ……………… 242
東日本大震災 … 257, 267, 287
東廻り航路 ………………… 127
東山文化 …………………… 82
被官 ………………………… 110
引付衆 ……………………… 59
ビキニ環礁 ………………… 273
比企能員 …………………… 56
PKO 協力法 ……………… 254
菱川師宣 …………………… 148
菱田春草 …………………… 188
備中鍬 ……………………… 120
人返しの法 ………………… 137
一橋慶喜 …………………… 160
火縄銃 ……………………… 96
日比谷焼き打ち事件 …… 177
卑弥呼 …………… 9, 34, 154
姫路城 ……………………… 104
百姓一揆 …… 130, 132, 134,
  136, 140, 161
百姓請 ……………………… 73
百姓代 ……………………… 110

百万町歩開墾計画 ………… 18
評定衆 ……………………… 58
平等院鳳凰堂 ……………… 45
平泉 ………………………… 49
平賀源内 …………………… 149
平仮名 ……………………… 44
平田篤胤 …………… 146, 153
平塚らいてう ……………… 228
広田弘毅 …………………… 226

ふ

風姿花伝 …………………… 83
フェートン号事件 … 136, 138
フェノロサ ………………… 188
溥儀 ………………… 206, 212
福岡の市 …………………… 62
福沢諭吉 …… 161, 186,
  191, 232, 233
福島事件 …………………… 171
武家諸法度 ………… 106, 117
府県制 ……………………… 173
武士 ………… 26, 33, 44, 52
藤島武二 …………………… 189
藤原鎌足 …………………… 20
藤原京 ………………… 16, 18
藤原清衡 …………………… 49
藤原薬子 …………………… 24
藤原行成 …………………… 45
藤原佐理 …………………… 45
藤原純友 ………………… 26, 28
藤原惺窩 …………… 83, 144
藤原隆家 …………………… 35
藤原忠通 ………………… 52, 81
藤原定家 …………………… 81
藤原時平 ………………… 25, 28
藤原仲麻呂 ………………… 21
藤原信頼 …………………… 52
藤原秀郷 …………………… 26
藤原秀衡 …………………… 49
藤原広嗣 …………………… 20
藤原不比等 …………… 16, 20
藤原冬嗣 ……………… 24, 28
藤原道長 …… 29, 44, 154
藤原通憲 …………………… 52
藤原基経 ……………… 23, 28
藤原基衡 …………………… 49
藤原百川 …………………… 21
藤原泰衡 ……………… 55, 88
藤原良房 …………………… 28
藤原頼長 ……………… 49, 52
藤原頼通 ……………… 29, 45
普選運動 …………………… 193
譜代大名 … 107, 108, 116, 118

札差	124, 132, 135, 137	
二葉亭四迷	233	
普通選挙法	199, 229	
仏教	12, 33, 36	
仏教説話集	43	
復古神道	146, 153	
風土記	43, 50	
太占	13	
フビライ	60	
富本銭	16, 18	
不輸の権	30	
フランシスコ＝ザビエル	97	
不良債権	195, 265, 266	
プロレタリア文学	202, 268	
文永の役	60	
文学界	233	
文華秀麗集	43	
墳丘墓	7, 9, 10	
分国法	58, 77	
文人画	148	
文治政治	116	
文明開化	161, 186, 235, 238	
文禄の役	103	

へ

平安京	24, 37, 41, 43
兵役	18, 222, 239
平家納経	45
平家物語	81, 90, 105
平治の乱	52, 88, 90
平治物語絵巻	80, 89
平城京	18, 20, 38
兵農分離	101, 110, 128, 157
平民	166, 188
平民社	196
平民主義	188
平民新聞	196
別子銅山	122
ヘラジカ	2
ペリー	139, 160
ベルサイユ条約	183, 185
弁韓	12
変動相場制	262

ほ

ボアソナード	169, 173
保安条例	171
保安隊	247
封建制度	55, 152
保元の乱	52, 88

奉公	55, 116
法興寺	37, 40, 46
奉公衆	67
方丈記	81
北条早雲	76
北条高時	64
北条時政	54, 56
北条時宗	60, 81
北条時行	65
北条時頼	59
北条政子	56, 58, 155
北条泰時	57, 61
北条義時	56
奉書船	114
法然	78
法然上人絵伝	80, 89
方墳	11
法隆寺	37, 40, 46
法隆寺金堂壁画	40
宝暦事件	153
北朝	65
北爆	251
北面の武士	27, 33, 52, 56
保司	30
保科正之	116
戊申詔書	177
戊辰戦争	164, 180, 230
細川勝元	69
細川重賢	135, 140
細川護熙	254, 284
渤海	35, 44
北海道旧土人保護法	173
法勝寺	33
法華宗	79
法相宗	37, 79
堀田正睦	160
ポツダム宣言	219, 226, 242
ポーツマス条約	182, 184, 237
堀河天皇	32
堀越公方	76
本阿弥光悦	149
本家	30, 111
本地垂迹説	39, 81
本草学	150
本多利明	152
本朝通鑑	150
本途物成（本年貢）	110
本能寺の変	99, 100, 106
本百姓	110, 121, 129, 132
本領安堵	55

ま

前島密	178
前田綱紀	117
前田利家	103
前野良沢	147
枕草子	44, 154
真崎甚三郎	209
磨製石器	4, 7
町火消	133
町奉行	108, 110
松岡洋右	213, 215
松尾芭蕉	142
マッカーサー	219, 242, 276, 278
松方デフレ	234
松方正義	175, 178
松川事件	245, 259
末期養子の禁	116
松平定信	134, 136, 138, 144
松永貞徳	142
末法思想	29, 33, 39, 45
松前藩	113, 157
間部詮房	119
マニュファクチュア	123, 161
間宮林蔵	139
円山応挙	149
満州国	206, 212, 237, 280
満州事変	199, 203, 206, 211, 220, 222, 224, 235, 236, 237
曼荼羅	38
政所	55
万葉仮名	42
万葉集	42, 146

み

三池炭坑	178
御内人	61
三木武夫	252
三島通庸	171
水野忠邦	137
水呑百姓	110, 121
溝口健二	269
三鷹事件	245, 259
三井	125, 178, 200, 242, 260
三井三池争議	272
密教	38, 41, 47
ミッドウェー海戦	218
三菱	178, 200, 242, 260

索引 319

港川人 ………………………… 2
水俣病 ………………… 261, 277
南淵請安 …………………… 15
南満州鉄道株式会社
　……… 184, 200, 206, 212, 237
南村梅軒 …………………… 83
源実朝 ……………………… 81
源高明 ……………………… 29
源為義 ……………………… 52
源経基 ……………………… 26
源範頼 ……………………… 53
源義家 ……………… 27, 30, 49
源義経 ……………… 49, 53, 54
源義朝 ……………………… 52
源義仲 ………………… 53, 54
源頼家 ……………………… 56
源頼朝 ……………… 49, 53, 88
源頼信 ……………………… 27
源頼政 ……………………… 53
源頼義 ………………… 27, 49
美濃部達吉 ……… 192, 223, 235
身分統制令 ……………… 101
任那 …………………… 12, 34
屯倉 …………………… 13, 14
三宅雪嶺 ………………… 188
宮崎安貞 ………………… 150
宮崎友禅 ………………… 149
宮沢喜一 ………………… 254
冥加 … 110, 124, 129, 133, 134
名主 …… 31, 62, 74, 77, 101
名田 ………………… 25, 31, 62
旻 …………………………… 15
明 …………………… 35, 84
民撰議院設立建白書 …… 170
明兆 ………………………… 82
民党 ………………… 175, 176
民法 ………………… 173, 228
民法典論争 ……………… 173
民本主義 ………………… 193

む

無学祖元 …………………… 79
無産政党 ………………… 199
武者所 ……………………… 65
武者小路実篤 …………… 202
陸奥将軍府 ………………… 65
陸奥宗光 ………………… 169
陸奥話記 ……………… 44, 50
無土器文化 ………………… 48
無二念打払令 ………… 136, 139
宗尊親王 …………………… 59
村請制 …………………… 101
村方三役 ………………… 110

村方騒動 ………… 121, 130, 133
村上天皇 …………………… 28
紫式部 ………………… 45, 154
連 …………………………… 13
村田珠光 ……………… 83, 105
村田清風 ………………… 140
室町幕府 ……… 31, 35, 58, 66, 86, 98

め

明治維新 ………………… 164, 282
明治14年の政変
　………………… 171, 174, 178
明治天皇
　………… 164, 187, 231, 235
明治6年の政変 ………… 170
明正天皇 ………………… 107
明徳の乱 …………………… 67
明暦の大火 ………… 118, 128
明六社 …………………… 186
明和事件 ………………… 153
目安箱 …………………… 133

も

蒙古襲来 ……… 35, 60, 64
蒙古襲来絵巻 ……… 80, 89
毛沢東 ……………… 244, 281
毛越寺 ……………………… 49
毛利輝元 ……………… 103, 106
毛利元就 …………………… 76
最上徳内 ………………… 134
目代 ………………………… 25
持株会社 …………… 200, 258, 266
以仁王 ………………… 53, 88
木簡 …………………… 19, 50
本居宣長 …………… 146, 153
物忌 ………………………… 92
物部守屋 ……………… 14, 36
木綿 …………… 70, 77, 85, 121, 123, 220
桃山文化 …………… 104, 142
モラトリアム ……………… 201
森有礼 ……………… 186, 190
森鷗外 …………………… 233
モリソン号事件 … 136, 139, 152
護良親王 …………………… 64
モンゴル帝国 ……………… 60
門前町 ………………… 72, 126
問注所 ……………………… 54
文徳天皇 ……………… 43, 50
文武天皇 ……………… 16, 20

や

八色の姓 …………………… 16
薬師寺 ……………… 18, 21, 37, 40
安井算哲 ………………… 118, 150
靖国神社 ………… 180, 230, 253
安田 ………………… 200, 242
矢内原忠雄 ……………… 223
柳沢吉保 ………………… 118, 145
柳田国男 ………………… 202
八幡製鉄所 …… 179, 196, 200
流鏑馬 ……………………… 59
病草紙 ……………………… 89
山鹿素行 ………………… 145
山県有朋 …… 173, 175, 176, 180, 236, 284
山県大弐 ………………… 153
山片蟠桃 ………………… 153
山川菊栄 ………………… 193
山崎闇斎 ………… 117, 144
山崎宗鑑 …………………… 82
山崎の戦い ……………… 100
山背大兄王 ………………… 15
山城の国一揆 ……………… 69
邪馬台国 …………… 9, 34, 154
大和絵 ………… 45, 83, 94
ヤマト政権 ……… 10, 16, 34
山名氏清 …………………… 67
山名持豊 …………………… 69
山上憶良 …………………… 42
山部赤人 …………………… 42
山本権兵衛 ……… 192, 195
闇市 ………………… 258, 268
弥生土器 …………………… 6
弥生文化 ……………… 6, 22
屋良朝苗 ………………… 251
ヤン＝ヨーステン ……… 112

ゆ

由井正雪 ………………… 116
友愛会 ………………… 194, 196
結城合戦 …………………… 68
友禅染 …………………… 149
郵便制度 ………………… 178
雄略天皇 ……………… 13, 34
湯川秀樹 ………… 269, 271
湯島聖堂 ………… 118, 144

よ

庸 ………………… 15, 17, 18
煬帝 …………………… 14, 34
遙任 ………………………… 25

陽明学 …………………… 144	両替商 …………………… 125	若槻礼次郎 ………… 199, 206
養老律令 …………………… 21	良寛 ……………………… 143	若年寄 ……………… 108, 134
養和の大飢饉 ……………… 53	領家 ……………………… 30	倭館 ……………………… 156
横穴式石室 ………………… 11	令外の官 ………………… 24	脇街道 …………………… 127
横山大観 ………………… 188	領事裁判権 ………… 161, 168	和気清麻呂 ……………… 21
与謝野晶子 ……………… 228	梁塵秘抄 ………………… 44	倭寇 ………… 35, 84, 86, 92, 96
与謝蕪村 …………… 143, 148	両統迭立 ………………… 64	倭人 …………………… 8, 34
吉岡弥生 ………………… 205	令義解 …………………… 25	ワシントン会議 …… 183, 206
吉田兼好 ………………… 81	良民 ……………………… 17	ワシントン海軍軍縮条約
吉田茂	臨済宗 ………………… 78, 79	……………………… 183, 214
…… 243, 244, 246, 258, 278		渡辺崋山
吉田松陰 …………… 145, 151, 152	**る**	…… 136, 139, 147, 149, 152
吉野作造 ………………… 193	ルイス＝フロイス ……… 97	度会家行 ………………… 81
寄木造 …………………… 45		和田義盛 ………………… 54
四日市ぜんそく ………… 261	**れ**	和同開珎 ………………… 18
世直し一揆 ………… 130, 163	歴史物語 ………… 44, 50, 81	倭の五王 ………………… 12
読本 ……………………… 143	暦象新書 ………………… 147	侘び茶 …………………… 105
寄合 ……………………… 73	レザノフ …………… 136, 138	湾岸戦争 ………………… 254
寄親 ……………………… 77	レッド・パージ …… 245, 272	
寄子 ……………………… 77	連歌 ………………… 82, 142	
	連合国軍最高司令官総司令部	
ら	（GHQ）……… 242, 245, 258,	
楽市 ……………………… 99	268, 270, 272, 278	
楽座令 …………………… 77	連署 ……………………… 58	
ラクスマン ……… 135, 136, 138	蓮如 ……………………… 93	
楽浪郡 …………… 8, 12, 34		
ラジオ放送 ……… 203, 269, 276	**ろ**	
蘭学 ………………… 133, 146	老中 ……………………… 108	
蘭学階梯 ………………… 147	郎党 ……………………… 27	
	労働基準法 ………… 242, 285	
り	労働組合期成会 …… 176, 196	
里 …………………… 15, 17	労働組合法 ………… 197, 242	
リクルート事件 ………… 254	労働農民党 ………… 197, 199	
李鴻章 …………………… 181	ロエスレル ……………… 174	
李舜臣 …………………… 103	鹿苑寺金閣 ……………… 82	
李承晩 …………………… 257	六斎市 …………………… 71	
李成桂 …………………… 85	六勝寺 …………………… 33	
里長 ……………………… 17	六波羅探題 …………… 57, 64	
律 ………………………… 16	鹿鳴館 …………………… 169	
立憲改進党 ……… 171, 175, 284	盧溝橋事件	
立憲国民党 ……………… 192	…… 206, 210, 217, 220, 280	
立憲自由党 ……………… 175	ロシア革命	
立憲政友会 ……… 176, 198, 236	…………… 193, 194, 197, 202	
立憲同志会 ……………… 192	ロッキード事件 ………… 252	
立憲民政党 ……………… 198	ロンドン海軍軍縮条約	
六国史 …………………… 43, 50	……………… 183, 199, 214	
立志社 …………………… 170		
律令体制 ………………… 16, 18	**わ**	
琉球王国 ………………… 86, 113	倭王武 ………………… 12, 34	
琉球処分 ………………… 168	ワカタケル大王 ………… 13	
柳条湖事件 ………… 237, 280		
凌雲集 …………………… 25, 43		

索　引　321

第十章　最高法規

第九十七条　この憲法が日本国民に保障する基本的人権は、人類の多年にわたる自由獲得の努力の成果であつて、これらの権利は、過去幾多の試錬に堪へ、現在及び将来の国民に対し、侵すことのできない永久の権利として信託されたものである。

第九十八条　この憲法は、国の最高法規であつて、その条規に反する法律、命令、詔勅及び国務に関するその他の行為の全部又は一部は、その効力を有しない。

日本国が締結した条約及び確立された国際法規は、これを誠実に遵守することを必要とする。

第九十九条　天皇又は摂政及び国務大臣、国会議員、裁判官その他の公務員は、この憲法を尊重し擁護する義務を負ふ。

第十一章　補則

第百条　この憲法は、公布の日から起算して六箇月を経過した日から、これを施行する。

この憲法を施行するために必要な法律の制定、参議院議員の選挙及び国会召集の手続並びにこの憲法を施行するために必要な準備手続は、前項の期日よりも前に、これを行ふことができる。

第百一条　この憲法施行の際、参議院がまだ成立してゐないときは、その成立するまでの間、衆議院は、国会としての権限を行ふ。

第百二条　この憲法による第一期の参議院議員のうち、その半数の者の任期は、これを三年とする。その議員は、法律の定めるところにより、これを定める。

第百三条　この憲法施行の際現に在職する国務大臣、衆議院議員及び裁判官並びにその他の公務員で、その地位に相応する地位がこの憲法で認められてゐる者は、法律で特別の定をした場合を除いては、この憲法施行のため、当然にはその地位を失ふことはない。但し、この憲法によつて、後任者が選挙又は任命されたときは、当然その地位を失ふ。

してはならない。

第九十条　国の収入支出の決算は、すべて毎年会計検査院がこれを検査し、内閣は、次の年度に、その検査報告とともに、これを国会に提出しなければならない。

　会計検査院の組織及び権限は、法律でこれを定める。

第九十一条　内閣は、国会及び国民に対し、定期に、少くとも毎年一回、国の財政状況について報告しなければならない。

第八章　地方自治

第九十二条　地方公共団体の組織及び運営に関する事項は、地方自治の本旨に基いて、法律でこれを定める。

第九十三条　地方公共団体には、法律の定めるところにより、その議事機関として議会を設置する。

　地方公共団体の長、その議会の議員及び法律の定めるその他の吏員は、その地方公共団体の住民が、直接これを選挙する。

第九十四条　地方公共団体は、その財産を管理し、事務を処理し、及び行政を執行する権能を有し、法律の範囲内で条例を制定することができる。

第九十五条　一の地方公共団体のみに適用される特別法は、法律の定めるところにより、その地方公共団体の住民の投票においてその過半数の同意を得なければ、国会は、これを制定することができない。

第九章　改正

第九十六条　この憲法の改正は、各議院の総議員の三分の二以上の賛成で、国会が、これを発議し、国民に提案してその承認を経なければならない。この承認には、特別の国民投票又は国会の定める選挙の際行はれる投票において、その過半数の賛成を必要とする。

　憲法改正について前項の承認を経たときは、天皇は、国民の名で、この憲法と一体を成すものとして、直ちにこれを公布する。

は退官する。

　下級裁判所の裁判官は、すべて定期に相当額の報酬を受ける。この報酬は、在任中、これを減額することができない。

第八十一条　最高裁判所は、一切の法律、命令、規則又は処分が憲法に適合するかしないかを決定する権限を有する終審裁判所である。

第八十二条　裁判の対審及び判決は、公開法廷でこれを行ふ。

　裁判所が、裁判官の全員一致で、公の秩序又は善良の風俗を害する虞（おそれ）があると決した場合には、対審は、公開しないでこれを行ふことができる。但し、政治犯罪、出版に関する犯罪又はこの憲法第三章で保障する国民の権利が問題となつてゐる事件の対審は、常にこれを公開しなければならない。

第七章　財政

第八十三条　国の財政を処理する権限は、国会の議決に基いて、これを行使しなければならない。

第八十四条　あらたに租税を課し、又は現行の租税を変更するには、法律又は法律の定める条件によることを必要とする。

第八十五条　国費を支出し、又は国が債務を負担するには、国会の議決に基くことを必要とする。

第八十六条　内閣は、毎会計年度の予算を作成し、国会に提出して、その審議を受け議決を経なければならない。

第八十七条　予見し難い予算の不足に充てるため、国会の議決に基いて予備費を設け、内閣の責任でこれを支出することができる。

　すべて予備費の支出については、内閣は、事後に国会の承諾を得なければならない。

第八十八条　すべて皇室財産は、国に属する。すべて皇室の費用は、予算に計上して国会の議決を経なければならない。

第八十九条　公金その他の公の財産は、宗教上の組織若しくは団体の使用、便益若しくは維持のため、又は公の支配に属しない慈善、教育若しくは博愛の事業に対し、これを支出し、又はその利用に供

る。特別裁判所は、これを設置することができない。行政機関は、終審として裁判を行ふことができない。

すべて裁判官は、その良心に従ひ独立してその職権を行ひ、この憲法及び法律にのみ拘束される。

第七十七条　最高裁判所は、訴訟に関する手続、弁護士、裁判所の内部規律及び司法事務処理に関する事項について、規則を定める権限を有する。

検察官は、最高裁判所の定める規則に従はなければならない。

最高裁判所は、下級裁判所に関する規則を定める権限を、下級裁判所に委任することができる。

第七十八条　裁判官は、裁判により、心身の故障のために職務を執ることができないと決定された場合を除いては、公の弾劾によらなければ罷免されない。裁判官の懲戒処分は、行政機関がこれを行ふことはできない。

第七十九条　最高裁判所は、その長たる裁判官及び法律の定める員数のその他の裁判官でこれを構成し、その長たる裁判官以外の裁判官は、内閣でこれを任命する。

最高裁判所の裁判官の任命は、その任命後初めて行はれる衆議院議員総選挙の際国民の審査に付し、その後十年を経過した後初めて行はれる衆議院議員総選挙の際更に審査に付し、その後も同様とする。

前項の場合において、投票者の多数が裁判官の罷免を可とするときは、その裁判官は、罷免される。

審査に関する事項は、法律でこれを定める。

最高裁判所の裁判官は、法律の定める年齢に達した時に退官する。

最高裁判所の裁判官は、すべて定期に相当額の報酬を受ける。この報酬は、在任中、これを減額することができない。

第八十条　下級裁判所の裁判官は、最高裁判所の指名した者の名簿によつて、内閣でこれを任命する。その裁判官は、任期を十年とし、再任されることができる。但し、法律の定める年齢に達した時に

資料編　xiv

とができる。

第六十九条　内閣は、衆議院で不信任の決議案を可決し、又は信任の決議案を否決したときは、十日以内に衆議院が解散されない限り、総辞職をしなければならない。

第七十条　内閣総理大臣が欠けたとき、又は衆議院議員総選挙の後に初めて国会の召集があつたときは、内閣は、総辞職をしなければならない。

第七十一条　前二条の場合には、内閣は、あらたに内閣総理大臣が任命されるまで引き続きその職務を行ふ。

第七十二条　内閣総理大臣は、内閣を代表して議案を国会に提出し、一般国務及び外交関係について国会に報告し、並びに行政各部を指揮監督する。

第七十三条　内閣は、他の一般行政事務の外、左の事務を行ふ。

一　法律を誠実に執行し、国務を総理すること。

二　外交関係を処理すること。

三　条約を締結すること。但し、事前に、時宜によつては事後に、国会の承認を経ることを必要とする。

四　法律の定める基準に従ひ、官吏に関する事務を掌理すること。

五　予算を作成して国会に提出すること。

六　この憲法及び法律の規定を実施するために、政令を制定すること。但し、政令には、特にその法律の委任がある場合を除いては、罰則を設けることができない。

七　大赦、特赦、減刑、刑の執行の免除及び復権を決定すること。

第七十四条　法律及び政令には、すべて主任の国務大臣が署名し、内閣総理大臣が連署することを必要とする。

第七十五条　国務大臣は、その在任中、内閣総理大臣の同意がなければ、訴追されない。但し、これがため、訴追の権利は、害されない。

第六章　司法

第七十六条　すべて司法権は、最高裁判所及び法律の定めるところにより設置する下級裁判所に属す

第六十一条　条約の締結に必要な国会の承認については、前条第二項の規定を準用する。

第六十二条　両議院は、各々国政に関する調査を行ひ、これに関して、証人の出頭及び証言並びに記録の提出を要求することができる。

第六十三条　内閣総理大臣その他の国務大臣は、両議院の一に議席を有すると有しないとにかかはらず、何時でも議案について発言するため議院に出席することができる。又、答弁又は説明のため出席を求められたときは、出席しなければならない。

第六十四条　国会は、罷免の訴追を受けた裁判官を裁判するため、両議院の議員で組織する弾劾裁判所を設ける。

２　弾劾に関する事項は、法律でこれを定める。

　　　第五章　内閣

第六十五条　行政権は、内閣に属する。

第六十六条　内閣は、法律の定めるところにより、その首長たる内閣総理大臣及びその他の国務大臣でこれを組織する。

２　内閣総理大臣その他の国務大臣は、文民でなければならない。

３　内閣は、行政権の行使について、国会に対し連帯して責任を負ふ。

第六十七条　内閣総理大臣は、国会議員の中から国会の議決で、これを指名する。この指名は、他のすべての案件に先だつて、これを行ふ。

２　衆議院と参議院とが異なつた指名の議決をした場合に、法律の定めるところにより、両議院の協議会を開いても意見が一致しないとき、又は衆議院が指名の議決をした後、国会休会中の期間を除いて十日以内に、参議院が、指名の議決をしないときは、衆議院の議決を国会の議決とする。

第六十八条　内閣総理大臣は、国務大臣を任命する。但し、その過半数は、国会議員の中から選ばれなければならない。

２　内閣総理大臣は、任意に国務大臣を罷免するこ

以上の出席がなければ、議事を開き議決することができない。

両議院の議事は、この憲法に特別の定のある場合を除いては、出席議員の過半数でこれを決し、可否同数のときは、議長の決するところによる。

第五十七条　両議院の会議は、公開とする。但し、出席議員の三分の二以上の多数で議決したときは、秘密会を開くことができる。

両議院は、各々その会議の記録を保存し、秘密会の記録の中で特に秘密を要すると認められるもの以外は、これを公表し、且つ一般に頒布しなければならない。

出席議員の五分の一以上の要求があれば、各議員の表決は、これを会議録に記載しなければならない。

第五十八条　両議院は、各々その議長その他の役員を選任する。

両議院は、各々その会議その他の手続及び内部の規律に関する規則を定め、又、院内の秩序をみだした議員を懲罰することができる。但し、議員を除名するには、出席議員の三分の二以上の多数による議決を必要とする。

第五十九条　法律案は、この憲法に特別の定のある場合を除いては、両議院で可決したとき法律となる。

衆議院で可決し、参議院でこれと異なった議決をした法律案は、衆議院で出席議員の三分の二以上の多数で再び可決したときは、法律となる。

前項の規定は、法律の定めるところにより、衆議院が、両議院の協議会を開くことを求めることを妨げない。

参議院が、衆議院の可決した法律案を受け取った後、国会休会中の期間を除いて六十日以内に、議決しないときは、衆議院は、参議院がその法律案を否決したものとみなすことができる。

第六十条　予算は、さきに衆議院に提出しなければならない。

予算について、参議院で衆議院と異なった議決をした場合に、法律の定めるところにより、両議院の協議会を開いても意見が一致しないとき、又は

社会的身分、門地、教育、財産又は収入によつて差別してはならない。

第四十五条　衆議院議員の任期は、四年とする。但し、衆議院解散の場合には、その期間満了前に終了する。

第四十六条　参議院議員の任期は、六年とし、三年ごとに議員の半数を改選する。

第四十七条　選挙区、投票の方法その他両議院の議員の選挙に関する事項は、法律でこれを定める。

第四十八条　何人も、同時に両議院の議員たることはできない。

第四十九条　両議院の議員は、法律の定めるところにより、国庫から相当額の歳費を受ける。

第五十条　両議院の議員は、法律の定める場合を除いては、国会の会期中逮捕されず、会期前に逮捕された議員は、その議院の要求があれば、会期中これを釈放しなければならない。

第五十一条　両議院の議員は、議院で行つた演説、討論又は表決について、院外で責任を問はれない。

第五十二条　国会の常会は、毎年一回これを召集す

第五十三条　内閣は、国会の臨時会の召集を決定することができる。いづれかの議院の総議員の四分の一以上の要求があれば、内閣は、その召集を決定しなければならない。

第五十四条　衆議院が解散されたときは、解散の日から四十日以内に、衆議院議員の総選挙を行ひ、その選挙の日から三十日以内に、国会を召集しなければならない。

衆議院が解散されたときは、参議院は、同時に閉会となる。但し、内閣は、国に緊急の必要があるときは、参議院の緊急集会を求めることができる。

前項但書の緊急集会において採られた措置は、臨時のものであつて、次の国会開会の後十日以内に、衆議院の同意がない場合には、その効力を失ふ。

第五十五条　両議院は、各々その議員の資格に関する争訟を裁判する。但し、議員の議席を失はせるには、出席議員の三分の二以上の多数による議決を必要とする。

第五十六条　両議院は、各々その総議員の三分の一

捜索又は押収は、権限を有する司法官憲が発する各別の令状により、これを行ふ。

第三十六条　公務員による拷問及び残虐な刑罰は、絶対にこれを禁ずる。

第三十七条　すべて刑事事件においては、被告人は、公平な裁判所の迅速な公開裁判を受ける権利を有する。

刑事被告人は、すべての証人に対して審問する機会を充分に与へられ、又、公費で自己のために強制的手続により証人を求める権利を有する。

刑事被告人は、いかなる場合にも、資格を有する弁護人を依頼することができる。被告人が自らこれを依頼することができないときは、国でこれを附する。

第三十八条　何人も、自己に不利益な供述を強要されない。

強制、拷問若しくは脅迫による自白又は不当に長く抑留若しくは拘禁された後の自白は、これを証拠とすることができない。

何人も、自己に不利益な唯一の証拠が本人の自白である場合には、有罪とされ、又は刑罰を科せられない。

第三十九条　何人も、実行の時に適法であつた行為又は既に無罪とされた行為については、刑事上の責任を問はれない。又、同一の犯罪について、重ねて刑事上の責任を問はれない。

第四十条　何人も、抑留又は拘禁された後、無罪の裁判を受けたときは、法律の定めるところにより、国にその補償を求めることができる。

　　　第四章　国会

第四十一条　国会は、国権の最高機関であつて、国の唯一の立法機関である。

第四十二条　国会は、衆議院及び参議院の両議院でこれを構成する。

第四十三条　両議院は、全国民を代表する選挙された議員でこれを組織する。

両議院の議員の定数は、法律でこれを定める。

第四十四条　両議院の議員及びその選挙人の資格は、法律でこれを定める。但し、人種、信条、性別、

第二十六条　すべて国民は、法律の定めるところにより、その能力に応じて、ひとしく教育を受ける権利を有する。

すべて国民は、法律の定めるところにより、その保護する子女に普通教育を受けさせる義務を負ふ。義務教育は、これを無償とする。

第二十七条　すべて国民は、勤労の権利を有し、義務を負ふ。

賃金、就業時間、休息その他の勤労条件に関する基準は、法律でこれを定める。

児童は、これを酷使してはならない。

第二十八条　勤労者の団結する権利及び団体交渉その他の団体行動をする権利は、これを保障する。

第二十九条　財産権は、これを侵してはならない。

財産権の内容は、公共の福祉に適合するやうに、法律でこれを定める。

私有財産は、正当な補償の下に、これを公共のために用ひることができる。

第三十条　国民は、法律の定めるところにより、納税の義務を負ふ。

第三十一条　何人も、法律の定める手続によらなければ、その生命若しくは自由を奪はれ、又はその他の刑罰を科せられない。

第三十二条　何人も、裁判所において裁判を受ける権利を奪はれない。

第三十三条　何人も、現行犯として逮捕される場合を除いては、権限を有する司法官憲が発し、且つ理由となつてゐる犯罪を明示する令状によらなければ、逮捕されない。

第三十四条　何人も、理由を直ちに告げられ、且つ、直ちに弁護人に依頼する権利を与へられなければ、抑留又は拘禁されない。又、何人も、正当な理由がなければ、拘禁されず、要求があれば、その理由は、直ちに本人及びその弁護人の出席する公開の法廷で示されなければならない。

第三十五条　何人も、その住居、書類及び所持品について、侵入、捜索及び押収を受けることのない権利は、第三十三条の場合を除いては、正当な理由に基いて発せられ、且つ捜索する場所及び押収する物を明示する令状がなければ、侵されない。

資料編　viii

律、命令又は規則の制定、廃止又は改正その他の事項に関し、平穏に請願する権利を有し、何人も、かかる請願をしたためにいかなる差別待遇も受けない。

第十七条　何人も、公務員の不法行為により、損害を受けたときは、法律の定めるところにより、国又は公共団体に、その賠償を求めることができる。

第十八条　何人も、いかなる奴隷的拘束も受けない。又、犯罪に因る処罰の場合を除いては、その意に反する苦役に服させられない。

第十九条　思想及び良心の自由は、これを侵してはならない。

第二十条　信教の自由は、何人に対してもこれを保障する。いかなる宗教団体も、国から特権を受け、又は政治上の権力を行使してはならない。

何人も、宗教上の行為、祝典、儀式又は行事に参加することを強制されない。

国及びその機関は、宗教教育その他いかなる宗教的活動もしてはならない。

第二十一条　集会、結社及び言論、出版その他一切の表現の自由は、これを保障する。

検閲は、これをしてはならない。通信の秘密は、これを侵してはならない。

第二十二条　何人も、公共の福祉に反しない限り、居住、移転及び職業選択の自由を有する。

何人も、外国に移住し、又は国籍を離脱する自由を侵されない。

第二十三条　学問の自由は、これを保障する。

第二十四条　婚姻は、両性の合意のみに基いて成立し、夫婦が同等の権利を有することを基本として、相互の協力により、維持されなければならない。

配偶者の選択、財産権、相続、住居の選定、離婚並びに婚姻及び家族に関するその他の事項に関しては、法律は、個人の尊厳と両性の本質的平等に立脚して、制定されなければならない。

第二十五条　すべて国民は、健康で文化的な最低限度の生活を営む権利を有する。

国は、すべての生活部面について、社会福祉、社会保障及び公衆衛生の向上及び増進に努めなければならない。

力による威嚇又は武力の行使は、国際紛争を解決する手段としては、永久にこれを放棄する。

前項の目的を達するため、陸海空軍その他の戦力は、これを保持しない。国の交戦権は、これを認めない。

第三章　国民の権利及び義務

第十条　日本国民たる要件は、法律でこれを定める。

第十一条　国民は、すべての基本的人権の享有を妨げられない。この憲法が国民に保障する基本的人権は、侵すことのできない永久の権利として、現在及び将来の国民に与へられる。

第十二条　この憲法が国民に保障する自由及び権利は、国民の不断の努力によつて、これを保持しなければならない。又、国民は、これを濫用してはならないのであつて、常に公共の福祉のためにこれを利用する責任を負ふ。

第十三条　すべて国民は、個人として尊重される。生命、自由及び幸福追求に対する国民の権利については、公共の福祉に反しない限り、立法その他の国政の上で、最大の尊重を必要とする。

第十四条　すべて国民は、法の下に平等であつて、人種、信条、性別、社会的身分又は門地により、政治的、経済的又は社会的関係において、差別されない。

華族その他の貴族の制度は、これを認めない。

栄誉、勲章その他の栄典の授与は、いかなる特権も伴はない。栄典の授与は、現にこれを有し、又は将来これを受ける者の一代に限り、その効力を有する。

第十五条　公務員を選定し、及びこれを罷免することは、国民固有の権利である。

すべて公務員は、全体の奉仕者であつて、一部の奉仕者ではない。

公務員の選挙については、成年者による普通選挙を保障する。

すべて選挙における投票の秘密は、これを侵してはならない。選挙人は、その選択に関し公的にも私的にも責任を問はれない。

第十六条　何人も、損害の救済、公務員の罷免、法

資料編　vi

した皇室典範の定めるところにより、これを継承する。

第三条　天皇の国事に関するすべての行為には、内閣の助言と承認を必要とし、内閣が、その責任を負ふ。

第四条　天皇は、この憲法の定める国事に関する行為のみを行ひ、国政に関する権能を有しない。
　天皇は、法律の定めるところにより、その国事に関する行為を委任することができる。

第五条　皇室典範の定めるところにより摂政を置くときは、摂政は、天皇の名でその国事に関する行為を行ふ。この場合には、前条第一項の規定を準用する。

第六条　天皇は、国会の指名に基いて、内閣総理大臣を任命する。
　天皇は、内閣の指名に基いて、最高裁判所の長たる裁判官を任命する。

第七条　天皇は、内閣の助言と承認により、国民のために、左の国事に関する行為を行ふ。
一　憲法改正、法律、政令及び条約を公布すること。
二　国会を召集すること。
三　衆議院を解散すること。
四　国会議員の総選挙の施行を公示すること。
五　国務大臣及び法律の定めるその他の官吏の任免並びに全権委任状及び大使及び公使の信任状を認証すること。
六　大赦、特赦、減刑、刑の執行の免除及び復権を認証すること。
七　栄典を授与すること。
八　批准書及び法律の定めるその他の外交文書を認証すること。
九　外国の大使及び公使を接受すること。
十　儀式を行ふこと。

第八条　皇室に財産を譲り渡し、又は皇室が、財産を譲り受け、若しくは賜与することは、国会の議決に基かなければならない。

　　　第二章　戦争の放棄

第九条　日本国民は、正義と秩序を基調とする国際平和を誠実に希求し、国権の発動たる戦争と、武

日本国憲法（全文）

（一九四六年一一月三日公布　一九四七年五月三日施行）

日本国民は、正当に選挙された国会における代表者を通じて行動し、われらとわれらの子孫のために、諸国民との協和による成果と、わが国全土にわたつて自由のもたらす恵沢を確保し、政府の行為によつて再び戦争の惨禍が起ることのないやうにすることを決意し、ここに主権が国民に存することを宣言し、この憲法を確定する。そもそも国政は、国民の厳粛な信託によるものであつて、その権威は国民に由来し、その権力は国民の代表者がこれを行使し、その福利は国民がこれを享受する。これは人類普遍の原理であり、この憲法は、かかる原理に基くものである。われらは、これに反する一切の憲法、法令及び詔勅を排除する。

日本国民は、恒久の平和を念願し、人間相互の関係を支配する崇高な理想を深く自覚するのであつて、平和を愛する諸国民の公正と信義に信頼して、われらの安全と生存を保持しようと決意した。われらは、平和を維持し、専制と隷従、圧迫と偏狭を地上から永遠に除去しようと努めてゐる国際社会において、名誉ある地位を占めたいと思ふ。われらは、全世界の国民が、ひとしく恐怖と欠乏から免かれ、平和のうちに生存する権利を有することを確認する。

われらは、いづれの国家も、自国のことのみに専念して他国を無視してはならないのであつて、政治道徳の法則は、普遍的なものであり、この法則に従ふことは、自国の主権を維持し、他国と対等関係に立たうとする各国の責務であると信ずる。

日本国民は、国家の名誉にかけ、全力をあげてこの崇高な理想と目的を達成することを誓ふ。

第一章　天皇

第一条　天皇は、日本国の象徴であり日本国民統合の象徴であつて、この地位は、主権の存する日本国民の総意に基く。

第二条　皇位は、世襲のものであつて、国会の議決

教育勅語 （教育に関する勅語、全文）

（一八九〇年一〇月三〇日）

朕惟フニ我カ皇祖皇宗国ヲ肇ムルコト宏遠ニ徳ヲ樹ツルコト深厚ナリ　我カ臣民克ク忠ニ克ク孝ニ億兆心ヲ一ニシテ世々厥ノ美ヲ済セルハ此レ我カ国体ノ精華ニシテ　教育ノ淵源亦実ニ此ニ存ス　爾臣民　父母ニ孝ニ兄弟ニ友ニ夫婦相和シ朋友相信シ恭倹己レヲ持シ博愛衆ニ及ホシ　学ヲ修メ業ヲ習ヒ以テ智能ヲ啓発シ徳器ヲ成就シ進テ公益ヲ広メ世務ヲ開キ　常ニ国憲ヲ重シ国法ニ遵ヒ一旦緩急アレハ義勇公ニ奉シ以テ天壌無窮ノ皇運ヲ扶翼スヘシ　是ノ如キハ独リ朕カ忠良ノ臣民タルノミナラス　又以テ爾祖先ノ遺風ヲ顕彰スルニ足ラン

斯ノ道ハ実ニ我カ皇祖皇宗ノ遺訓ニシテ子孫臣民ノ倶ニ遵守スヘキ所　之ヲ古今ニ通シテ謬ラス之ヲ中外ニ施シテ悖ラス　朕爾臣民ト倶ニ拳々服膺シテ咸其徳ヲ一ニセンコトヲ庶幾フ

明治二十三年十月三十日

御名　御璽

軍人勅諭（陸海軍軍人に賜はりたる勅諭）

（一八八二年一月四日）

我国の軍隊は世々天皇の統率し給ふ所にそある……夫兵馬の大権は朕か統ふる所なれは其司々をこそ臣下には任すなれ……朕は汝等軍人の大元帥なるそ……義なりと心得よ……

一　軍人は忠節を尽すを本分とすへし……
一　軍人は礼儀を正くすへし……下級のものは上官の命を承ること実は直に朕か命を承る義なりと心得よ……
一　軍人は武勇を尚ふへし……
一　軍人は信義を重んすへし……
一　軍人は質素を旨とすへし……

汝等軍人能く朕か訓に遵ひて此道を守り行ひ国に報ゆるの務をつくさは日本国の蒼生挙りて之を悦ひなん……

明治十五年一月四日

御名

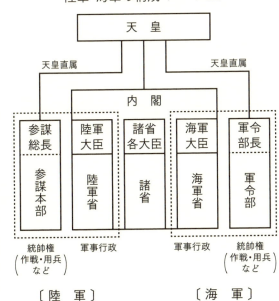

陸軍・海軍の構成（1890年時点）

［陸軍］統帥権（作戦・用兵など）／軍事行政
［海軍］軍事行政／統帥権（作戦・用兵など）

＊諸省……外務省・内務省・大蔵省・司法省・文部省・農商務省・逓信省

資料編

大日本帝国憲法 （一八八九年二月一一日公布）

第一条　大日本帝国ハ万世一系ノ天皇之ヲ統治ス

第二条　皇位ハ皇室典範ノ定ムル所ニ依リ皇男子孫之ヲ継承ス

第三条　天皇ハ神聖ニシテ侵スヘカラス

第四条　天皇ハ国ノ元首ニシテ統治権ヲ総攬シ此ノ憲法ノ条規ニ依リ之ヲ行フ

第五条　天皇ハ帝国議会ノ協賛ヲ以テ立法権ヲ行フ

第八条　天皇ハ公共ノ安全ヲ保持シ又ハ其ノ災厄ヲ避クル為緊急ノ必要ニ由リ帝国議会閉会ノ場合ニ於テ法律ニ代ルヘキ勅令ヲ発ス　此ノ勅令ハ次ノ会期ニ於テ帝国議会ニ提出スヘシ　若議会ニ於テ承諾セサルトキハ政府ハ将来ニ向テ其ノ効力ヲ失フコトヲ公布スヘシ

第十一条　天皇ハ陸海軍ヲ統帥ス

第十二条　天皇ハ陸海軍ノ編成及常備兵額ヲ定ム（→参謀本部・軍令部）（→陸海軍省）

第十三条　天皇ハ戦ヲ宣シ和ヲ講シ及諸般ノ条約ヲ締結ス

第二十条　日本臣民ハ法律ノ定ムル所ニ従ヒ兵役ノ義務ヲ有ス

第二十七条　日本臣民ハ其ノ所有権ヲ侵サルヽコトナシ　公益ノ為必要ナル処分ハ法律ノ定ムル所ニ依ル

第二十八条　日本臣民ハ安寧秩序ヲ妨ケス及臣民タルノ義務ニ背カサル限ニ於テ信教ノ自由ヲ有ス

第三十一条　本章ニ掲ケタル条規ハ戦時又ハ国家事変ノ場合ニ於テ天皇大権ノ施行ヲ妨クルコトナシ

第五十五条　国務各大臣ハ天皇ヲ輔弼シ其ノ責ニ任ス　凡テ法律勅令其ノ他国務ニ関ル詔勅ハ国務大臣ノ副署ヲ要ス

第五十七条　司法権ハ天皇ノ名ニ於テ法律ニ依リ裁判所之ヲ行フ　裁判所ノ構成ハ法律ヲ以テ之ヲ定ム

【編者】

日本史教育研究会

1954年，高等学校の日本史担当の教師を中心に発足。
1958年6月から研究会の活動・成果等を会報『日本史教育研究』に発表・掲載し，2010年3月まで発行（165号）。
編著に，『日本史問題集』（山川出版社，1954年〜），『日本史史料』（吉川弘文館，1969年〜），『若い世代と語る日本の歴史』33冊を編纂（評論社，1969〜1987年），『入門日本史教育』（山川出版社，1989年），『日本史50問確認テスト』（山川出版社，2000年〜），『Story 日本の歴史　近現代史編』（山川出版社，2000年），『Story 日本の歴史　古代・中世・近世史編』（山川出版社，2001年），『Story 日本の歴史　増補版』（山川出版社，2011年）など。

〈編集委員〉	〈執筆者〉
国枝哲夫	阿部晨子
久保しのぶ	糸井仁
高橋通泰	国枝哲夫
松本馨	久保しのぶ
山口正	斉藤正敏
	高橋通泰
	別所與一
	松本馨
	村上雅盈
	山口正
	吉原正人

日本の歴史──歴史の流れをつかむ

2017年1月20日　初版第1刷発行

編　者＝日本史教育研究会
発行所＝株式会社　新　泉　社
東京都文京区本郷2-5-12
振替・00170-4-160936番　TEL 03(3815)1662　FAX 03(3815)1422
印刷・製本　萩原印刷

ISBN978-4-7877-1609-5　C0021

● 戦後日本主要政党変遷図

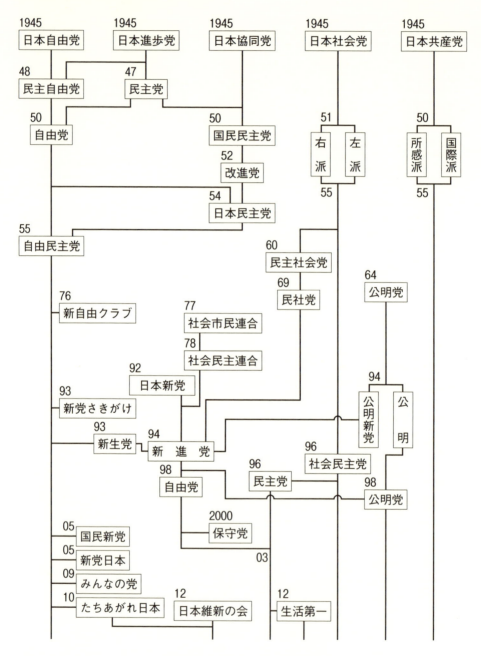

参照：石川真澄・山口二郎『戦後政治史 第三版』（岩波新書）
　　　中村政則・森武麿編『年表 昭和・平成史 1926–2011』（岩波書店）

関係年表

1945	日本降伏　GHQ人権指令
1946	公職追放　新選挙法による総選挙
1947	日本国憲法施行　片山哲内閣
1950	公職選挙法　朝鮮戦争　総評結成　追放解除
1951	サンフランシスコ平和条約，日米安保条約調印
1955	日本社会党，自由民主党結成　「55年体制」
1960	新安保条約調印
1962	参議院議員に藤原（中上川）あき（「タレント議員」第1号）
1964	東京オリンピック
1967	東京都知事に美濃部亮吉
1970	大阪万博
1972	田中角栄内閣
1973	石油危機
1976	ロッキード事件
1979	第2次石油危機
1983	参院比例代表制選挙
1985	創政会（竹下派）結成
1987	バブル経済
1988	リクルート事件
1989	冷戦終結　バブル過熱　消費税導入　総評解散し連合発足
1991	湾岸戦争　バブル経済崩壊
1992	PKO協力法　佐川急便事件
1993	宮沢喜一内閣不信任，自民党分裂 非自民8党派連立細川護熙内閣　「55年体制崩壊」
1994	衆院小選挙区比例代表制　政党助成法等政治改革4法 自社さ連立村山富市内閣
1995	阪神・淡路大震災　地下鉄サリン事件 東京都知事に青島幸男，大阪府知事に横山ノック
1996	民主党結成（鳩山）　初の小選挙区比例代表制選挙
1998	（新）民主党結成（菅）
1999	自公連立合意
2001	小泉純一郎内閣（自公保）
2003	民主・自由合併
2005	自民党圧勝　郵政民営化法
2006	第1次安倍晋三内閣　民主党参院第1党
2008	リーマン・ショック
2009	衆院選民主党圧勝し政権交代，鳩山由紀夫内閣
2010	参院選民主党敗北
2011	東日本大震災
2012	消費税関連法　衆院選自民党圧勝，第2次安倍内閣
2014	集団的自衛権閣議決定（安倍内閣）

● 方位・時刻表

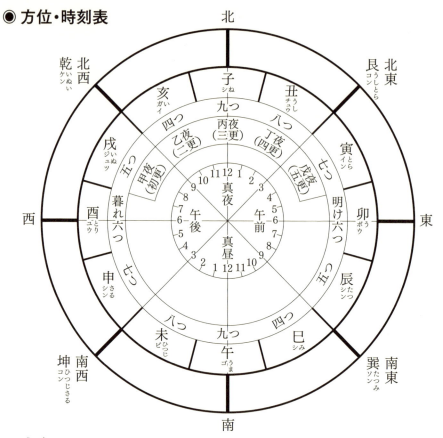

● 干支の順位

1		2		3		4		5		6		7		8		9		10		11		12
	4		5		6		7		8		9		10		11		12		13		14		15
甲子 きのえね コウシ(カッシ)		乙丑 きのとうし イッチュウ		丙寅 ひのえとら ヘイイン		丁卯 ひのとう テイボウ		戊辰 つちのえたつ ボシン		己巳 つちのとみ キシ		庚午 かのえうま コウゴ		辛未 かのとひつじ シンビ		壬申 みずのえさる ジンシン		癸酉 みずのととり キユウ		甲戌 きのえいぬ コウジュツ		乙亥 きのとい イツガイ
13	16	14	17	15	18	16	19	17	20	18	21	19	22	20	23	21	24	22	25	23	26	24	27
丙子 ひのえね ヘイシ		丁丑 ひのとうし テイチュウ		戊寅 つちのえとら ボイン		己卯 つちのとう キボウ		庚辰 かのえたつ コウシン		辛巳 かのとみ シンシ		壬午 みずのえうま ジンゴ		癸未 みずのとひつじ キビ		甲申 きのえさる コウシン		乙酉 きのととり イツユウ		丙戌 ひのえいぬ ヘイジュツ		丁亥 ひのとい テイガイ
25	28	26	29	27	30	28	31	29	32	30	33	31	34	32	35	33	36	34	37	35	38	36	39
戊子 つちのえね ボシ		己丑 つちのとうし キチュウ		庚寅 かのえとら コウイン		辛卯 かのとう シンボウ		壬辰 みずのえたつ ジンシン		癸巳 みずのとみ キシ		甲午 きのえうま コウゴ		乙未 きのとひつじ イツビ		丙申 ひのえさる ヘイシン		丁酉 ひのととり テイユウ		戊戌 つちのえいぬ ボジュツ		己亥 つちのとい キガイ
37	40	38	41	39	42	40	43	41	44	42	45	43	46	44	47	45	48	46	49	47	50	48	51
庚子 かのえね コウシ		辛丑 かのとうし シンチュウ		壬寅 みずのえとら ジンイン		癸卯 みずのとう キボウ		甲辰 きのえたつ コウシン		乙巳 きのとみ イツシ		丙午 ひのえうま ヘイゴ		丁未 ひのとひつじ テイビ		戊申 つちのえさる ボシン		己酉 つちのととり キユウ		庚戌 かのえいぬ コウジュツ		辛亥 かのとい シンガイ
49	52	50	53	51	54	52	55	53	56	54	57	55	58	56	59	57	0	58	1	59	2	60	3
壬子 みずのえね ジンシ		癸丑 みずのとうし キチュウ		甲寅 きのえとら コウイン		乙卯 きのとう イツボウ		丙辰 ひのえたつ ヘイシン		丁巳 ひのとみ テイシ		戊午 つちのえうま ボゴ		己未 つちのとひつじ キビ		庚申 かのえさる コウシン		辛酉 かのととり シンユウ		壬戌 みずのえいぬ ジンジュツ		癸亥 みずのとい キガイ

左上の[1]〜[60]は年の順番を示す。また，右上の数字に 60 の倍数を加えると，西暦での年となる。